Liebe Leserin, lieber Leser,

vielen Dank, dass Sie sich für ein Buch von SAP PRESS entschieden haben.

SAP PRESS ist eine gemeinschaftliche Initiative von SAP und Galileo Press. Ziel ist es, qualifiziertes SAP-Wissen Anwendern zur Verfügung zu stellen. SAP PRESS vereint das fachliche Know-how der SAP und die verlegerische Kompetenz von Galileo Press. Die Bücher bieten Expertenwissen zu technischen wie auch zu betriebswirtschaftlichen SAP-Themen.

Jedes unserer Bücher will Sie überzeugen. Damit uns das immer wieder neu gelingt, sind wir auf Ihre Rückmeldung angewiesen. Bitte teilen Sie uns Ihre Meinung zu diesem Buch mit. Ihre kritischen und freundlichen Anregungen, Ihre Wünsche und Ideen werden uns weiterhelfen.

Wir freuen uns auf den Dialog mit Ihnen.

Ihre Wiebke Hübner
Lektorat SAP PRESS

Galileo Press
Gartenstraße 24
53229 Bonn

wiebke.huebner@galileo-press.de
www.sap-press.de

 PRESS

SAP PRESS wird herausgegeben von
Bernhard Hochlehnert, SAP AG

Helmut Bartsch, Peter Bickenbach
Supply Chain Management mit SAP APO
Supply-Chain-Modelle mit dem Advanced Planner & Optimizer 3.1
2., aktualisierte und erweiterte Auflage
2002, 456 Seiten, geb.
ISBN 3-89842-111-2

Mario Pérez, Steffen Karch
WebBusiness mit SAP
Technologien, Anwendungen, Erfolgsfaktoren
2002, 340 Seiten, geb.
ISBN 3-89842-235-6

Rüdiger Buck-Emden
mySAP CRM
Geschäftserfolg mit dem neuen Kundenbeziehungsmanagement
2002, 312 Seiten, geb.
ISBN 3-89842-189-9

Guido Schneider, Florian Zwerger
Sichere Unternehmensportale mit SAP
2002, 288 Seiten, geb.
ISBN 3-89842-206-2

Horst Keller, Joachim Jacobitz
ABAP Objects-Referenz
2002, 1128 Seiten, geb., 2CDs
ISBN 3-934358-61-6

Aktuelle Angaben zum gesamten SAP PRESS-Programm finden Sie unter
www.sap-press.de.

Rainer Scheckenbach
Alexander Zeier
Collaborative SCM in Branchen

Galileo Press

Die Deutsche Bibliothek – CIP-Einheitsaufnahme
Ein Titeldatensatz für diese Publikation
ist bei der Deutschen Bibliothek erhältlich

ISBN 3-89842-311-5

© Galileo Press GmbH, Bonn 2003
1. Auflage 2003

Der Name Galileo Press geht auf den italienischen Mathematiker und Philosophen Galileo Galilei (1564–1642) zurück. Er gilt als Gründungsfigur der neuzeitlichen Wissenschaft und wurde berühmt als Verfechter des modernen, heliozentrischen Weltbilds. Legendär ist sein Ausspruch **Eppur se muove** (Und sie bewegt sich doch). Das Emblem von Galileo Press ist der Jupiter, umkreist von den vier Galileischen Monden. Galilei entdeckte die nach ihm benannten Monde 1610.

Lektorat Wiebke Hübner **Korrektorat** Christel Metke, Köln **Einbandgestaltung** department, Köln **Herstellung** Iris Warkus **Satz** reemers publishing services gmbh, Krefeld **Druck und Bindung** Bercker Graphischer Betrieb, Kevelaer

Das vorliegende Werk ist in all seinen Teilen urheberrechtlich geschützt. Alle Rechte vorbehalten, insbesondere das Recht der Übersetzung, des Vortrags, der Reproduktion, der Vervielfältigung auf fotomechanischen oder anderen Wegen und der Speicherung in elektronischen Medien.

Ungeachtet der Sorgfalt, die auf die Erstellung von Text, Abbildungen und Programmen verwendet wurde, können weder Verlag noch Autor, Herausgeber oder Übersetzer für mögliche Fehler und deren Folgen eine juristische Verantwortung oder irgendeine Haftung übernehmen.

Die in diesem Werk wiedergegebenen Gebrauchsnamen, Handelsnamen, Warenbezeichnungen usw. können auch ohne besondere Kennzeichnung Marken sein und als solche den gesetzlichen Bestimmungen unterliegen.

Die in diesem Werk abgedruckten Abbildungen 1.7, 1.14, 8.9 sowie sämtliche Bildschirmabzüge unterliegen dem Urheberrecht © der SAP AG, Neurottstraße 16, D-69190 Walldorf.

SAP, das SAP-Logo, mySAP, mySAP.com, SAP R/3, SAP R/2, SAP B2B, SAPtronic, SAPscript, SAP BW, SAP CRM, SAP EarlyWatch, SAP ArchiveLink, SAP GUI, SAP Business Workflow, SAP Business Engineer, SAP Business Navigator, SAP Business Framework, SAP Business Information Warehouse, SAP inter-enterprise solutions, SAP APO, AcceleratedSAP, InterSAP, SAPoffice, SAPfind, SAPfile, SAPtime, SAPmail, SAPaccess, SAP-EDI, R/3 Retail, Accelerated HR, Accelerated HiTech, Accelerated Consumer Products, ABAP, ABAP/4, ALE/WEB, BAPI, Business Framework, BW Explorer, Enjoy-SAP, mySAP.com e-business platform, mySAP Enterprise Portals, RIVA, SAPPHIRE, TeamSAP, Webflow und SAP PRESS sind Marken oder eingetragene Marken der SAP AG, Walldorf.

Inhalt

Einleitung 11

1 SCM im Zeichen integrierter Collaborative-Business-Strategien 15

- 1.1 Enorme Potenziale und gescheiterte Projekte 17
- 1.1.1 SCM schafft Wettbewerbsvorteile 17
- 1.1.2 Hemmschwellen 20
- 1.2 Total Business Integration: Web Services – EAI – Middleware 25
- 1.2.1 Integration mit Tradition 26
- 1.2.2 Kommunizieren – Verstehen – Handeln 27
- 1.2.3 Anwendungsbereiche der Business-to-Business-Integration 30
- 1.2.4 Abgrenzung von Enterprise Application Integration und Business-to-Business-Integration 32
- 1.3 Management von Branchenbesonderheiten für SCM-Software 35
- 1.3.1 Abbildung von branchenspezifischen Funktionen 36
- 1.3.2 Anforderungsprofil an SCM-Software-Pakete 37

2 Collaborative-Prozesse und Integrationsanforderungen 43

- 2.1 Zentrales versus dezentrales Supply Chain Management 45
- 2.2 Collaborative Planning, Forecasting and Replenishment (CPFR) 49
- 2.3 Nachbevorratungsstrategien: Continuous Replenishment und Vendor Managed Inventory 54
- 2.4 Beschaffungsmanagement: E-Procurement und Desktop Purchasing 58
- 2.5 Integrierte Abwicklung von Geschäfts- und Finanztransaktionen: EDI & Co. 62

3 Anforderungen an SCM im Wirtschaftsalltag 67

- 3.1 SCM-Auftragsabwicklungsfunktionen 69
- 3.1.1 Absatzprognose 71
- 3.1.2 Verfügbarkeitsprüfung 74
- 3.1.3 Primärbedarfsplanung 76
- 3.1.4 Logistiknetzplanung 77
- 3.1.5 Produktionsplanung 80
- 3.1.6 Transportplanung 82

3.2	SCM-Querschnittsfunktionen 86
3.2.1	Unternehmensübergreifende Zusammenarbeit 88
3.2.2	Monitoring und Controlling des Liefernetzes 96
3.2.3	Strategische Netzwerkplanung 100

4 Collaboration per Integration 103

4.1	EAI – Zugang und Brücke zwischen Anwendungssystemen 109
4.1.1	EAI-Innenleben 112
4.1.2	Integrationsmethoden 116
4.2	Formen der Unternehmensintegration 124
4.2.1	Web Services 126
4.2.2	Business Integration und EDI 130
4.2.3	WebEDI 135
4.2.4	B2B-Marktplätze und Marktplatzintegration 138
4.2.5	Communities und Branchennetze 143
4.2.6	Integrierte SCM-Ketten 147

5 Standards – Klebstoff für die Supply Chain 149

5.1	Internet Services 151
5.1.1	WSDL – Web Service Definition Language 152
5.1.2	UDDI – Universal Description, Discovery and Integration 154
5.1.3	SOAP – Simple Object Access Protocol 159
5.2	Austauschformate 162
5.2.1	XML-Allerlei 163
5.2.2	EDIFACT und ANSI X12 170
5.2.3	RosettaNet 178
5.2.4	ebXML – Electronic Business XML 185
5.3	Katalogformate 188
5.3.1	BMEcat 190
5.3.2	openTRANS 191
5.3.3	cXML 192
5.3.4	xCBL 195
5.4	Identifikations- und Klassifikationssysteme 197
5.4.1	Universale Klassifikationsschemata 197
5.4.2	Bau/Baustoffhandel 198
5.4.3	Elektrogroßhandel 198
5.4.4	Healthcare/Medizin 199
5.4.5	Produktnummern- und Lokationssysteme 199
5.4.6	Industrieklassifikationssysteme 200
5.4.7	Nomenklaturen 200

6 Betriebstypologische Branchensegmentierung 201

6.1 Funktionsmodulabhängige betriebstypische Anforderungen 205
- 6.1.1 Absatzprognose 205
- 6.1.2 Verfügbarkeitsprüfung 206
- 6.1.3 Primärbedarfsplanung 207
- 6.1.4 Logistiknetzplanung 207
- 6.1.5 Produktionsplanung 208
- 6.1.6 Transportplanung 216
- 6.1.7 Unternehmensübergreifende Zusammenarbeit 216
- 6.1.8 Monitoring und Controlling des Liefernetzes 217
- 6.1.9 Strategische Netzwerkplanung 218

6.2 Generelle betriebstypische Anforderungen 218
- 6.2.1 Dauer des Produktlebenszyklus 218
- 6.2.2 Internationalität der Supply Chain 219
- 6.2.3 Erfordernis eines Herkunftsnachweises 220
- 6.2.4 Haltbarkeit des Materials und der Endprodukte 221
- 6.2.5 Variantenvielfalt des Erzeugnisspektrums 221

7 Anwendung der betriebstypologischen Branchensegmentierung auf ausgewählte Industrien 223

7.1 Elektronikindustrie 225
- 7.1.1 Branchentypische Merkmale und Anforderungen 226
- 7.1.2 Betriebstypologische Branchensegmentierung 231

7.2 Automobilindustrie 233
- 7.2.1 Branchentypische Merkmale und Anforderungen 234
- 7.2.2 Betriebstypologische Branchensegmentierung 237

7.3 Konsumgüterindustrie 238
- 7.3.1 Branchentypische Merkmale und Anforderungen 239
- 7.3.2 Betriebstypologische Branchensegmentierung 243

7.4 Chemie- und Pharmaindustrie 246
- 7.4.1 Branchentypische Merkmale und Anforderungen 248
- 7.4.2 Betriebstypologische Branchensegmentierung 249

8 Was bieten SCM-Lösungen am Markt – mySAP SCM 253

8.1 Strukturierte SCM-Anforderungs- und -Leistungsprofile im Kern-Schalen-Modell 253

8.2 Abdeckungsgrad der allgemeinen SCM-Kernanforderungen 256

8.3 Abdeckungsgrad der Kernanforderungen nach SCM-Bereichen 259
- 8.3.1 Absatzprognose 260
- 8.3.2 Verfügbarkeitsprüfung 264
- 8.3.3 Primärbedarfsplanung 267
- 8.3.4 Logistiknetzplanung 268

8.3.5	Produktionsplanung 273
8.3.6	Transportplanung 281
8.3.7	Unternehmensübergreifende Zusammenarbeit 284
8.3.8	Monitoring und Controlling des Liefernetzes 290
8.3.9	Strategische Netzwerkplanung 294
8.4	**Abdeckungsgrad der betriebstypischen Anforderungen nach SCM-Bereichen 296**
8.4.1	Absatzprognose 296
8.4.2	Logistiknetzplanung 297
8.4.3	Produktionsplanung 297
8.4.4	Transportplanung 301
8.4.5	Unternehmensübergreifende Zusammenarbeit 301
8.4.6	Monitoring und Controlling des Liefernetzes 301
8.4.7	Strategische Netzwerkplanung 301
8.5	**Abdeckungsgrad der übergreifenden betriebstypischen Anforderungen 302**
8.5.1	Dauer des Produktlebenszyklus 302
8.5.2	Internationalität der Supply Chain 303
8.5.3	Erforderlichkeit eines Herkunftsnachweises 303
8.5.4	Haltbarkeit des Materials und der Endprodukte 304
8.5.5	Variantenvielfalt des Erzeugnisspektrums 304
8.6	**Abdeckungsgrad der branchentypischen Anforderungen 311**
8.6.1	Elektronikindustrie 311
8.6.2	Automobilindustrie 314
8.6.3	Konsumgüterindustrie 316
8.6.4	Chemie- und Pharmaindustrie 319

9 Umsetzung der Ergebnisse in ein SCM-Projektierungsverfahren 323

9.1	SCM-Clockspeed als Problem der branchenspezifischen Innovationszyklen 323
9.2	Kritische Faktoren in SCM-Lösungen 329
9.3	Einsatzpotenziale des Projektierungsverfahrens bei SCM-Anbietern, -Anwendern und -Beratern 331
9.4	Anwendungsbeispiel aus der Nahrungsmittelindustrie 332

Anhang   345

A   Tabellarische Übersicht über die Anforderungen und deren Abdeckungsgrad durch mySAP SCM   347
A.1   Gesamtanforderungskatalog mit allen Branchen   347
A.2   Anforderungskataloge Elektronikindustrie   355
A.3   Anforderungskatalog Automobilindustrie   358
A.4   Anforderungskatalog Konsumgüterindustrie   360
A.5   Anforderungskatalog Chemie-/Pharmaindustrie   364

B   Checklisten   367
B.1   Halbleiter   367
B.2   PC-Industrie   373
B.3   Automobilindustrie   378
B.4   Konsumgüter   384
B.5   Chemie   390
B.6   Pharma   396

C   Abkürzungsverzeichnis   403

D   Glossar   407

E   Literaturverzeichnis   415

F   Die Autoren   419

Index   421

Einleitung

Die letzten Jahre waren geprägt von bunten Supply-Chain-Management-(SCM-)Visionen und Erfolgsstorys. Nun ist es an der Zeit, die Theorie in eine alltagstaugliche Realität zu überführen. Ein nicht selten schmerzlicher Prozess, da nicht alles, was als »schön« gilt, auch sinnvoll ist oder sich zweckmäßig in heterogenen Supply-Chain-Strukturen durchsetzen lässt. Gebraucht werden operable Methoden für SCM-Projekte, im Alltag lebbare SCM-Prozesse und -Strategien sowie handhabbare Integrationstechnologien, ohne die SCM bereits im Vorfeld zum Scheitern verurteilt ist. Genau diese bereichsübergreifende Betrachtung von SCM-Funktionalitäten und erforderlichen (kollaborativen) Integrationsstrategien ist Gegenstand des vorliegenden Buches.

In der Vergangenheit wurden (und werden auch heute weiterhin) enorme Investitionen in *Supply Chain Management* getätigt, mit dem Ziel, im integrierten Unternehmensverbund Wertschöpfungsprozesse zu verbessern. Ohne Zweifel eine strategisch wichtige und richtige Entscheidung, betrachtet man die Potenziale durch Beschleunigung und Transparenz insbesondere zwischenbetrieblicher Geschäftsprozesse. Aufgrund der engen Verknüpfung von Geschäftspartnern über mehrere Stufen hinweg, ergibt sich neben den viel beschworenen Kosteneinsparungen in der *Supply Chain Execution* auch eine bislang nicht erreichbare Transparenz der Abläufe und Zusammenhänge, die sich im *Supply Chain Planning* aktiv gestalten lassen. Erstmals eröffnet sich Unternehmen die Möglichkeit, neben einer kollaborativen Planung auch die Änderungen in der Logistikkette und Nachfragestruktur zeitnah zu erkennen und eigene Aktivitäten frühzeitig und koordiniert darauf auszurichten. Ein entscheidender Wettbewerbsvorteil, der, bedingt durch vorhandene Organisationsstrukturen und die eingeschränkte Offenheit von Anwendungs- und Prozesslandschaften, auf erhebliche Schwierigkeiten in der Umsetzung stößt (siehe Kapitel 1).

SCM ist weder ein Algorithmus noch ein Business-Szenario. SCM präsentiert sich vielmehr als facettenreiches Spektrum von Maßnahmen und Organisationsanpassungen, die im Medienhype zu immer komplexeren Visionen für Kooperationsszenarios und allumfassende Planungs- bzw. Abwicklungsprozesse ausgebaut wurden. Zu Recht wird nun der Beweis gefordert, dass SCM im operativen Geschäftsalltag die hochgesteckten Erwartungen erfüllen kann. Das vorliegende Buch setzt hier an und beschäftigt sich mit der konkreten Umsetzung von SCM im Unternehmen sowie der Frage, wie sich Lieferanten und Kunden in die Supply Chain elektronisch integrieren lassen (siehe Kapitel 2 und 4).

Hierzu wird der Moloch SCM in operative Funktionen und Anforderungen in Bereichen wie Absatz, Verfügbarkeit, Primärbedarf, Logistiknetz-, Produktions- und Transportplanung sowie B2B-Zusammenarbeit, Liefernetz-Management und strategische Netzwerkplanung aufgeteilt (siehe Kapitel 3). Der Tatsache, dass erfolgreiches SCM eine unternehmensindividuelle Strategie ist und kein Pauschalansatz, tragen wir mit der Definition betriebs- und branchentypischer Besonderheiten Rechnung, aus denen neben allgemeinen SCM-Funktionalitäten auch Spezialanforderungen abgeleitet werden (siehe Kapitel 6 und 7). Anwender und Anbieter erhalten einen strukturierten Leitfaden mit Anforderungs- und Leistungsprofilen, um eigene Bedarfe zu analysieren und SCM-Software zu bewerten.

Da SCM – zumindest in der Theorie – eine kollaborative Anwendung darstellt, führen wir den Leser parallel in die Welt der Integration und des Collaborative SCM ein: Was steckt hinter der (semantischen) Integration von ERP- und SCM-Systemen und warum sind SCM-Konzepte schon vor ihrem Start zum Scheitern verurteilt, da Geschäftspartner weder willens noch in der Lage sind, die erforderlichen Kollaborationsanforderungen zu erfüllen? Hierzu werden für den Leser u.a. Bedarfsprofile aus dem SCM-Portfolio von E-Collaboration, E-Procurement, CPFR, VMI bis hin zu E-Logistics abgeleitet und hinsichtlich ihrer Umsetzbarkeit beleuchtet.

Die oft als lästiger »Nebenkriegsschauplatz« bezeichneten Aspekte EAI und B2B-Integration stellen nicht nur einen wesentlichen Kostenblock dar, sondern ebenso einen kritischen und für viele unkalkulierbaren Erfolgsfaktor (siehe Kapitel 4). Hierzu wird aufgezeigt, was hinter Formen der Unternehmensintegration in Form von Marktplätzen, Branchennetzen, EDI oder den nebulösen *Web Services* steckt und wie diese zukünftig einzuschätzen sind. Gleiches gilt für die grundlegenden »Werkzeuge« wie XML(-Standards) à la ebXML, RosettaNet oder BMEcat und Integrations-Tools wie Broker oder EDI-Systeme. Sie stellen wichtige Enabler dar, obwohl sie sich häufig noch in der Entwicklungsphase befinden.

Im Zusammenspiel entsteht ein enormes Potenzial an Profit und Fehlern, sodass Technologie und Management gleichermaßen gefordert sind. Viele der bestehenden SCM-Probleme werden durch die aufgezeigten Zusammenhänge und die Einordnung und Bewertung im Gesamtkontext verständlich. Gleichzeitig erschließen sich im Einzelfall häufig Lösungsalternativen zur Überbrückung der Kluft zwischen Vision und Realität (siehe Kapitel 5).

Wir orientieren uns generell an den für Anwender wichtigen branchen- und betriebstypischen Unternehmensanforderungen und bereiten diese strukturiert und mit anschaulichen Praxisbeispielen auf (siehe Kapitel 6 und 7).

Als Referenzsystem und Anwendungsbeispiel für die Leistungsfähigkeit von SCM-Standardlösungen wurde mySAP SCM (v. a. APO) ausgewählt und den Anforderungen unterschiedlicher Branchen gegenübergestellt. Die hohe Marktverbreitung und funktionale Breite macht mySAP SCM zu einem aussagekräftigen und für viele Leser interessanten Vertreter für leistungsstarke ERP-/SCM-Lösungen (siehe Kapitel 8). Anhand eines fiktiven Anwendungsfalls zeigen wir den Umgang mit den erstellten Checklisten auf, sodass sich der Leser schnell selbst einen Eindruck über die erreichbare Projektvereinfachung verschaffen kann (siehe Kapitel 9).

Das vorliegende Buch erlaubt dem Leser, sich schnell und gezielt über Einzelthemen zu informieren. Den größten Nutzen kann er jedoch aus den aufgezeigten Zusammenhängen zwischen SCM-Funktionalität und den Collaboration-Technologien ziehen, die zu einem ganzheitlichen Verständnis der Materie beitragen sollen (siehe die Darstellung auf der nächsten Seite). Abstrakte und unzusammenhängende »Auflistungen« von Technologien oder betriebswirtschaftlichen Konzepten versuchen die Autoren dem Leser daher möglichst zu ersparen. Er erhält stattdessen eine Einführung in die Anwendung von SCM auf der Basis der aktuellen technischen Möglichkeiten, die sich sinnvoll und vorurteilsfrei einsetzen lassen.

Wir greifen hierbei auf positive wie negative Erfahrungen der letzten zehn Jahre in Projekten sowie bei der Beobachtung und aktiven Gestaltung von Technologie- und Strategieentwicklungen am Markt zurück. Durch die Kombination von SCM- und Integrationsthemen mit dem gemeinsamen Fokus *Collaborative SCM* zielen wir darauf ab, nicht nur bedeutsame Zusammenhänge aufzuzeigen, sondern der Vision einen schnelleren Weg in die Praxis zu eröffnen.

Das Buch richtet sich gleichermaßen an interessierte Manager, Unternehmensberater, Softwarehersteller und nicht zuletzt auch an Anwender von SCM-Systemen, die ihre Kenntnisse ausbauen und ein tieferes Verständnis der Thematik erhalten möchten. Einen besonderen Nutzen für den Praktiker erhält das Werk durch ein ausführliches Kompendium über Ausprägungen und Anforderungen von SCM in den Branchen »Elektronik«, »Automobil«, »Konsumgüter«, »Chemie« und »Pharma«. Anforderungskataloge und Checklisten erlauben ein strukturiertes Vorgehen zur branchenorientierten Implementierung von SCM-Software-Lösungen, insbesondere bei Einsatz von mySAP SCM. Wir beziehen unsere Aussagen auf SAP R/3 Enterprise, d.h. SAP R/3 4.7 (Core) mit Extension Set 1.1 und APO Release 3.1.

Die im Buch erstellten Checklisten für die untersuchten Branchen werden über das Onlineangebot zum Buch auch in Dateiform zum Download bereitgestellt (*www.sap-press.de*). Der Zugang zu diesem Onlineangebot ist auf der letzten Seite des Buchs genauer beschrieben. Aktuelle Informationen zu SCM und SAP stellen wir dem interessierten Leser ergänzend auch unter *www.collaborative-scm.com* zur Verfügung.

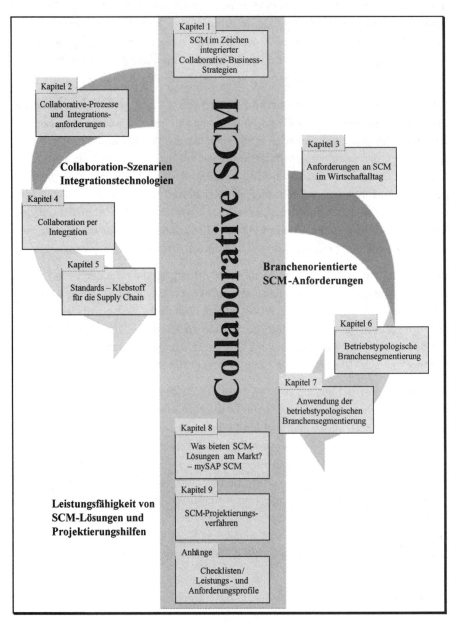

Aufbau des Buchs

1 SCM im Zeichen integrierter Collaborative-Business-Strategien

Die erste Hürde, die es bei Strategien der *New Economy* zu überwinden gilt, ist, sich durch ein begriffliches Wirrwarr zu kämpfen, um sicherzustellen, dass alle Beteiligten von derselben Sache sprechen. Mitnichten eine Banalität, schließlich müssen ohne größere Reibungsverluste Strategien und Prozesse definiert sowie Anforderungen mit Beratern und Anbietern abgeklärt werden. Ferner gilt es, hierfür im eigenen Unternehmen sowie bei Partnern zu werben und Details für die Umsetzung abzusprechen. Alle haben ihre Vorstellungen und in der Regel unterschiedliche Blickwinkel bezüglich Inhalt und Abstraktionsebene.

Das Management benötigt dabei mehr als eine abstrakte Geschäftsfeldanalyse mit strategischen Potenzialen und vagen Beschreibungen der Risiken. Es wird neues Terrain betreten: Die Marktpsychologie, die Akzeptanz bei Kunden, Partnern und im eigenen Unternehmen ist dabei ebenso schwer kalkulierbar wie die effektive Umsetzung von modernen Business-Modellen in organisatorisch-technologische Strukturen mittels Anwendungs- und Prozesslogik sowie »höheren« Technologiestandards.

Supply Chain Management (SCM) umfasst die integrierte Planung, Simulation, Optimierung und Steuerung der Waren-, Informations- und Geldflüsse entlang der gesamten Wertschöpfungskette. Angestrebt wird – neben der Verbesserung der Kundenzufriedenheit – die Synchronisation von Bedarfen, Nachbevorratung und Produktion. Hinzu kommen die Reduktion von Durchlaufzeiten, die Bestandsoptimierung innerhalb der Versorgungskette, die Flexibilisierung der Ablaufprozesse und die bedarfsgerechte Anpassung der Fertigung.

Der Begriff *Collaborative Business* (C-Business) ist hiermit eng verwandt, entstand aber später als SCM. Im Zentrum stehen alle Formen der zwischenbetrieblichen Kooperation sowie die organisatorischen und datenverarbeitenden Vorgänge, um für neue Marktanforderungen gerüstet zu sein. Zunehmend wird hierbei von einem *Vertrauensnetzwerk* gesprochen, da innerbetriebliche Vorgänge im Rahmen der zwischenbetrieblichen Geschäftsprozesse auch für externe Partner transparent werden. Keine leichte Aufgabe, bedenkt man die vielfältigen, meist branchenübergreifenden Geschäftsbeziehungen. Jedes Unternehmen ist Bestandteil nicht nur *einer* Supply Chain, sondern eines komplexen Netzwerks vielfältiger ineinander verwobener Lieferketten.

Die Zielsetzungen sowie vielfach auch die methodischen Ansatzpunkte zur Verbesserung unternehmensübergreifender Logistikprozesse und Informationsflüsse klingen vertraut und wurden schon Ende der Achtzigerjahre diskutiert. Beispiele hierfür sind eng verzahnte Lieferbeziehungen basierend auf JiT (Just in Time) und PSA (Produktionssynchrone Anlieferung) sowie sinkende Fertigungstiefen durch Ausweitung der Systemlieferanten, Outsourcing und Entwicklungspartnerschaften. Diese Bereiche stellen von der Grundidee nichts Neues dar und können als erste Schritte in Richtung eines Collaborative SCM gewertet werden. SCM-Verfahren wie *E-Procurement*, *Prognosedatenaustausch* bzw. *Collaborative Planning, Forecasting, and Replenishment* (CPFR), *Vendor Managed Inventory* (VMI), *Financial SCM* oder *E-Logistics* stellen eine völlig neue Qualität der Zusammenarbeit und auch der unternehmensübergreifenden Informationspolitik dar.

Die Weitergabe von sensiblen Unternehmensdaten an mehr als nur direkt vor- oder nachgelagerte Wertschöpfungsstufen, das Outsourcen kritischer Planungs-, Dispositions- und Fulfilment-Aufgaben und die konsequente Abkehr von Push-Strategien hin zu bedarfsgetriebenen Pull-Stategien erfordern neuartige C-Business-Strategien und zudem auch eine neue, offene Realtime-IT-Architektur mit hoher Integrations- und Interaktionsfähigkeit bei kalkulierbarem Aufwand. Das Internet wird als Schlüsseltechnologie mittlerweile von niemandem mehr ernst zunehmend angezweifelt. In der B2B-Praxis jedoch klaffen funktionale Lücken und es zeigt sich eine zu geringe »Standardisierung« bei E-Business-relevanten Services. Proprietäre Individual-Software-Lösungen, die – wenn überhaupt – nur aufwändig mit Geschäftspartnern abgestimmt und mit deren Ansätzen integriert werden können, prägen budgetsprengende und gescheiterte Projekte.

Zur Kopplung von Prozessen und Anwendungssystemen kommen für die zwischenbetriebliche *Business-to-Business-Integration* (B2Bi) das klassische EDI (*Electronic Data Interchange*) sowie die internetbasierten *Web Services* zum Einsatz. Das innerbetriebliche Äquivalent bildet *Enterprise Application Integration* (EAI) mit Methoden und Technologien zur Integration heterogener innerbetrieblicher Anwendungssysteme. Unter dem Schlagwort *Web Services* entsteht mittlerweile eine standardisierte B2Bi-Infrastruktur mit Verzeichnisdiensten (UDDI), Service-Beschreibungen (WDSL, WDFL) sowie Kommunikation (SOAP).

Man tut sich enorm schwer, die viel versprechenden Business-Modelle in operative profitable Lösungen zu überführen. Parallelen zum Workflow-Management der CIM-Welle in den Achtzigerjahren, zur EDI-Euphorie zu Beginn sowie zur E-Commerce-Revolution in der Mitte der Neunzigerjahre sind offensichtlich.

Folgende Punkte sind kritische Erfolgsfaktoren – unabhängig vom jeweiligen SCM-Verfahren:

▶ Das Erreichen der kritischen (Teilnehmer-)Masse
▶ Die Schaffung eines quantifizierbaren Mehrwertes für alle Beteiligten

▶ Die Handhabbarkeit der zugrunde liegenden Technologien und Prozesse durch große wie auch kleine und mittelständische Unternehmen

1.1 Enorme Potenziale und gescheiterte Projekte

Laut Meta Group haben erst 33 % der deutschen Unternehmen unternehmensübergreifende SCM-Lösungen im Einsatz oder in Planung. Eine verwunderliche Tatsache, bedenkt man, dass – in Einzelfällen – um bis zu 90 % der Prozesskosten eingespart werden können. Die Ursachen für dieses Paradoxon sind vielschichtig. Zu ihnen zählen laut FORRESTER RESEARCH 2001 die Skepsis vor neuen Strategien, komplexe und teure Technologien, Misstrauen gegenüber Geschäftspartnern bei der Offenlegung von Daten oder schlicht negative Presse, die nach einer Euphorie und Problem-Banalisierung Ende der Neunzigerjahre zu einer betont kritischen Sichtweise gewechselt ist (siehe Abbildung 1.1).

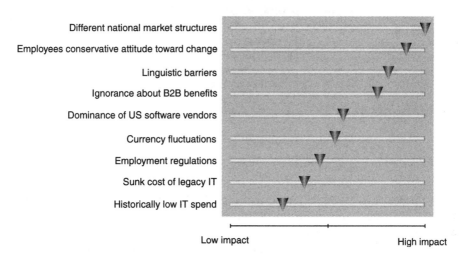

Abbildung 1.1 Ergebnis einer Befragung europäischer Unternehmen hinsichtlich ökonomischer Hemmschwellen bei der Steigerung der Produktivität durch E-Business

Positiver Effekt der Entmythologisierung ist der kritische Blick auf die Umsetzung und Wirtschaftlichkeit von Projekten. Die Potenziale von C-Business-Strategien wurden durch das Stimmungstief der Anwender nicht grundsätzlich negiert, sondern lediglich relativiert und eine längst überfällige Konsolidierung von Anbietern, Produkten sowie Business-Modellen eingeläutet.

1.1.1 SCM schafft Wettbewerbsvorteile

Unabhängig von Branche und Größe des Unternehmens gehen Experten beim Einsatz von SCM von einer Steigerung der Liefertreue um 40 % bei gleichzeitiger

Reduktion der Lieferzeit um 30% aus. Die durchschnittliche Durchlaufzeit in der Produktion sinkt um 10% und die Bestände sinken um 20%. Gleichzeitig verbessert sich die Kapazitätsauslastung um 10% bei einer Kosteneinsparung im Einkauf um 8-10% sowie im Vertrieb um 3-5% (FORRESTER RESEARCH 2001, siehe Abbildung 1.2). Derartige Kosten- und Servicepotenziale machen sich nicht nur in der Bilanz gut und schaffen Shareholder Value, sondern sind längst kritische Faktoren im internationalen Wettbewerb – und dies mittlerweile nicht mehr nur als wettbewerbsverbessernde, sondern -erhaltende Strategie.

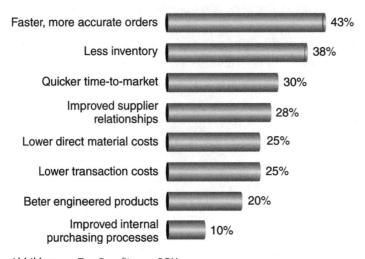

Abbildung 1.2 Top-Benefits von SCM

Viel zitiertes Paradebeispiel ist der PC-Hersteller DELL, der im Vertrieb mit einer extrem nachfrageorientierten Build-to-Order-Strategie arbeitet, d.h., alle Rechnersysteme werden individuell entsprechend des Kundenwunsches montiert. Mit einem Lagerhorizont von vier Tagen gegenüber 90 Tagen im Branchendurchschnitt gilt DELL mittlerweile als hoch profitabler Branchenprimus. IBM spricht von Einsparungen von 276 Mio. US$ allein in der Beschaffung produktionsrelevanter Teile durch eine ausgefeilte Procurement-Strategie. Auf signifikante Verbesserungen in den Bereichen Lagerumschlag und -kosten verweisen BLACK & DECKER und DM-DROGERIEMARKT im Hinblick auf eine erfolgreiche Vendore-Managed-Inventory-Strategie, in der die Lager durch die betreffenden Lieferanten betreut werden. Diese Beispiele schafften Begehrlichkeiten im Management und führten Ende der Neunzigerjahre nicht selten zu blindem Aktionismus im Sinne des »Me too« ohne Berücksichtigung von RoI, Projekt-Controlling und zwingend erforderlichen technischen und organisatorischen Rahmenbedingungen innerhalb des sensiblen »Ökosystems« bestehender Supply Chains.

Die ökonomische Relevanz effizienter Integrationsstrategien geht über die angesprochenen strategischen Aspekte und Potenziale hinaus und beinhaltet auch Kosten für die Anschaffung von SCM-Anwendungen, für deren Integration in eigene und Partnersysteme sowie für Projektierung und Beratung (FORRESTER RESEARCH 2001, siehe Tabelle 1.1).

	Initial costs	Ongoing costs p.a.
Integration costs	€ 5.8 million	€ 690000
% of total budget	53%	28%
Labor preparation and maintenance costs	€ 1.4 million	€ 1.2 million
% of total budget	13%	51%
Marketing costs	€ 870000	€ 370000
% of total budget	8%	15%
Hardware and network infrastructure costs	€ 1.1 million	€40000
% of total budget	10%	2%
Software costs	€ 1.8 million	€ 70000
% of total budget	17%	3%
Total site costs	**€ 11 million**	**€ 2.37 million**

Tabelle 1.1 SCM-Kosten

GARTNER-Studien belegen, dass momentan für jeden Dollar, der in Integrationssoftware investiert wird, ergänzend zwischen 5 und 20 Dollar an Berater gezahlt werden. Software-Entwicklung bzw. -Anpassung ist jedoch nur ein Aspekt einer Total-Cost-of-Ownership-Betrachtung. Neben diesen Implementationskosten entfielen in der Vergangenheit 60-80% der laufenden Kosten auf Software-Wartung. Diese surreal anmutenden Werte erklären sich aus der Tatsache, dass Systeme bzw. Applikationen sehr häufig individuell, d.h. *hard coded*, in Form von Punkt-zu-Punkt-Verbindungen realisiert wurden und dies auch weiterhin noch häufig so vorgenommen wird. Ist dann an einem Endpunkt eine Modifikation erforderlich, muss immer automatisch auch der Gegenpunkt angepasst werden.

Hinzu kommen Kosten für das erforderliche Know-how, das gerade bei innovativen Ansätzen meist extern eingekauft oder in den eigenen Reihen aufgebaut werden muss. Ferner steigt der Aufwand für die Steuerung der SCM um ca. 15%. Aussagen über die Initialisierungskosten von SCM-Projekten, d.h. Planung, Koordination der Beteiligten sowie technische und organisatorische Implementierung, lassen sich de facto nicht treffen (siehe Abbildung 1.1).

1.1.2 Hemmschwellen

Die Skepsis gegenüber den mit vielen Vorschusslorbeeren versehenen SCM- und C-Business-Strategien ist spätestens seit 2001, also seit dem Dotcom-Sterben und Berichten, dass 80% aller Projekte fehlschlagen oder nicht den erwarteten RoI erreichen, offen erkennbar. Allen voran kleine und mittelständische Unternehmen – die immerhin über 95% der europäischen Wirtschaft ausmachen – fürchten nicht abschätzbare Investitionen, eine ungewisse Rentabilität, die Komplexität der technischen und organisatorischen Umsetzung sowie mangelnde Akzeptanz bei Partnern (FORRESTER RESEARCH 2001, siehe Abbildung 1.3).

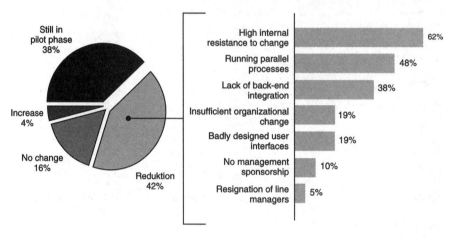

Abbildung 1.3 Einfluss von B2B-Projekten auf die Produktivität

Nachfolgend werden einige Fallstricke in der Projektierung bzw. der Bewertung von C-Business-Strategien dargestellt. Obwohl einzelne Punkte banal und selbstverständlich erscheinen mögen, verschlingen sie immer wieder aufs Neue substanzielle Beträge oder führen gar zum Scheitern von Projekten.

Revolution bei Prozessen, Rollen und Verantwortlichkeiten

Ausufernde Projektkosten bei der Umsetzung von C-Business-Strategien sind hinreichend bekannt – weniger jedoch, dass sie langfristig auch zu einer sinkenden Produktivität führen können.

Dieses Paradoxon ermittelte Forrester Research und identifizierte als die kritischen internen Faktoren ein ineffizientes Change Management sowie die unzureichende Unterstützung durch das Management, was sich negativ auf die Durchsetzbarkeit auswirkt. Bei den externen Faktoren führen der unzureichende Informationsaustausch bzw. die mangelnde Abstimmung mit den Partnern sowie fehlende Standards bei Datenformaten und Kommunikationsverfahren die Liste an (FORRESTER RESEARCH 2001, siehe Tabelle 1.2).

Internal factors	%
Ineffective change management	74
No senior management sponsorship	36
Lack of B2B strategy	30
No organizational change	30
Processes not standardized	26
Flawed project management	24
Insufficient back-end integration	22
Lack of technological/process support	14
Lack of metrics and objectives	12
Lack of continued B2B innovation	10
Poor usability of new apps	8
B2B budget cuts	4
External factors	**%**
Ineffective external communication	56
Lack of data exchange standards	50
Unreliable IT systems	16
Partners reject new process	16
Insufficient data integrity	16
Compromised data security	12
Lower customer service levels	12
Inability to manage new process	12
Increased credit risks	10

Tabelle 1.2 Interne und externe produktivitätsreduzierende Faktoren in B2B-Projekten

Ursache ist der Bruch mit der Vergangenheit und den »lieb gewordenen« Gewohnheiten, was im Extremfall zu einem Boykott oder zur Sabotage durch Mitarbeiter führen kann. Neuartige bzw. konsequent weiterentwickelte Geschäftsmodelle mit höherer Eigenverantwortung einzelner Beteiligter (z. B. Bedarfsträger bei E-Procurement oder Lieferanten bei VMI) basieren auf einer Veränderung der Rollen und Prozesse, die nicht nur trainiert, sondern auch von Einzelnen gelebt werden müssen.

Hinzu kommt, dass in und zwischen Unternehmen mittels einer hochintegrierten IT eine bislang nicht gekannte Informationstransparenz zu realisieren ist. Dies umfasst sowohl ausgetauschtes Datenvolumen als auch Aktualität und Sensibilität der Informationen. Gerne wird der Technik-Aspekt banalisiert und als gelöst abgetan, zutreffender ist jedoch, dass zwar die Werkzeuge am Markt vorhanden sind, nicht aber die Architekturen und Standards, um diese effizient zu nutzen.

Unzureichende Anwendungslogik bestehender IT-Systeme

Ohne auf sukzessive Entwicklungsprozesse zurückblicken zu können, entstehen seit Ende der Neunzigerjahre neuartige SCM-Anwendungen, Marktplätze und Portale sowie ERP-Erweiterungen. Bestehende Anwendungen sehen weder die erforderliche Funktionalität, die Interaktion mit Fremdsystemen noch das zeitkritische Management derart umfangreicher Daten vor.

Unabhängig davon, ob es sich um die Anbindung von Marktplätzen, die kooperative Absatzplanung im Rahmen von CPFR, um Lager- und Nachbevorratungsmanagement per VMI oder um Value-Chain-Steuerung handelt: Es werden eine massiv erweiterte Anwendungslogik sowie komplexe Informations- und Prozessschnittstellen benötigt, die heterogene Systemwelten mit vertretbarem Aufwand in der Realisierung und im laufenden Betrieb verbinden.

Häufig begründen sich Mängel, insbesondere wenn es sich um die rechtsverbindliche Abwicklung von Geschäftstransaktionen handelt, in den fehlenden nationalen und internationalen Vorgaben. Elektronische Signatur, Steueraspekte, Belegpflicht und die unterschiedliche Handhabe von Verschlüsselungstechnologien in den Ländern sind solche noch im Wandel befindlichen Faktoren.

Standards für E-Business

Standards sind in der Wirtschaft akzeptierte technische und organisatorische Übereinkünfte, die den Aufwand für das Aushandeln, Anpassen und Integrieren von Anwendungen, Prozessen sowie Geschäftstransaktionen reduzieren. Die Kosten und das Risiko beim Aufbau integrierter Systemlandschaften und Unternehmensnetze sinken bzw. werden abschätzbar (siehe Tabelle 1.3).

Situation	Erläuterung
Fehlende oder instabile Standards	Die Aufgabenstellungen sind zu neu und zu dynamisch, als dass sich bereits für alle Bereiche ausgereifte Standards hätten entwickeln können. Anbieter von Software-Lösungen besitzen diese Zeit nicht und implementieren proprietäre bzw. angepasste Ansätze.
Konkurrierende Gremien	Gremien und Interessengemeinschaften entwickeln und propagieren konkurrierende, inkompatible Spezifikationen.
Falsche Einschätzung des Leistungsumfangs von Standards	Die Gleichsetzung eines Technologiestandards (z.B. XML) mit einem Anwendungsstandard (z.B. BMEcat) führt zu Fehleinschätzungen in der Bewertung der Kosten, der Projektrisiken und der Durchsetzbarkeit bei Geschäftspartnern. Es entsteht der Irrglauben, der Komplexität von C-Business-Problemstellungen mit einem »Standard« Herr werden zu können.
Irreführende Nutzung eingängiger Schlagworte	Häufig werden Begrifflichkeiten missverständlich oder fehlerhaft in den Medien genutzt bzw. Anbieter versehen ihr klassisches Angebot gerne mit dem neuen Label »C-Business«.

Tabelle 1.3 Aktuelle Situation der neuen Disziplin des C-Business

Ein einfaches Beispiel veranschaulicht dies: XML und TCP/IP stellen zweifellos standardisierte Schlüsseltechnologien für C-Business dar, die bei genauerer Betrachtung wieder in mehr oder weniger stabile Teilbereiche wie XSL, Xpath, XSLT oder IP v4, IP v6, Ipsec zerfallen. Wie jedoch die Geschäfts- oder Katalogdaten zu strukturieren und zu codieren sind, ist ebenso wenig geklärt wie die Frage, aus welchen Teilschritten eine internetbasierte Geschäftstransaktion aufgebaut ist und welche Verfahren zu Sicherung und Transaktionssteuerung zwischen ERP-, Marktplatz- und SCM-Systemen anzuwenden sind. Basierend auf XML wurden und werden »höhere C-Business-Standards« für den Austausch von Katalogdaten (z.B. BMEcat, cXML) und Transaktionsdaten (z.B. ebXML, XMLEDI), klassifizierende Identifikationssysteme für Unternehmen und deren Leistungen (z.B. eClass, UN/SPSC), E-Business-Services sowie -Schnittstellen (z.B. WSDL, UDDI) entwickelt. Die teilweise konkurrierenden Standards sind zueinander inkompatibel, obwohl sie sich an die XML-Spezifikationen halten.

Mangelnde Akzeptanz bei Mitarbeitern/Geschäftspartnern

»Stellen sie sich vor, es ist Krieg und keiner geht hin.« Ähnlich gestaltet sich die Situation bei integrierten C-Business-Strategien, Internetstandards sowie Web Services. Unternehmensintern müssen die Mitarbeiter die neuen Technologien, Prozesse und Verantwortlichkeiten nicht nur hinnehmen, sondern aktiv leben – insbesondere, da aufgrund mangelnder Erfahrungen Anpassungen nicht ausbleiben und diese am besten von den Betroffenen selbst initiiert werden.

Ähnliches gilt für externe Partner. Diese müssen nicht nur den intensiven Informationsaustausch sowie geänderte Rollen und Prozessstrukturen unterstützen, sondern auch die erforderlichen Investitionen in neue Technologien und Organisationsanpassungen tätigen.

Die möglichen Probleme lassen sich hinreichend anhand der 30-jährigen Geschichte des elektronischen Geschäftsdatenaustauschs EDI aufzeigen. Sie reichen von Arbeitsplatzängsten (aufgrund der automatisierten Weiterverarbeitung von Daten ohne Neuerfassung von Rechnungen, Bestellungen usw.) bis hin zu der Tatsache, dass die Technologie zu aufwändig für kleine und mittelständische Unternehmen war, was zur Verweigerung oder zur erzwungenen Einführung unrentabler EDI-Infrastruktur führte. Mit einer Verbreitung von nur 5% innerhalb aller Betriebe weltweit sind große und transaktionsstarke Unternehmen beim EDI-Datenaustausch weitgehend unter sich.

Befürchtung, die Informationen könnten in falsche Hände fallen

Grundlage aller Strategien ist die Transparenz innerhalb der Supply Chain, die es allen Beteiligten erlaubt, schnell und effektiv auf Bedarfe zu reagieren sowie Warenströme zu organisieren. Die Abkehr vom »Black-Box«-Prinzip (also die Aufgabe der Informationsautonomie interner Prozess-, Auftrags- und Lagerstatus gegenüber Externen) empfinden viele als hochbrisante Offenlegung wettbewerbsrelevanter Daten:

»We only give undisguised information to long-term suppliers that we completely trust. Everyone else who asks for our supplier master lists and pricing tables is getting truncated, scaled data so that the information won't fall into our competitor's hands.« (Chemicals company)

»We're always a little paranoid because our design information sits on the Net. But we believe that our ERP system is secure.« (Office products company)

»If information about our orders spread over the Net, our competitors could understand our margins, which would be disastrous to our bottom line.« (Utility company) [FORRESTER RESEARCH 2001]

Angemerkt sei ferner, dass die bestehende Intransparenz nicht selten essenzieller Umsatzgarant ganzer Wirtschaftszweige ist. Hinzu kommt die Befürchtung, der Konkurrent könnte in den Besitz kritischer Daten gelangen – mit katastrophalen Konsequenzen für die Wettbewerbssituation (FORRESTER RESEARCH, siehe Abbildung 1.4).

Abbildung 1.4 Befürchtungen der SCM-Anwender bei der Bereitstellung von Informationen in Supply Chains

1.2 Total Business Integration: Web Services – EAI – Middleware

Die Integration von Wertschöpfungsketten – unabhängig davon, ob es sich hierbei um die kooperative Absatz-, Logistikplanung, Financial SCM oder CRM-Ansätze handelt – bedingt die Integration der in den Unternehmen bestehenden Anwendungssysteme. Zum Leidwesen aller sorgt die inflationäre Nutzung von Schlagworten wie B2Bi, TBI, EAI, A2A, MOM, UDDI, SOAP, Data Cleansing oder Web Services mehr für Verwirrung als für Klarheit. Ohne an dieser Stelle die Sinnhaftigkeit der direkten Übertragbarkeit (komplexer) interner SCM-Prozesse auf unternehmensübergreifende Integrationsarchitekturen oder die Durchsetzbarkeit illusorischer Informationsanforderungen bei Partnern zu diskutieren, sollte generell zwischen innerbetrieblichen und zwischenbetrieblichen Integrationsanforderungen unterschieden werden.

Beiden gemein sind die folgenden Anforderungen:

- Kompatibilität der auszutauschenden Daten
- Konnektierbarkeit der Prozesse
- Kompatibilität der Business-Logik bzw. ERP-Schnittstelle

Die innerbetrieblichen Anforderungen wurden in der Vergangenheit gerne sehr technisch anhand konkreter Integrationsaufgaben auf Bit- und Byte-Ebene diskutiert. Dem Thema Middleware war dadurch jede Chance genommen, auf Management-Ebene als Instrument für Geschäftsprozesse wahrgenommen zu werden. Anders zeigt sich die Situation zwischenbetrieblich, wo aufgrund fehlender Erfahrungen recht ungestüm über Standards, Architekturen und Strategien philosophiert wird. Anstrengungen, Geschäftsprozesse bzw. Daten über Anwendungs- und Unternehmensgrenzen hinweg zu integrieren, sind keineswegs neu. Leidvolle Erfahrungen der letzten Jahrzehnte in den Bereichen Middleware (innerbetrieblich) und EDI (zwischenbetrieblich) belegen dies, wobei selbst nach mittlerweile 30 Jahren noch erhebliche Verbesserungspotenziale bestehen. Hier einige Äußerungen zu den Investitionserwartungen für Business-to-Business-Integration in der Wirtschaft:

>»Application integration is a rapidly developing technology and market. The typical Global 2000 corporation has over 49 enterprise applications and spends 25-33% of its IT budget on application interoperability solutions.« [META GROUP]

>»Application packages can provide at most 30% of the functionality required in Fortune 1000 Enterprises.« [GARTNER GROUP]

>»40-60% of IS development and maintenance costs go on integration.« [GARTNER GROUP]

Aussagen aus der Wirtschaft belegen die der Integration zugemessene Bedeutung sowie das Wissen darum, erst am Anfang zu stehen. Umso wichtiger ist der Blick auf bestehende Standards, Prozesse und Technologien, um Fehler zu vermeiden und schneller zu akzeptablen Lösungen zu gelangen – insbesondere, da Unternehmen bereits Milliardenbeträge in klassische Technologien investiert haben, die weder technologisch noch ökonomisch einfach abgelöst werden können.

1.2.1 Integration mit Tradition

Bereits Ende der Sechzigerjahre wurde begonnen, an der Idee eines elektronisch integrierten Geschäftsdatenaustauschs für die Automation der kostenintensiven und fehleranfälligen »Schnittstelle« Mensch zu arbeiten. Neben den anfänglich massiven technischen Kommunikationsproblemen wurde die Notwendigkeit von Standards zur Minimierung des Absprache- und Implementierungsaufwands schnell offensichtlich.

Nach 20 Jahren Entwicklung und mühseligen Verhandlungen war man sicher, unter dem Schlagwort EDI (*Electronic Data Interchange*) standardisierte Geschäftsdatenaustauschformate wie EDIFACT (international, branchenneutral), VDA (Deutschland, Automotive), SEDAS (Deutschland, Handel) oder ANSI X12 (USA, branchenneutral) koordiniert und ausgearbeitet zu haben, die zwar untereinander inkompatibel waren, aber zumindest für die jeweiligen Branchen und Interessengruppen eine spürbare Erleichterung brachten. Die Konnektierbarkeit der Prozesse erfolgte auf der Basis simpler Batch-Interaktionslogiken mit standardisierten Kommunikationsprotokollen wie X.400 oder *Odette File Transfer* (OFTP), die zusammen mit Format- bzw. EDI-Konvertern Ende der Achtzigerjahre die ersten Standardtools ergaben. *Value Added Services*, d.h. Mehrwertdienstanbieter, stellten für sich genommen proprietäre Kommunikationsservices bereit, die jedoch die einzige Möglichkeit darstellten, die Kluft zwischen den inkompatiblen nationalen Netzen zu schließen.

Die erforderliche Business-Logik zur Realisierung von Geschäftsprozessen zwischen den ERP-Systemen beschränkte sich auf vergleichsweise simple batchorientierte Import-/Exportschnittstellen, um klassische Geschäftsdokumente wie Rechnungen, Bestellungen oder Lieferabrufe als Datei erzeugen bzw. verarbeiten zu können. Aspekte wie Eskalationsmanagement, Prozess-Controlling oder die semantische Prüfung der Transaktionsplausibilität waren damals kein Thema.

Unabhängig hiervon entstand in den Achtzigerjahren auch innerbetrieblich der Bedarf, heterogene Systemlandschaften zu integrieren. Die Abkehr von isolierten Bereichsanwendungen und die Zuwendung hin zu integrierten Anwendungslandschaften wurde getrieben von Initiativen wie CIM (*Computer Integrated Manufactoring*), Workflow-Management und dem Controlling zur bereichsübergreifenden Bewertung von Transaktionen, Finanzströmen sowie einer strategischen Geschäftsplanung.

Unter dem Schlagwort *Middleware* entstanden Integrationswerkzeuge, deren primäre Aufgabe es war, heterogene Systemlandschaften technisch zu verbinden und transaktionsgesichert Daten auszutauschen. Bis heute ist der messageorientierte Datentransfer MOM (*Message Oriented Middleware*) dominant. Der Bedarf an Standards war gering, da die Anwendungen zum einen hochgradig individualisiert waren und zum anderen die Probleme im eigenen Unternehmen durch Individualentwicklungen schneller realisiert wurden – zumindest was Datenformate und Anwendungsschnittstellen betraf.

Mit dem Aufkommen von *Data Warehouses* entwickelten sich in den Neunzigerjahren ETL-(Extraction-, Translation-, Loading-)Tools, deren Fokus im Gegensatz zur Middleware nicht auf dem batchorientierten Im- und Export von Transaktionsdaten zwischen Applikationen lag, sondern in der zeitnahen Zusammenführung (dem Auslesen) von Daten aus unterschiedlichsten Datenquellen und Anwendungen in einen Datenpool.

Diese vormals völlig unabhängigen Disziplinen wachsen durch die neuen Anforderungen des C-Business zusammen. Die »neuen« Integrationsstrategien EAI und Web Services lassen sich als Weiterentwicklungen interpretieren, wobei EAI seine Wurzeln in der Middleware bzw. ETL und Web Services im EDI-Umfeld hat.

1.2.2 Kommunizieren – Verstehen – Handeln

Die wirtschaftliche Zusammenarbeit in Industrie und Handel hat sich bereits so stark verändert, dass nicht nur traditionelle Geschäftsprozesse auf der Basis des Internets elektronifiziert werden. Entstanden sind neuartige Business-Modelle im Bereich der elektronischen Marktplätze (B2B-Martplätze, Portals), der Wertschöpfungsketten (SCM, Procurement) sowie der Kundenservices (ECR). Auslöser waren die Fantasien, die in der zweiten Hälfte der Neunzigerjahre durch den Internet-Boom und die sich entwickelnden technischen Möglichkeiten (Internet, WWW, XML, Java) zu Business-Modellen herangereift sind (GARTNER GROUP, siehe Abbildung 1.5).

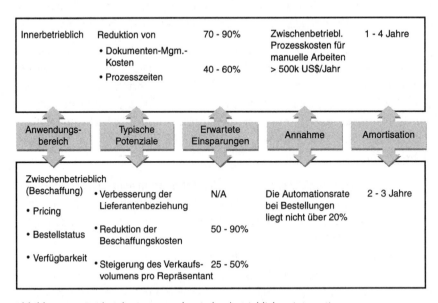

Abbildung 1.5 RoI bei der inner- und zwischenbetrieblichen Integration

Diese evolutionären und damit für das wirtschaftliche Überleben essenziellen Geschäftsstrategien setzen eine hochaktuelle Informationstransparenz und Transaktionsabwicklung voraus, die über die Unternehmensgrenzen hinweg gesichert sein müssen. Der bloße Austausch von Daten ist unzureichend, wenn die Gegenseite diese nicht automatisch interpretieren und weiterverarbeiten kann.

Diese neuartige Form der Abwicklung und auch völlig neue Geschäftsmodelle bedingen zudem standardisierte, akzeptierte Prozesse und Interaktionsmodelle. Ebenso sind Methoden erforderlich, mit deren Hilfe die notwendigen Anpassungen oder Erweiterungen effektiv ausgehandelt und implementiert werden können.

Die Aufgabenstellung umfasst hierbei:

▶ Technischen Transfer von Daten (Protokolle, Packaging, Codierung)
▶ Semantische Standards (Integrationsdatenmodelle, Produktkataloge, Syntax)
▶ Prozess- und Interaktionsschemata (Secure Transaction Loops, Prozessmodelle)
▶ Methoden zur Definition von Standards bzw. deren Spezifikation im Rahmen von Implementationen (Frameworks)

So ist beispielsweise der XML-Standard als hochflexibler »Werkzeugkasten« nicht unmittelbar für die Definition von Daten- und Darstellungsformaten nutzbar. Es fehlen die allgemein anerkannten und durchdachten Spezifikationen, die z. B. vorgeben, wie exakt eine Information (z. B. Produktkatalog, Rechnung) mithilfe von XML (Namespaces, Dokumentensyntax) darzustellen ist. Gleiches gilt für Kommunikationsprotokolle wie TCP/IP, HTTP oder Packaging-Mechanismen wie MIME, die zu generisch sind, um die spezifischen Anforderungen wie Security (Authentifikation, Nachvollziehbarkeit, Vertraulichkeit), Routing (ERP-Weiterleitung) und Transaktionssicherheit zu unterstützen. Klassische Formatstandards wie EDIFACT oder ANSI X12-Interaktionsmodelle und Systeme wie EDI genügen nicht mehr den wachsenden Anforderungen der Realtime-Verarbeitung sowie der Anforderung, unterschiedlichsten Datenarten und -volumina gerecht zu werden. Auch erweisen sie sich als zu proprietär, um an die neuen Technologien angepasst werden zu können (META GROUP, siehe Abbildung 1.6).

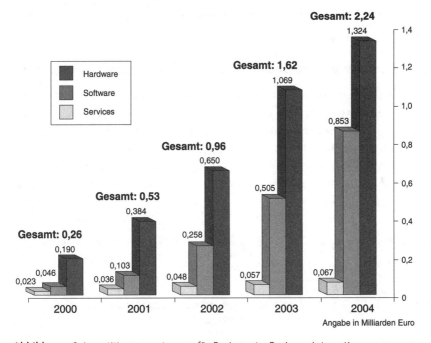

Abbildung 1.6 Investitionserwartungen für Business-to-Business-Integration

Strategien, Technologien und Erfahrungswerte noch vor kurzem eigenständiger Fachdisziplinen sind gezwungen zu migrieren. Hierzu zählen u. a. die Folgenden:

▶ Middleware (Komponentenkopplung, Plattformkopplung, Routing, Load Balancing, innerbetriebliche Transaktionsabwicklung)

▶ ETL (Extraction, Translation, Loading)

- Processware (Prozessorganisation, Prozess- und Interaktionssicherung, Bedienung verschiedener Datenquellen)
- EDI (Datentransformation, Semantische Datenformatstandards, messageorientierte ERP-Schnittstellen, rechtliche Geschäftssicherung)
- Communicationware (Formular- und Integrationsschnittstellen, Enveloping, Transferprotokolle, Sicherheitstechnologien, Routing)

Enterprise Application Integration und Web Services stellen zurzeit die dominanten Integrationsansätze dar. Während EAI im Wesentlichen Elemente aus den Bereichen Middleware, Processware und Communicationware zu einer innerbetrieblichen Integrationsarchitektur beinhaltet, stehen bei Web Services Standards zur zwischenbetrieblichen Interaktion im Vordergrund. Standardisierungsgremien und Interessengruppen wie ebXML, BizTalk oder RosettaNet sind angetreten, um diese Bedarfe mit Produkten, Frameworks, Prozessmodellen und Datenformatstandards zu schließen. Die Aktivitäten erweisen sich bislang noch als wenig koordiniert, sodass konkurrierende Ansätze (z.B. ebXML, RosettaNet) keine Seltenheit darstellen.

1.2.3 Anwendungsbereiche der Business-to-Business-Integration

Mittlerweile wurde eine Vielzahl möglicher Einsatzszenarios für alle Phasen der Geschäftsabwicklung innerhalb der Wertschöpfungskette entwickelt. Es zeigt sich, dass bei den bestehenden Kommunikations- und Integrationsansätzen erhebliche Defizite bei der Interoperabilität (z.B. proprietäre Packaging- oder Formatierungsmethoden) sowie bei der Erfüllung von betriebswirtschaftlichen Grundvoraussetzungen (wie etwa Geschäftssicherheit, Prozess- und Interaktionsstandards) bestehen (siehe Tabelle 1.4).

Supply Chain Management (SCM)	Austausch von Logistik-, Planungs- und Steuerungsinformationen zwischen Lieferanten, Kunden und Logistikdienstleistern
Efficient Consumer Response (ECR)	Austausch von Abverkaufszahlen, Forecast-, Lagerstands- und Produktionsdaten zwischen Handel und den vorgelagerten Stufen
E-Procurement	Austausch von Produkt-, Preis-, Verfügbarkeits- und Bestelldaten zwischen Mitarbeitern sowie Lieferanten
Customer Relationship Management (CRM)/Sales Force Automation (SFA)	Austausch von Kundendaten, Angeboten, Auftragsdaten, Korrespondenz und Produktinfos für den Vertrieb/Außendienst

Tabelle 1.4 Anwendungsbereiche der Business-to-Business-Integration

Marktplätze/Portale	Austausch von Unternehmens-, Bedarfs- und Verfügbarkeitsdaten sowie diverser Service- und Finanzdienste
Geschäftsdatenaustausch (EDI, XML/EDI, WebEDI)	Austausch aller Formen von Geschäftsdaten für die Transaktionsabwicklung und -steuerung
Systemkopplung/Data Warehouse	Datenaustausch, -sammlung und -aufbereitung zwischen heterogenen System- und Applikationswelten

Tabelle 1.4 Anwendungsbereiche der Business-to-Business-Integration (Forts.)

Als problematisch erweisen sich weniger die Basistechnologien wie TCP/IP, MIME, HTTP, PKI oder XML als vielmehr deren Zusammenspiel und Umsetzung in implementierbare Produkte und Lösungsszenarios (siehe Abbildung 1.7). Entwicklungen werden zurzeit in folgenden Bereichen betrieben:

▶ **»Technische« Standards**
  Definition und Realisierung von »höheren technischen Services« (z.B. UDDI, SOAP, WSDL)

▶ **Frameworks**
  Methodiken für die Vorgehensweise von Definitions- und Abstimmungsprozessen

▶ **Business-Standards**
  ▷ Geschäftsprozesse
  ▷ Interaktionsmechanismen
  ▷ Datenformate für konkrete betriebswirtschaftliche Problemstellungen (z.B. Procurement) oder Branchenanforderungen (z.B. Hightech-Industrie)

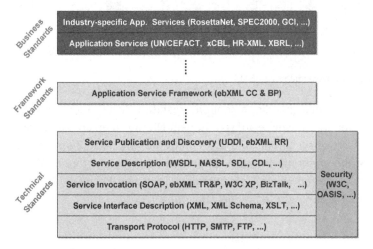

Abbildung 1.7 Zusammenhang zwischen verschiedenen Technologien und Initiativen

1.2.4 Abgrenzung von Enterprise Application Integration und Business-to-Business-Integration

Es hat sich mittlerweile eingebürgert, dass Trendthemen und Schlagworte, wie *Business-to-Business-Integration* (z.B. Web Services, EDI, Katalog-/Datenformate) und *Enterprise Application Integration* (z.B. Middleware, ETL, MOM), sehr freizügig in der Presse und im Marketing genutzt werden. Dazu gehören kreative Wortschöpfungen und die falsche bzw. platte Nutzung von Fachbegriffen als »Buzz-Word«. Im Folgenden werden nun die beiden großen Bereiche EAI und B2Bi kurz erläutert und mit ihren Aufgabengebieten einander gegenüber gestellt (siehe auch Kapitel 4).

EAI – Enterprise Application Integration

Das Schlagwort EAI steht für *Enterprise Application Integration*. Umschrieben werden damit Methoden, Strategien sowie Technologien zur Kopplung von Anwendungssystemen innerhalb eines Unternehmens. Typische Einsatzgebiete sind die Kopplung heteroger bzw. verteilt organisierter Systemlandschaften oder die Anbindung sogenannter *E-Business-Anwendungen*, etwa E-Procurement-, EDI-, SCM- oder CRM-Systeme (siehe Abbildung 1.8).

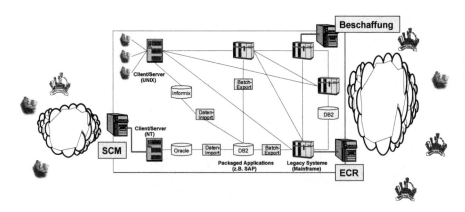

Abbildung 1.8 Anwendungsbereiche von EAI

Als Aufgabenschwerpunkt ist die technisch-organisatorische Anbindung der betrieblichen Anwendungssysteme auf sehr hohem Niveau zu erkennen. Zu nennen sind beispielsweise synchrone und asynchrone Kommunikationsarchitekturen, Transaktionsüberwachung, Interface Definitions und Connectoren, Object-Management-Architekturen sowie Unterstützungs-Tools wie Prozessdesign oder komplexere Format-Mappings (SAG, siehe Abbildung 1.9).

		Intra-Application	Inter-Application
Inter-Business	Beispiel	**Integrierte B2E-Systeme** • Ausgegliederte Funktionen • Enge Kooperation	**Unabhängige B2E-Systeme** • Marktteilnehmer • Lose Kooperation
	Technik	**Messaging (Proprietär)** • Asynchrone Nachrichten • Spezifische Formate	**Messaging (XML, EDI)** • Asynchrone Nachrichten • Standardisierte Formate
Intra-Business	Beispiel	**Verteilte Anwendungen** • Geografisch • Physisch (Client-Server)	**Anwendungsintegration** • Inhouse-Anwendungen • Standardpakete
	Technik	**Verteilte Komponenten** • CORBA, DCOM, RMI • RPC (prozedural)	**Funktionale Integration** • RPC/RFC-Mechanismen • Send/Receive Conversation

Abbildung 1.9 Gegenüberstellung von inner- und zwischenbetrieblichen Integrationsansätzen

EAI ist eine Weiterentwicklung klassischer Middleware-Ansätze, die meist batch-/ messageorientiert auf die technische Kopplung unterschiedlicher Rechnerplattformen ausgelegt sind. EAI erweitert diesen Ansatz um die Bereiche Datentransformation, Prozessmanagement sowie die Anbindung nach außen orientierter Systeme.

Neben Middleware- finden sich auch ETL-(Extraction-, Transformation-, Loading-) Funktionen. Kennzeichnend sind die nur lesenden Zugriffe auf verschiedene Datenquellen bzw. Anwendungen sowie die Zusammenführung der Informationen. Einsatzgebiete sind insbesondere Data-Warehouse- bzw. Business-Intelligence-Ansätze. Die Kommunikation erfolgt *synchron*, d.h., die Anwendung oder Datenbank reagiert unmittelbar auf die Anfrage und liefert ein Ergebnis. Müssen Daten verbucht, d.h. funktional vom System prozessiert werden, dominieren *asynchrone*, d.h. messageorientierte Kommunikationsstrategien. Ursache ist die enorme Komplexität zur Prozessierung synchroner Anfragen: Die Funktionslogik der Anwendungen ist in der Regel nicht für synchrone, externe Anfragen und Transaktionen (z.B. Zeitverhalten, Performance, Datenintegrität) ausgelegt.

B2Bi – Business-to-Business-Integration

Demgegenüber liegt der Schwerpunkt von B2Bi auf der Organisation und Abwicklung zwischenbetrieblicher Wertschöpfungsprozesse. Hier stehen nicht die Basistechnologien im Vordergrund, sondern deren Kombination und Ausgestaltung zu »höheren Services«. Hinzu kommen Frameworks mit Methoden zur Definition und Implementierung dieser Services.

Hierzu zählen:

- Automatisiert interpretierbare und standardisierte Geschäftsnachrichten (EDIFACT, XML/EDI)
- (Rechts-)Sicherheit der Kommunikation (PKI, SOAP, E-Business-Gesetzte)
- Verbindlichkeit von elektronischen Transaktionen (elektronische Signatur, Secure Transaction Loops)
- Vorgehensmodelle zur Aushandlung von technischen, organisatorischen und wirtschaftlich-rechtlichen Vereinbarungen (Business Agreements)

Die Grundlage der B2Bi bilden zurzeit EDI aufgrund der bestehenden installierten Basis in der Wirtschaft sowie zukünftig die neu entstehenden Web-Service-Infrastrukturen. Die Ausgestaltung der Letztgenannten steckt noch in den Kinderschuhen, da erst »Basistechnologien« wie der Verzeichnisdienst UDDI (Vorgaben zur Erstellung), WSDL und WSFL (Dienste und Schnittstellenbeschreibungen) sowie SOAP (messageorientierter Kommunikationsstandard) bereitstehen.

B2Bi kann nicht losgelöst von EAI betrachtet werden. Die Grenzen sind schwimmend – insbesondere, da viele der ehemals rein auf Middleware spezialisierten Anbieter ihre Produkte auf die unternehmensübergreifende Integrationsaufgabenstellung erweitern. In einer B2Bi-Aufgabenstellung bildet EAI den »Connector« zu den betrieblichen Anwendungssystemen (siehe Tabelle 1.5).

Kriterium	Bedeutung für EAI	Bedeutung für B2Bi
Aufgabenfokus	Technische ERP-Anbindung/-Kopplung	Betriebswirtschaftlich-organisatorische Abwicklung von Geschäftstransaktionen
Geografischer Integrationsfokus	Innerbetrieblich	Zwischenbetrieblich
Kopplung unterschiedlicher IT-Plattformen	Hoch	Gering
Software-technische Adaption	Hoch	Mittel
ERP-Konnektoren	Zentraler Bestandteil	Externe EAI-Produkte
Integrations- und Web-Kommunikation	Hoch	Mittel
Prozesse	Hoch (IT-Transaktionen)	Hoch (Geschäftsprozesse)
Realtime Information Broker	Hoch	Mittel
Transaktionsfähigkeit	Hoch	Mittel

Tabelle 1.5 Gegenüberstellung der wesentlichen Anforderungsprofile von EAI und B2Bi

Kriterium	Bedeutung für EAI	Bedeutung für B2Bi
Komplexität der Transaktionsabwicklung	Hoch	Gering
Standards	Gering	Hoch
Bedeutung technischer Standards/Protokolle	Hoch	Hoch, Weiterentwicklung zu höheren Services
Datenformatstandards	Gering	Hoch
Kommunikationsstandards	Gering	Hoch
Interface-Standards	Mittel (bedingt verfügbar)	Mittel (in Entwicklung)
Security	Mittel	Hoch
Kommunikationssicherheit	Gering	Hoch
Authentizität/Autorisation	Gering	Hoch
Datenintegrität	Hoch	Hoch
Datenqualität	Hoch	Hoch
Interaktionssicherheit	Transaktionssicherheit	Prozessintegrität
Zeitverhalten	Mittel bis hoch	Mittel
Rechtssicherheit	Gering	Hoch
Business Agreements/Rechtsicherheit (Archivierung, elektronische Signatur)	Gering	Hoch
Gesetzgebung	Gering	Hoch
Partner Agreements	Gering	Hoch
Produktverfügbarkeit	Mittel	Mittel
Verfügbares Know-how/Erfahrungen	Mittel	Mittel

Tabelle 1.5 Gegenüberstellung der wesentlichen Anforderungsprofile von EAI und B2Bi (Forts.)

1.3 Management von Branchenbesonderheiten für SCM-Software

Die Wettbewerbsfähigkeit eines Unternehmens hängt wesentlich von seinen betrieblichen Anwendungssystemen ab sowie von deren Fähigkeit, die betrieblichen Besonderheiten abbilden zu können. Der Königsweg zwischen weniger aufwändigen, dafür aber starren Paketen und den hochadaptierbaren, jedoch teuren und mit erheblichem Einführungsrisiko behafteten ERP-Systemen ist noch nicht so recht gefunden. Anbieter entschärfen die Problemstellung mit Branchenlösungen. Diese sind sowohl funktional als auch bei den genutzten Algorithmen auf die jeweiligen »Branchenbesonderheiten« abgestimmt.

Die Erfahrung zeigt, dass die am Software-Markt vorherrschende Brancheneinteilung aufgrund stark divergierender Fertigungsarten, Unternehmensgrößen sowie Einbindung in einen Unternehmensverbund Probleme mit sich bringt und eine zusätzliche Berücksichtigung von Betriebstypen sinnvoll ist – wie sich nachfolgend noch zeigen wird.

1.3.1 Abbildung von branchenspezifischen Funktionen

Um SCM richtig betreiben zu können, muss ein SCM-System geeignete Funktionen, die branchenabhängigen Anforderungen und Eigenheiten abbilden, für die unternehmensübergreifende Planung und Steuerung des Logistiknetzes zur Verfügung stellen. Für SCM-Standardanwendungssoftware sind *Branchenbesonderheiten* hierbei ein zentrales Auswahlkriterium, da nicht nur wesentliche Unterschiede bei den Fertigungsprozessen, sondern auch bezüglich der verwendeten Auswertungs- und Optimierungsverfahren existieren.

Die Unterschiedlichkeit der Anforderungen verschiedener Branchen wird darin deutlich, dass der SCM-Software-Anbieter I2 TECHNOLOGIES seinen Schwerpunkt in der Branche Elektronik hat (72% der Kunden), während MANUGISTICS und NUMETRIX vor allem in der Konsumgüter- und der Prozessindustrie vertreten sind. I2 TECHNOLOGIES kommt den Branchenanforderungen durch seine Echtzeit-Entscheidungsverarbeitung über eine speicherresidente Datenhaltung entgegen, während die Systeme von NUMETRIX und MANUGISTICS in ihrem Marktsegment mit Datenbanklösungen zurechtkommen. GARTNER GROUP weist darauf hin, dass die Anbieter aufgrund dieser Entwicklung nur bestimmte Branchen ausreichend gut funktional abbilden.

Aus Sicht der Anwender gestalten sich Branchenbegriffe sowie die Zuordnung von Unternehmen arbiträr und keineswegs ausreichend, um die funktionalen Besonderheiten darzustellen. So bedient eine SCM-Software für die Konsumgüterindustrie sowohl Hersteller von Sporttextilien als auch Produzenten von Jogurt, obwohl die Anforderungen etwa bezüglich der Produktionsplanung kaum vergleichbar sind. Der Fertigungsprozess der Jogurthersteller dürfte mehr mit dem eines Pharmaunternehmens gemein haben als mit einem Fertiger von Sportschuhen. Ein weiteres Beispiel ist der Reifenhersteller GOODYEAR, der der Automobilbranche zugeordnet wird, dessen betriebswirtschaftliche Abläufe jedoch mit denen eines Motorenproduzenten wenig Ähnlichkeit haben.

1.3.2 Anforderungsprofil an SCM-Software-Pakete

Die am Markt verfügbaren Software-Lösungen lassen sich in Speziallösungen und ERP-Erweiterungen unterteilen. SCM-Lösungen wie I2 TECHNOLOGIES oder MANUGISTICS unterliegen nicht den Restriktionen gewachsener ERP-Architekturen und realisieren dementsprechend SCM-Prozess- und Rollenmodelle, ohne auf bestehende Software-Architekturen oder Datenmodelle Rücksicht nehmen zu müssen. Der Vorteil für den Anwender ist, dass er einen Best-of-Bread-Ansatz verfolgen kann, nachteilig ist hingegen die aufwändige und risikobehaftete Integration in bestehende Anwendungslandschaften mittels EAI.

Bei ERP-Erweiterungen tritt das Integrationsproblem in den Hintergrund, da Datenmodelle und Prozesse aufeinander abgestimmt sind. Als nachteilig kann sich eine unzureichende oder inadäquate Implementierung von SCM-Prozessen und -Algorithmen erweisen, was zu individuellen Ergänzungen führen kann. Ein häufig angeführtes Argument, dass ERP-Erweiterungen nur rudimentäre SCM-Funktionen bereitstellen, ist pauschal nicht mehr zutreffend. Spätestens mit der Anfang 2001 von SAP veröffentlichten Version ihrer SCM-Software ist diese These widerlegt, da mySAP SCM mit der Kernkomponente APO 3.1 (Advanced Planner and Optimizer) als den Speziallösungen ebenbürtig einzustufen ist.

Die Funktionen von SCM-Software lassen sich in folgende Bereiche unterteilen:

- **Supply Chain Planning (SCP)**
  SCP umfasst alle strategischen, taktischen und operativen Planungsaufgaben zur Verbesserung der Produktivität eines Liefernetzwerkes.

- **Supply Chain Execution (SCE)**
  Die Aufgabe des SCE besteht hingegen in der operativen Koordination und Überwachung der Abwicklungprozesse.

- **Technische Basisarchitektur**
  Technische Grundlagen bilden die Datenverwaltung und Kommunikation, die den internen Datenhaushalt organisieren und den Informationsaustausch unter den Modulen, zwischen ERP-Systemen sowie mit externen Partnern realisieren.

Die Gesamtaufgabenstellung des SCM kann in neun logisch abgeschlossene betriebswirtschaftliche Teilbereiche differenziert werden (siehe Abbildung 1.10). Bei den Funktionsmodulen stehen die für SCM erforderlichen zwischenbetrieblichen Anforderungen im Vordergrund. Sie lassen sich in sechs Funktionsmodule für den Gesamtkomplex der Auftragsabwicklung (z.B. die Logistiknetzplanung) sowie drei Querschnittsfunktionen (z.B. unternehmensübergreifende Zusammenarbeit) differenzieren.

Die Logistiknetzplanung beinhaltet die Anforderungen an eine Beschaffungs-, Distributions- und Bestandsplanung. Auf der rechten Seite der Abbildung sind die jeweils unterstützten betrieblichen Prozesse vermerkt.

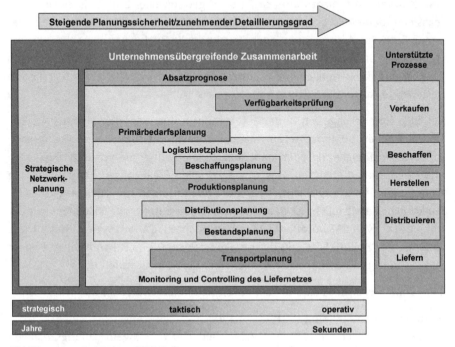

Abbildung 1.10 Architektur SCM-Software

Im Mittelpunkt dieses Buches steht das SCP. Wo es bedeutsam erscheint, gehen die Autoren auf ergänzende Querschnittsfunktionen ein. Wie aus Abbildung 1.10 zu entnehmen ist, handelt es sich bei der zweiten Ausprägung des Kern-Schalen-Modells um die Funktionen für unternehmensübergreifende Zusammenarbeit sowie Monitoring und Controlling des Liefernetzes. Diese werden an mehreren Stellen in der Wertschöpfungskette benötigt und eingesetzt. Bei der strategischen Netzwerkplanung handelt es sich um eine übergeordnete Komponente, die für die Gestaltung der Supply Chain (SC) verwendet wird. Sie ist von besonders großer Bedeutung in Branchen, in denen sich die Zusammensetzung des Liefernetzes sehr häufig ändert. Die folgende mündliche Aussage eines SC-Managers von HEWLETT-PACKARD mag dies illustrieren: »In some companies, the supply chain may change every 10 years; at HP it changes completely every three years. To say it another way, if I have the perfect supply chain today, it will be wrong in the year 2002. It won't be off the mark; it will be wrong«.

mySAP SCM der SAP AG als Referenzsystem für Lösungen am Markt

Zur besseren Verständlichkeit der Zusammenhänge werden im Verlauf des Buches anhand der mySAP SCM-Lösung die Möglichkeiten und Grenzen von SCM-Systemen detailliert aufgezeigt. Die Wahl des SAP-Produktes als Referenzobjekt erfolgte aufgrund seines Funktionsumfangs bei SCM und Integrationsansätzen sowie den Konsolidierungstendenzen auf dem Markt für SCM-Software (z. B. Übernahme von ASPECT durch I2 TECHNOLOGIES, von BERCLAIN durch BAAN oder von RED PEPPER durch PEOPLESOFT). Hinzu kommt die starke Position der SAP AG am Markt für ERP-Standardsoftware und das hohe Interesse der Anwender am Produkt der SAP.

Neben I2 TECHNOLOGIES und MANUGISTICS hat sich SAP zu einem der Marktführer für branchenneutrale SCM-Software entwickelt. Sowohl FORRESTER RESEARCH (siehe Tabelle 1.6) als auch die GARTNER GROUP (siehe Abbildung 1.12 bis 1.14) sehen mySAP SCM (APO) in der führenden Position. SAP hat sich der sehr ehrgeizigen Aufgabe gestellt, als momentan einziger Software-Hersteller seine SCM-Software nicht auf einzelne Branchen zu fokussieren, sondern allen interessierten Kunden zugänglich zu machen. Mit mySAP Technology wird ferner eine offensive Strategie zur Öffnung der eigenen Produktpalette zu Fremdsystemen sowie externen Partnern verfolgt, was sich in eigenen EAI- und B2Bi-Architekturen und -Tools äußert.

Vendors	Global solution	Visions for NSCs	Technology for NSCs	eMarketplace strategy for NSCs	Core SCM solution	Comments
SAP	●	◔	◔	●	◔	First-class industry knowledge and solid apps for NSCs and eMarketplaces.
i2	◔	●	◔	◑	●	Excellent vision and solid core supply chain functions.
Manugistics	◔	◔	◔	◑	●	Good vision and solid apps. Need to beef up integration.
Adexa	◔	◔	◔	◕	●	Sound vision, must come up with industry solutions.
Oracle	●	◑	◑	◔	◔	Reasonable vision on NSCs. Good integration and use of technology.

Tabelle 1.6 Einstufung der führenden Supply-Chain-Anbieter durch FORRESTER RESEARCH im 4. Quartal 2000

Vendors	Global solution	Visions for NSCs	Technology for NSCs	eMarketplace strategy for NSCs	Core SCM solution	Comments
Baan	◐	◑	◑	◑	●	Struggles with R&D funding. Many users, but uncertain future.
Peoplesoft	◐	◑	◑	◐	◑	Lacks industry knowledge and R&D funding. Not a global player.
J.D.Edwards	●	◑	◑	◑	◑	Firm platform for mid-tier market. Reasonable vision.
Aspentech	◐	◑	◑	◑	◑	Solid solution for process industry. Reasonable NSC vision.

● = Robust capabilities ◐ = Promising capabilities ◑ = Basic capabilities
◔ = Minimal capabilities

Tabelle 1.6 Einstufung der führenden Supply-Chain-Anbieter durch FORRESTER RESEARCH im 4. Quartal 2000 (Forts.)

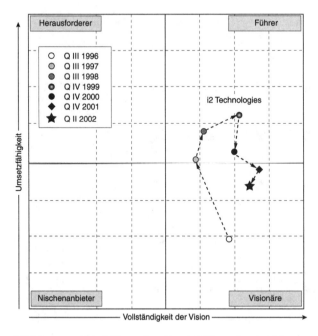

Abbildung 1.11 Entwicklung einer der drei führenden Anbieter von SCM-Software im »Magic Quadrant« der GARTNER GROUP: i2 Technologies

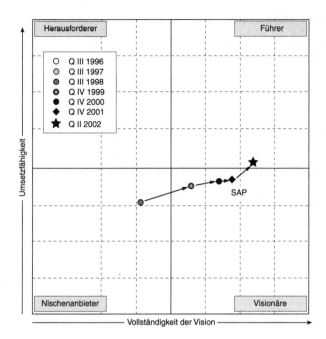

Abbildung 1.12 Entwicklung einer der drei führenden Anbieter von SCM-Software im »Magic Quadrant« der GARTNER GROUP: SAP

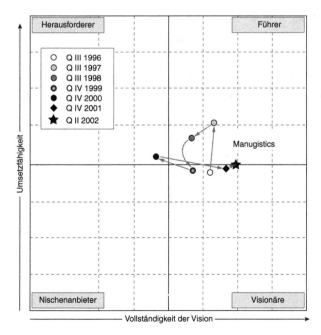

Abbildung 1.13 Entwicklung einer der drei führenden Anbieter von SCM-Software im »Magic Quadrant« der GARTNER GROUP: Manugistics

Das SAP-SCM-Paket *mySAP SCM* besteht aus mehreren Komponenten, die integriert zusammenarbeiten und flexibel zur Abdeckung der Kundenbedarfe kombiniert werden können (siehe Abbildung 1.14). Das SAP Business Information Warehouse (BW) dient zur Analyse und Auswertung der Daten, die durch die Planungskomponente APO und die Execution-Software R/3 Enterprise erzeugt werden. Das Zusammenspiel und die Leistungsfähigkeit der mySAP SCM-Komponenten werden detailliert in Kapitel 9 erläutert.

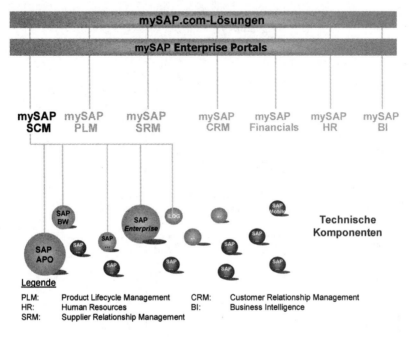

Abbildung 1.14 Die mySAP.com-Lösungen der SAP AG

2 Collaborative-Prozesse und Integrationsanforderungen

Der Begriff *Collaborative* besagt, dass rechtlich und organisatorisch unabhängige Kooperationspartner ihre Aktivitäten gleichberechtigt gemeinsam bzw. aufeinander abgestimmt durchführen. Bezogen auf Collaborative SCM erfolgt dies mittels eines besseren und intensiveren Informationsaustauschs sowie eng aufeinander abgestimmter Planungs-, Steuerungs- und Problembewältigungsaktivitäten innerhalb der maschenartigen Kooperationsstrukturen zwischen Unternehmen und ihren Partnern. Analysten wie AMR betonen die Relevanz eines besser aufeinander abgestimmten Verhaltens zwischen Geschäftspartnern:

> »High-tech and other manufacturers of products with short life cycles tend to favor applications that allow users to incorporate and manipulate forecasts and data from a number of sources, including distributors, dealers, value-added resellers, sales reps, and marketing personnel.« [AMR 1999]

Die hier zu Grunde liegende Motivation geht einer Studie der Unternehmensberatung CON MOTO zufolge vor allem von erwarteten Kostenpotenzialen (75%) sowie der Verbesserung des Lieferservices und einer Steigerung der Flexibilität (70%) aus.

Lieferengpässe oder Absatzschwankungen werden nicht erst durch Lieferanten bzw. Kunden kurzfristig sichtbar. Sie lassen sich vielmehr bereits dann identifizieren, wenn Probleme bei den Partnern auftreten, und hieraus Risiken in der Planung antizipieren. Phänomenen wie dem Peitscheneffekt, der das Aufschaukeln von Nachfrageschwankungen beschreibt, wird die Grundlage entzogen.

Eine verbesserte Produktverfügbarkeit führt zu Umsatzsteigerungen bei sinkender Kapitalbindung mit dem Ziel, dass beide Partner vom gemeinsam geschaffenen Zusatznutzen profitieren sollen (»Win-Win-Situation«). Jedoch bringt eine Kooperation auch Kosten (z.B. Software-, Koordinations- und Kommunikationskosten) sowie die Gefahr des Verlusts an Eigenständigkeit oder des Missbrauchs offen gelegter Produktions- und Lagerdaten.

Soweit die Theorie. In der Praxis bedeutet dies, dass in den Unternehmen organisatorisch sowie systemseitig die Fähigkeit bestehen muss, Informationen möglichst automatisiert zu erzeugen sowie diese gezielt und auswertbar den relevanten Partnern bereitzustellen. Empfängerseitig müssen die Daten zeitnah ausgewertet werden können, um gegebenenfalls Planungen (zusammen mit Partnern) zu nivellieren oder Eskalationsprozesse anzustoßen. Ebenso müssen diese Gesamtprozesse über große und kleine Unternehmen hinweg zu steuern und zu überwachen sein.

Ein kritischer Blick auf die Realität in den vergleichsweise einfacheren Strukturen innerhalb eines Unternehmens verdeutlicht, welche Herausforderungen bei rechtlich, organisatorisch und systemtechnisch völlig unabhängigen Unternehmen zu bewältigen sind. Status quo ist, dass SCM-Anwendungen an Funktionalität und Produktreife deutlich gewonnen haben, jedoch keineswegs zueinander kompatibel sind, geschweige denn durchgängig in der Wirtschaft zum Einsatz kommen. Im Bereich der kollaborativen Planung und Execution bestehen in den SCM-Anwendungen noch erhebliche Defizite. Integrationstechnologien obliegt als Bindeglied zwischen Anwendungen innerhalb wie auch zwischen Unternehmen nicht nur der Informationstransport. Sie haben auch die viel bedeutendere Aufgabe, Inkompatibilitäten in der Semantik, den Prozessen und den funktionalen Defiziten in Anwendungen Herr zu werden. Dies ist auch einer der Gründe, weshalb die Komplexität von Integrationsplattformen exponentiell steigt.

Kaum verwunderlich, dass Kooperationen von beherrschenden oder wirtschaftlich »wichtigen« Unternehmen initiiert und nicht selten durchgesetzt werden (so genannte *elektronische Hierarchien*). Dieses Durchsetzen individueller SCM-Strategien in Verbindung mit den eingeschränkten Finanz- und Technologie-Ressourcen insbesondere kleinerer Unternehmen führt dazu, dass der Nutzen lediglich einzelnen »Gliedern« in der Supply Chain zugute kommt.

SCM-Funktionalitäten (siehe Kapitel 3, 6 und 7) und Integrationsarchitekturen bzw. -standards (siehe Kapitel 4 und 5) werden zu einem späteren Zeitpunkt detailliert behandelt. Jetzt setzen wir uns etwas näher mit wichtigen, SCM zugrunde liegenden Business-Szenarios, wie Collaborative Planning (CPFR), Beschaffungs- und Bevorratungsstrategien (E-Procurement, VMI/SMI), integrierter Transaktionsabwicklung (EDI) und Exchange-Plattformen (Marktplätze, Branchennetze) auseinander sowie den sich hieraus ergebenden Integrationsanforderungen. Diese lassen sich, wie in Abbildung 2.1 am Beispiel »Konsumgüterindustrie/Handel« zu sehen, noch in ihrer Intensität unterscheiden. Zum dargestellten Schema ließe sich noch eine Stufe in Form eines direktes Angebots an den Endverbraucher (z. B. DELL) ergänzen.

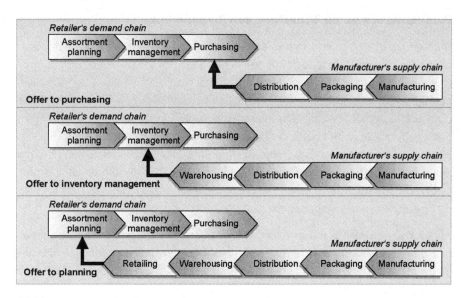

Abbildung 2.1 Unterschiedlicher Integrationsgrad zwischen Konsumgüterindustrie und Handel

2.1 Zentrales versus dezentrales Supply Chain Management

Hinter der Forderung nach Transparenz von Supply Chains steht die mangelnde Informationsqualität in den Bereichen Absatz und Beschaffung. Ursache sind unter anderem unabgestimmte Kapazitäten, fehlendes Wissen zu Lagerreichweiten, Promotion-Aktionen sowie Wiederbeschaffungszeiten. Leidige Folge sind kapitalintensive Sicherheitsbestände und teure Ad-hoc-Aktionen. Dennoch sind Engpass- bzw. Eskalationssituationen keine Seltenheit. So stellen im Bereich Automotive Bedarfsschwankungen von 30-50% im Kurzfristbereich keine Ausnahme dar. Dies ist eine Katastrophe vor dem Hintergrund von *Just-in-Sequence-Strategien* (JiS), wie beispielsweise bei BMW. Bei JiS werden die Komponenten in der Sequenz des Kunden-Montagebandes kommissioniert und angeliefert, was die Strategie extrem sensibel für Störungen jeglicher Art macht. Lieferantenseitig erfolgt hierzu der Versand verschiedener Varianten des gleichen Teils in gemischten Packstücken unter Berücksichtigung der Montagesequenz im Kundenwerk.

Wären Vorhersagen, Planungen und Zusagen verlässlich, bestünde de facto keine Notwendigkeit zu wissen, ob Vor-Vorlieferanten Probleme haben oder wie die Nachfrageschwankungen am POS beim Kunden des Kunden ist.

Voraussetzungen zur Schaffung von Transparenz

Die Verfügbarkeit von Informationen wie Bestände oder Lieferengpässe aller Supply-Chain-Glieder stellt jedoch nur den ersten Schritt zur Transparenz einer Supply Chain dar. Ein wesentlicher weiterer Bestandteil ist die Planbarkeit der effektiven Verfügbarkeit. Hierzu gilt es logistische Rahmenbedingungen wie Lager-, Transport- und Produktionskapazitäten innerhalb der Supply Chain zu berücksichtigen. Dazu gehören der potenzielle Durchsatz von Material in der Produktion der Supply-Chain-Unternehmen bzw. die Bestimmung der Materialströme zwischen Unternehmen. Dies bildet die Grundlage, um mit SCM-Systemen eine Supply Chain als Logistiknetzwerk mit seinen komplexen Abhängigkeiten abzubilden, d.h. berechen- und planbar zu machen.

Als tückisch erweist sich die Auswertbarkeit der Daten: Sie müssen interpretierbar, vergleichbar und vollständig sein, was bei den unterschiedlichen Darstellungs-, Strukturierungs- und Identifikationsmethoden der genutzten ERP- und SCM-Systeme keine triviale Aufgabe darstellt.

Informationsmanagement bei SCM

Mit SCM wird eine Doppelstrategie betrieben:

1. Massive Integration der direkt vor- und nachgelagerten Partner in Vorhersage-, Planungs- und Abwicklungsprozesse, d.h. Homogenisierung von Abläufen und Verfahren in Verbindung mit intensivem Informationsaustausch
2. Antizipation der verbleibenden Restrisiken, indem basierend auf den Daten mehrerer Supply-Chain-Stufen Bedarfe bzw. Nachfrageverhalten der Geschäftspartner unabhängig von deren Planungen »geplant« werden

Für Letzteres müssen Informationen nicht nur von den direkten Geschäftspartnern (Lieferanten, Kunden), sondern ebenso von deren Partnern einbezogen werden. Selbst wenn bestehende ERP- bzw. SCM-Systeme in der Lage wären, mehrstufige Wertschöpfungsketten zu organisieren (was keineswegs als gegeben angesehen werden kann) – warum sollte das einzelne Unternehmen Informationen an andere weitergeben, zu denen keinerlei direkte Geschäftsbeziehung besteht, nur weil es sich um den Kunden eines Kunden handelt? Hinzu kommen psychologische und ökonomische Hemmschwellen wie der zu betreibende Aufwand und der fehlende Nutzen, was eine Durchsetzbarkeit nahezu unmöglich macht. Es sind technische und organisatorische Anforderungen zu erfüllen, etwa einfache Kommunikationskanäle und Datenformatstandards sowie die Fähigkeit, bei Sender und Empfänger diesen Datenwust bereitzustellen bzw. sinnvoll zu bearbeiten. Summa summarum ein wenig realistischer Ansatz (siehe Abbildung 2.2 und 2.3).

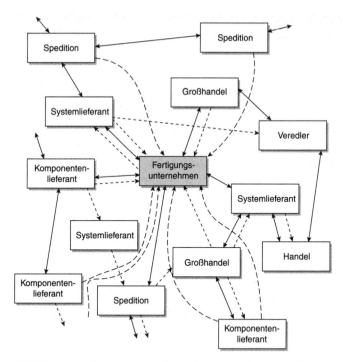

Abbildung 2.2 Schema eines umfassenden SCM-Informationsflusses, basierend auf einem unternehmenszentristischen Ansatz

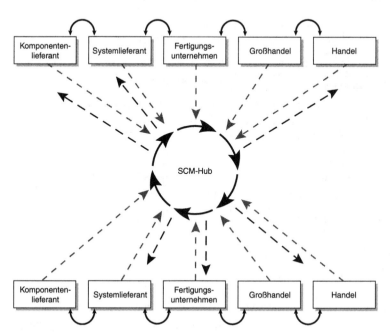

Abbildung 2.3 Schema eines umfassenden SCM-Informationsflusses über einen SCM-Hub

Zentrales versus dezentrales Supply Chain Management **47**

Alternativ ist eine zentrale Instanz (*SCM-Hub*) denkbar, die Informationen wie Bedarfe, Lagerbestände, Produktionsfortschritte oder Probleme sammelt und – gegebenenfalls aufbereitet – gezielt an die Unternehmen weiterleitet. Diese Aufgabe kann von dominanten Marktteilnehmern, (Logistik-)Dienstleistern oder Marktplätzen wahrgenommen werden. Aber auch hier stellt sich die Frage, wie in einem stark vermaschten Wirtschaftsumfeld, wo jedes Unternehmen Teil mehrerer Supply Chains ist, die Abstimmung mit verschiedenen SCM-Hubs sinnvoll erfolgen kann. Zudem bestehen psychologische Hemmnisse, kritische Unternehmensinformationen auf einem System abzulegen, auf das auch der Konkurrent Zugriff hat. Ansätze finden sich sowohl bei (Branchen-)Marktplätzen (z.B. Covisint) aber auch in (Branchen-)Extranets (z.B. ENX) (siehe Abbildung 2.4).

Ein Blick auf am Markt verfügbare SCM-Lösungen zeigt den Trend: Bestehende ERP-Systeme werden mit SCM-Funktionalität erweitert oder mit Drittbieterlösungen integriert. Die Anbindung konzentriert sich auf direkte Lieferanten und Kunden, die stärker in Planung, Koordination und Escalation Management eingebunden werden. SCP (Supply Chain Planning) und SCE (Supply Chain Execution) werden unternehmenszentriert vorwiegend von großen Unternehmen betrieben, die die Informationen vom Partner einfordern, zunehmend jedoch auch SCP-Funktionalität als Service bereitstellen. Neutrale SCM-Hubs haben, ähnlich wie Marktplätze, das Problem, die kritische Masse zu erreichen und ihre Services auf die stark individuellen Anforderungen der Teilnehmer abzustimmen.

	WorldWide Retail Exchange	GlobalnetXchange	CPGmarket.com	Transora
	Supply Chain Management	Supply Chain Management	E-Supply Chain	E-Supply Chain
CPFR (up-stream)	CPFR (up-stream)	CPFR (up-stream)	CPFR (up-stream)	CPFR (up & down)
VMI	VMI	VMI	VMI	VMI
Order Management	Order Management			Order Management
Product tracking	Product tracking			
Capacity Management	Capacity Mgmt.			
Replenishment	Replenishment			Replenishment
Logistics	Logistics	Logistics	E-Logistics	Logistics
Inventory Management		Inventory Mgmt.		Inventory Mgmt.
Production Planning	Procurement			Prod. Planning
SMI				SMI

Abbildung 2.4 Beispiele für das Leistungsangebot von SCM-Hubs

Hier zeichnen sich bereits einige grundlegende Probleme der gesamten SCM-Diskussion ab: Zu nennen sind Qualität, Aktualität und Umfang der Informationsbasis sowie Wille und Fähigkeit der Partner, die Daten in der benötigten Form bereitzustellen (siehe Tabelle 2.1). Komplexität und Anforderungen an die Datenqualität innerhalb der für SCP und SCE genutzten Algorithmen führen entweder zu unbrauchbaren Ergebnissen oder zu einer starken Simplifizierung.

Kriterium	SCM-Hub	Unternehmenszentristischer SCM-Ansatz
SCM-Abdeckungsgrad	Gesamte SCM-Kette	Vor- und nachgelagerte Stufe
SCM-Strategie	Betrachtung und Optimierung der Supply Chain als Gesamtheit	Individuell auf Initiator abgestimmt, Beschränkung auf Supply-Chain-Teilbereich
Neutralität	Ja, Grundvoraussetzung	Nein
Bereitstellung von SCM-Services	Teil des Geschäftsmodells, jedoch wenig auf individuelle Bedürfnisse abgestimmt	Individualisiert auf den Betreiber abgestimmt, generische Services als Anreiz für angebundene Partner
Verbreitung am Markt	Gering. Zu generisch, kritische Masse schwer zu erreichen	Hoch. Standard aufgrund mangelnder Alternativen sowie hochindividueller Anforderungen
Wirtschaftlichkeit	Bislang nur in Einzelfällen erreicht aufgrund der zu geringen Teilnahme	Trotz hohen Investitionsaufwandes gute bis sehr gute RoI-Potenziale
Verbreitung	Gering	Hoch
Hauptrisiken	Zu generische Funktionen. Zu geringe Akzeptanz. Unrentabel aufgrund fehlender kritischer Masse. Komplexitätsfalle bei vermaschten SCs	Inkompatibilität von SCM-Produkten. Nur Betrachtung von Supply-Chain-Teilbereichen. Komplexitätsfalle bei vermaschten Supply Chains
Chancen	Homogenisierung und Visibilität der gesamten Supply Chain. Einbezug von kleinen und mittelständischen Unternehmen (KMUs)	Deutliche Verbesserung des individuellen Logistik-Managements
Schnittstellen	Bemüht um Standards	Stark individuell

Tabelle 2.1 Gegenüberstellung von SCM-Hub und dem unternehmenszentristischen SCM-Ansatz

2.2 Collaborative Planning, Forecasting and Replenishment (CPFR)

CPFR steht für *Collaborative Planning, Forecasting and Replenishment* und wurde 1997 in den USA durch die Voluntary Interindustry Commerce Standards Association (VICS) entwickelt. VICS definiert CPFR als ein 9-stufiges Geschäftsmodell, das den Ablauf einer kooperativen Absatzplanung zwischen Handel und Konsumgüterindustrie in einem Leitfaden beschreibt (siehe das in Abbildung 2.5 dargestellte CPFR-Prozessmodell mit neun Schritten der Zusammenarbeit). Es steht somit am Anfang der Abwicklungskette und beinhaltet den Prognose-Datenaustausch sowie die gemeinschaftliche und verbindliche Abstimmung zur Schaffung von Planungssicherheit, was sich positiv auf Sicherheitsbestände, Produktionsplanung sowie Lieferlogistik auswirkt.

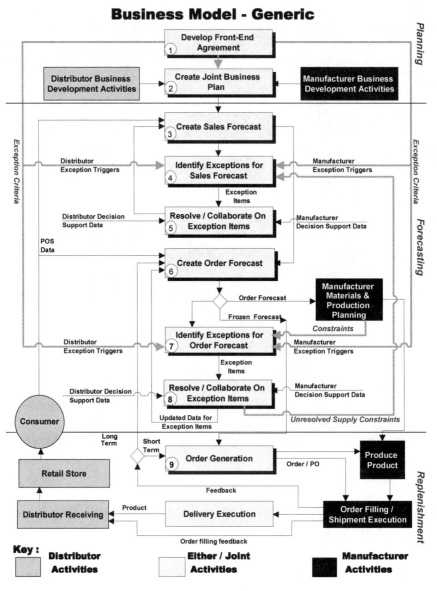

Abbildung 2.5 CPFR-Prozessmodell

Der Kooperationsgedanke wird u.a. durch das CPFR COMMITTEE (*http://www.cpfr.org*) vorangetrieben, in dem Repräsentanten von ca. 70 Industrie- und Handelsunternehmen vertreten sind. Dieses Komitee hat bisher ein Prozess- und Datenmodell für CPFR zwischen dem Handel und Konsumgüterherstellern entwickelt. Diese Modelle wurde inzwischen durch ROSETTANET (*http://www.rosettanet.org*), eine ähnliche Initiative der Elektronikindustrie (siehe Abschnitt 7.1), als Grundlage übernommen. In Deutschland ist das Verfahren bzw. sind ähnliche Konzepte auch unter der Bezeichnung *Prognosedatenaustausch* bekannt.

1. **Schritt: Grundsätzliche Rahmenvereinbarung (Planung)**
   In der Rahmenvereinbarung erklären die Geschäftspartner den Willen, im Rahmen von CPFR zusammenzuarbeiten. Hierfür werden Ziele und deren Messgrößen, Vertraulichkeit und Ressourcen präzisiert. Weiterhin werden in der Rahmenvereinbarung die Bedingungen für die Kooperation, den Informationsaustausch und Verantwortlichkeiten festgelegt.

2. **Schritt: Entwicklung eines gemeinsamen Geschäftsplans (Planung)**
   Trotz unternehmensspezifischer Geschäftsstrategien werden für CPFR relevante Teilstrategien in einen gemeinsamen Geschäftsplan zusammengeführt. Bestandteil ist u.a. die genaue Auswahl der Produkte aus definierten Warengruppen, für die definierte Ziele gelten. Der Geschäftsplan dokumentiert die gemeinsamen Maßnahmen sowie logistische Rahmenbedingungen wie Lieferzeiten, Anlieferbedingungen oder produktionsbedingte Vorlaufzeiten, die in einem verbindlichen Rahmenplan dargestellt werden.

3. **Schritt: Entwicklung einer Bedarfsprognose (Forecasting)**
   Auf der Grundlage von vergangenheits- und zukunftsbezogenen Informationen wird eine gemeinsame Bedarfsprognose der erwarteten Abverkaufsmengen entwickelt. Der Zeithorizont ist von produktspezifischen Besonderheiten und Wiederbeschaffungszeiten abhängig. Ziel ist die Berücksichtigung der erwarteten Bedarfsmengen in der Kapazitäts- und Materialplanung. Prognosegenauigkeit schafft die Basis für eine verbesserte Produktverfügbarkeit bei gleichzeitig optimierten Beständen. Je mehr vergangenheitsbezogene Daten (z.B. POS-Daten, Shipment-Daten, Änderungen im Kaufverhalten) mit zukunftsbezogenen Informationen aus dem Geschäftsplan (z.B. Promotions, Events) verknüpft werden können, umso höher ist die Eintrittswahrscheinlichkeit.

4. **Schritt: Erkennen von Abweichungen in der Bedarfsprognose (Forecasting)**
   Abweichungen treten bei Änderung der Einschätzung erwarteter Bedarfsmengen auf – und zwar zwischen folgenden Bezugsgrößen:
   - Abweichung zwischen zwei Erstellungszeitpunkten innerhalb des rollierenden Sales Forecast für eine Periode
   - Soll-Ist-Abweichung

Voraussetzung ist der kontinuierliche Abgleich der Abverkäufe. Wenn die im Geschäftsplan festgelegten Toleranzbereiche über- bzw. unterschritten werden, ist eine Aktualisierung der Bedarfsprognose erforderlich.

5. **Schritt: Aktualisierung der gemeinsamen Bedarfsprognose (Forcasting)**
In Abhängigkeit von der Art der Abweichung sind entsprechende Reaktionen (z.B. zusätzliche Promotions oder Ausweitungen der Produktionskapazitäten) zwischen den Geschäftspartnern zu vereinbaren. An dieser Stelle ist eine Bedarfsprognose zu erstellen, die der neuen Situation Rechnung trägt.

6. **Schritt: Erstellung einer Bestellprognose (Forcasting)**
Auf der Grundlage der verabschiedeten Bedarfsprognose wird die Bestellprognose erzeugt. Hierzu werden Bedarfsmengen mit weiteren Einflussfaktoren (etwa Bestandsdaten, offene Aufträge und Transit-Ware) zusammengeführt. Vorhandene Bestände entlang der Versorgungskette werden mittels eines unternehmensübergreifenden Austauschs von Bestandsdaten berücksichtigt. Der zeitliche Horizont der Bestellprognose (*Order Forecast*) ist kürzer als jener der Bedarfsprognose (*Sales Forecast*).

7. **Schritt: Erkennen von Abweichungen in der Bestellprognose (Forecasting)**
Die Identifikation von Abweichungen der zu erwarteten Bestellmengen erfolgt analog zu Schritt 4. Unterschiede bestehen in folgenden Bereichen:
   - Kürzere Reaktionszeit
   - Höherer Detaillierungsgrad
   - Umfang und Genauigkeit über die relevanten Einflussfaktoren

8. **Schritt: Aktualisierung der gemeinsamen Bestellprognose (Forecasting)**
Für die Aktualisierung der Bestellprognose ist Schritt 5 analog anwendbar.

9. **Schritt: Bestellung/Auftrag (Replenishment)**
Unter der Voraussetzung, dass die Bestellprognose mit einer hohen Genauigkeit erstellt wurde, ist die Erstellung einer Bestellung bzw. eines Auftrags lediglich die Umwandlung von *erwarteten* in *verbindliche* Auslieferungen (siehe Abbildung 2.6).

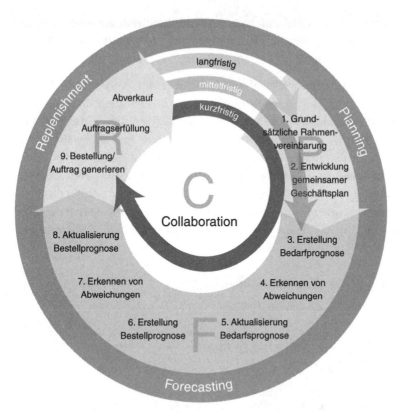

Abbildung 2.6 Kurz-, Mittel- und Langfristeffekte des CPFR-Prozesszykluses

Die Vorstellung, dass CPFR, wie auch die anderen hier behandelten Kollaborations-Ansätze, sich in einem Schritt umsetzen lassen, wäre wünschenswert, spiegelt jedoch die Praxis nicht wider. Die erforderlichen organisatorischen Anpassungen erfolgen in einem sukzessiven Verbesserungsprozess zwischen Industrie und Handel, in dem sich die beteiligten Unternehmen aufeinander »einschwingen«.

▶ **Kurzfristig**
Nutzung von POS-Daten für das zeitnahe Erkennen von Out of Stocks bzw. Überbeständen, um geeignete Replenishment-Maßnahmen einzuleiten

▶ **Mittelfristig**
Erreichen von Lerneffekten, die zur Verbesserung des CPFR-Prozesses genutzt werden

▶ **Langfristig**
Langfristiges Erreichen von Lerneffekten, die zur Verbesserung des CPFR-Prozesses genutzt werden

Ein 13-wöchiger Test von CPFR durch den Lebensmittelhersteller NABISCO FOODS (z. B. RITZ CRACKER) und das Handelsunternehmen WEGMAN'S FOOD MARKETS führte zu einer Steigerung des Absatzes um 36%.

CPFR geht aufgrund der hohen Verantwortung sowie der logistischen Planungs- und Fulfilment-Anforderungen zwingend mit einer Konzentration auf (Schlüssel-)Lieferanten einher. Hemmnisse bei der Umsetzung zeigen sich in der Aushandlung der erforderlichen Prozesse sowie der Abstimmung von Unternehmensabläufen. Viele der insbesondere kleineren Unternehmen, die nur einen von vielen Lieferanten darstellen, sind nicht in der Lage, den Anforderungen gerecht zu werden und laufen daher Gefahr, ausgelistet zu werden. Ferner sind CPFR-Funktionen noch nicht Standard verfügbarer ERP- bzw. SCM-Systeme, was in der Regel mit erheblichem Anpassungsaufwand innerhalb maschenartiger SCM-Netze verbunden ist (siehe Tabelle 2.2).

SCM-Einordnung	Kollaborative Bedarfsplanung
Art des Ansatzes	Zwischenbetriebliches Organisationskonzept
Problemstellung	Große Bedarfsschwankungen noch in der Feinplanung und Notwendigkeit zu Lagerbeständen und Ad-hoc-Aktionen
Ursache	Unabgestimmte Kapazitäten und Planungsmethoden, Peitscheneffekt
Lösungsansatz	Koordination der Planung durch Einigung auf Methoden, Prozesse sowie gemeinschaftliches Verständnis der Planungsqualität
Branchenschwerpunkt	Vorwiegend Handel und Konsumgüterindustrie
Organisatorischer Aufwand	Hoch: Einigung auf Verhaltensregeln, basierend auf Verträgen
IT-Aufwand	Hoch: Aushandlung der Verhaltensregeln kaum sinnvoll zu unterstützen. Austausch der Prognosedaten beispielsweise mittels EDI oder XML technologisch problemlos. ERP-Systeme müssen Erstellung sowie Auswertung der Daten unterstützen, was nur teilweise der Fall ist.
Aktueller Stand	Wachsende Verbreitung auch in anderen Branchen. Bislang wenig Erfahrung und ausgereifte Produkte

Tabelle 2.2 Einordnung und Wertung von CPFR innerhalb des SCM-Ansatzes

2.3 Nachbevorratungsstrategien: Continuous Replenishment und Vendor Managed Inventory

Sowohl *Continuous Replenishment Program* (CRP) als auch *Vendor Managed Inventory* (VMI), *Co-Managed Inventory* usw. haben ihre Wurzeln in den *Efficient-Customer-Response-(ECR-)Strategien* (www.ecr.de) der Neunzigerjahre. Continuous Replenishment schließt sich logisch an CPFR an und stellt eine Methode des

Bestands- und Bestellmanagements durch bzw. in Kooperation mit den Lieferanten dar. VMI ist ein abgeleitetes Verfahren und kennzeichnet einen vom Lieferanten gemanagten Material- oder Warenbestand, der sich in den Räumen des in der Logistikkette nachgeordneten Kunden (Hersteller oder Händler) befindet (siehe Abbildung 2.7).

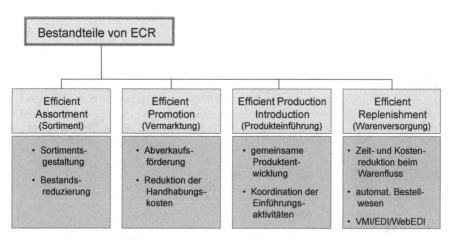

Abbildung 2.7 Übersicht der verschiedenen ECR-Strategien

Der Lieferant übernimmt die Verantwortung für Lagerbestände und die darauf bezogene Zielerreichung des Kunden. Letztere wird z. B. durch Service Levels oder Lagerumschlagszahlen gemessen.

Kerngedanke ist es, Disposition und Nachbevorratung an den Lieferanten zu übergeben und diese Aufwände sowie die von Bestellauslösung, Versand, Prüfung usw. zu sparen. Hierzu werden dem Lieferanten die erforderlichen Daten wie Lagerbestandsdaten und Produktions- bzw. Promotion-Pläne zur Verfügung gestellt. Den Rahmen bildet ein Vertragswerk, in dem neben den Konditionen maximale und minimale Lagerbestände, Verantwortlichkeiten, Koordinationsprozesse, auszutauschende Daten sowie Maßnahmen bei Abweichungen und für den Eskalationsfall festgelegt sind. Auf dieser Basis disponiert und plant der Lieferant für seinen Kunden. Vorteile zieht der Lieferant daraus, nicht mehr nur zu reagieren, sondern selbstständig und abgestimmt auf die eigene Produktions- und Transportplanung zu agieren.

Der Zulieferer erhält durch VMI Einblick in die ihm nachgelagerten bestandshaltenden Einheiten und die Endverbrauchernachfrage sowie oft auch in die Bedarfsplanung seiner Kunden. In vielen Fällen jedoch bezahlt der Empfänger die Ware erst dann, wenn sie verarbeitet bzw. verkauft wird (Konsignationsware). Nur eine signifikant verbesserte Disposition des Lieferanten kann dann verhindern, dass

VMI lediglich Kosten auf ihn verschiebt. Der Abnehmer profitiert v.a. von einer besseren Produktverfügbarkeit bei geringeren Beständen. So erreichte ein VMI-Programm zwischen RECKITT & COLMAN (Hersteller von Produkten wie KUKIDENT, AIRFRESH und SAGROTAN) und DM-DROGERIE-MARKT bei einem konstant hohen Lieferservice von 99% eine Verdopplung der Umschlagshäufigkeit und eine Verringerung der Kapitalbindungskosten um ca. 25% (ROLAND BERGER, siehe Abbildung 2.8).

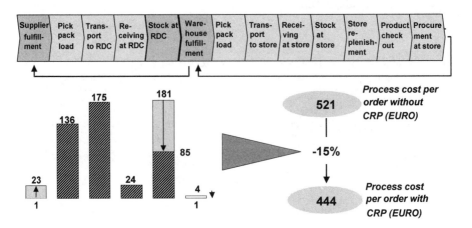

Abbildung 2.8 Potenziale aufgrund erster Pilotprojekte

Abhängig von den Verantwortlichkeiten zwischen den Partnern für die Bestände im Handelslager und auch davon, welche Informationen ausgetauscht werden, können folgende Verfahren unterschieden werden:

▶ **Buyer Managed Inventory (BMI)**
   Traditionelles Verfahren der Nachbevorratung, bei dem die Initiative ausschließlich von Abnehmer ausgeht. Ggf. werden Prognosedaten, die sich im Zeitablauf verfeinern, vorab ausgetauscht, oder es kommt CPFR zum Einsatz.

▶ **Vendor Managed Inventory (VMI)**
   VMI ist die konsequenteste Form der lieferantengetriebenen Nachbevorratung. Hierbei generiert der Hersteller autonom die Bestellungen für den Handel auf der Basis der Filial- und/oder Lagerabgänge und geplanter Verkaufsförderungsmaßnahmen in den Verkaufsstellen. Er verwaltet eigenständig den Bestand des Handels.

▶ **Co-Managed Inventory (CMI)**
   Der Hersteller generiert lediglich Teile der Bestellungen für einen Handelspartner (z.B. nur Normalware) und/oder behält sich vor, Bestellvorschläge des Lieferanten jederzeit zu ändern.

Die CENTRALE FÜR COORGANISATION in Köln, ein Dienstleistungs- und Kompetenzzentrum für die deutsche Konsumgüterwirtschaft und ihre angrenzenden Wirtschaftsbereiche, propagiert neben Identifikationssystemen, Geschäftsdatenaustausch per EANCOM auch ECR-Strategien wie VMI. Grundlage bildet das klassische EDI-Verfahren, bei dem die Informationen mittels EDIFACT-Nachrichten (EANCOM-Subset) zwischen Lieferanten und Kunden ausgetauscht werden. Abbildung 2.9 zeigt den Nachrichtenfluss bei VMI und Co-Managed Inventory im Vergleich.

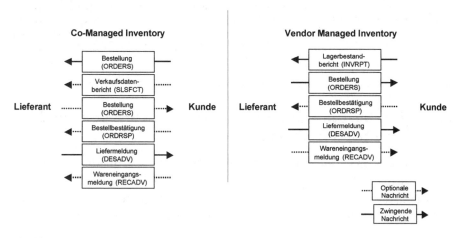

Abbildung 2.9 EDI-Nachrichtenfluss bei VMI und Co-Managed Inventory

Hauptindernis des VMI-Ansatzes ist die Überwindung psychologischer Hemmnisse in Form von Ängsten, dass durch die Offenlegung sensibler Daten die Wettbewerbsfähigkeit leiden bzw. Konkurrenten diese Informationen offen legen könnten. Ferner besteht Uneinigkeit über Rechte, Pflichten und Konditionen zwischen den Beteiligten. Die Umsetzung der Strategien in den entsprechenden ERP-Systemen sowie deren Integration mutet demgegenüber vergleichsweise einfach an (siehe Tabelle 2.3).

SCM-Einordnung	Nachbevorratung/Beschaffung
Art des Ansatzes	Organisations- und Kommunikationsansatz
Problemstellung	Lagerbestände, unkoordiniertes Beschaffungsverhalten, aufwändige, aber unbefriedigende Dispositions- und Planungsabstimmung, hohe Lagerbestände beim Lieferanten zur Abpufferung von Bedarfsschwankungen
Ursache	Abstimmungsprobleme in der Nachbevorratung zwischen Lieferant und Kunde

Tabelle 2.3 Einordnung und Wertung von VMI innerhalb des SCM-Ansatzes

SCM-Einordnung	Nachbevorratung/Beschaffung
Lösungsansatz	Lieferantengemanagter Material- und Warenbestand des Kunden, wodurch der Kunde Dispositionsaufwand reduziert und der Lieferant Produktions-, Lager- und Transportoptimierung betreiben kann
Branchenschwerpunkt	Vorwiegend Handel und Konsumgüterindustrie
Organisatorischer Aufwand	Hoch: komplette Umstellung der Beschaffungsstrategie mit erheblichen Auswirkungen in den Verantwortungsbereichen und Offenlegung sensibler Daten auf Kundenseite
IT-Aufwand	Hoch: Anpassung in den Bereichen Disposition, Lagermanagement (Lieferant) und Finanzen
Aktueller Stand	Wachsende Akzeptanz, zunehmende Implementierung der erforderlichen VMI-Funktionalität in ERP-Systemen

Tabelle 2.3 Einordnung und Wertung von VMI innerhalb des SCM-Ansatzes (Forts.)

2.4 Beschaffungsmanagement: E-Procurement und Desktop Purchasing

Unter *E-Procurement* werden Formen der dezentralen, elektronischen Beschaffung subsumiert. Ansatzpunkte sind im Gegensatz zu VMI oder CPFR geringwertige Güter, die nicht zentral, sondern dezentral von den einzelnen Bedarfsträgern in Eigenverantwortung per Web (Desktop Purchasing) beschafft werden.

Hintergrund ist die Erkenntnis, dass die administrativen Kosten einer Bestellung bei 70-300 US$ liegen, unabhängig davon, ob nur ein Bleistift oder ein Lkw bestellt wird (GARTNER GROUP). Hinzu kommt, dass bei geringwertigen, indirekten Gütern der formale Weg häufig als zu langwierig und umständlich empfunden wird. Analysen besagen, dass bei 27% derartiger Beschaffungsprozesse der offizielle Weg umgangen wird. Dieses als *Maverick Buying* bezeichnete Phänomen führt ferner zu zusätzlichen Einbußen durch den Verlust von Sonderkonditionen, Garantie usw. (FORRESTER RESEARCH). Besonderes Gewicht erlangt diese Tatsache, da sich 61% aller Beschaffungsmaßnahmen nach AMR auf indirekte Güter beziehen.

Kernkonzepte von E-Procurement sind:

▶ Dezentralisierung des operativen Beschaffungsvorgangs durch den eigentlichen Bedarfsträger.

▶ Koordination des Beschaffungsverhaltens zur Vermeidung von *Maverick Buying*. Folge ist ein deutlich effektiveres Kontrakt- und Konditions-Management gegenüber Lieferanten.

Die Aberdeen Group hat in einer Untersuchung von 2002 folgende Einsparungen bei der Beschaffung indirekter Güter ermittelt:

> »On the indirect goods side, Aberdeen research has shown that e-procurement can reduce purchase requisition processing costs by 73%, shorten purchase requisition time by 70% to 80%, cut off-contract ("maverick") spending in half, and reduce the prices paid for goods by 5% to 10% through increased contract compliance.«
> [ABERDEEN GROUP 2002]

Während E-Procurement den Gesamtansatz umschreibt, erfolgt die operative Umsetzung mittels *Desktop-Purchasing-Systemen*. Mitarbeiter können aus elektronischen Katalogen entsprechend ihrer Legitimation Bestellungen initiieren und überwachen. Die Legitimation erfolgt mittels zugewiesener Budgets, der Mitzeichnung durch Vorgesetzte oder durch ähnliche Verfahren. Purchasing-Systeme können sowohl im Unternehmen betrieben werden, was die Legitimation, Beschaffungsbündelung, Auswertung sowie Integration in bestehende ERP-Systeme vereinfacht, oder von Marktplätzen bzw. Mehrwertdienstanbietern oder den Lieferanten (siehe Abbildung 2.10 bis Abbildung 2.12).

Bislang wird das Gros der erreichten Einsparungspotenziale nicht durch Prozesskosteneinsparungen erzielt, sondern durch das Aushandeln besserer Konditionen bei den Lieferanten, was unter anderem auf Schwierigkeiten in der organisationalen Umgestaltung der Prozesse zurückzuführen ist.

In Abbildung 2.10 sind Purchasing-System und Produktkatalog lokal beim beschaffenden Unternehmen realisiert. Der Zugriff auf den lieferantenübergreifenden Katalog erfolgt im »sicheren« Intranet und muss vom Lieferanten oder Betreiber aktualisiert werden.

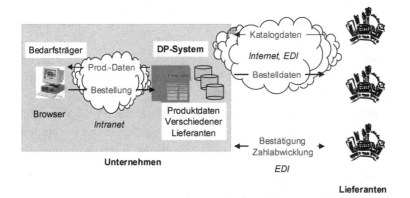

Abbildung 2.10 Procurement-Variante, bei der das Purchasing-System komplett innerhalb des beschaffenden Unternehmens realisiert ist

Die Integration in bestehende ERP-Systeme (z. B. Beschaffung, Rechnungswesen, Controlling) sowie die kummulierte Weiterleitung der Bestellungen an den Lieferanten (z. B. EDI, XML) erfolgt durch das beschaffende Unternehmen. Dieses z. Zt. verbreitetste Verfahren besitzt als größten Kostentreiber des laufenden Betriebs die Aktualisierung der Produkt- und Statusdaten.

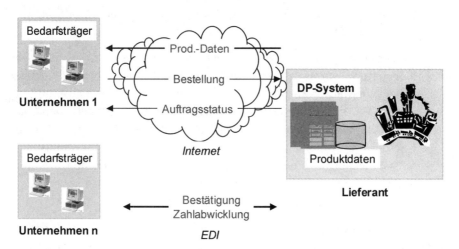

Abbildung 2.11 Procurement-Variante, bei der dieBestellfunktionalität sowie die Produktkatalogverwaltung vom Lieferant als Service bereitgestellt wird

Abbildung 2.11 zeigt die Bereitstellung der Beschaffungsfunktionalität als Service. Der Lieferant bietet DP als (Web) Service an. Entsprechend den Kundenvorgaben werden Benutzerprofile eingerichtet, die den Charakter eines Genehmigungsverfahrens haben können. Die eingegangenen Bestellungen werden dann entweder sofort ausgeführt oder elektronisch, beispielsweise per EDI, als Bestellvorschlag zur Genehmigung an das bestellende Unternehmen übermittelt, welches ggf. nach Prüfung und Bestellaggregation eine offizielle Bestellung an den Lieferanten übermittelt. Nachteilig hierbei ist, dass der Bedarfsträger mit Bestellsystemen und Katalogen unterschiedlicher Lieferanten, d. h. mit verschiedenen Benutzerführungen konfrontiert ist. Demgegenüber ist jedoch keine aufwändige Pflege eines lieferantenübergreifenden Katalogs bzw. eines Purchasing-Systems erforderlich. Derartige Purchasing-Funktionen stellen ein sehr interessantes Einsatzgebiet für Web Services dar. Die Verbreitung dieser Realisationsvariante ist aufgrund der genannten Einschränkungen sowie Sicherheitsbefürchtungen bislang nicht weit verbreitet.

Ein Intermediär bietet E-Procurement Services, gegebenenfalls zusätzliche Funktionen wie Clearing, Auswertungen oder Genehmigungsservices an (siehe Abbildung 2.12). Als Informationsdrehscheibe werden unter einer Oberfläche lieferantenübergreifend Produktdaten sowie eine homogene Such- und Orderfunktionalität (z. B. Volltextsuche, SPCS-Codes) bereitgestellt.

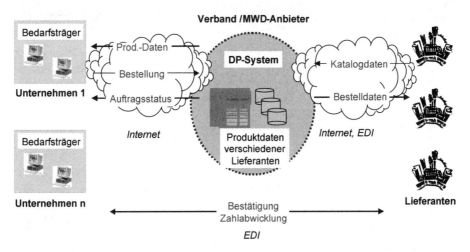

Abbildung 2.12 Procurement-Variante, bei der das Purchasing-System durch einen Mittler, d.h. Intermediär, bereitgestellt wird

Innerhalb von Communities bzw. homogenen Anbieter-/Nachfragerstrukturen eröffnet sich E-Procurement auch kleineren Marktteilnehmern, die dann über das Web auf die Daten zugreifen. Diese Variante stellt ein ebenfalls interessantes Einsatzgebiet von Web Services dar. Vorteile ergeben sich aus den geringen Voraussetzungen, die Anbieter und Nachfrager erfüllen müssen (z. B. Web-Zugang). Hinzu kommt die Möglichkeit sehr umfangreiche Multi-Lieferantenkataloge und Zusatz-Services (z. B. Bonitätsprüfung, Auswertungen, Konditions-Management) ökonomisch bereitzustellen. Kritische Erfolgsfaktoren – ähnlich wie bei Marktplätzen/Exchanges – sind das Erreichen einer kritischen Masse an Teilnehmern und die Kosten des Services.

Betroffen sind bei Procurement-Strategien vorwiegend nicht-fertigungsbezogene, indirekte Güter, Hilfs- und Betriebsstoffe (*Maintenance, Repair, Operations*, MRO) wie beispielsweise Büromaterialen oder C-Teile. Mittlerweile werden die Beschaffungsstrategien auch auf höherwertige B- und A-Teile ausgeweitet. Damit häufig eng verbunden sind Beschaffungsstrategien aus dem Umfeld *Bidding* und *Auctioning*, wo Bedarfe den Lieferanten angezeigt werden und diese hierzu Angebote abgeben können (siehe Abschnitt 4.2)

Als problematisch erweist sich neben der Wartung der lieferantenübergreifenden Produktkataloge die Umsetzung von Berechtigungs-, Genehmigungs- und Controllingverfahren. Systemseitig wie auch organisatorisch bzw. psychologisch ist ein Umdenken in den Unternehmensstrukturen aufgrund der erweiterten Mitarbeiterbefugnisse gefordert, was nicht immer problemlos durchsetzbar ist. Mittlerweile besitzen die am Markt verfügbaren Procurement-Systeme einen deutlich gestiegenen Reifegrad und orientieren sich stärker an den realen Marktbedürfnissen. Unabhängig davon stellen die Integrationsanforderungen von Lieferanten und in ERP-Systeme, z.B. Finanzbuchhaltung, Controlling, Vertrieb/Beschaffung einen erheblichen Aufwand dar. Sie sollten keineswegs in ihrer Komplexität unterschätzt werden. (siehe Tabelle 2.4).

SCM-Einordnung	Beschaffung (unmittelbar durch Bedarfsträger)
Art des Ansatzes	Organisations- und Kommunikationsansatz
Problemstellung	Lagerbestände, unkoordiniertes Beschaffungsverhalten, aufwändige, aber unbefriedigende Dispositions- und Planungsabstimmung
Ursache	Abstimmungsprobleme in der Nachbevorratung zwischen Lieferant und Kunde
Lösungsansatz	Lieferantengemanagter Material- oder Warenbestand des Kunden, wodurch der Kunde Dispositionsaufwand reduziert und der Lieferant Produktions-, Lager- und Transportoptimierung betreiben kann
Branchenschwerpunkt	Vorwiegend Handel und Konsumgüterindustrie
Organisatorischer Aufwand	Hoch: komplette Umstellung der Beschaffungsstrategie mit erheblichen Auswirkungen in den Verantwortungsbereichen und Offenlegung sensibler Daten auf Kundenseite
IT-Aufwand	Hoch: Anpassung in den Bereichen Disposition, Lagermanagement (Lieferant) sowie Finanzen
Aktueller Stand	Bereits signifikante Verbreitung in der Wirtschaft bei zunehmend ausgereiften Produkten, aufwändiges Katalogmanagement sowie ERP-/Lieferantenintegration.

Tabelle 2.4 Einordnung und Wertung von E-Procurement innerhalb des SCM-Ansatzes

2.5 Integrierte Abwicklung von Geschäfts- und Finanztransaktionen: EDI & Co.

EDI steht für *Electronic Data Interchange* und wird seit den Siebzigerjahren als Verfahren für den integrierten Geschäftsdatenaustausch zwischen Unternehmen international und branchenübergreifend propagiert. Bei diesem *Application-to-Application-Ansatz* (A2A) orientiert man sich an den traditionellen Prozessen und Geschäftsdokumenten, die elektronisch abgebildet und direkt zwischen den ERP-Systemen der Beteiligten ausgetauscht werden. Unternehmen berichten von Einsparungspotenzialen von über 70%, die durch die Elektronifizierung der Abläufe, insbesondere bei hohem Transaktionsaufkommen, durch Automation und die Vermeidung von Erfassungsfehlern realisierbar sind.

Eine ausreichende Verbreitung in der Wirtschaft (kritische Masse), d.h. ausreichendes Transaktionsvolumen durch die möglichst vollständige Einbindung aller Geschäftspartner, ist hierbei der kritische Faktor. Zwar nutzen weit über 90% der großen Unternehmen weltweit EDI, jedoch liegt die Durchdringung bei KMUs bei unter 5%. Dies führte in der Vergangenheit zu elektronischen Hierarchien. Durch wirtschaftlichen Druck, Einführungsunterstützung, EDI-Kleinsystemen bis hin zur »modernen« Anbindung per WebEDI, wurden Lieferanten und kleinere Geschäftspartner zu EDI »überredet«. Da diese eine mit dem ERP-System integrierte Lösung ökonomisch nicht sinnvoll realisieren können, ist die Ausschöpfung der Nutzungspotenziale recht einseitig.

So muss LUFTHANSA AIR PLUS, Anbieter von Abrechnungssystemen und Informationsdienstleistungen rund um Geschäftsreisen, Logistik und Einkauf, wöchentlich 14000 Kunden eine Rechnung übermitteln. Von diesen Kunden setzen lediglich 35 EDI ein. LUFTHANSA AIR PLUS rechnet erst dann mit spürbaren Einsparungen, wenn 50 bis 60% der Transaktionen online durchgeführt werden können. Das Argument bezüglich des hohen finanziellen Aufwands ist nicht mehr generell zutreffend, da Entwicklungen, wie InternetEDI (Datentransfer per Internet) oder WebEDI (über Web-Masken können Geschäftspartner ohne eigenes EDI-System semi-integriert EDI-Nachrichten empfangen und versenden) zu einer deutlichen Kostenreduktion geführt haben. Auf der Basis der EDI-Infrastruktur haben sich in der Vergangenheit neue bzw. modifizierte Prozesse in Bereichen wie Logistik, Produktion und Zahlungsabwicklung (z.B. Gutschriftenverfahren) entwickelt, die bereits in der Wirtschaft etabliert sind und kurzfristig nicht durch andere Technologien ablösbar sind.

Die Forderung, EDI durch neue Technologien wie XML oder Web Services umgehend abzulösen, sind in dieser pauschalen Formulierung sehr kritisch zu bewerten. Es ist von einem Migrationsprozess zwischen klassischem EDI und neuen Ansätzen aus den Bereichen EAI und B2Bi auszugehen. Viele Probleme der bestehenden Diskussion sind identisch mit EDI-Fragestellungen aus früherer Zeit, die gelöst werden konnten. Die Nutzung dieser Erfahrungen ist zu befürworten.

Zu beachten sind ferner folgende Punkte:

▶ Internationale Akzeptanz und eine Verbreitung von EDI, die über drei Jahrzehnte gewachsen ist. Beides lässt sich nicht kurzfristig mit anderen Technologien nachziehen.

▶ Massive, bestehende Investitionen und voll funktionsfähige Installationen, die weder aus Gründen des Investitionsschutzes noch der Betriebssicherheit kritischer Prozesse mittelfristig abgelöst werden können

- Ausgereifte Produkte, ERP-Schnittstellen sowie branchenübergreifende Prozess- und Datenformatstandards, die aktiv in der Wirtschaft gelebt werden
- Weitgehend gefestigte rechtliche Rahmenbedingungen betreffend Verbindlichkeit, Leistungsbeziehung und Steuerrecht

Obwohl nicht einmal 10% aller Unternehmen EDI nutzen, werden hierüber über 70% aller Geschäftstransaktionen abgewickelt. Die Stärken liegen insbesondere in der über Jahrzehnte gewachsenen Akzeptanz in der Wirtschaft, den gelebten Prozessen, Standards und Integrationsarchitekturen. EDI-Systeme sind weitgehend ausgereift und werden kontinuierlich bezüglich neuer Anforderungen, z.B. in puncto Internet und EAI, erweitert.

Der Begriff EDIFACT (*Electronic Data Interchange for Administration, Commerce and Transport*) wird häufig fälschlicherweise synonym zu EDI genutzt. Er stellt jedoch »lediglich« ein 1987 verabschiedetes, mehr als 200 Geschäftsnachrichtentypen umfassendes, international normiertes Austauschformat für Geschäftstransaktionen dar. Eine Überführung in XML wird von verschiedenen Organisationen aufgrund der hohen Verbreitung und der bestehenden semantischen Schnittstellen zu ERP-Systemen vorangetrieben.

Andererseits existiert mit EDIFACT ein akzeptierter Standard, während für XML momentan zahlreiche Initiativen im Wettbewerb stehen, beispielsweise BIZTALK von MICROSOFT, cXML (Commerce XML) von ARIBA TECHNOLOGIES sowie ROSETTANET für die Elektronikindustrie.

Es ist zu erwarten, dass EDIFACT und XML mittelfristig parallel existieren und dementsprechend XML-Konvertoren EDIFACT-fähig werden (und vice versa). Ähnliches zeichnet sich bei den Low-End-B2Bi mit WebEDI und webbasierten Integration Brokern ab. Beim wechselseitigen Einblick in den Datenhaushalt des Partnerunternehmens (z.B. für Bestände, Vorhersagen, Auftragsverfolgung, Versandstatus) sowie dem integrierten Geschäftsdatenaustausch per WebEDI ist es auch kleinen oder sporadischen Mitgliedern einer Supply Chain erlaubt, in gewissen Grenzen steuernd in Abläufe einzugreifen (siehe Tabelle 2.5).

SCM-Einordnung	Alle Bereiche des Informationsaustauschs und der Transaktionsabwicklung
Art des Ansatzes	Organisations- und Kommunikationsansatz
Problemstellung	Automatisierte Abwicklung von unternehmensübergreifenden Geschäftstransaktionen

Tabelle 2.5 Einordnung und Wertung des integrierten Geschäftsdatenaustauschs innerhalb des SCM-Ansatzes

SCM-Einordnung	Alle Bereiche des Informationsaustauschs und der Transaktionsabwicklung
Ursache	Inkompatibilität von Datenmodellen, -formaten sowie Organisationsstrukturen (z.B. Nummernkreise, Identifier)
Lösungsansatz	Entwicklung und Einsatz international gültiger, branchenübergreifender Kommunikations- und Datenformatstandards sowie Geschäftsszenarios
Branchenschwerpunkt	Keiner, branchentypische Ausprägungen (z.B. Subsets)
Organisatorischer Aufwand	Mittel: Abstimmung der Datenmodelle und betrieblichen Ablaufstrukturen, Abstimmung mit den Partnern
IT-Aufwand	Hoch bei vollintegrierten Lösungen, soweit keine geeignete ERP-Schnittstelle besteht Gering bei über WebEDI angebundenen Partnern
Aktueller Stand	Weiterhin hohe Bedeutung bei klassischen Geschäftsszenarios, wobei sukzessive auf neuere Technologien wie XML, WebEDI und Realtime-Interaktion migriert wird

Tabelle 2.5 Einordnung und Wertung des integrierten Geschäftsdatenaustauschs innerhalb des SCM-Ansatzes (Forts.)

3 Anforderungen an SCM im Wirtschaftsalltag

Die Anbieter von Supply-Chain-Management-Software versprechen einen schnellen RoI. Mit einer Einführung innerhalb von sechs bis neun Monaten und einem Amortisationszeitraum von einem halben Jahr bis zwölf Monaten wurden SCM-Systeme als »Low-hanging Fruits« propagiert. Die Liste der Referenzprojekte, die die von den Marktforschern und Anbietern genannten Zahlen bestätigen, fällt jedoch sehr kurz aus.

Es ist keineswegs so, dass die Unternehmen den Bedarf an SCM-Investitionen nicht sehen würden. Allerdings besteht eine gewisse Ratlosigkeit, wie und mit welchen SCM-Systemen eine effektive Realisierung mit kalkulierbaren Kosten und garantierten Erfolg möglich ist. Viele versuchen ihr Glück, gerade in schwierigen wirtschaftlichen Zeiten, mit organisatorischen Lösungen, basierend auf bestehenden ERP-Systemen. Ein weiterer Grund für die Zurückhaltung liegt in der Intransparenz des Marktes sowie der Uneinigkeit darüber, welche Funktionen und Verfahren sich durchsetzen werden. Einige Lösungen umspannen die Planung der gesamten Wertschöpfungskette vom Lieferanten über die Fertigung bis zum Kunden und dem Transport. Kleinere Softwareunternehmen bauen ihre Produkte hingegen meist um Module zur Fertigungsplanung auf. Spezialanbieter offerieren beispielsweise nur Lösungen zur Transportplanung. Der Vergleich der Anbieter und Lösungen ist nur schwer möglich. Marktstudien dienen allenfalls zur groben Orientierung.

Hinzu kommt, dass viele SCM-Systeme ihre Wurzeln in Nordamerika haben und bekanntlich in diesem Wirtschaftsraum andere SCM-Anforderungen vorherrschen als hierzulande. Die amerikanischen Referenzen umfassen in der Regel Großunternehmen, häufig mit geringer Fertigungstiefe und einer Massenproduktion mit anonymen Abnehmern. In Europa treffen die SCM-Anbieter jedoch auf vorwiegend mittelständische Unternehmen mit sehr hoher Produktvielfalt und ausgeprägter Kundenorientierung.

Anforderungen

Aus diesem Grund werden nachfolgend SCM-Anforderungen dargestellt, beginnend mit allgemeinen, funktionsmodulunabhängigen Aspekten, die sukzessive für Funktionsmodule und Branchen verfeinert werden und Grundlagen für die individuelle Erstellung von Anforderungsprofilen sowie die Auswahl geeigneter SCM-Anwendungen bilden (siehe Tabelle 3.1).

Funktionsmodul	Anforderung
Funktions-modulunab-hängige Kern-anforderungen	A.1 Hohe Leistungsfähigkeit der Planung
	A.2 Datenaustausch mit Office-Software-Paketen
	A.3 Enge Integration mit den verbundenen ERP-Systemen
	A.4 Unterstützung offener Internet-Standardschnittstellen
	A.5 Schlanke Datenstruktur
	A.6 Benutzungsfreundlichkeit

Tabelle 3.1 Funktionsmodulunabhängige Kernanforderungen an SCM-Software

A.1 Hohe Leistungsfähigkeit der Planung
Durchführbare Pläne müssen in einer für die jeweilige Aufgabe vertretbaren Zeit generierbar sein. Im Gegensatz zu traditionellen Planungssystemen (mehrtägige Berechnungsläufe) kann so zeitnah auf plötzlich auftretende Engpässe, Änderungen usw. reagiert werden.

A.2 Datenaustausch mit Office-Software-Paketen
In vielen Unternehmen werden Daten (z. B. für die Absatzprognose) bisher in Produkten wie MS Excel bearbeitet. Wichtig sind daher geeignete Schnittstellen der SCM-Anwendung.

A.3 Enge Integration mit den verbundenen ERP-Systemen
Die Integration aller für SCM relevanten Anwendungen – sowohl synchron (realtime) als auch asynchron (batch) per EAI – stellt eine Grundvoraussetzung dar. Einerseits benötigt die SCM-Software die zur Planung notwendigen Stamm- und Transaktionsdaten, andererseits werden die Planungsergebnisse wieder zurückzugeben.

A.4 Unterstützung offener Internet-Standardschnittstellen
Internet-Standards und -Architekturen wie XML-Formate, Web Services, Extranets oder Verzeichnisdienste (UDDI) stellen nicht nur das Übertragungsmedium dar. Sie bilden zunehmend auch die Grundlage neuer und zukünftiger Business-Modelle, SCM-Verfahren sowie von Exchange-Plattformen (Portale, Marktplätze).

A.5 Schlanke Datenstruktur
Notwendig sind effiziente Datenstrukturen, die in Umfang und Struktur den speziellen Erfordernissen der SCM-Software genügen. Hierzu zählen redundanzfreie, auf die Anforderungen von SCP und SCE zugeschnittene Informationen, die auch semantisch einfach in die erforderlichen Datenformate transformiert werden können.

A.6 Benutzungsfreundlichkeit

Neben den allgemeinen Vorteilen (wie kurze Schulungsphasen) stellen die komplexen Aufgaben von SCM (z.B. Reihenfolgeplanung mit einer Plantafel) besondere Anforderungen an Übersichtlichkeit und Bedienbarkeit. Insbesondere, da intuitiv bedienbare Oberflächen bei der Partneranbindung bestehende Hemmschwellen abbauen und Akzeptanz schaffen (*Zero-training Interface*).

3.1 SCM-Auftragsabwicklungsfunktionen

Die SCM-Strategien der Unternehmen sind in der Regel sehr heterogen, da unterschiedliche SCM-Phasen (z.B. Absatzplanung, Beschaffung, Lagermanagement, Nachbevorratung des Kunden) und damit unterschiedliche Unternehmensbereiche betroffen sind.

Die nachfolgend dargestellten funktionsmodulspezifischen Kernanforderungen beschreiben Funktionen, die Anwender und Analysten üblicherweise von einer SCM-Software für den Auftragsdurchlauf erwarten. Behandelt werden die in der Tabelle 3.2 aufgeführten Module.

Funktionsmodul	Anforderung
Absatzprognose	A.7 Konsensbasierte Prognosen
	A.8 Datenbanken mit Prognosen und Absatzverläufen
	A.9 Planen auf mehreren Aggregationsebenen
	A.10 Umfangreiche Informationsbasis für die Prognosen
	A.11 Weitreichendes Angebot an Prognoseverfahren
	A.12 Automatisierte Auswahl adäquater Prognosemethoden
	A.13 Automatisierte Analyse der Prognosequalität
	A.14 Automatisierte Planung
	A.15 Verwaltung der Erläuterungen zu Prognosen

Tabelle 3.2 Funktionsmodulspezifische Kernanforderungen zur Auftragsabwicklung an SCM-Software

Funktionsmodul	Anforderung
Verfügbarkeitsprüfung	A.16 Geringe Antwortzeiten
	A.17 Konsistenz bei parallelen Prüfungen
	A.18 Prüfen auf Bestandsebene
	A.19 Automatisierte Alternativensuche
	A.20 Prüfen gegen Kapazitäts- und Materialsituation
	A.21 Einbezug von Partnersoftware
	A.22 Internetanbindung mithilfe eines Webbrowsers
	A.23 Überwachung der zugesagten Liefertermine
	A.24 Bevorzugte Neuterminierung bei Verspätung
	A.25 Einbeziehung wichtiger Restriktionen
Primärbedarfsplanung	A.26 Überprüfung der Planung
	A.27 Reichweitenszenarios
	A.28 Detailliertes Kostenmodell
Logistiknetzplanung	A.29 Verbesserung des Liefernetzes
	A.30 Bestandsplanung und -steuerung
	A.31 Aufteilung des Produktangebots
	A.32 Zuordnung von Produktalternativen
	A.33 Internetbasierte Beschaffung
Produktionsplanung	A.34 Einsatz von Optimierungsmethoden in der Produktionsplanung
	A.35 Grafische Produktionsplantafel
	A.36 Modellierung der unternehmensübergreifenden Zusammenhänge
Transportplanung	A.37 Auswahl der Transportart
	A.38 Tourenplanung
	A.39 Grafischer Distributionsleitstand
	A.40 Optimierung der Transportmittelbeladung
	A.41 Gewichtung der Optimierungsziele
	A.42 Cross Docking
	A.43 Tracking & Tracing

Tabelle 3.2 Funktionsmodulspezifische Kernanforderungen zur Auftragsabwicklung an SCM-Software (Forts.)

Im Folgenden werden die einzelnen Bestandteile erläutert und die jeweiligen Anforderungen herausgearbeitet. In Kapitel 8 erfolgt ein Abgleich aller identifizierten Bedarfe dieses und der nachfolgenden Kapitel mit der Funktionalität einer SCM-Referenzsoftware, die in unserem Fall mySAP SCM (v. a. APO) ist.

3.1.1 Absatzprognose

Hauptaufgabe dieser Komponente ist die Vorhersage des zukünftigen Absatzes unter Berücksichtigung zahlreicher Informationen wie z. B. historischer Nachfrageverläufe, Marketingaktivitäten und Informationen über das Verhalten von Wettbewerbern.

Da die folgenden Planungsschritte, etwa die Produktionsplanung, auf der Absatzprognose basieren, hat ihre Qualität entscheidenden Einfluss auf den wirtschaftlichen Erfolg von Unternehmen. Sie wirkt sich u. a. über Sicherheitsbestände, Optimierung von Produktionslosen, Überstunden und Engpässe bzw. Lieferschwierigkeiten direkt auf die Kosten und den Servicegrad aus. Erreicht es ein Unternehmen, die Auswirkungen von Nachfrageschwankungen innerhalb einer Wertschöpfungskette schneller und zuverlässiger vorherzusagen, als dies dem Wettbewerb gelingt, so kann hierdurch ein Wettbewerbsvorteil erlangt werden. Daher verwundert es nicht, dass die Mehrheit der internationalen Unternehmen branchenunabhängig die Bedarfsplanung als einen zentralen Prozess in der Supply Chain sieht.

Anforderungen

A.7 Konsensbasierte Prognosen
Die Prognosequalität steigt, je mehr Informationen von verschiedenen Abteilungen bzw. Supply-Chain-Partnern einfließen. SCM-Software sollte daher die Erstellung konsensbasierter Prognosen unterstützen. Unternehmensinterne, konsensbasierte Prognosen bilden hierbei einen zentralen Bereich, mit dem wir uns im weiteren Verlauf noch näher auseinander setzen werden. Unternehmensübergreifende Szenarios werden in Abschnitt 3.2.1 behandelt.

Alle Beteiligten benötigen für Aktualisierungen oder Simulationen den Zugriff auf Prognosedaten bzw. auf die zugrunde liegenden Basisinformationen, soweit diese nicht zu sensibel sind. So konnte der zum UNILEVER-Konzern gehörende britische Eiscreme- und Tiefkühlkosthersteller BIRDS EYE WALL'S in Großbritannien eine signifikante Reduzierung des Vorhersagefehlers erreichen, indem sämtliche Funktionen und Informationen (u. a. aus der Marktforschung, dem Marketing und dem Vertrieb sowie der Produktionsplanung) zusammengefasst und von SCM-Software ausgewertet wurden.

A.8 Datenbanken mit Prognosen und Absatzverläufen

Für die Untersuchung von Ereignissen, die die Prognosen in besonderer Weise beeinflussen bzw. die Ex-post-Analyse von Abweichungen erleichtern, bietet sich Aufbau und Pflege von Datenbanken mit Prognosen und Absatzverläufen an.

A.9 Planen auf mehreren Aggregationsebenen

Da Vorhersagen von unterschiedlichen Abteilungen verwandt werden sollen, um die verbreitete Praxis, dass jeder Bereich seine eigene Prognose erstellt, zu vermeiden (*Islands of Analysis*), muss die Software auf verschiedene Weisen planen können:

- Für physische (z. B. Stück, Paletten, Container) wie finanzielle Einheiten (z. B. Umsatz, Deckungsbeitrag)
- Auf mehreren Aggregationsebenen (z. B. Produkte, Produktgruppen, Sparten usw.)
- Bezüglich mehrerer Dimensionen (Produkte, Kunden, Regionen usw.)

Dabei sollte sowohl ein Top-down- als auch ein Bottom-up-Ansatz unterstützt werden. Beim *Top-down-Ansatz* sind von Unternehmensführung und Marketing Vorgaben über strategische Geschäftsfelder bzw. strategische Produkte in die Absatzplanung aufzunehmen. Beim *Bottom-up-Ansatz* aggregiert man dezentrale Daten, z. B. Kundeninformationen von den Key-Account-Managern. So gehen bei dem Batteriehersteller RAYOVAC funktions- und spartenübergreifende Teams von einer rein quantitativen Bottom-up-Prognose aus, reichern diese um qualitative Faktoren an und vergleichen diese mit einem top-down ermittelten Jahresgeschäftsplan. Weicht die Prognose signifikant vom Plan ab, untersucht das Team den Einsatz absatzbeeinflussender Maßnahmen oder passt in Absprache mit der Unternehmensführung den Geschäftsplan an.

A.10 Umfangreiche Informationsbasis für die Prognosen

Da Vergangenheitsdaten für Prognosen nur beschränkt aussagefähig sind, muss die Bedarfsplanung über unternehmensinterne historische Werte hinaus weitere Informationen berücksichtigen können. Beispiele hierfür sind etwa:

- Wissen über geplante Promotionen oder (neue) Substitutionsprodukte auf dem Markt
- Offene Kundenaufträge/-anfragen
- Nicht realisierte Absätze bei Lieferproblemen
- Marktforschungsdaten
- Daten anderer Supply-Chain-Partner, insbesondere deren Bestände und Verkäufe an Endverbraucher (POS-Daten)

Der Umfang, in dem die Praxis von diesen Möglichkeiten Gebrauch macht, differiert von Branche zu Branche erheblich. So richten einer Studie des Essener Forschungsinstituts MARKETING SYSTEMS zufolge viele Zulieferunternehmen der Automobilhersteller ihre Planung immer noch an der Nachfrage der Pkw-Produzenten aus statt an den Zulassungszahlen oder der Automobilfertigung.

A.11 Weitreichendes Angebot an Prognoseverfahren

Da verschiedene Situationen unterschiedliche Prognosealgorithmen erfordern, sollte eine Auswahl der wichtigsten Methoden angeboten werden. Im Folgenden werden die für die Praxis wichtigsten SCM-Prognoseverfahren aufgeführt:

- Gleitender Mittelwert
- Exponentielle Glättung erster und zweiter Ordnung
- Trendmodell
- Trend-Saison-Modell (Holt-Winters-Modell)
- Croston-Methode für sporadische Bedarfe
- Multiple lineare Regressionsanalyse

So wird beispielsweise die multiple lineare Regressionsanalyse häufig für die Analyse des Einflusses von Kausalfaktoren wie Wetter und Saisonalität auf den Absatz eingesetzt. In einem Projekt der MANUGISTICS GMBH wurde beispielsweise ermittelt, dass die Außentemperatur nicht die bestimmende Determinante für den Abverkauf von Eis ist, sondern ein deutlich stärkerer Zusammenhang zur Dauer des Sonnenscheins besteht. Die Software sollte auch die Kombination verschiedener Prognoseverfahren erlauben sowie die Möglichkeit bieten, Analysen über nicht realisierte Absätze bei Lieferproblemen durchzuführen.

A.12 Automatisierte Auswahl adäquater Prognosemethoden

Die Software muss den Anwender durch die aktive Selektion eines geeigneten Prognoseverfahrens unterstützen, etwa den Vorschlag der Methode, die bei Verwendung von Vergangenheitsdaten die besten Ergebnisse geliefert. So setzt beispielsweise das Unternehmen RAYOVAC eine Software ein, die automatisch das jeweils geeignete Vorhersagemodell vorschlägt.

A.13 Automatisierte Analyse der Prognosequalität

Da eine regelmäßige Überprüfung der Qualität von Voraussagen eher selten geschieht, sind komfortable, automatisierte Überprüfungsroutinen hilfreich. Ersteller und gegebenenfalls Dritte werden über die erreichte Vorhersagegenauigkeit informiert sowie Trendabweichungen angezeigt. Bei RAYOVAC etwa erhält jedes abteilungsübergreifende Team, das für eine Voraussage verantwortlich ist, eine Scorecard, die u. a. Aufschluss über die Prognosequalität und Lieferfähigkeit pro Kunde und Vertriebskanal gibt.

A.14 Automatisierte Planung

Alle Prognosen sollen mittels Scheduler automatisiert durchgeführt werden können. Der Planer wird aktiv über signifikante Abweichungen bezüglich des Produktumsatzes, der Bedeutung der Kunden, des Artikels oder geringer Vorhersagegenauigkeit informiert. Prognosen, die nicht in diese Kategorie fallen, werden vom System automatisch weiterverarbeitet. So konzentrieren sich die Prognoseteams bei RAYOVAC auf die größten Kunden, die 80% des Umsatzes generieren.

A.15 Verwaltung der Erläuterungen zu Prognosen

Jede Form der Qualitätskontrolle von Vorhersagen ist eine diffizile Aufgabe. Ursache für die hohe Komplexität des Prognosecontrollings sind unterschiedlichen Zeitpunkte der Planung, Aggregationsstufen (z.B. Zeiträume, Produkte, Regionen), Methoden (z.B. gleitender Mittelwert, multiple lineare Regressionsanalyse) und die Anzahl an Beteiligten (vor allem bei konsensbasierten Voraussagen). Daraus ergibt sich die Forderung, zu erfassen, wann und von wem eine Abschätzung erstellt wurde, auf welchen Informationen sie basierte, welchen Detaillierungsgrad sie besitzt, wie sie aus welchen Gründen angepasst wurde, wer gegebenenfalls Einwände erhoben hat usw. Besondere Relevanz erhält diese Anforderung bei der Erstellung von Prognosen durch mehrere Parteien.

3.1.2 Verfügbarkeitsprüfung

Terminprüfungsmodule ermöglichen die frühzeitige Zusage verbindlicher Liefertermine (*Available-to-Promise*, ATP) und sind im Grenzbereich zwischen SCP und SCE angesiedelt. Dementsprechend findet man hier – verglichen mit den anderen Planungsmodulen – oft eine hohe Nutzungsfrequenz. ATP-Module basieren auf dem hohen Integrationsgrad von SCM-Software und prüfen gegen Bestände, Produktionskapazitäten, Transportmöglichkeiten usw. ATP-Grundvoraussetzung sind sichere »Buchbestände« die durch eine hochaktuelle und gesicherte Inventursteuerung erreicht wird. Ist ein gewünschtes Produkt nicht oder nicht in ausreichender Menge im Bestand oder Produktionsplan vorgesehen, nennt man die notwendige simulative Änderung der Pläne zur Identifikation eines möglichen Liefertermins eine *Capable-to-Promise-(CTP-)Prüfung*. Hierzu gehören u.a. der Einbezug von Produktionsplanänderungen sowie die Lieferfähigkeit von Lieferanten, was einen hohen B2Bi-Grad voraussetzt. Im Folgenden wird CTP als Teil von ATP gesehen.

Dass ATP-Fähigkeit in vielen Branchen einen kritischen Erfolgsfaktor darstellt, mag die mündliche Aussage von Thomas Benne, General Manager von PIONEER VIDEO MANUFACTURING, illustrieren:

> »Wenn Sie im stark umkämpften Digital-Versatile-Disc-(DVD-)Markt heute nicht sofort ein genaues Lieferdatum nennen können, wird sich der Kunde schnell nach

einem anderen Anbieter umsehen. Unsere SCM-Software hat die Transparenz unseres Produktionsprozesses verbessert, sodass wir unseren Kunden nun bereits bei Auftragseingang einen genauen Liefertermin nennen können.«

Anforderungen

A.16 Geringe Antwortzeiten
Der Nutzen ist am größten, wenn die Antwortzeiten gegen null tendieren, da der (potenzielle) Kunde – etwa am Telefon – auf die Antwort wartet und eine lange Wartezeit abschreckend wirkt und seinen Eindruck vom Lieferanten verschlechtert. Eine schnelle Auskunft mag darüber hinaus die Chancen der Wettbewerber, den Auftrag zu erhalten, verringern.

A.17 Konsistenz bei parallelen Prüfungen
Insbesondere bei Produzenten, die direkt an Endkunden verkaufen (z. B. DELL), muss eine große Anzahl von parallelen ATP-Checks konsistent gehalten werden, um etwa zu verhindern, dass ein vorhandener Bestand mehreren Kunden gleichzeitig zugesichert wird.

A.18 Prüfen auf Bestandsebene
Erkundigt sich ein potenzieller Kunde nach dem nächstmöglichen Liefertermin für seinen Auftrag, wird als Erstes ein ATP-Check auf verfügbare Bestände des Endprodukts durchgeführt. Hierbei sind Sicherheitsbestände und prognostizierte Bedarfe anderer, gegebenenfalls wichtigerer (A-)Kunden zu berücksichtigen. Umgekehrt können gegebenenfalls für andere (C-)Kunden reservierte Bestände zugunsten eines A-Kunden freigegeben werden. Falls nicht vom Fertiglager geliefert werden kann oder die Erfüllung der Order einen spezifischen Herstellungsprozess benötigt, ergeben sich die beiden nachfolgenden Anforderungen A.19 und A.20.

A.19 Automatisierte Alternativensuche
Die SCM-Software soll Vorschläge generieren, wie der Bedarf aus anderen Lagern/Fertigungsstandorten oder durch Produktsubstitution bzw. durch Fremdbezug befriedigt werden kann. Hierzu sind jeweils die Kosten festzustellen und die möglichen Alternativen entsprechend zu priorisieren.

A.20 Prüfen gegen Kapazitäts- und Materialsituation
Um zu klären, wann der früheste Herstellungstermin ist, muss der Liefertermin unter Berücksichtigung der aktuellen Kapazitäts- und Materialsituation (Verfügbarkeit von Zwischenprodukten und Rohstoffen, Beschaffungszeiten von Fremdbezugsteilen) und der Kosten von Alternativmöglichkeiten (z. B. erweiterter Fremdbezug) zur Auftragserfüllung ermittelt werden. Hierzu ist es notwendig, Anfragen und Aufträgen entsprechende Ressourcen zuzuordnen. Die Einplanung

eines Auftrags im Produktionsplan (Capable-to-Promise) soll simuliert werden. Streng genommen müsste der vollständige Fertigungsablauf einschließlich aller durch den fraglichen Auftrag bewirkten Losänderungen durchgerechnet sein, bevor die Einhaltung eines Kundenwunschtermins beurteilt werden kann. Die Komplexität der Optimierungsprobleme erfordert Simulationen, Heuristiken und wissensbasierte Elemente, z. B. in Gestalt von Regelwerken. Ferner muss die SCM-Software dem Disponenten aufzeigen, inwieweit sich die aktuelle Buchung auf bereits gebuchte oder geplante Aufträge auswirkt.

A.21 Einbezug von Partnersoftware
Bei enger Lieferantenanbindung (z. B. Just in Sequence, JiS) muss für diese »kritischen« Prozesse die ATP-Software mit der entsprechenden Anwendung des Partners interagieren. Im Minimalfall bedeutet dies, die relevanten Planungs- und Verfügbarkeitsdaten realtime abzurufen bzw. einen interaktiven Planungsprozess anzustoßen.

A.22 Internetanbindung mithilfe eines Webbrowsers
Die SCM-Software soll Kunden, Zulieferern und Außendienstmitarbeitern Verfügbarkeitsprüfungen über das Internet mithilfe eines Webbrowsers gestatten. Die BMW AG will beispielsweise ab 2002 alle Produkt- und Prozessdaten online zur Verfügung stellen. Dem Zulieferer soll durch die Offenlegung des Orderbestands die Möglichkeit gegeben werden, seine Produktionskapazitäten flexibel planen zu können.

A.23 Überwachung der zugesagten Liefertermine
Eine ständige Beobachtung der zugesicherten Liefertermine soll die Fortschritte in Beschaffung, Produktion und/oder Auslieferung überwachen und die Planer informieren, sobald die Pünktlichkeit der Lieferung in Gefahr gerät.

A.24 Bevorzugte Neuterminierung bei Verspätung
Ist der bereits zugesagte Liefertermin nicht zu halten, muss – soweit der Kunde seine Bestellung nicht zurückzieht – ein neuer Termin bestimmt werden. Diese erneute ATP-Prüfung soll nun den Kundenbedarf entsprechend hoch priorisieren, also nicht wie eine Erstanfrage behandeln.

A.25 Einbeziehung wichtiger Restriktionen
Der Abgleich zwischen Prognosen und Aufträgen einerseits sowie Kapazitäten und Beständen andererseits soll möglichst das gesamte Liefernetz mit einer Vielzahl an notwendigen Restriktionen abdecken.

3.1.3 Primärbedarfsplanung
Ziel der Primärbedarfsplanung (auch als *Sales and Operations Planning* bezeichnet) ist die mittelfristige Abstimmung zwischen Prognosen und Aufträgen einerseits

sowie Kapazitäten und Beständen andererseits. Sie hilft den Planern bei der Berechnung der Produktionskapazitäten sowie bei deren Aufteilung über Produktgruppen und Vertriebsstrukturen. Der Primärbedarfsplan stellt die Eingangsinformation für die folgenden, detaillierteren Planungen dar.

Anforderungen

A.26 Überprüfung der Planung
Mit fortschreitender Plan-Realisierung lösen die eintreffenden Kundenaufträge die Planungen ab (Aufträge »konsumieren« die Planung). Erforderlich ist eine regelmäßige Überprüfung der Abweichungen von den ursprünglichen Prognosen und die Hochrechnung der Ergebnisse für die Primärbedarfsplanung. Bei Überschreitung von Schwellenwerten müssen Eskalationsprozesse (z.B. ein aktiver Alert) bei den Verantwortlichen initiiert werden.

A.27 Reichweitenszenarios
Bei Lagerfertigung muss dem Verkauf die Möglichkeit gegeben werden, Reichweitenszenarios durchzuspielen.

A.28 Detailliertes Kostenmodell
Da in der Primärbedarfsplanung auch eine Zuteilung gegebenenfalls knapper Ressourcen zu Produkten erfolgt, sollte der zukünftige Deckungsbeitrag des realisierbaren Produktionsprogramms als Leitkriterium nutzbar sein. Um in Konfliktfällen entscheiden zu können, welches die günstigste Alternative darstellt, ist ferner ein ausreichend detailliertes Kostenmodell erforderlich.

3.1.4 Logistiknetzplanung

Die Logistiknetzplanung (LNP) überführt auf taktischer Ebene die restriktionsfreie Nachfrage aus der Absatzprognose in restriktionsbasierte Produktions-, Beschaffungs-, Distributions-, Bestands- und Transportpläne. Sie ist also ein Bindeglied zwischen der Bedarfsvorhersage und den Modulen zur Kapazitäts- und Produktionsplanung. Ziel ist es, den Materialfluss der Supply Chain auf aggregierter Basis zu berechnen. Die Integration dieser Planungsbereiche ermöglicht eine umfassende Analyse der Supply Chain und somit beispielsweise die Abwägung zwischen erhöhten Frachtkosten oder Sonderschichten.

Nach Abschluss der Produktionsplanung ergeben sich häufig weitere Aufgaben für die Distributionsplanung. Es könnten etwa zwischenzeitlich Abweichungen aufgetreten sein, die eine Anpassung der ursprünglichen (mittelfristigen) Planung erfordern, (z.B. Maschinenausfall, Nachfrageänderung). Die eher kurzfristige Verteilplanung muss in solchen Fällen die Distribution des zu erwartenden bzw. bereits vorhandenen Angebots innerhalb des Netzwerks zur Deckung des Bedarfs abstimmen. Solche Zuteilungsüberlegungen sind immer dann anzustellen, wenn nicht eine vollständige Kundenauftragsfertigung von der untersten Produktionsstufe an gegeben ist, und sie sind meist mit der Beachtung von auftragsindividuellen Prioritäten verbunden.

Anforderungen

A.29 Verbesserung des Liefernetzes

Die Logistiknetzplanung soll unternehmens-, werks- und bereichsübergreifende Funktionen für die Planung des Logistiknetzwerks anbieten. Sie muss durchführbare, möglichst auch optimierte Wege bieten, um die Beschaffungs-, Produktions- und Distributionsplanung mit der Nachfrage abzustimmen. Dabei müssen Faktoren wie die Verfügbarkeit und die Kosten der Ressourcen, aber auch Lagerbestände und Transportkosten berücksichtigt werden. Folgende Größen sind besonders relevant:

- Kurze Durchlaufzeiten
- Niedrige Bestände
- Termintreue
- Hohe Maschinenauslastung

Diese Größen sind interdependent; häufig besteht zwischen den ersten drei und der vierten ein Konflikt.

A.30 Bestandsplanung und -steuerung

Die Bestandsplanung und -steuerung dient dem Zweck, den Planer bei der Kontrolle von Materialbeständen sowie darauf aufbauend bei der Planung von Umlagerungs- oder Nachschubvorgängen in der Lieferkette zu unterstützen. Ziel der Planung ist es zum einen, die Nachfrage zu befriedigen (also einen hohen Servicegrad zu erreichen) zum anderen, die Bestände zu minimieren. Wichtige Funktionen sind u.a. folgende:

1. Festlegung unterschiedlicher Lagerstrategien mit Regeln für Lagereingänge und -abgänge sowie für Sicherheitsbestände und Kapazitäten
2. Automatische Berechnung der Sicherheitsbestände auf der Basis der durchschnittlichen Prognoseabweichung
3. Verwaltung von Sekundärbedarfen und zu berücksichtigenden Rahmenverträgen/Kontrakten
4. Abbildung einer mehrstufigen innerbetrieblichen Lagerstruktur – bestehend aus Zentrallager, Regionallagern bis hin zu mit geringem oder ohne Bestand geführten Umschlagspunkten

5. Einbezug überbetrieblicher Strukturen – z. B. Lager von Kunden, Lieferanten, Fremdfertigern und Logistikdienstleistern

6. Aktives Bestandsmanagement und Disposition bei Kundenlagern (*Vendor Managed Inventory*, VMI). Diese Integration fremder Strukturen erfordert auf systemtechnischer Seite eine einfache Möglichkeit, Bestands- und Bewegungsdaten fremder Systeme schnell im Planungssystem integrieren zu können.

Die beiden folgenden Anforderungen beziehen sich speziell auf die Verteilplanung, die darauf folgende Anforderung A.33 trifft für die Logistiknetzplanung wieder allgemein zu.

A.31 Aufteilung des Produktangebots
Übersteigt die Nachfrage das Angebot, muss die Zuteilung aufgrund von Bedarfsprioritäten (z. B. A-Kunden vor C-Kunden), Aufteilungsregeln oder auch durch eine Kombination der beiden vornehmbar sein. Ein Beispiel hierfür wäre, dass die Aufträge von A-Kunden zu 80 % erfüllt werden, dann die von B-Kunden zu 60 %; bleibt dann noch Angebot übrig, wird dieses auf die C-Kunden aufgeteilt. Gegebenenfalls sind Rahmenverträge oder Mindestzuteilungen zu berücksichtigen. Die Zuteilung sollte die »disponiblen Fertiglagerbestände«, d. h. auch zu erwartende Lieferungen der Produktion an das Fertigwarenlager, berücksichtigen.

A.32 Zuordnung von Produktalternativen
Ist der angefragte Artikel nicht in ausreichender Menge vorrätig, muss die Zuordnung von Alternativprodukten möglich sein. Hierdurch kann der negative Einfluss von Lieferschwierigkeiten so minimiert werden, dass der vom Markt bzw. von den wichtigsten Kunden wahrgenommene Kundenservice maximiert ist.

A.33 Internetbasierte Beschaffung
Aus der Planung sind – unter Berücksichtigung der Wiederbeschaffungszeiten – die benötigten Bestellanforderungen zu generieren und an Zulieferer weiterzuleiten. Dies soll weitgehend automatisch erfolgen können und nur in besonderen Situationen (z. B. Überschreiten bestimmter Wertgrenzen oder wenn der übliche Lieferant nicht liefern kann) dem Disponenten zur Entscheidung vorgelegt werden.

Aktuelle Herausforderungen sind in diesem Zusammenhang elektronische Auktionen und Marktplätze im Internet, die sich zurzeit bilden. So errichten z. B. in der Automobilindustrie DAIMLERCHRYSLER, FORD und GENERAL MOTORS eine gemeinsame Internetplattform für den Einkauf und erhoffen sich dadurch massive Einsparungen (bis zu 1000 EUR pro Auto). An anderen Marktplätzen werden Rohstoffe, z. B. Stahl (*http://www.e-steel.com*) oder Tee (*http://www.teauction.com*), aber auch Güter der Luftfahrt- und Verteidigungsindustrie gehandelt. Des Weiteren existieren auch Marktplätze speziell für den Mittelstand (*http://www.goodax.com*).

Zahlreiche Beobachter sehen die Internetmarktplätze als wichtigen Trend, wobei die in sie gesetzten Erwartungen bislang nicht erfüllt werden konnten. Automobilzulieferer, wie beispielsweise. der Reifenhersteller CONTINENTAL oder der Karosseriehersteller KARMANN, befürworten die Hinwendung zu Marktplätzen und sehen die Vereinheitlichung bereits bestehender Systeme als Vorteil. So haben bereits verschiedene Anbieter von SCM-Software eigene Marktplätze gegründet, z.B. I2 TECHNOLOGIES unter *http://www.tradematrix.com*. Daher muss SCM-Software flexible Daten- und Prozessschnittstellen, (Mehrfach-)Anbindung sowie Monitoring-Funktionen (z.B. Auktionen) vorsehen.

3.1.5 Produktionsplanung

In den Komponenten der Produktionsplanung wird oft zwischen der übergreifenden *Kapazitäts-* und der lokalen *Reihenfolgen-* bzw. *Feinplanung* innerhalb eines Werkes oder einer einzelnen Anlagengruppe unterschieden Die Produktionsgrobplanung detailliert den für die Produktion relevanten Part der im vorangegangenen Abschnitt erläuterten Logistiknetzplanung. Sie legt (vorläufig) fest, welches Material bzw. welcher Auftrag zu welchem Zeitpunkt an welcher Anlage und in welcher Menge herzustellen ist. Dabei ist zu gewährleisten, dass genügend Produktionskapazitäten und Rohstoffe zur Verfügung stehen, um die Produkte wie geplant fertigen zu können. In der Feinplanung hingegen werden die eingeplanten Produktionsaufträge unter Beachtung neuester Entwicklungen bei Terminen sowie personellen und maschinellen Ressourcen feindisponiert. Hauptaufgaben sind die Festlegung des Auftragsfreigabezeitpunkts, die Ressourcenzuordnung sowie die Reihenfolgeplanung.

Von der Qualität, aber auch der Flexibilität der Produktionsplanung hängen neben der Einhaltung der Liefertermine insbesondere auch die Realisierung eines hohen Durchsatzes, niedriger Lagerbestände und Überstundenkosten sowie eine effiziente Nutzung der Maschinenkapazität ab.

Anforderungen

A.34 Einsatz von Optimierungsmethoden in der Produktionsplanung
Die Software soll optimierende Verfahren beinhalten, die durchführbare Produktionspläne erstellen und dabei die bestmögliche Nutzung von Ressourcen und Werken sowie die Reduzierung der Lager- und Rüstkosten anstreben. Um dem theoretischen Optimum näher zu kommen, ist die Planung der in traditionellen Konzepten sequenziell durchlaufenen Planungsstadien (Materialbedarfsplanung, Durchlaufterminierung/Kapazitätsabgleich, Verfügbarkeitsprüfung für Ressourcen und Material) simultan durchzuführen. Dabei gilt es, Engpässe (z.B. Maschinen, Material, Energie usw.) zu erkennen und eine ausreichende Vorproduktion sicher-

zustellen. In der mehrstufigen Fertigung kann erschwerend hinzukommen, dass auch wandernde dynamische Engpässe im Produktionsnetz identifiziert und berücksichtigt werden müssen. Die SCM-Software soll Produktionsaufträge auf alternative Ressourcen in mehreren Werken verteilen und Auftrags-Splitting sowie überlappende Fertigung als Mittel der Durchlaufzeitverkürzung abbilden können. Die Zeitdauer, die die Verfahren zur Ermittlung der durchführbaren Pläne benötigen, ist möglichst gering zu halten. In der Praxis zu beobachtende Planungsläufe von vielen Stunden erweisen sich zunehmend als unzureichend.

Gleiches gilt für die Feinplanung, bei der dem Planer optimierende Verfahren zur Verfügung gestellt werden, die unter Beachtung definierter Ziele und Restriktionen die Bearbeitungsreihenfolge, die Betriebsmittelauswahl sowie Beginn- und Endzeitpunkte der Arbeitsgänge festlegen. Einige Beispiele für Ziele der Bearbeitungsreihenfolgeplanung sind im Folgenden aufgelistet:

- Minimale Gesamtdurchlaufzeit der Lose
- Minimale Kapitalbindung in der Produktionsstätte
- Minimale Leerkosten/maximale Kapazitätsauslastung
- Minimale Umrüstkosten
- Maximale Terminsicherheit

Es sind unterschiedliche Strategien wie Vorwärts-, Rückwärts- und Mittelpunktsterminierung zu ermöglichen. Die Lösungsmethoden müssen Ergebnisse in sehr kurzer Zeit liefern können, um eine schnelle Reaktion auf plötzlich auftretende Engpässe, Änderungen usw. zu gewährleisten. Neben regulären Fertigungsaufträgen sind auch Kundenauftragsänderungen, Nachbearbeitungs- und Reparaturaufträge zu beachten.

Ein wichtiger Aspekt ist hierbei die *Usability*, d.h. der Einsatz grafischer Oberflächen zu spezifizierbarer und algebraischer Modellformulierung von Optimierungsverfahren. Gleiches gilt für Fach- und Führungskräfte, die zur Akzeptanzförderung die Lösungsprozesse und -ergebnisse einfach und intuitiv aufbereitet bekommen (z.B. Ampel- und Cockpittechnik).

A.35 Grafische Produktionsplantafel

Der Planer soll bei der Produktionsplanung durch eine grafische Plantafel (ähnlich einem Leitstand) unterstützt werden. Hierzu sind umfangreiche Analyse- und Visualisierungsmöglichkeiten anzubieten. Schwierigkeiten, wie z.B. Verletzungen von Restriktionen, sollen angezeigt und der Planer bei deren Beseitigung unterstützt werden. Optische Anzeigen lassen sich durch leistungsfähige Entscheidungsunterstützungssysteme, darunter auch wissensbasierte, ergänzen. Da sich nicht alle Umdispositionen algorithmisch beherrschen lassen, soll die Plantafel insbesondere auch die Feinplanung unterstützen. Hier erfolgen dann manuelle Umplanungen, etwa wenn eine Maschine ausfällt oder ein Arbeiter erkrankt, sowie die Freigabe der Fertigungsaufträge.

A.36 Modellierung der unternehmensübergreifenden Zusammenhänge

Qualitativ hochwertige Lösungen können Heuristiken nur auf der Basis realitätsnaher Modelle liefern. Hierzu muss etwa der flexiblen, manipulierbaren Natur bestimmter Restriktionen (so genannte *Soft Constraints*) wie Arbeitszeit (Überstunden, geänderte Schichtpläne) und Bezugsquellen für Materialien (z. B. Eigenfertigung oder Fremdbezug), Rechnung getragen werden, z. B. über Strafkosten. Die Planung muss Verteilstrategien der Produkte bei alternativen Ressourcen in mehreren Werken berücksichtigen. Dem SCM-Gedanken entsprechend müssen auch externe Restriktionen (etwa von Lieferanten) berücksichtigt werden. Es sind sowohl Planungsprozesse der einstufigen Fertigung als auch komplexere Zusammenhänge einer mehrstufigen Fertigung abzubilden. Für die Reihenfolgeplanung sind für folgende Bereiche Regeln festzulegen:

- Zuordnung auf der Basis der Anlagenstammdaten (welcher Artikel kann auf welcher Ressource in welcher Zeit und zu welchen Kosten produziert werden?)
- Übergänge zwischen den einzelnen Losen (z. B. hell nach dunkel) auf der Basis einzelner Produktattribute
- Rüstkosten an den einzelnen Anlagen

Der Planer muss diese Einstellungen selbst erstellen und verändern können. Durch die zeitliche Nähe der Reihenfolgeplanung zur Produktion und das erforderliche Detailwissen über anlagenbezogene Regeln wird die Feinplanung meist in den Werken durchgeführt. Dieser dezentrale Planungsansatz verlangt eine enge Kommunikation mit dem übergeordneten System der Kapazitätsplanung und den Fachleuten in der zentralen Logistik.

Aufgrund der großen Bedeutung aktueller Daten für die Produktionsplanung – insbesondere die Reihenfolgeplanung findet häufig erst kurz vor dem geplanten Produktionstermin statt – sei an dieser Stelle auf Anforderung A.3, *Enge Integration mit den verbundenen ERP-Systemen*, verwiesen.

3.1.6 Transportplanung

Die tendenziell kurzfristig orientierte Transportplanung befriedigt den aus der Distributions- und Bestandsplanung resultierenden Transportbedarf durch die Auswahl der Transportart sowie die Bestimmung von Beladung und Fahrtroute. Einer Studie der META GROUP zufolge handelt es sich zurzeit um einen der wichtigsten Bereiche in den Anstrengungen der Anbieter von SCM-Software. Ursache sind die erzielten Erfolge bisheriger Einführungen von Transportplanungssoftware. Auch

Logistikdienstleister bekunden steigendes Interesse, da sie ihren Kunden verstärkt umfangreiche Logistiklösungen mit Transportplanungsfunktionen anbieten müssen. So setzen UPS und GE CAPITAL die SCM-Software von I2 TECHNOLOGIES ein. META GROUP zufolge ist bisher kein Anbieter erkennbar, der die ganze Spannbreite von der Abstimmung der Transportpläne bis hin zu Anwendungen mit dreidimensionalen Grafiken für die Beladung von Lkw abdecken kann.

Anforderungen

Da die Selektion des Auslieferungslagers, aus dem ein Transport erfolgen soll, durch die Logistiknetzplanung (LNP) vorgenommen wird, ergeben sich folgende Anforderungen:

A.37 Auswahl der Transportart

Es stehen oft mehrere Transportmittel in Konkurrenz, etwa betriebseigene und mietbare Lkw, Spediteure, die Bahn sowie Luftfracht. Die SCM-Software hat dabei vielfältige Aspekte abzuwägen, etwa Gewicht, Volumen, die Anzahl der Paletten und gegebenenfalls relevante Sicherheitsbestimmungen einer Lieferung einerseits, andererseits die Kosten, die Schnelligkeit und die Zuverlässigkeit des Transporteurs. Auch Transportmittelkombinationen sind zu berücksichtigen, also z. B. der Transport der Ware mit dem Lkw zum nächsten Bahnverladeplatz, von dort mit der Bahn nach Bremen, wo die Ware auf ein Schiff geladen wird, um im Empfängerland von einem Spediteur zum Kunden ausgeliefert zu werden.

Eine zukunftsweisende Anforderung ist die Einbindung von Transportbörsen im Internet. So wurde im März 2000 von dem britischen Unternehmen ELOGISTICS eine Pilot-Plattform zur Ausschreibung von Transportaufträgen für temperaturgeführte Güter in Betrieb genommen. Diese soll in naher Zukunft auf ganz Europa und später weltweit ausgedehnt werden. Als nächste Zielmärkte nennt das Unternehmen den Transport schnelldrehender Konsumgüter und – auf europäischer Ebene – Unterhaltungselektronik. ELOGISTICS konzentriert sich dabei zunächst auf den Straßenverkehr. Das Unternehmen plant, bereits im Jahr 2005 Transporte im Wert von über 30 Milliarden Euro über die Plattform abzuwickeln. Weitere Beispiele sind die Transportbörse von E-TRANSPORT, INC. (Pittsburgh/Pennsylvania) sowie die Marktplätze für Logistikdienstleistungen der Anbieter von SCM-Software I2 TECHNOLOGIES (http://www.freightmatrix.com) und MANUGISTICS (in Kooperation mit FREIGHTWISE (http://www.freightwise.com) und CANADIAN TIRE). Auch für private Marktplätze wie ECENTA (http:/www.ecenta.com) mag es lohnend sein, die Transportplanung für die angeschlossenen Teilnehmer zentral zu organisieren, um Bündelungseffekte wahrzunehmen.

Solche Transportbörsen können auch für Frachten genutzt werden, die nur Teile einer Transporteinheit (*Less than Truck Load*, LTL) in Anspruch nehmen. Man kann dort den LTL-Bedarf ausschreiben oder gegebenenfalls selbst als Anbieter von Transportleistungen auftreten. Angenommen, ein Nürnberger Unternehmen hat eine dringende Lieferung an einen Kunden in Frankfurt zu tätigen, die einen Lkw nur zu 60% auslastet (LTL). Weitere Sendungen, die in der nahen Zukunft in Richtung Frankfurt zu transportieren sind, sind nicht zu erwarten. Eine Fremdvergabe ist ebenfalls nicht möglich oder wird als unwirtschaftlich betrachtet. In diesem Fall hat das Unternehmen mehrere Optionen:

1. Es kann einem Kunden, der z.B. in Aschaffenburg (also auf dem Weg nach Frankfurt) angesiedelt ist und der mittelfristig einen Bedarf angekündigt hat, eine frühere Auslieferung zu günstigeren Konditionen anbieten (da der Abnehmer die Ware länger lagern muss).
2. Es kann aktiv auf Kunden, die an der Strecke liegen, zugehen, und ihnen vergünstigte Frachtkonditionen anbieten (»Last-Minute-Angebot«).
3. Es kann die restliche Kapazität des Lkws an einer Transportbörse ausschreiben.

In den Fällen 1 und 2 muss über die Verteilung des Nutzens verhandelt werden, was zusätzlichen Aufwand bedeutet und eine Verringerung der Einsparung des Unternehmens darstellt. Bei Alternative 3 kann sich hingegen ein Marktpreis für diese Leistung bilden. Bei ausreichender Nachfrage wird dieser gleich den Kosten der günstigsten Transportalternative sein, was in der Regel höher ist als der Teil der Einsparung, der bei Alternative 1 oder 2 im Unternehmen verbleibt. Der Unternehmensberatung PRICEWATERHOUSECOOPERS zufolge lässt sich in der Praxis zunehmend eine solche Kombination von Transporten verschiedener Unternehmen bzw. das Teilen von Transportmitteln beobachten.

A.38 Tourenplanung

Bei der Tourenplanung sind viele Faktoren zu berücksichtigen. Im Folgenden werden einige Beispiele für Restriktionen der Tourenplanung aufgeführt:

- ▶ Gewünschte Liefertermine
- ▶ Priorität der Lieferung
- ▶ Öffnungszeiten der Kundenbetriebe und Depots
- ▶ Be- und Entladezeiten
- ▶ Fahrzeugbesonderheiten (z.B. Hebebühne)
- ▶ Ausstattung des Kunden (z.B. Gabelstapler, Laderampe)
- ▶ Fahrerbezogene Restriktionen, z.B. vorgeschriebene Pausen, Maximalfahrzeiten (Sicherheitsbestimmungen), Verfügbarkeit entsprechend qualifizierter Fahrer (z.B. für Gefahrgut-Transporte), Absprachen mit dem Betriebsrat (z.B. Zahl der Touren pro Woche)

▶ Streckenbezogene Restriktionen, z. B. hinsichtlich des Gewichts oder der Höhe des Fahrzeugs, Zulässigkeit von Gefahrgut-Transporten (z. B. Wasserschutzgebiet)

Eine leistungsfähige SCM-Software sollte jedoch nicht nur die Auslieferung von Ware planen können, sondern auch die Beladung des Transportmittels auf der Rückfahrt, z. B. durch Leerbehälter, zu beschaffende Ware oder zum Recycling rückzunehmende Ware. So fallen etwa bei der Fertigung von Sitzbezügen durch einen Fahrzeughersteller textile Rückstände an. Diese nimmt der Stoffzulieferer auf seinen Rückfahrten mit und verarbeitet sie zu Unterfütterungen für die Bezüge. Die Routenplanung sollte unter Einsatz digitaler Straßenkarten stattfinden und aktuelle Standortdaten der Lkw beachten.

A.39 Grafischer Distributionsleitstand
Das System soll die Nachbearbeitung und Anpassung des aus den vorangegangenen Schritten resultierenden Transportplans vereinfachen. Hier ist – wie schon in der Produktionsplanung – ein Leitstand zweckmäßig, der es dem Planer etwa ermöglicht, geringe Auslastungen zu vermeiden oder kurzfristig eine eilige Lieferung einzuplanen. Neben Umplanungsheuristiken und der Darstellung von Warnmeldungen bietet sich auch eine elektronische Anbindung von Fahrern und Fahrzeugen sowie die Verbindung zu Fahrzeugortungssystemen wie GPS an. Auf diese Weise ist der Planer in der Lage, schnell neu bzw. umzudisponieren und etwa durch Stauvermeidung sicherzustellen, dass Liefertermine eingehalten werden.

A.40 Optimierung der Transportmittelbeladung
Es ist auf die Verträglichkeit der Lieferungen untereinander (z. B. Kombination chemischer Produkte) sowie mit dem Transportmittel (z. B. Sicherstellung ausreichender Kühltemperatur) zu achten.

A.41 Gewichtung der Optimierungsziele
In den vorangegangenen Schritten wurden Optimierungsprobleme beschrieben. Ein entsprechender Algorithmus verfolgt dabei konfliktäre Ziele:

1. Transportkosten innerhalb der vielfältigen Restriktionen niedrig halten/minimieren
2. Hohe Liefertermintreue gewährleisten
3. Lagerbestände niedrig halten

Daraus folgt die Forderung nach einer Gewichtung der verschiedenen Ziele durch den Anwender.

A.42 Cross Docking
Eine intensivierte Zusammenarbeit in einem Liefernetz hat u. a. zum Ziel, dass die Transportmittel Teile ihrer Ladungen flexibel übergeben, ohne dass an definierten

Stellen physische Zwischenlager entstehen. An einem vereinbarten Austauschpunkt, z. B. auf einem Autohof in der Nähe der Autobahn, tauschen die Fahrzeuge Teile ihrer Ladungen aus. Cross Docking setzt eine intensive Koordination voraus. Häufig wird man nicht ohne einen zwischenbetrieblichen Leitstand auskommen, wobei von den Partnern zu vereinbaren ist, wer den Leitstand betreibt und durch welche Kostenbeiträge dieser finanziert wird. Bei diesem Verfahren lagert man die Ware nicht. Stattdessen wird der liefernde Transporter entladen, die Ware umkommissioniert und anschließend in ausgehende Lkw verladen.

So führte die HORNBACH-BAUMARKT AG Cross Docking ein, um die Warenströme zu bündeln und den logistischen Aufwand in den Filialen durch filialgerechte, fehlerfreie Belieferung zu senken. Hierzu nahm das Unternehmen bisher zwei *Cross-Docking-Center* (CDC) in Betrieb, die nah bei bereits existierenden Importlagern angesiedelt wurden. Grund hierfür war – neben der »Transportverdichtung« mit der Importware und einer einheitlichen Führung der Logistikzentren zur Nutzung bestehender Kompetenzen – auch die Möglichkeit, bei Belastungsspitzen einen Personalausgleich vom weniger ausgelasteten in das stärker beanspruchte Lager vornehmen zu können. Den Transport vom CDC zu den Baumärkten übernehmen Dienstleister. Der Zeitraum von der Ankunft einer Palette an der Laderampe des Marktes bis hin zu dem Moment, zu dem die Ware verkaufsfähig im Regal bereitsteht, beträgt nur noch ca. zwei Stunden. HORNBACH erwartet eine Reduktion der Logistikkosten um ein Prozent und sieht noch zahlreiche weitere Vorteile für sich. Die Lieferanten profitieren ebenfalls, z. B. durch den »Wegfall der Wartezeiten vor der Entladung in den Märkten« und bevorzugte »Abfertigung in den Cross-Docking-Centern bei Einhaltung des avisierten Zeitfensters«. In der Endausbaustufe ist geplant, 80 % der Sendungen über Cross Docking abzuwickeln und sukzessive Wareneingangskontrollen auf Stichproben zu reduzieren.

A.43 Tracking & Tracing
Für die Mitglieder im Liefernetzwerk und Endkunden müssen Funktionalitäten des Tracking & Tracing über das Internet oder EDI-Verfahren zur Verfügung stehen.

3.2 SCM-Querschnittsfunktionen

Die in Abschnitt 3.1 beschriebenen Anforderungen konnten klar den einzelnen Phasen einer Auftragsabwicklung zugeordnet werden. Anders stellt sich die Situation bei den nachfolgenden SCM-Querschnittsfunktionen dar (siehe Tabelle 3.3), die die Grundlage der bereits beschrieben Anforderungen bilden und bei denen der integrative Aspekt sowohl inner- als auch zwischenbetrieblich nochmals besonders deutlich wird.

Funktionsmodul	Anforderung
Unternehmensübergreifende Zusammenarbeit	A.44 Standardisierter Datenaustausch mit Partnerunternehmen über EDIFACT/XML und internetbasierte Lösungen
	A.45 Sicherheit des Datenaustauschs
	A.46 Datenbeschaffung
	A.47 Abstimmung der Absatzprognose mit Marktdaten
	A.48 Auftragsprognose
	A.49 Auftragserzeugung
	A.50 Auftragserfüllung
	A.51 Werkzeuge für die flexible Definition von Kooperationsprozessen
	A.52 Analyse und Synthese abweichender Prognosen
	A.53 Automatisierte Abweichungsanalyse und Information der Supply-Chain-Mitglieder
	A.54 Supply-Chain-Datenpool, Unterstützung umfangreicher Analyse- und Visualisierungsmöglichkeiten
	A.55 Ermittlung der Kundenauftragsprognose unter Beachtung relevanter Faktoren
	A.56 Automatisierte Analyse der Planungsergebnisse
	A.57 Berücksichtigung detaillierter Partnerinformationen in der Produktionsplanung
	A.58 Partnern Einblick in die Produktionsplanung gestatten
	A.59 Partnern Einfluss auf die Produktionsplanung erlauben
Monitoring und Controlling des Liefernetzes	A.60 Visualisierung des Liefernetzes
	A.61 Monitoring des Liefernetzes
	A.62 Beobachtung und Benchmarking von KPIs
	A.63 Ursachenforschung
Strategische Netzwerkplanung	A.64 Modellierung
	A.65 Optimierungsverfahren und Heuristiken
	A.66 Simulation
	A.67 Vergleich alternativer Szenarios

Tabelle 3.3 Funktionsmodulspezifische Anforderungen der Querschnittsbereiche an SCM-Software

Auch zu diesem Komplex werden die Komponenten in einem ersten Schritt beschrieben und anschließend die jeweiligen Anforderungen herausgearbeitet.

3.2.1 Unternehmensübergreifende Zusammenarbeit

Alle bisher behandelten Abschnitte der SCM-Auftragsabwicklung beschäftigten sich vorrangig mit unternehmensinternen Abläufen, auch wenn z.T. massive Anforderungen an Informationsbereitstellung bzw. -austausch mit externen Partnern und den zugrunde liegenden Prozessanforderungen gestellt werden. SCM betont jedoch die überbetriebliche Integration. Dieser bedeutende Kerngedanke wird in diesem ersten Abschnitt der SCM-Querschnittsfunktionen beschrieben sowie in den Kapiteln 2 und 4 vertieft.

Bisher findet die Kooperation meist über Telefon, Fax, E-Mail, klassisches EDI sowie zunehmend per WebEDI und XMLEDI statt. Symptomatisch ist hierbei, dass nicht selten unterschiedliche Bereiche eines Unternehmens mit vergleichbarer Aufgabenstellung unterschiedliche Lösungsansätze sowie technische Architekturen nutzen, d.h. Technologie- und Informationsinseln bestehen. Dies ist nicht nur aus SCM-Sicht ein inakzeptabler Zustand, sondern auch ökonomisch und technologisch betrachtet.

SCM-Software bildet zunehmend bzw. gezwungenermaßen sowohl inner- als auch zwischenbetrieblich eine integrierende Klammer über Systemgrenzen hinweg. Die Notwendigkeit einer hohen und vollständigen Datenqualität erzwingt den Ausbau der Integrationsinfrastruktur sowie die Homogenisierung von Daten- und Prozessstrukturen. Dabei verspricht insbesondere das Internet interessante Perspektiven. Es gilt jedoch zu betonen, dass nicht jede Art der internetbasierten Kommunikation gleich *Collaboration* darstellt, wie META GROUP 2000 ausführt:

> »*True collaboration alters business processes to facilitate mutual goals and integration of planning activities through shared intelligence.*«

Folgende Beispiele sind somit keine Kooperationen im Sinne von Collaboration:

▶ Die Ausschreibung von Transportbedarf an entsprechenden Internet-Börsen
▶ Die Beschaffung von C-Teilen auf Internetmarktplätzen
▶ Die Nutzung eines Lagers durch zwei Unternehmen

Obwohl seit Jahren als technologisch problemlos abgetan, scheitern viele kollaborative (SCM-)Projekte an dem Unvermögen, die ERP- und SCM-Systeme im Unternehmen sowie die beteiligten Unternehmen in die Supply Chain zu integrieren. Probleme ergeben sich sowohl bei der technologischen Kopplung der Anwendungen als auch bei der finanziellen Investitionsfähigkeit, die sich für große und kleine Unternehmen gleichermaßen ökonomisch sinnvoll darstellen muss. Handlungsbedarf besteht bei folgenden Punkten:

- Semantik (automatische Interpretation von Daten)
- Pragmatik (automatische Interaktion von Anwendungssystemen)
- Ökonomie (Verteilung der Nutzeffekte zur Erreichung von Wirtschaftlichkeit bei allen Beteiligten)
- »Gesunder Menschenverstand« (psychologisch und technologisch durchsetzbar sowie von der Komplexität noch handhabbar)

Anforderungen

Die exakten Anforderungen von Kooperationen an SCM-Software sind bisher wenig erforscht. Führt man eine Analyse der unterschiedlichen Lebensphasen von unternehmensübergreifender Zusammenarbeit durch, ergibt sich, dass mehrere Phasen auf bereits diskutierte Funktionen zurückgreifen. Folgende Lebenszyklusphasen bestehen bei unternehmensübergreifender Zusammenarbeit:

1. Identifikation und Analyse von Chancen zur Zusammenarbeit
2. Suche und Auswahl des Partners
3. Ausarbeitung der Kooperation
4. Durchführung der Zusammenarbeit
5. Auflösung der Partnerschaft

AMR bescheinigt der SAP-SCM-Software, auf dem richtigen Weg zu sein, sieht aber noch erheblichen Entwicklungsbedarf bei den Werkzeugen für die unternehmensübergreifende Zusammenarbeit.

Umfangreiche Darstellungs-, Simulations- und Bewertungsmöglichkeiten können die Kosten-Nutzen-Analysen zur Identifikation von Verbesserungspotenzialen unterstützen, ein gemeinsames Verständnis der Partner hinsichtlich der zugrunde liegenden Prozesse ermöglichen sowie zur Ausarbeitung der Zusammenarbeit, u.a. bei der Ermittlung eines Algorithmus zur Verteilung der Nutzeffekte, beitragen. Bei DM-Drogerie-Markt prüft man schon seit Anfang der Neunzigerjahre durch Simulationen, welche logistischen Aufgaben von DM und welche von kooperierenden Herstellern übernommen werden sollen. Zusätzlich ist für die permanente Anpassung der Arbeitsabläufe im Sinne eines kontinuierlichen Verbesserungsprozesses ein IT-gestütztes Kooperationscontrolling erforderlich.

Allgemein gültige Faktoren

Für eine unternehmensübergreifende Zusammenarbeit ergeben sich die im Folgenden dargestellten generellen Anforderungen an SCM-Software.

A.44 Standardisierter Datenaustausch mit Partnerunternehmen über EDIFACT/XML und internetbasierte Lösungen

Gemein ist den meisten Kooperationskonzepten die unternehmensübergreifende Synchronisation und Transparenz sowie Priorität von Messwerten, vor allem aus dem überbetrieblichen Bereich gegenüber Prognosewerten. SCM-Software sollte zum einen die erforderlichen Interaktions-, Plausibilisierungs-, Verarbeitungs- sowie Eskalationsprozesse für eine integrierte Kollaboration bereitstellen und auch die verbreiteten Datenaustauschformate (z. B. EDIFACT, ebXML, BMEcat) und Identifikationssysteme (z. B. ILN, EAN, UN/SPSC, eClass) unterstützen.

A.45 Sicherheit des Datenaustauschs

Der Aspekt Sicherheit stellt ein vielschichtiges Thema mit jeder Menge offener Diskussionspunkte dar. Dies ist auch der Grund, weshalb ERP- und SCM-Anbieter im Allgemeinen – zumindest bei sensiblen und integrierten Prozessen – Kommunikations- und Kryptographie-Funktionen den Drittanbietern überlassen. Nichtsdestotrotz obliegt es den ERP-Anbietern, Lösungen bereitzustellen – beispielsweise zur Archivierung digitaler Geschäftsdokumente (Steuersenkungsgesetz, StSenkG), Grundsätze zum Datenzugriff und zur Prüfbarkeit digitaler Unterlagen, GDPdU). Grundlegende Anforderungen sind hierbei:

- Vertraulichkeit (Verschlüsselung mittels starker symmetrischer und asymmetrischer Verfahren)
- Unveränderlichkeit (Prüfsummenverfahren, z. B. mittels elektronischer Signatur)
- Authentizität (Beweis der Urheberschaft und Identität per qualifizierter Elektronischer Signatur und TrustCenter)
- Prozesssicherheit (Sicherstellung, dass Transaktionen nur einmal und gegebenenfalls in einer bestimmten Reihenfolge sowie innerhalb einer definierten Zeit ausgeführt werden)
- Rechtssicherheit (Erfüllung rechtlicher Anforderungen sowie Nachvollziehbarkeit im Streitfall)

Die Umsetzung derartiger Anforderungen stellt sich als überaus schwierig daraus, da trotz Nutzung von Standards inkompatible Implementierungen leider üblich sind (z. B. die elektronische Signatur). National wie auch international sind unterschiedliche Regelungen gängig und auch das Verständnis in Bezug auf Handhabe und Verbindlichkeit (z. B. Archivierung elektronischer Geschäftsdokumente) unterscheidet sich. Dem Anwender bleibt somit nur die Möglichkeit, sich gegenüber allen Eventualitäten abzusichern und vermutliche Entwicklungen vorwegzunehmen.

Pilotprojekte mit »überbetrieblichem« Datenaustausch finden aus den oben genannten Gründen häufig nur innerhalb von Konzernen statt. Als weiterer möglicher »Stolperstein« gelten die so genannten »weichen Faktoren« (mangelndes Vertrauen, verringerter Entscheidungsspielraum usw.), die oft unterschätzt werden. Im Folgenden werden die Anforderungen einzelner Kooperationsarten diskutiert.

Abnehmergesteuerte Nachbevorratung

Da sowohl für JiT als auch für *Quick Response* keine Anforderungen identifiziert werden können, die über das bereits dargestellte Spektrum hinausreichen, sind hier keine Ergänzungen notwendig.

Lieferantengesteuerte Nachbevorratung

Als Beispiel für Lieferantengesteuerte Nachbevorratung ist das bei KMART und WAL-MART aus Continuous-Replenishment-Planning-Programmen (CRP) entwickelte Vendor Managed Inventory (VMI) zu nennen, das mittlerweile auch in vielen anderen Branchen eingesetzt wird. So plant der Bereich »Weißtöner« der BAYER AG, über eine Tankfernabfrage den Lagerbestand des Kunden zu messen und die Daten per Fernübertragung an BAYER zu übermitteln. Da die Anforderungen des VMI die des CRP im Wesentlichen abdecken, wird auf CRP nicht weiter eingegangen.

Das *CPFR Committee* beschreibt den Prozess des VMI mit fünf Schritten, an die sich die hier aufgeführten Anforderungen anlehnen:

A.46 Datenbeschaffung
Der Lieferant muss die Bestände, die Absatzprognosen und die aktuellen Bedarfszahlen (z. B. POS-Daten) der Abnehmer kennen. Auch die Berücksichtigung ergänzender Daten, z. B. über Promotionen, bietet sich an. So hat WAL-MART ca. 4000 seiner Lieferanten an sein internetbasiertes Retail-Link-Netz angeschlossen (*http://wal-mart.com/vendor/retail_link/index.shtml*), in dem nicht nur Daten über Absatz, Belieferung und Bestand pro Filiale verfügbar sind, sondern auch über Nullbestände im Lager, Liefermängel und Retouren.

A.47 Abstimmung der Absatzprognose mit Marktdaten
Neben bereits diskutierten Anforderungen ist die Abstimmung der kundenspezifischen Prognose mit der Gesamtmarktprognose eine äußerst wichtige Aufgabe. Stellt ein VMI-Kunde keine Absatzprognosen zur Verfügung, muss der Anbieter eigene Prognosen für den Absatz des Kunden berechnen, was den Planungsaufwand erhöht und die Planungssicherheit reduziert. Hierbei ist der Bedarf der Kunden des Kunden, gegebenenfalls also die Konsumentennachfrage, zu prognostizieren.

A.48 Auftragsprognose
Die kundenspezifische Absatzprognose muss nun unter Berücksichtigung von Beständen, Losgrößen usw. in eine Auftragsprognose umgesetzt werden. Anschließend versucht der Anbieter durch günstige Disposition die vereinbarten Bestandsziele zu erreichen, gleichzeitig aber die Transportkosten und eigene Bestandskosten nicht zu vernachlässigen. Zur Unterstützung seiner Lieferanten bei diesen Entscheidungen hat WAL-MART ein Entscheidungsunterstützungssystem entwickelt, das anhand eines Fragenkatalogs dem Anwender bei der hinsichtlich Gewinn, Lagerbeständen, Absatz und Marktanteil »richtigen« Disposition helfen soll.

A.49 Auftragserzeugung
Der Hersteller muss in der Lage sein, den Auftrag im Namen des Kunden auszulösen.

A.50 Auftragserfüllung
Der Hersteller erfüllt die Aufträge in der Regel aus seinen Beständen, d.h., er generiert (außer bei Promotionsware) keinen dedizierten Produktionsauftrag. Der Lieferant muss fähig sein, auch kleine Bestellmengen rasch und kostengünstig zu liefern.

Unternehmensübergreifende Planung

Planungskonzepte für die unternehmensübergreifende Zusammenarbeit unterliegen einer ständigen Weiterentwicklung und werden sehr individuell von Branchen und Communities umgesetzt.

A.51 Werkzeuge für die flexible Definition von Kooperationsprozessen
Die SCM-Software soll Werkzeuge für das Design enthalten und häufige Änderungen im Ablauf gestatten (*Workflow Architecture*). Dabei determinieren die Kosten des Aufbaus der Beziehung den zeitlichen Fokus, den eine solche Kooperation mindestens haben muss, um einen Rückfluss der investierten Mittel zu gewährleisten. In der Pionierphase neuer Business-Modelle und -Technologien führt die Kapitalintensität zwangsläufig zu einer Reduktion der Kooperationspartner und zur Intensivierung der Geschäftsbeziehung.

Im Folgenden gehen wir auf zwei bedeutsame Anwendungsgebiete der kooperativen Planung ein: die *Absatzplanung* und die *Produktionsplanung*. In der Praxis beziehen einer Studie der Unternehmensberatung KPMG zufolge von weltweit befragten 460 Unternehmen 31 % ihre Kunden und 21 % ihre Lieferanten in die Absatzplanung mit ein. Hinsichtlich der Produktionsplanung waren es 17 bzw. 28 %.

Unternehmensübergreifende Absatzplanung

Da in Kapitel 2 bereits ausführlich CPFR erläutert wurde, beschränken wir uns im Folgenden auf die ersten vier Schritte des prognoserelevanten Teils von CPFR:

1. Erstellung der Verkaufsprognose
Diese Prognose basiert auf der Analyse von POS- und Kausaldaten. Hinzu kommen Kalender, in denen besondere Ereignisse wie z. B. die Öffnung oder Schließung von Filialen, Marketingaktionen oder die Einführung neuer Produkte registriert sind. Zusätzlich zu den in Abschnitt 3.1.1 diskutierten Anforderungen kommt die im Folgenden aufgeführte Anforderung in Betracht.

A.52 Analyse und Synthese abweichender Prognosen
Falls die Supply-Chain-Partner eigene Prognosen erstellen, müssen diese von der SCM-Software berücksichtigt werden und in die Berechnung mit einfließen. Anwendbar ist hier z. B. eine arithmetische Mittelung, die gegebenenfalls nach dem Umsatz der Betriebe des Prognoseobjekts, nach der Bedarfsmenge, die der prognostizierende Betrieb im Liefernetz abdeckt, oder nach der Vorhersagegüte in der Vergangenheit gewichtet wird. Ergänzend kann nach der relativen Abweichung der Prognosen differenziert werden. Beim Sportbekleidungshersteller SPORT OBERMEYER stellte man nicht überraschend fest, dass bei konsensbasierten Prognosen die Prognosegüte umso besser war, je geringer deren Standardabweichung ausfiel. Die SCM-Software soll also z. B. bei Überschreiten einer vordefinierten Toleranzgrenze den Partnern eine Auswertung der Daten zukommen lassen, die diese dann für Konsensgespräche nutzen können.

2. Identifikation von Ausnahmesituationen
Zu einem späteren Zeitpunkt werden die in der Zwischenzeit erfolgten Anpassungen und Aktualisierungen des gemeinsamen Plans herausgestellt. Dann berechnet der Hersteller, inwieweit er in der Lage ist, die prognostizierte Nachfrage zu befriedigen. Die Ergebnisse werden mit den jeweiligen Toleranzschwellen verglichen.

A.53 Automatisierte Abweichungsanalyse und Information der Supply-Chain-Mitglieder
Die beschriebene Abweichungsanalyse muss automatisiert durchführbar sein und bei Überschreiten des Schwellenwertes die betroffenen Parteien benachrichtigen.

3. Zusammenarbeit zur Beseitigung identifizierter Probleme
In dieser Phase werden die zuvor identifizierten Ausnahmesituationen zunächst anhand der gemeinsam verfügbaren Daten, die z. B. über Ereignisse mit großer Absatzwirkung informieren, analysiert. Soweit diese zur Lösung des Problems nicht ausreichen, erarbeiten die Partner per E-Mail, Telefon, Videokonferenz oder bei klassischen Treffen gemeinsam Änderungen, um zu einer beidseitig akzeptierten Absatzprognose zu gelangen.

A.54 Supply-Chain-Datenpool, Unterstützung umfangreicher Analyse- und Visualisierungsmöglichkeiten

Hier steht eine gemeinsam nutzbare Supply-Chain-weite Datenbasis im Vordergrund, die von allen Beteiligten eingesehen werden kann. Die SCM-Software sollte, wie bereits in Anforderung A.2, *Datenaustausch mit Office-Software-Paketen*, gefordert, flexible Schnittstellen anbieten, z.B. eine API-Schnittstelle zu Office-Paketen. Auf diese Weise können Teilnehmer des Liefernetzes ihre Daten, die in vielen Fällen mit Tabellenkalkulationssoftware wie MS Excel erstellt werden, direkt in den Supply-Chain-Datenpool einspeisen. Mithilfe entsprechender Werkzeuge müssen diese analysierbar und grafisch darstellbar sein, um die gemeinsame Prognose für alle Mitglieder transparent zu gestalten.

4. Erstellen der Kundenauftragsprognose

Nun werden die Bedarfsprognosen und die Informationen über Lagerbestände (physische Bestände, offene Bestellungen, Unterwegs-Bestände) kombiniert, um die Auftragseingänge vorherzusagen. Neben Sicherheitsbeständen, Bestellmengen und Vorlaufzeiten werden auch Kapazitätsrestriktionen bei Vorlieferanten, Fertigung, Transport usw. berücksichtigt. Resultat ist eine zeitlich differenzierte Prognose von Auftragsmengen. Die Supply-Chain-Teilnehmer sollen die Gewissheit haben, dass sich innerhalb bestimmter Zeitfenster Dispositionen ihrer Partner nicht verändern (*Frozen time Fence*).

A.55 Ermittlung der Kundenauftragsprognose unter Beachtung relevanter Faktoren

Der Erfolg der Kooperation für die Prognose hängt erheblich von der Qualität und Abbildmöglichkeit dieser Gegebenheiten, beispielsweise einheitlichen Vorlaufzeiten, ab.

A.56 Automatisierte Analyse der Planungsergebnisse

Dies ist vor allem notwendig, um eine kontinuierliche Verbesserung des Prognoseprozesses zu erreichen. Ein interessanter Aspekt ist, dass CPFR für den Hersteller eine Orientierung weg von der lager- hin zu einer auftragsbezogenen Herstellung mit den Vorteilen der höheren Flexibilität, profitableren Kapazitätsnutzung und geringeren Beständen darstellt.

Da sich aus den weiteren Phasen des CPFR-Modells keine neuen Anforderungen erschließen, sei auf deren Darstellung verzichtet. ADVANCED MANUFACTURING RESEARCH (AMR) sagt CPFR eine starke Verbreitung in der nahen Zukunft voraus, die sich auch auf die Automobil- und Elektronikindustrie ausdehnen soll. Die GARTNER GROUP geht davon aus, dass sich in den nächsten Jahren industriespezifische Standards für CPFR entwickeln werden. Die CCG in Köln propagiert ein auf EDI-Nachrichten basierendes Szenarios zum Austausch der erforderlichen Daten.

Unternehmensübergreifende Produktionsplanung

Ebenso wie der Austausch von Prognose- und Absatzdaten zwischen Händlern beidseitigen Nutzen erzeugt, kann auch der Planungsprozess verbessert werden, wenn Lieferanten und Kunden einen frühen Austausch planungsabhängiger Bedarfe und Produktionsmengen vereinbaren.

In der unternehmensübergreifenden Produktionsplanung unterrichtet ein Hersteller seinen Zulieferer über seine mittel- bis langfristige Produktionsplanung und den resultierenden Zulieferbedarf. So stellt z. B. die FESTO AG ihren Geschäftspartnern 12- bis 24-monatige rollierende Lieferpläne zur Verfügung. Der Lieferant ermittelt nun, inwieweit er diese Nachfrage abdecken und wo gegebenenfalls eine Änderung des Produktionsplans des Herstellers den Partnern in Summe Vorteile bringen kann. Auf diese Weise entsteht ein gemeinsam abgestimmter Produktionsplan. Bei Änderungen der ursprünglichen Planung unterrichtet man sich gegenseitig und arbeitet gemeinsam an der Beseitigung eventueller Probleme. So kann z. B. in der Pharmaindustrie eine Änderung der Rezeptur eines Medikaments für den Grundstoffe-Hersteller erhebliche Konsequenzen haben. Diese Änderungen müssen frühzeitig an die Supply-Chain-Partner kommuniziert werden, um sicherzustellen, dass sie dort frühestmöglich in die Planung und Fertigung einfließen können. Daraus ergeben sich u. a. die im Folgenden dargestellten Anforderungen.

A.57 Berücksichtigung detaillierter Partnerinformationen in der Produktionsplanung

Das SCM-System des Produzenten muss in der Lage sein, detailliert die Strukturen und den aktuellen Zustand des Lieferanten abzubilden, wie dies z. B. im Zusammenhang mit überbetrieblichen ATP-Prüfungen bereits diskutiert wurde. Hierzu sollte eine Onlineanbindung zu den entsprechenden Lieferantendaten, also Lagerbestände, Kapazitätsauslastung usw., bzw. ein regelmäßiger Abgleich bestehen oder binnen kürzester Zeit aufgebaut werden können. Ebenso muss der Zulieferer die vom Hersteller bereitgestellten Daten in seine SCM-Software übernehmen und prozessieren können. Gerade in der kooperativen Produktionsplanung ist, wie die oben angeführte KPMG-Studie beweist, noch großes Entwicklungspotenzial enthalten.

Hier zeigt sich ein weiteres, psychologisches Problem: der Austausch sensibler Daten und die potenzielle Gefahr des Missbrauchs dieser Daten durch den Geschäftspartner oder Konkurrenten. Weiß ein Kunde um hohe Lagerbestände seines Lieferanten, kann er diese Erkenntnis in Preisverhandlungen zu dessen Nachteil nutzen. Ziel ist jedoch, dieses Wissen auch im Interesse des Zulieferers zu verwenden, etwa indem man gemeinsam versucht, die Nachfrage nach Produkten, für die die vorrätigen Teile benötigt werden, zu stimulieren. Ein solcher Überbestand würde außerdem zeigen, dass der Zulieferer noch keine hinreichende Einsicht in die Bedarfsstrukturen hat, was wiederum ein Argument zugunsten SCM darstellt.

A.58 Partnern Einblick in die Produktionsplanung gestatten

Der Hersteller muss seine Produktionspläne und abhängige Zulieferbedarfe (ausgewählten) Lieferanten zur Verfügung stellen können. Es sollte möglich sein, diese über standardisierte Austausch- und Exchange-Verfahren direkt mit dessen SCM-Software abzugleichen (z. B. Web Services, EDI). Auch besteht die Möglichkeit, die Informationen im Internet gewissermaßen als Self-Service für den Download bereitzuhalten oder als Minimallösung per Webbrowser zum Abruf anzubieten. Ebenso muss der Zulieferer dem Hersteller (begrenzten) Onlinezugriff auf seine Produktionsdaten – etwa Daten über Rüst- und Fertigungszeiten sowie Leerkapazitäten – gewähren können.

A.59 Partnern Einfluss auf die Produktionsplanung erlauben

Gegebenenfalls soll – bei sehr engen Leistungsbeziehungen – der Zulieferer direkt (begrenzten) Einfluss auf den Produktionsplan des Herstellers nehmen können, sei es, um Lieferdaten anzupassen oder um Kapazitäten bei einem Zulieferer zu buchen.

3.2.2 Monitoring und Controlling des Liefernetzes

Dieser Aufgabenbereich ist eine Querschnittsfunktion, der in allen Funktionsmodulen Verwendung findet. Die Notwendigkeit eines Monitorings des Logistiknetzes ergibt sich bereits aus den Kernanforderungen von SCM wie *Visability* und *Transparenz*. Im Zusammenhang mit SCM wird auch die Bedeutung von Controlling und Benchmarking der Lieferkette betont. Der Bedarfssog nach Controlling besteht vor allem aufgrund der weitreichenden Komplexität der Betrachtung ganzer Liefernetze und einer mittelfristigen Einflussnahme auf Verfahren und Business-Modelle. Das Benchmarking wird hauptsächlich angewendet, um die eigene Wettbewerbsposition bezüglich des SCM zu verbessern.

Das Controlling setzt sich aus mehreren Aufgaben zusammen. Im Sinne von Information und Kontrolle überwacht es, ob festgelegte Vorgaben in dem Liefernetz, z. B. Pünktlichkeit der Lieferungen, erreicht werden. Bei Bedarf werden Korrekturprozesse (Controlling im Sinne von *Steuerung*) angestoßen. Problemen, die beispielsweise durch das Benchmarking transparent wurden, begegnet man hingegen auf anderen (strategischen) Ebenen, beispielsweise durch die Simulation der Veränderung der Fuhrparkgröße in der strategischen Netzwerkplanung.

Supply-Chain-Controlling wird einer Umfrage der Unternehmensberatung PRTM zufolge in der Praxis kaum verfolgt, was sich spätestens in (den bestehenden) wirtschaftlich schwierigen Phasen bei einer genaueren Betrachtung von Investitionen und Projekten grundlegend ändern wird.

Anforderungen

A.60 Visualisierung des Liefernetzes
In allen Gebieten müssen die Systeme dem Planer die Möglichkeit geben, den Ist-Zustand und die Abweichungen vom Soll in der gesamten Supply Chain darzustellen. Die Auswirkungen von Änderungen in einem Glied der Kette auf den restlichen Supply-Chain-Plan sind zu identifizieren. Hierzu ist eine Planung erforderlich, die über unterschiedliche Detaillierungsgrade und Zeithorizonte hinweg kontinuierlich erfolgt. Die Bedeutung einer einfachen und intuitiven grafischen Darstellung des Logistiknetzwerks – beispielsweise mit Ampeltechnik oder als Cockpit – nimmt einen hohen Stellenwert bei Anwendern ein. So nennen Praktiker die Transparenz der unternehmensinternen Supply Chain und der Bestände als einen wesentlichen Faktor, der die Beteiligten dazu bringt, Sicherheitsbestände signifikant abzubauen.

A.61 Monitoring des Liefernetzes
Auf der operativen Ebene muss die SCM-Software Ausnahmesituationen erkennen und im Sinne von *Information by Exception* dem zuständigen Entscheider melden. Dabei gilt es, zu erwartende Engpässe etwa in Material und Kapazität so frühzeitig zu identifizieren, dass der Planer ohne großen Zeitdruck präventive Maßnahmen ergreifen kann. Im Sinne des unternehmensübergreifenden Informationsaustauschs ist dabei auch der Zugriff auf Daten der SCM-Systeme der Supply-Chain-Partner oder die aktive Benachrichtigung der Betroffenen bei auftretenden Problemen wichtig.

Standardsituationen sollen durch ereignisgesteuerte Regelwerke weitgehend automatisiert behandelt werden, sodass sich der Planer auf die Situationen konzentrieren kann, die seine Kompetenz wirklich erfordern. Die Bedeutung dieser Entlastung unterstreicht folgende Aussage über den Status quo vieler Unternehmen: 90% der Kapazität der Planung wird von Standardabläufen gebunden. Für Ausnahmesituationen bleibt daher nur noch wenig Zeit.

A.62 Beobachtung und Benchmarking von KPIs
Wichtig ist eine kontinuierliche Beobachtung so genannter *Key Performance Indicators* (KPIs). Die Idee dieser KPIs ist es, mit einer kleinen Auswahl aus der großen Menge von Kennzahlen die Dimensionen (z.B. Kundenperspektive, Prozessperspektive) abzudecken, die überproportional zum Erfolg oder Misserfolg des Unternehmens beitragen. Durch die konzeptionelle Nähe zur *Balanced Scorecard* bietet es sich an, deren Darstellungsweise zu übernehmen. Für den Vergleich und die Bewertung von SCM-Prozessen kann das SCOR-(Supply-Chain-Operation-Reference-)Modell herangezogen werden.

Den Anwendern sollte also, etwa als Unterstützung eines kontinuierlichen Verbesserungsprozesses, eine personalisierte Balanced Scorecard mit benutzerdefinierbaren, SCM-spezifischen Kennzahlen zur Kontrolle und Steuerung ihres Bereichs zur Verfügung gestellt werden (siehe Tabelle 3.4). Hierbei ist es erforderlich, nicht nur rückwärts gerichtete Kennzahlen, sondern auch Indikatorkennzahlen zu berücksichtigen. Bei der FESTO AG werden solche Scorecards in fast allen Bereichen eingesetzt. Meist decken sie Produktivitäts-, Wirtschaftlichkeits- und Qualitätskennzahlen sowie andere Ziele, z.B. Innovationsziele, ab.

Da der Unternehmenserfolg in vielerlei Hinsicht durch externe Partner (z.B. Zulieferer und Speditionen) determiniert wird, sollte auch deren Leistung beobachtet und sollten ihnen die gewonnen Erkenntnisse zur Verfügung stellt werden. So beurteilt die HORNBACH-BAUMARKT AG Lieferanten ihres Cross-Docking-Centers nach der Abweichung der Lieferung zum Lieferschein und zur Bestellung, nach Pünktlichkeit sowie nach der Gesamtdurchlaufzeit von Marktbestellung bis zum Eintreffen der Ware im Markt und stellt ihnen diese Informationen zur Verfügung. Hilfreich ist die Hinterlegung von Maßnahmen(-kombinationen) für bestimmte Ergebnisszenarios, die die Software mittels Regel- oder Expertensystem dem Anwender situativ vorschlägt.

	Strategische Ziele	Messgröße	Ausprägung
Kundenperspektive	Vorzugslieferant sein	Kundenbewertung	Anteil über 50%
	Partnerschaftsverhältnis zum Kunden	Umfang der gemeinsamen Entwicklungen	Steigerung um 10% p.a.
Prozessperspektive	Entwicklung des Regionalmarktes A	Anzahl der Neukunden im Regionalmarkt A	Anstieg um 30% p.a.
	Ressourcenauslastung	Auslastungsgrad	Über 85%
	Kürzestmögliche Durchlaufzeit durch den Betrieb	Zeitspanne von Auftragserteilung bis Auftragserfüllung	Senkung um 10% p.a.
Lieferantenmanagementperspektive	Partnerschaftsverhältnis zum Lieferanten	Umfang der gemeinsamen Entwicklungen	Steigerung um 10% p.a.
	Reduzierung der Lieferzeiten	Zeitspanne von der Auftragserteilung bis Wareneingang	Senkung um 10% p.a.
	Intensiver Austausch der Produktionsplanungsdaten	Zeitspanne zwischen dem Austausch der Planungsdaten	Senkung auf 24 Stunden

Tabelle 3.4 Ausschnitt einer Balanced Scorecard, die SCM-spezifische Faktoren beinhaltet

Da die eigene Leistung im Vergleich zum Wettbewerb beurteilt werden muss, liegt die Forderung nach einem Benchmarking der KPIs nahe. In diesem Kontext ist auch die vom branchenübergreifenden SUPPLY CHAIN COUNCIL vorangetriebene Entwicklung des standardisierten Prozessmodells SCOR (*Supply Chain Operation Reference*) relevant. Ein SCOR-Modell soll es u.a. erlauben, einheitliche, vergleichbare und bewertbare Prozessmodelle von Supply Chains zu erstellen und diese mit Best Practices, Benchmarkingdaten und Softwarefunktionen zu vergleichen. Auf diese Weise unterstützt das Modell Unternehmen darin, die eigene Supply-Chain-Leistungsfähigkeit zu analysieren, Verbesserungspotenzial zu identifizieren und Vorschläge zu erarbeiten. Weitere Informationen finden Sie unter *http://www.supply-chain.org*. Tabelle 3.5 zeigt einige Kennzahlen des SCOR-Modells und deren Zielrichtung.

Metric type	Diagnostics	Outcomes
Customer satisfaction/ quality	Delivery to commit date	Perfect Order fulfilment
	Warranty costs, returns and allowances	Customer Satisfaction
	Customer inquiry response time	Product quality
Time	Source/Make cycle time	Order fulfilment lead time
	Supply Chain response time	
	Production plan achievement	
Costs	Value added productivity	Total supply chain costs
Assets	Forecast accuracy	Cash-to-cash cycle time
	Inventory obsolescence	Inventory days of supply
	Capacity utilization	Asset performance

Tabelle 3.5 Supply Chain Council's integrated supply chain metric framework

Abbildung 3.1 vergleicht Best- und Durchschnittsleistungen in unterschiedlichen Branchen.

A.63 Ursachenforschung

Der Anwender muss – beispielsweise durch umfassende Drill-down-Funktionen und Visualisierung von Zusammenhängen – eine qualifizierte Ursachenanalyse betreiben können. Die sich anschließenden regulierenden Maßnahmen (z.B. Umleitung einer Lieferung) werden – obwohl logisch Teil des Controllingprozesses – in den jeweiligen Modulen diskutiert.

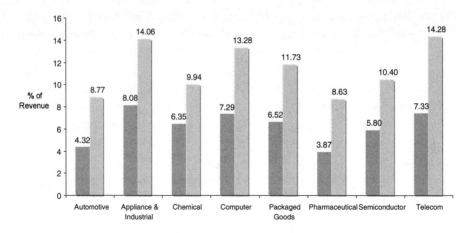

Abbildung 3.1 Inter- und intra-industrieller Vergleich von SCM-Kosten

3.2.3 Strategische Netzwerkplanung

Die strategische Netzwerkplanung ermöglicht es Unternehmen, außerhalb der operativen bzw. taktischen Planung gestalterische Analysen über das gesamte Logistiknetzwerk hinweg durchzuführen. Ziel ist die Verbesserung der Kostenposition bzw. der Leistungsfähigkeit der Logistikkette innerhalb eines langfristigen, strategischen Planungshorizontes. Die zu beobachtende Welle der Fusionen und Unternehmensakquisitionen verstärkt den Bedarfssog nach Anwendungen zur Neustrukturierung von Logistikketten. Werkzeuge der strategischen Netzwerkplanung dienen besonders der Simulation und Bewertung von (Des-)Investitionsmaßnahmen sowie Material- und Produktflussanalysen. Das Modul bietet insbesondere Funktionen für das Management sowie für die Bereiche Unternehmensentwicklung und Finanzen. Die Modellierungs- und Simulationsfunktionen der strategischen Netzwerkplanung können darüber hinaus genutzt werden, um mit Kooperationspartnern ein gemeinsames Verständnis der zugrunde liegenden Strukturen zu erlangen (siehe Abschnitt 3.2.1). Das aktuelle Abbild des Liefernetzes (»aktives Modell«) stellt Randbedingungen und Restriktionen für die weiteren Planungsebenen dar.

Anforderungen

A.64 Modellierung

Die SCM-Software sollte die Erstellung eines Modells der heutigen oder zukünftigen Supply Chain unterstützen. In diesem Modell sollten zum einen die Elemente der logistischen Kette (Produktions-, Lager-, Transport- und gegebenenfalls Entsorgungsressourcen aller Mitglieder des Liefernetzes) mit ihren Merkmalen (Kosten, Kapazitäten usw.) festgelegt sein. Zum anderen sollte hier auch festgelegt werden, an welchem Ort das jeweilige Produkt hergestellt, gelagert usw. wird. Ebenso sind Produktstrukturen, Charakteristika von Produktionsverfahren (mit Festlegung planungsrelevanter Regeln und Restriktionen) sowie die komplexen Beziehungen einer mehrstufigen Fertigung abzubilden. Der flexiblen, manipulierbaren Natur bestimmter Restriktionen (so genannter *Soft Constraints*) wie Arbeitszeit (Überstunden, geänderte Schichtpläne) und Bezugsquellen für Materialien (z.B. Eigenfertigung oder Fremdbezug) ist gleichwohl Rechnung zu tragen, beispielsweise über Strafkosten.

Die Möglichkeit, bereits vorhandene Daten direkt zu übernehmen, etwa aus den zugrunde liegenden ERP-Systemen, sowie die komfortable Eingabe weiterer Informationen dient dem Aufbau und der Pflege des Modells. Es ist erstrebenswert, dass die Software den Anwender bereits bei der Modellierung auf Probleme und Inkonsistenzen im Modell hinweist (z.B. »Werk Bremen fehlt die notwendige Bezugsquelle für den Rohstoff Silizium«). Das Modell soll internationale Handelsbestimmungen (wie Zölle, Steuern, Import- oder Exportquoten) berücksichtigen können, da für Unternehmen, die international Materialien beziehen, produzieren oder Waren vertreiben, hierdurch weitreichende Restriktionen entstehen. So ging die Entscheidung asiatischer Automobilhersteller, in Europa Produktionsstätten einzurichten, nicht zuletzt auf Einfuhrquoten der EU zurück.

A.65 Optimierungsverfahren und Heuristiken

Die SCM-Software muss Verfahren wie gemischt-ganzzahlige Programmierungsmodelle beinhalten, etwa um Produktions-, Lager- und Distributionsstandorte hinsichtlich deren geografischer Lage, ihrer Kapazität sowie ihrer Verknüpfungen untereinander dem Optimum anzunähern. Um ebenso die Lösung spezifischer Probleme einzelner Unternehmen zu ermöglichen, ist eine Schnittstelle für die Einbindung von Verfahren anderer Anbieter (z.B. ILOG) oder bereits beim Anwender vorhandener Methoden erforderlich.

A.66 Simulation

Bei der Analyse des komplexen Verhaltens der Strukturen in einer Wertschöpfungskette erweist sich die Simulation als außerordentlich hilfreich. Sie macht das dynamisch stochastische Verhalten eines Systems transparent und bewertbar, wodurch sich Einsparungs- und Verbesserungspotenziale vergleichsweise einfach identifizieren lassen. So lassen sich Lagerkapazitäten und Produktionslinien variieren und es lässt sich die Auswirkung neuer Distributionsstrukturen, wie die Konzentration von Lagern, darstellen. Andere Analysen untersuchen die Effekte der unterschiedlichen Nutzung identischer Netzwerkelemente, z.B. die Auswirkungen der Verlagerung von Produktionslinien auf andere Standorte, sowie die Transport- und Distributionsplanung.

A.67 Vergleich alternativer Szenarios

Hat man beispielsweise durch Simulation alternative logistische Szenarios entwickelt, soll die SCM-Software deren Vergleich in Bezug auf Zielfaktoren wie Kosten, Kundenservice usw. ermöglichen. Dabei benötigen die Entscheider Analysen nicht nur hinsichtlich Kosten und Gewinn, sondern auch hinsichtlich anderer Kennzahlen (z.B. Cashflow oder Abschreibungen), da die bilanzpolitische Auswirkung von (Des-)Investitionen eine wichtige Entscheidungsdeterminante ist. Der META GROUP zufolge ist die diesbezügliche Leistungsfähigkeit einer SCM-Software ein kritischer Differenzierungsfaktor für Auswahl und Einsatz der Software.

4 Collaboration per Integration

Eine entscheidende Voraussetzung für Collaborative Business ist ein intensiver, zeitnaher und (voll-)automatisierter Informationsaustausch. Bei näherer Betrachtung splittet sich diese Aufgabenstellung in folgende Teilaspekte auf:

- Zwischenbetriebliche Integration (B2Bi) von Lieferanten und Geschäftspartnern
- Innerbetriebliche Integration (EAI) von Anwendungen wie ERP- und SCM-Systemen

Beide Aspekte sind erfolgskritisch bei der Umsetzung von (innovativen) Business-Strategien und aufwändig in der technischen Realisierung. Trotz vielfach gleicher Basistechnologien ergeben sich fundamental unterschiedliche Anforderungen und Handlungsspielräume bei Durchsetzbarkeit und Projektrisiko. So lassen sich innerbetrieblich Vorgaben bzw. Standards leichter durchsetzen als gegenüber autonomen Partnern.

Generell lässt sich sagen, dass bei innerbetrieblichen EAI-Projekten die Systemkopplung, sowohl was den angestrebten Integrationsgrad (z.B. Realtime-Interaktion, verteilte und/oder sensible Prozesse) als auch die hieraus resultierende Komplexität angeht, deutlich höher ist als bei der zwischenbetrieblichen B2Bi. Anders verhält es sich im Bereich Sicherheit sowie der Unterstützung von Prozess- und Datenformatstandards: Hier liegt der Fokus innerbetrieblich auf der technologischen Sicherung von Transaktionen und Datenkonsistenz, wohingegen zwischenbetrieblich die Interaktionsszenarios, die Bedeutung von Geschäftsprozesssicherheit, Vertraulichkeit und Rechtssicherheit dominieren (siehe Tabelle 4.1).

	Innerbetriebliche Integration EAI	Zwischenbetriebliche Integration B2Bi
Integriert	- Middleware - ETL - EAI	- EDI - (EAI) - Marktplätze
Webzugriff	- ERP Web-GUI - Web-Gateways - Portale	- WebEDI - Marktplätze - Portale

Tabelle 4.1 Technologien für Integrationstypen

Ähnlich grundlegend ist die Frage nach der Art der Zusammenarbeit: Müssen die Anwendungssysteme der beteiligten Parteien automatisiert Informationen austauschen (*Application-to-Application*, A2A) oder erzwingt die Partnerstruktur den

Webzugriff? Während im ersten Fall aufgrund des (hohen) Koordinations- und Integrationsaufwands nur intensive, langfristige Geschäftsbeziehungen unterstützt werden können, eignet sich der Webzugriff für die Anbindung kleinerer bzw. sporadischer Partner.

Hier sei bereits vorweggenommen, dass XML-Standards, XML-Fähigkeit, Web Services und sonstige »Wundertechnologien« nur einen Schritt in Richtung der Vision spontaner, integrierter Geschäftstransaktionen darstellen, nicht jedoch die Lösung.

Das Integrationsverständnis der Vergangenheit unterscheidet sich völlig vom bestehenden. Innerbetriebliche Integration mit den Bereichen Middleware und ETL (Laden von Data-Warehouse-Daten) hat sich völlig losgelöst von EDI, dem unternehmensübergreifenden Geschäftsdatenaustausch oder den in den letzten Jahren aufgekommenen Realtime-Integrations-Tools (z.B. WebGateway, Broker) entwickelt. Obwohl sich zurzeit nahezu alle Anbieter mit *Integration Broker Suits* für fast alle Gebiete umfassend kompetent präsentieren, existieren aufgrund der unterschiedlichen Historie deutlich funktionale Schwerpunkte und Reifegrade. Wie sich noch zeigen wird, ist dies ein wichtiger Indikator bei der Produktauswahl und der Abschätzung des Implementierungsaufwands bzw. der erforderlichen Erweiterungen.

Status quo

Erfahrungen aus Integrationsprojekten und die Anforderungen neuer Collaborative-Business-Strategien zeigen, dass insbesondere für kleine und mittlere Unternehmen (KMUs) die Integration, wie sie derzeit häufig propagiert wird, praktisch nicht umsetzbar ist. Da KMUs in der Regel auf Anforderungen unterschiedlicher Geschäftspartner nur reagieren können, selbst jedoch kaum Einfluss haben, müssen sie verschiedensten Anforderungen Rechnung tragen. Die hierzu erforderliche technologische Infrastruktur gestaltet sich damit nicht nur komplex, sondern für das meist geringe Transaktionsvolumen unrentabel. Auch wird der Umstand vernachlässigt, dass etablierte Legacy- und ERP-Systeme nur in den seltensten Fällen die erweiterte betriebswirtschaftliche Logik (z.B. VMI, CPFR) und deren Collaboration-Prozesse ausreichend unterstützen. Schlechte Voraussetzungen – besonders vor dem Hintergrund, dass mehr als 90% aller europäischen Unternehmen den KMUs zuzurechnen sind. Laut AMR (2002) besitzt in den USA ein durchschnittliches Integrationsprojekt ein Volumen von 2,1 Mio. US$, wobei Projekte jenseits der 10 Mio. US$ keine Seltenheit sind.

Im deutschen Markt ist EAI laut META Group noch im Frühstadium mit hohem Wachstum: Bislang haben sich 15% der Unternehmen mit EAI auseinander gesetzt (siehe Abbildung 4.1).

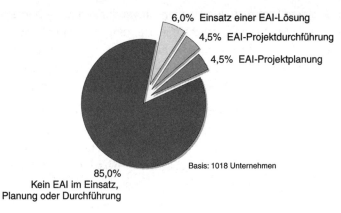

Abbildung 4.1 EAI-Einsatzgrad in Deutschland (2001)

In zwei von drei Unternehmen ist die IT-Abteilung der Treiber, in 28% der Fälle die Geschäftsleitung. EAI hat in Deutschland den höchsten Stellenwert in der Telekommunikation sowie bei Banken und Versicherungen. 40% der Initiativen werden durch CRM-, E-Business- und SCM-Anwendungen ausgelöst. Nur in 33% war der Einsatz von EAI-Infrastruktur (unternehmensintern) pro-aktiv bzw. strategisch.

Doppelaufgabe Integration

EAI verfolgt einen Hub/Spoke-Ansatz. Anstatt Anwendungen im Unternehmen individuell über Point-to-Point-Verbindungen miteinander zu koppeln (Spagetti-Integration), was mit steigender Anzahl unweigerlich zu einem Management- und Wartungsproblem führt, steht bei EAI in der Regel eine zentrale Instanz (z.B. Broker) im Zentrum (siehe Abbildung 4.2).

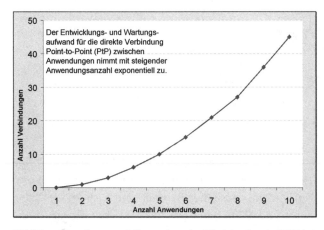

Abbildung 4.2 Exponentiell ansteigende Schnittstellen bei PtP-Integration

Derartige EAI-Hubs besitzen Schnittstellen zu allen Anwendungen und übernehmen zentral Aufgaben wie Monitoring, Prozessmanagement und Datentransformation (siehe Abbildung 4.3). Ändert sich beispielsweise die Schnittstelle beim SCM-System, welches mit dem ERP- und drei weiteren Legacy-Systemen gekoppelt ist, so ist nur eine Verbindung (SCM – EAI-Hub) anzupassen (und nicht vier).

Zurzeit basieren 48% aller Integrationsprojekte in Deutschland auf PtP-Individualentwicklungen. Bei den steigenden Integrationsanforderungen entsteht sehr schnell ein Anpassungsbedarf bei bestehenden Lösungen. Es steht zu erwarten, dass die Migration zu EAI-Systemen und durchgängigen Integrationsarchitekturen für viele Unternehmen die einzige Chance darstellt, den neuen Anforderungen und hohen Anpassungs- bzw. Betriebskosten Herr zu werden.

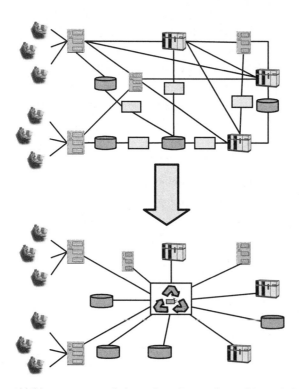

Abbildung 4.3 Vereinfachung der Schnittstellenproblematik durch EAI-Hubs

Bei B2Bi werden Anwendungen in Ermangelung eigener Funktionen zur Datenformatanpassung sowie zur gesicherten Kommunikation über Kommunikations- bzw. Integrations-Server verbunden. Klassisches Beispiel hierzu ist der elektronische Geschäftsdatenaustausch via EDI, bei dem EDI-Systeme Aufgaben der Datentransformation zwischen Inhouse- und Standardformat und die Kommunikation über öffentliche Netze sowie Interaktionssteuerung wahrnehmen. Verbreitet befinden sich EAI- und EDI-Systeme parallel im Einsatz, ein Verschmelzen der Architekturen zeichnet sich jedoch ab (siehe Abbildung 4.4).

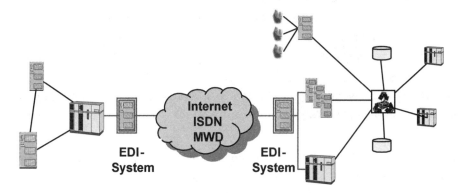

Abbildung 4.4 EDI-Integration

Generell gilt jedoch, dass sich in Ermangelung etablierter SCM-Prozess- und Integrationsarchitekturen gefährlich hohe Implementierungsfreiräume ergeben. Diese Freiheitsgrade führen nicht nur zu kostenintensiven Inkompatibilitäten, sondern ebenso zu Fehlentscheidungen in Grundsatzfragen und bei Markteinschätzungen. Die Folgen sind der Einsatz unausgereifter, instabiler Standards, die zudem fragwürdig implementiert werden, sowie komplexe Kommunikations- und Integrationsarchitekturen ohne die Chance, je die erforderliche Marktabdeckung zu erreichen.

Ist der Aufwand finanziell, technologisch oder logistisch zu hoch oder in seiner Komplexität für die Partner nicht akzeptabel, findet die Strategie keine Akzeptanz oder die erforderliche Daten- und Planungsqualität wird nicht erreicht. Dies ist einer der Hauptgründe, weshalb 80% aller SCM-Projekte scheitern bzw. nicht annähernd die geplanten Resultate erreichen.

Wohin geht die Reise?

Nach GARTNER verbringt der durchschnittliche Entwickler 65% seiner Zeit mit der Kopplung von Anwendungen sowie deren Wartung. Zwischen 60% und 90% der Prozesskosten lassen sich bei zwischenbetrieblichen Collaboration-Modellen (wie beispielsweise der bedarfsträgerinitiierten Beschaffung im Rahmen des E-Procurement oder der dem integrierten Austausch von Geschäftsdokumenten mit EDI) einsparen. Bleibt die Frage, wie diese Potenziale genutzt werden können. Hier die Einschätzung einiger wichtiger Meinungsträger:

»Collaborative Business is the next stage in the evolution of B2B. For every order matching transaction there are 15 to 20 transactions associated with it (like demand planning, purchase approval, availability check, credit check, etc.).« [Morgan Stanley Dean Witter study]

»Recent analysis indicates that e-Commerce is reducing costs by 20% by improving buy & sell transactions, while Collaborative Commerce can reduce costs by 80% by improving processes across the entire supply chain.« [Southwest Securities study]

»38% of CEOs worldwide say structure and business processes are the greatest obstacle to pushing e-business initiatives inside their company.« [AT Kearney study of 251 CEOs]

Die folgenden Ansätze stellen Schlüsselkomponenten des *Collaborative Commerce* dar. Sie werden im Anschluss im *Big Picture* eingeordnet und kritisch beleuchtet:

- EAI/Middleware
- Web Services
- WebEDI
- Integrierter Geschäftsdatenaustausch EDI
- B2B-Marktplätze
- Communities/Extranets
- Integrierte SCM-Ketten

Schon die Einordnung und Vergleichbarkeit erweist sich als schwierig, da es sich um Verfahren auf unterschiedlichen technologisch-organisatorischen Ebenen handelt, die zudem häufig auf die gleichen Integrationsansätze (nur mit anderem Anwendungsfokus) zurückgreifen. Hinzu kommen fließende Übergänge sowie ein Zusammenwachsen von Ansätzen in komplexen Architekturen.

Middleware, ETL und die »Weiterentwicklung« EAI sind der innerbetrieblichen Systemintegration zuzuordnen. EDI ist eine technologisch getriebene Strategie für B2Bi. Basierend auf standardisierten Datenformaten (z.B. EDIFACT) tauschen ERP-Systeme kooperierender Unternehmen hierzu messageorientierte Geschäftsnachrichten aus.

Marktplätze bzw. Exchanges bedienen sich einer Vielzahl von Integrations- und Web-Technologien. Sie sind organisationsgetrieben und bieten eine Plattform für viele Teilnehmer. Bereitgestellt werden eine Vielzahl von Services, wie betriebswirtschaftlicher Content, Prozesse und Markt-Matching-Mechanismen bis hin zu Abwicklungsfunktionen. Ähnlich den Marktplätzen stellen auch Communities/Extranets eine Plattform für das Zusammenwirken vieler Unternehmen dar. Den

Schwerpunkt bilden in der Regel geschlossene, homogene Teilnehmergruppen, die spezielle technologische Anforderungen (z.B. sensibler und/oder volumenstarker Datenaustausch) oder Anwendungsinfrastrukturen (z.B. Branchenportal/-marktplatz, Händlernetze) benötigen.

Integrierte SCM-Ketten stellen eine bestimmte Wertschöpfungskette in den Vordergrund und bieten Services zu Planungs- und Abwicklungsprozessen über mehrere Kettenstufen hinweg.

Flankiert werden die Bemühungen von Standards und Frameworks zur Informationsdarstellung/-kodierung (z.B. RosettaNet), für die Kommunikation (z.B. SOAP), für Schnittstellen (Web Services) sowie nachrichtenbasierte Interaktionsszenarios/-prozesse (z.B. ebXML), die sich auf unterschiedlichen technologisch-organisatorischen Ebenen abspielen.

4.1 EAI – Zugang und Brücke zwischen Anwendungssystemen

Enterprise Application Integration (EAI) repräsentiert eine Integrationsplattform, um interne Geschäftsprozesse quer über verschiedene Applikationssysteme zu automatisieren und zu integrieren. Zentraler Gedanke ist, dass EAI-Lösungen *non-invasive* sind, d.h. keine Anpassungen bei den zu integrierenden Anwendungen erfordern. Im Mittelpunkt steht der *EAI-Integration Broker*, mit dem – entsprechend dem Hub/Spoke-Ansatz – alle Anwendungen verbunden sind. Datentransformation (*Transformation*), gezieltes Weiterleiten der Informationen (*Routing*), Überwachung (*Monitoring*) usw. werden von ihm zentral wahrgenommen.

EAI kann weder synonym zu Middleware, ETL, Workflow/Processware noch zu EDI-Konvertern gesetzt werden. Mit EAI werden verschiedene, in der Vergangenheit getrennte Integrationsansätze gesamtheitlich betrachtet. Jeder der genannten, klassischen Produkttypen bietet somit nur noch die Lösung eines EAI-Teilbereichs. Obwohl originär innerbetriebliche Integrationsaufgaben im Zentrum standen, ist eine sukzessive Verschmelzung mit zwischenbetrieblichen Integrationsverfahren (B2Bi) zu verzeichnen. So werden EAI-Produkte beispielsweise zunehmend um typische EDI-Funktionalitäten, wie etwa toolgestützte Datentransformationen, Unterstützung von EDI-Formaten und gesicherte Kommunikationsprotokolle, erweitert (siehe Abbildung 4.5).

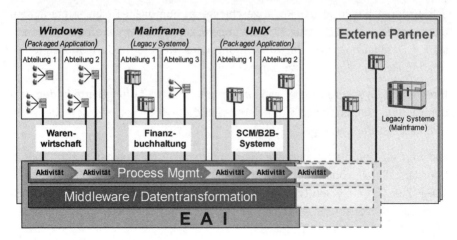

Abbildung 4.5 Informationsdrehscheibe EAI

OVUM 1999 definiert EAI wie folgt:

»*Enterprise Application Integration (EAI) combines the technologies and processes that enable custom-built and/or packaged business applications to exchange business-level information in formats and contexts that each understands. EAI solutions are software products that completely or partially automate various aspects of the process that enables custom-built and/or packaged business applications to exchange business-level information in formats and contexts that each understand.*«

Ein »hehrer Wunschtraum«, der den schmerzlichen Erfahrungen aus der Integration heterogener Anwendungen entspringt. Dies zeigen Einschätzungen, nach denen mehr als 80% aller Integrationsprojekte bereits vor dem eigentlichen Projektstart wieder eingestellt werden. Selbst bei Einsatz von EAI-Standardlösungen nehmen die Softwarelizenzkosten im Gesamtprojektaufwand nur 25% bis 30% ein. Der Rest sind Anpassungskosten. Eher philosophischen Charakter hat die Diskussion, ob sich EAI nur mit rein innerbetrieblichen oder auch mit zwischenbetrieblichen Integrationsaufgaben auseinander setzt.

Marktbedarf und Erwartungshaltung sind erheblich, was weltweit zu entsprechenden Markt- und Umsatzpotenzialen führt (siehe Abbildung 4.6 und Tabelle 4.2).

Eine Branchenanalyse von AMR Research aus dem Jahr 2002 belegt recht eindrucksvoll den hohen Stellenwert der Integration in der Wirtschaft sowie die Diskrepanz zwischen praktizierter inner- bzw. zwischenbetrieblicher Integration.

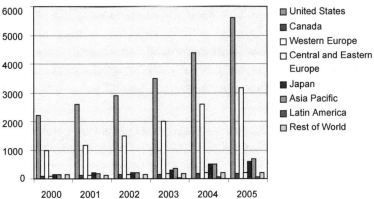

Abbildung 4.6 Entwicklung des Integrationsmarktes

Vertical	Sample Size	Doing EAI	Average Budget ($)	Doing B2Bi	Average Budget ($)	Budget Internal	Budget External
Chemicals	6	100%	3167	33%	8750	84%	16%
Pharmaceuticals	3	100%	6000	0%	n/a	100%	0%
Oil and Gas	1	100%	500	100%	500	80%	20%
Aerospace/Defense	4	100%	813	75%	917	84%	16%
High Tech	9	89%	3531	78%	1786	63%	38%
Automotive	7	100%	1607	43%	500	87%	13%
Consumer Goods	11	100%	2636	36%	1625	84%	16%
Other Manufacturing	26	88%	1022	50%	1096	78%	23%
Manufacturing	**67**	**94%**	**2409**	**49%**	**2168**	**79%**	**21%**
Retail	15	100%	2367	27%	813	91%	9%
Wholesome Distribution	3	100%	1583	100%	917	63%	37%
Transportation	6	100%	2750	17%	500	92%	8%
Healthcare	13	100%	2808	23%	500	93%	7%
Financial	31	97%	3839	55%	2735	77%	23%
Utilities	8	100%	2156	50%	5250	73%	28%
Other Business Services	6	100%	3375	67%	1938	76%	24%
Services	82	99%	2697	44%	1807	82%	18%
Total	149	97%	2632	46%	2011	82%	18%

Tabelle 4.2 Entwicklung des Integrationsmarktes nach Branchen differenziert sowie nach EAI und B2Bi (EAI wird hier als rein innerbetriebliche und B2Bi als zwischenebtriebliche Integration definiert.)

4.1.1 EAI-Innenleben

Das Angebot an Integrations-Tools ist vielfältig. Da werden Middleware, ETL (Extraction, Transformation, Loading) und EDI im gleichen Atemzug mit Web Application Servern, Brokern und Transaktionsmonitoren genannt. Erstere umschreiben spezielle Anwendungsgebiete sowie hierauf zugeschnittene Produktkategorien. Letztere beschreiben demgegenüber technische Komponenten, die häufig auch für Verfahren stehen.

Viele der Anbieter konzentrieren sich – historisch bedingt – auf spezielle Anwendungsbereiche, was sich in den funktionalen Schwerpunkten der Produkte widerspiegelt. Die Aufgabenstellung reicht hierbei von der Überbrückung heterogener Systemlandschaften im Unternehmen (Middleware) über den Zugriff auf unterschiedliche Datenquellen (ETL), die Homogenisierung von Datenformaten und Semantik über Unternehmensgrenzen hinweg (EDI-Konverter) bis hin zur Modellierung, Abstimmung und Überwachung unterschiedlicher Geschäftsprozesse und Interaktionsszenarios (so genannte *Processware*) (siehe Abbildung 4.7).

Im Folgenden werden nun die wesentlichen Integrationsanwendungstypen einander gegenüber gestellt und hinsichtlich ihrer Funktionalität eingeordnet.

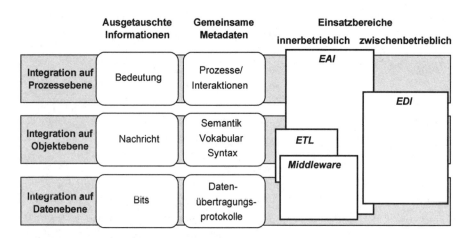

Abbildung 4.7 Einordnung in den Integrationsgesamtkontext

Middleware findet seinen Ursprung in der Großrechnerwelt, wo es galt, Daten zwischen heterogenen Rechnerplattformen im Unternehmen verlässlich auszutauschen, um Datenbestände konsistent zu halten. Ähnlich Pipelines werden die Daten in Warteschlangen eingeordnet (Queuing) und nach definierten Regeln verteilt. Aufwändige interaktive Prozesse, komplexe Datentransformationen oder Sicherheit im Sinne von Authentifikation, Rechtssicherheit oder Vertraulichkeit stehen nicht im Vordergrund.

ETL-Tools entstanden im Zuge des Data-Warehouse-Booms. Eine Problemstellung ist es, aus unterschiedlichsten, innerbetrieblichen Datenquellen (z. B. Datenbanken, Legacy-Systeme) Daten auszulesen und zur Auswertung in konsolidierter Form in ein Data Warehouse zu laden. Die Integration auf Objekt- und Datenebene, Abwicklung von Geschäftstransaktionen oder das Schreiben in ERP-Systeme steht dabei nicht zur Debatte, ebenso wenig Sicherheitsaspekte. Diese hochentwickelten »Datenbank-Tools« besitzen analog zur Middleware einen hohen, individuellen Adaptionsbedarf.

EDI(-Konverter) entstanden mit dem Aufkommen von standardisierten Geschäftsdatenformaten in den Achtzigerjahren, um den Geschäftsdatenaustausch zwischen Unternehmen zu automatisieren. Schwerpunkt ist die Integration auf Objektebene, wobei auch Bereiche der Daten- und Prozessebene abgebildet werden. Fokus ist die komfortable Datentransformation zwischen Inhouse- (z. B. IDoc) und standardisierten Austauschformaten (z. B. EDIFACT, ANSI X12). Bereitgestellt werden komfortable Tools für die Erstellung von Transformationsregeln, die Modellierung nachrichtenorientierter Interaktions-Prozesse sowie die gesicherte Kommunikation per E-Mail, Filetransfer oder MWD/Exchanges. Nicht unterstützt werden hingegen Realtime-Transaktionen sowie aufwändige ERP-Schnittstellen.

EAI ist der »Newcomer«, der die Vorzüge aller Vorgenannten, nicht aber deren Defizite in sich vereinen soll. Integrationsbereiche sind gleichermaßen Daten-, Objekt- und Prozessebene. Besondere Berücksichtigung finden neue Anforderungen wie die Unterstützung von XML, Web Services, Realtime-Interaktion sowie die Kopplung heterogener Geschäftsprozesse, wie sie Collaborative-Business-Strategien voraussetzen. Problematisch ist, dass bislang keine in allen Teilbereichen ausgereiften Produkte zur Verfügung stehen und die erzeugte Erwartungshaltung den Charakter einer »eierlegenden Wollmilchsau« hat (siehe Tabelle 4.3).

(Web) Application Server fallen, obwohl häufig in ähnlichem Kontext wie EAI genannt, etwas aus dem Rahmen. Sie stellen kein Integrationswerkzeug, sondern eine Laufzeitumgebung für (Java-)Programme, insbesondere Webanwendungen, dar. Durch die Bereitstellung von Diensten wie Koordination von Transaktionen, Lastverteilung, vordefinierte Funktionen für Datenbankzugriffe, Verzeichnisdienste, Sicherheit und Webschnittstellen wird die Programmierung stark vereinfacht. Wenn der Applikationsserver beispielsweise die Spezifikationen der Java 2 Enterprise Edition (J2EE) erfüllt, kann sich der Anwendungsentwickler auf die Erstellung der Geschäftslogik in Form von Enterprise JavaBeans konzentrieren.

Kriterien	EAI	EDI	ETL	Middleware
Hauptanwendungsgebiet	Inner-/zwischenbetriebliche Integration von Anwendungen	Zwischenbetrieblicher Austausch von Geschäftsdokumenten	Innerbetrieblicher Zugriff auf verschiedene Datenquellen	Innerbetriebliche Integration von Plattformen und Anwendungsarchitekturen
Integrationsfokus	Daten und Prozesse Abwicklung von Geschäftstransaktionen	Daten und Prozesse Abwicklung von Geschäftstransaktionen	Daten Auswertung durch Data Warehouse	Daten (und Prozesse) Synchronisation/Konsistenz von Datenbeständen
Kommunikationstyp	Synchron/asynchron	Asynchron (messages)	Synchron	(Synchron/) asynchron
Process-/Interaction-Management	Inhouse: +++ B2B: +	Inhouse: + B2B: +++	Inhouse: ++ B2B: o	Inhouse: ++ B2B: o
Transformation Engine	++	+++	+	+
Connectivity	Inhouse: +++ B2B: +	Inhouse: + B2B: +++	Inhouse: ++ B2B: o	Inhouse: +++ B2B: o
Adapter/Interfaces	++	+	++	+++
Development	+++	+++	++	++
Management	++	++	+	+
Reifegrad	Gering–mittel	Hoch	Mittel	Hoch

Tabelle 4.3 Einschätzung des Abdeckungsgrads einzelner Integrationsanwendungstypen

Dominierender Anwendungsbereich sind E-Business-Anwendungen, wie Sell Side, Buy Side, CRM, SCM. Hieraus ergibt sich ein starker Bedarf, diese auch mit Backend-Systemen zu integrieren, was dazu führt, dass Application Server und EAI-Tools zu Suits gebündelt werden. So erweiterte z. B. IBM 2002 seinen marktführenden Web Application Server *Websphere* zu *Webspere Integration Server*. Hierzu wurde das Produkt um Integrationskomponenten des 2001 übernommen EAI-Anbieters Crossworld (Interchange Server) und der eigenen Integrationsproduktsparte (MQ Integrator und MQ Workflow) ergänzt.

Basic Building Blocks

In *Basic Building Blocks* werden Funktionen einer Integrationsanwendung, etwa Datenübertragung, Formatkonvertierung oder Systemmanagement, zu logischen Funktionspaketen zusammengefasst. Je nach Anwendungstyp gestalten sich diese Blöcke unterschiedlich in Funktionsumfang, Leistungsfähigkeit und Ausprägung (siehe Abbildung 4.8).

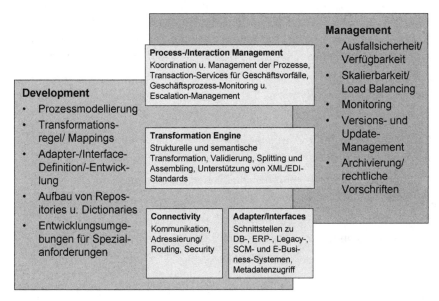

Abbildung 4.8 EAI – Basic Building Blocks

Gängig ist die Unterteilung nach folgenden logischen Funktionspaketen:

- (B2B-)Datenübertragung (Connectivity) mittels Standardprotokollen oder Web-Enabeling mit Kommunikationssteuerung, -protokollen, -sicherheit sowie Adress- und Partnerprofil-Management
- Formatkonvertierung (Transformation Engine) mit regelbasiertem, strukturellem und semantischem Mapping sowie dem kontextabhängigen Zusammenfügen bzw. Aufspalten von Messages
- Daten- und Prozessschnittstellen zu den ERP- und E-Business-Systemen (Adapter/Interfaces), die detailliertes Wissen über deren APIs sowie Datenstruktur und Business-Logik bedingen
- Überwachung und Steuerung der einzelnen Basic Building Blocks einer EAI-Infrastruktur (Process-/Interaction-Management). Hinzu kommen Eskalationsmechanismen, die bei Abweichung von definierten Prozess- und Interaktionsmodellen, wie beispielsweise fehlgeschlagenen Verbindungen zu Anwendungssystemen bzw. zu Geschäftspartnern oder fehlerhaften Daten, angestoßen werden.

- Überwachung/Wartung der Infrastruktur (Management) sowie Sicherstellung rechtlicher Archivierungs- und Nachweisanforderungen
- Adaptions- und Entwicklungsfunktionen (Development) zur Implementierung von EAI-Lösungen

4.1.2 Integrationsmethoden

Die nachfolgenden Abschnitte sollen keinesfalls durch technische Details abschrecken. Vielmehr werden einige Begrifflichkeiten sowie Prinzipien und Vorgehensweisen kommentiert dargestellt. Sie nehmen Einfluss auf Handlungsspielraum, Restriktionen und Projektrisiken bei Collaborative SCM. Integrationsaufgaben lassen sich meist mit verschiedenen Verfahren, Tools und Methoden realisieren. Interessant (vor allem für Manager und Projektleiter) sind folgende Aspekte:

- Komplexitätsgrad der Implementierung (z. B. Verfügbarkeit vorgefertigter Templates und Adapter)
- Wiederverwendbarkeit bei unterschiedlichen Konfigurationen (z. B. Parametrisierbarkeit, Modularität)
- Flexibilität der zur Verfügung stehenden Alternativen (z. B. Unterstützung verschiedenster Standardschnittstellen und Kopplungsverfahren)
- Erforderliches Know-how (z. B. DB, ERP-Systeme, C++/Java)

Diese schlagen sich erheblich in Realisierungs- und Betriebskosten sowie in der erreichbaren Investitions- und Zukunftssicherheit nieder.

Von *Loose Coupling* wird gesprochen, wenn die Integration über wenige diskrete Schnittstellen ohne unmittelbare funktionale Abhängigkeiten erfolgt. Stehen hingegen Business-Logik und Verarbeitungsprozesse in unmittelbarer Beziehung zu den Schnittstellen, wird dies als *Strong Coupling* bezeichnet.

Ein verwandtes Konzept ist die *White* bzw. *Black Box Integration*. Bei der *White Box Integration* müssen Details über Funktionalität, Datenbank sowie Abhängigkeiten bekannt sein, die eine sehr hohe, individuelle Integrationsstufe bei hohem Aufwand einer Individualentwicklung ermöglichen. Im Gegensatz hierzu besteht dieses Wissen bei der *Black Box Integration* nicht. Der Anbieter stellt vielmehr vordefinierte und dokumentierte APIs (Application Programming Interfaces), Adapter sowie Connectoren bereit. Hierdurch ist zwar die Flexibilität gegenüber Individualentwicklungen einschränkt, jedoch reduzieren sich der Implementierungs- und Wartungsaufwand sowie das erforderliche Applikations-Know-how und die Problematik bei Release-Wechseln erheblich.

Datenintegrationsmodelle erlauben die Integration von Anwendungssystemen mittels Zugriff auf deren Datenbasis zum Zweck der redundanzfreien Mehrfachnutzung oder Synchronisation über Anwendungen hinweg. Typische Tools hierzu sind ERP-spezifische Export-/Importverfahren, DB-Zugriffsmethoden (z.B. ODBC, SQL) und Middleware.

Der Zugriff erfolgt unter Umgehung der angebotenen Ein- und Ausgabemöglichkeiten (z.B. Masken, Ex- und Import-Funktionen). Ebenfalls umgangen werden auch die in den Masken implementierte Business-Logik sowie Plausibilitäts- und Formatprüfungen. Gefahr hierbei ist, dass zum einen die Anwendung von »geprüften Daten« ausgeht und sich so bei falschen Datenformaten oder -inhalten unvorhersehbare Systemzustände einstellen können. Zum anderen sind Inkonsistenzen, d.h. unstimmige Datenbestände, ein weiteres Risiko. Sie entstehen, wenn die Verarbeitungslogik nicht stimmig in allen betroffenen Datenbanken bzw. -tabellen nachvollzogen wird. Der schreibende Zugriff auf Anwendungsdatenbanken stellt somit sehr hohe Anforderungen an die Datenqualität und das Wissen um die anwendungsinterne Business Logik.

Funktionale Integrationsmodelle erlauben die Kopplung von Anwendungen mit dem Ziel, gegenseitig auf Verarbeitungsprozesse und Business-Logik zuzugreifen bzw. diese wechselseitig zu beeinflussen. Hierbei entstehen Abhängigkeiten und der Bedarf, nicht nur Daten, sondern ebenso Prozesse und Verarbeitungslogik der integrierten Anwendungen aneinander anzupassen. Dies gestaltet sich umso aufwändiger, je stärker bei der Abarbeitung von Transaktionen auf unterschiedliche Systeme zugegriffen wird, da deren Ergebnisse für eine Weiterverarbeitung erforderlich sind. Im Rahmen eines derartigen *Distributed Processing* ergeben sich sehr schnell inakzeptable Antwortzeiten sowohl beim Webzugriff externer Partner als auch in der Inhouse-Verarbeitung. Derart verschachtelte Abhängigkeiten von (externen) Drittsystemen können selbst bei leistungsfähigen Systemen zu massiven Performance-Einbußen bis hin zum faktischen Systemstillstand durch Warten auf Antwort, Datenkonsistenzprüfung oder ein nicht kalkulierbares Zugriffsvolumen führen. Beispiele für eine derartige *Multistep Process Integration*, teilweise auch als *Straight Through Processing* bezeichnet, sind Verfügbarkeitsanfragen, Zugriff auf Stamm-/Lager-/Produktionsdaten oder Integrationskaskaden wie beispielsweise ein Sell-Side-System, das eine Bestandsprüfung im ERP anstößt, wodurch im SCM-System eine globale ATP-Prüfung initiiert wird und im Rahmen dessen die Lieferfähigkeit in verschiedenen Lieferantensystemen abzufragen ist (siehe Tabelle 4.4).

Kriterien	Inhouse	B2B
Synchron (Realtime-Transaktionen)	Sehr aufwändig, häufig aufgrund der Anwendungsarchitektur zwischen Applikationen nicht sinnvoll möglich. Distributed Object Technology (z.B. CORBA, DCOM, RMI/J2EE)	De facto kaum realisierbar, da der Abstimmungsaufwand sowie Sicherheits- und Performance-Anforderungen (noch) nicht über Internettechnologie bzw. zwischen unabhängigen Unternehmen erreichbar ist
Asynchron (Batch bzw. Message Oriented Send/Receive Communication)	Message Oriented Middleware (MOM) sowie zukünftig Web Services	Message Oriented Communication (z.B. EDI, XML-Messaging, Web Services)

Tabelle 4.4 Funktionale Integration entsprechend inner- und zwischenbetrieblicher Ausrichtung

Im Idealfall agieren sowohl unternehmensinterne Anwendungen als auch die Anwendung der in der Supply Chain eingebundenen Geschäftspartner als ein Gesamtsystem. Bei Bedarf kann auf unterschiedlichste Datenbestände (z.B. Lagerbestände, Stammdaten) und Verarbeitungs- bzw. Planungsfunktionen (z.B. Produktion, Transport) transparent zugegriffen werden, unabhängig davon, wo diese sich physikalisch befinden oder wer der Eigentümer ist. Bereits die Vorstellung dürfte vielen den Angstschweiß auf die Stirn treiben. Systemtechnische Hindernisse bestehen in folgender Form:

- Inkompatible Datenstrukturen (Syntax) und Darstellungsformate von Sachverhalten (z.B. inkompatible Nummernkreise, ID-Nummern oder Packungsgrößen) (Semantik)
- Fähigkeit der Anwendungen, auf »Anfragen« anderer Systeme zu reagieren
- Unternehmensspezifische Organisations- und Prozessstrukturen

Die Lösung der genannten Problemfelder wird umso wichtiger, je stärker die Verarbeitung automatisiert wird und je schneller das System auf dieser Basis »entscheidet« sowie intern Prozesse anstößt, d.h. unter anderem extern verbindliche Aussagen (z.B. Lieferterminzusagen, Konditionen) trifft.

Im Rahmen des *Collaborative SCM* wird der Versuch unternommen, die in bestehenden ERP-Systemen konzeptionell eingeplanten Menschen als flexible Schnittstellen zur Plausibilisierung von Informationen und als situative Entscheider elektronisch abzubilden. Dies erklärt u.a. die enormen Aufwendungen und Probleme bei der Realisierung »intelligenter« ERP-Schnittstellen.

Syntaktisches und semantisches Mapping

Anwendungen müssen sich auf Objektebene »verstehen«, d.h. die gleiche Sprache sprechen und Begriffe in analoger Weise interpretieren. Notwendig wird dies, da ERP-, SCM- sowie Anwendungssysteme mit unterschiedlichen Datenmodellen (logischer Aufbau und Datenumfang), Datenstrukturen (verarbeitbare Datenformate) und Bezeichnungen für Sachverhalte (z.B. Produkt- und Partner-ID, Codes) arbeiten, die zudem noch unternehmensindividuell ausgeprägt sind.

Die Transformation von einem Ausgangsformat in ein Zielformat, gegebenenfalls unter Zwischenschaltung standardisierter Austauschformate, erfolgt mittels Konverter bzw. Transformation Engines (siehe Tabelle 4.5).

Anforderung nach Ebenen	Maßnahme	Beispiel
Strukturtransformation (Syntax)	Umstrukturierung der Datenelemente und Ergänzung von Service-Informationen	EDIFACT, ANSI X12, standardisierte bzw. individuelle XML-Syntax
Semantisches Mapping (Semantik)	Anpassung der Datendarstellung (z.B. Feldlänge, Zeichensatz), Codierung bzw. Umcodierung	Produkt-ID/EAN-Code, Codes für Zahlungs- bzw. Lieferbedingungen, Währungscode
Gegebenenfalls Vervollständigung	Vervollständigung von erforderlichen Daten	Konstanten, regelbasierte Ergänzung

Tabelle 4.5 Anforderungen an die Umsetzung inkompatibler Datenformate

Datenformatstandards für den B2B-Geschäftsdatenaustausch (z.B. EDIFACT) oder Katalogformate (z.B. BMEcat) sowie semantische Standards wie Identifikationssysteme (z.B. EAN-Produktkennzeichnung, ILN-Lokationen) oder Codes (z.B. Lieferbedingungen, Währungskennzeichen) reduzieren den Abstimmungsaufwand insbesondere mit Geschäftspartnern. Sie erlauben es Anbietern von ERP- und SCM-Anwendungen wie auch EAI-Lösungen, durch Schnittstellen und erfasste Strukturbeschreibungen sowie vordefinierte Mappings den Implementierungsaufwand signifikant zu senken, nicht jedoch – aufgrund individueller Implementierungsfreiräume – völlig zu vermeiden.

Auch das als Schlüsseltechnologie oder besser »Killertechnologie« gepriesene XML hilft hier nur bedingt weiter: XML ist eine sehr flexible Beschreibungssprache für beliebige Formate, stellt jedoch selbst kein definiertes Format dar. XML-Dokumente lassen sich somit, entgegen anderslautender Behauptungen, nicht ohne vorherige Kenntnis der Formatsyntax (Schemata, Document Type Definition) und der Art, wie ein Sachverhalt dargestellt ist (Semantik), automatisiert in einem ERP- bzw. SCM-System verarbeiten. Selbst wenn Syntax und Semantik bekannt sind, ist noch nicht gewährleistet, dass das Anwendungssystem diese ohne vorherige

Anpassungen (z. B. strukturelles bzw. semantisches Mapping) oder eine Vervollständigung fehlender Daten abarbeiten kann.

Anwendungsintegration – synchrone versus asynchrone Systemkopplung

Synchrone Integration, d.h. die Realtime-Interaktion, wird häufig leichtfertig bei der Strategieentwicklung bzw. Lösungskonzeption als »technisch lösbare Nebensache« angenommen. Dass die Architektur der (häufig schon betagteren) Anwendungen hierfür nicht ausgelegt ist und auch moderne Anwendungen noch Probleme mit der Datenintegration und den Interaktionsszenarios der funktionalen Integration haben, zeigt sich allzu häufig bei der Umsetzung, wenn trotz aufwändiger Integrationsarchitekturen und umfänglicher Beratung die Systeme ein gänzlich unerwartetes Verhalten an den Tag legen. Hinzu kommt die gefährliche Annahme, dass die für innerbetriebliche Belange bzw. Komponentenintegration entwickelten Technologien (z. B. DCOM, CORBA, RFC) auch zwischenbetrieblich eine gute Wahl darstellen.

Nachfolgend werden zentrale synchrone und asynchrone Dialogszenarios mit Risiken und Abhängigkeiten dargestellt.

Synchrone Systemkopplung

Bei dieser höchsten Form der Realtime-Integration beeinflussen sich unmittelbar Anwendungen innerhalb von Verarbeitungsprozessen. D.h., ein System fragt im Rahmen seiner Abarbeitung Daten und/oder Funktionen bei einem Gegensystem an und wartet, bis vom diesem eine Antwort eingegangen ist. Hieraus leiten sich extreme Anforderungen an die Systemverfügbarkeit, die Netzinfrastruktur und die funktionale Koordination der Interaktion ab. Erhebliche Erweiterungen und Anpassungen der beteiligen Anwendungen – soweit dies deren Architektur überhaupt zulässt – sind der Regelfall. Durch die direkte gegenseitige Beeinflussung steigt das Risiko, dass ein System das andere durch Performance-Probleme, Nichtverfügbarkeit o. Ä. negativ beeinflusst.

Zwei Grundverfahren sind hierbei *Request/Reply Communication* sowie *One-Way Communication* (siehe Abbildung 4.9). Beide Verfahren kommen aus dem Middleware-Umfeld, lassen sich jedoch prinzipiell auch zwischenbetrieblich nutzen.

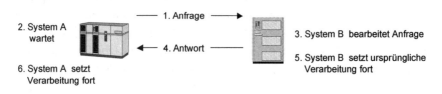

Abbildung 4.9 Request/Reply Communication

Bei der *Request/Reply Communication* wartet das anfragende System, bis es eine Antwort erhalten hat. Typische Anwendungsgebiete sind Integritätsprüfungen, Webanfragen mit Durchgriff auf ERP-/SCM-Systeme sowie Anwendungen hoher Sensibilität bzw. Transaktionssicherheit (z. B. Finanzbuchungen).

Da sich die Anwendungen bei dieser sehr engen funktionalen Integration direkt beeinflussen, müssen Verarbeitungslogik sowie Interaktionsvolumen vorab genau bekannt und genau aufeinander abgestimmt werden. Zwischenbetrieblich ist diese Integrationsform in der Regel zu aufwändig und zu risikoreich.

Eine abgeschwächte Form stellt die *One-Way Communication* dar, wo »lediglich« auf eine unmittelbare Empfangsbestätigung durch das Anwendungssystem, nicht jedoch auf das Ergebnis gewartet wird. Die funktionale Integration wie auch die gegenseitige kritische Beeinflussung sind deutlich geringer. Interessant ist diese Variante, wenn der Empfang und gegebenenfalls der Empfangszeitpunkt sichergestellt werden muss (siehe Abbildung 4.10).

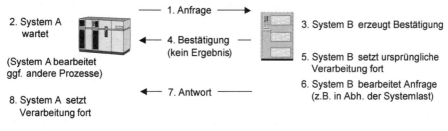

Abbildung 4.10 One-Way Communication

Asynchrones Messaging

Asynchron gekoppelte Systeme kommunizieren über Nachrichten (Messages), ohne jedoch im Verarbeitungsprozess eine direkte Abhängigkeit zu besitzen. So besteht kein Zwang für das System, auf eine Anfrage unmittelbar zu reagieren bzw. bei der Weiterverarbeitung auf eine Antwort zu warten. Bei dieser losen Kopplung ist der (funktionale) Integrationsgrad deutlich geringer als bei der synchronen. Dies ist unter anderem ein Grund, warum es die verbreitetste Form zwischenbetrieblicher Integration (B2Bi) ist. Klassisches Anwendungsbeispiel ist EDI, wo zwar die Nachrichten korrekt interpretiert und verarbeitet werden müssen, nicht jedoch das Verfahren und der Zeitpunkt mit dem Partnersystem zu koordinieren sind (*Black Box*). Die Abarbeitung eines durchgängigen Prozesses unter Nutzung verschiedener Anwendungen (*Distributed Processing*) ist de facto nicht möglich. Vorteilhaft ist der deutlich reduzierte Integrations- und Koordinationsaufwand. Verfahren hierzu sind *Message Passing* sowie *Publish and Subscribe*.

Message Passing ist die einfachste Form der asynchronen Integration, da die Transaktion mit Versenden der Nachricht abgeschlossen ist. Grundvoraussetzung sind eine verlässliche Netzinfrastruktur (*Reliability*) sowie ein Empfangssystem ohne die Gefahr, dass Messages verloren gehen oder der Empfang beim Partner nachgewiesen werden muss (siehe Abbildung 4.11).

Abbildung 4.11 Message Passing

Parallelen lassen sich zum EDI-Datenaustausch per X.400 in den Neunzigerjahren herstellen, einer aufwändigen, standardisierten Mail-Infrastruktur mit ausgefeilten Fehlerkorrektur-Mechanismen. Demgegenüber stellt Internet-Mail über das öffentliche Internet ein unsicheres Medium dar. Der Mangel kann organisatorisch durch Erweiterung des Interaktionsszenarios behoben werden. Hierzu bestätigt das empfangende System den Empfang mit einer Nachricht, was bis zu einem rechtssicheren Secure-Transaction-Loop-Ansatz mit elektronischer Signatur, Zeitstempel und signierter Prüfsumme des empfangenen Dokuments erweitert werden kann.

Bei *Publish and Subscribe* melden Anwendungen ihr Interesse an Ereignissen oder Daten/Informationen beim sendenden Systemen in so genannten *Distribution Lists* an. Im sendenden System müssen somit im Vorfeld keine Verteilregeln definiert sein, sondern nur die Art der angeboten Informationen und Events spezifiziert werden. Interessenten melden sich eigenständig bei Bedarf an bzw. ab (siehe Abbildung 4.12).

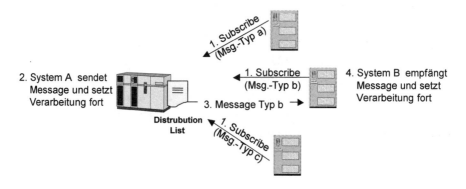

Abbildung 4.12 Publish and Subscribe

Das Verfahren wird innerbetrieblich häufig bei der *Multi Process Integration* genutzt, wo das empfangende System durch Erhalt einer Message über den Eintritt eines Ereignisses informiert wird, jedoch keine Rückantwort erforderlich ist. Anwendungsbeispiele sind Messages über Auslieferung oder Eingang einer Bestellung, was beim Empfängersystem einen Fakturierungs- bzw. Produktionsplanungsprozess initiiert. Zwischenbetrieblich eignet sich das Verfahren für Marktplätze/Exchanges oder Informationsportale mit ständig wechselnden Teilnehmern. Als komplex kann sich das Management der Distributionslisten erweisen, die erfassen, welche Anwendungen bzw. Teilnehmer sich für bestimmte Ereignisse oder Daten registriert haben und welche nicht.

Pufferdatenbanken

Pufferdatenbanken sind eine zukünftig an Bedeutung gewinnende innerbetriebliche Integrationsvariante für Realtime- bzw. zeitnahe Informationszugriffe (z.B. Web-, ATP-Anfragen). Hierbei erfolgt eine physische Entkopplung zwischen zugreifenden und Backend-Systemen, indem Letztere je nach erforderlichem Aktualitätsgrad sowie Systemlast Daten in der Puffer-DB aktualisieren. WebEDI-, SCM-, CRM-Systeme sowie externe Systeme von Geschäftspartnern (z.B. SCM, VMI) müssen nicht mehr direkt mit den Backend-Systemen integriert werden, sondern greifen auf die Puffer-DB zu (siehe Abbildung 4.13). Vorteile dieses Verfahrens sind u.a.:

▶ Reduktion des Integrationsaufwands bei Backend-Systemen (z.B. fehlende synchrone Integrationsfähigkeit) und Entlastung von nicht abschätzbaren Zugriffsspitzen (Performance)

▶ Bereitstellung von »virtuellen Realtime-Daten« für den synchronen Zugriff per Web oder Drittsystem

▶ Sicherung kritischer Anwendungen durch physische Entkopplung sensibler Systeme vor einem Zugriff durch Dritte

▶ Bereitstellung konsolidierter Daten im Falle, dass Informationen mehrerer Backend-Systeme benötigt werden

Ein *Multi Step* bzw. *Distributed Processing* im Sinne einer funktionalen Integration und Transaktionsabwicklung ist nicht oder nur bedingt möglich.

Es hat sich gezeigt, dass realtime je nach Anwendungsfall völlig unterschiedliche Bedeutungen haben kann: Teilweise sind Informationen sekundengenau erforderlich (z.B. bei einer Transaktionsabwicklung), häufig ist jedoch eine Datenaktualität im Minuten-, Stunden- oder sogar Tagbereich ausreichend.

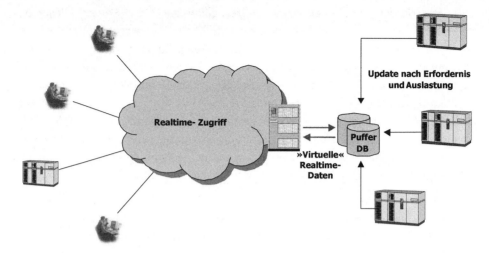

Abbildung 4.13 Puffer-Datenbank

4.2 Formen der Unternehmensintegration

Inner- und zwischenbetriebliche Integration gestaltet sich in den Grundprinzipien ähnlich. Auch zwischenbetrieblich müssen – sieht man von der Webintegration einmal ab – Anwendungssysteme gekoppelt werden. Unterschiede ergeben sich in der Zielsetzung und den Rahmenbedingungen (siehe Tabelle 4.6).

Enorme Potenziale, ausgefeilte Collaboration-Szenarien und ein massiver Druck des Marktes, aktiv zu werden, bilden die Grundlage für den »Integration-Hype«. Als Lösung werden Schlagworte wie »Web Services«, »Electronic Data Interchange«, »WebEDI«, »Marktplätze/Exchanges«, »Branchennetze/Communities« oder »SCM-Netze« mitgeliefert. Sie sind eingängiger als technische Akronyme wie UDDI, SOAP, XML, WSDL oder CORBA, die in unterschiedlichen Zusammenstellungen für Collaborative-Architekturen stehen und gerne flexibel in Publikationen für Produktbeschreibungen genutzt werden. Neben einer vorprogrammierten Konfusion bei den Anwendern werden fatalerweise auch falsche Erwartungen geweckt, die nicht selten zu Projekten führen, die den Charakter eines Blindfluges haben.

In den anschließenden Abschnitten werden verschiedene Ansätze hinsichtlich Zielsetzung, Umsetzung und Entwicklungsstand beleuchtet und in einem homogenen Profilschema vergleichbar gemacht.

Kriterium	Innerbetrieblich	Zwischenbetrieblich
Zielsetzung	Abbau von Informationsinseln sowie von Brüchen im Prozessablauf und medienbruchfreie Informationsflüsse	Abstimmung der Koordinations- und Abwicklungsprozesse zwischenbetrieblicher Leistungsbeziehungen
Wesen der Integration	Überbrückung heterogener Systemplattformen Synchronisation bzw. Sicherung der Datenintegrität zwischen Anwendungen Funktionale Integration im Sinne eines *Distributed Straight Through Processings*	Lose Kopplung in sich geschlossener, organisatorischer Einheiten mit eigenen Interessen, Zielsetzungen und eingeschränktem Interesse zur Offenheit und Anpassung
Wesen der Beziehung	Detaillierte Offenlegung von Abläufen und Strukturen	Keine Offenlegung der individuellen Entscheidungswege, Prozess- und Organisationsstrukturen
Dauerhaftigkeit	Hochindividualisierte technologische Systemkopplung, idealerweise im Rahmen einer gesamtzeitlich koordinierten Integrationsarchitektur	Vielfältige, nicht aufeinander abgestimmte sowie wechselnde Integrationsbeziehungen zu unterschiedlichen Unternehmen
Integrationsintensität	Hohe integrationsspezifische Applikationsanpassung in einem vollständig kontrollierten System- und Kommunikationsumfeld	▶ Integrationsgrad deutlich geringer als innerbetrieblich aufgrund von Long-Distance-Verbindungen mit eingeschränkter Sicherheit und QoS (Quality of Service) ▶ Eine auch von Dritten genutzte Netzinfrastruktur ▶ Organisatorische/semantische/technische Inkompatibilität der Systeme
Sicherheit	Sicherstellung technischer Prozesse und der Betriebssicherheit	Sicherstellung von: ▶ Vertraulichkeit ▶ Authentifikation der Partner ▶ Nachvollziehbarkeit von Kommunikations- und Interaktionsprozessen ▶ Rechtlichen Nachweis- und Archivierungsvorschriften
Machtverhältnisse	Klare Machtstrukturen	Wirtschaftliche Abhängigkeiten (elektronische Hierarchien) oder Notwendigkeit zu Verhandlungen

Tabelle 4.6 Gegenüberstellung der wesentlichen Rahmenbedingungen innerbetrieblicher und zwischenbetrieblicher Integration

4.2.1 Web Services

Im Wortsinn sind Web Services über das Web nutzbare Dienstleistungen. Technologisch handelt es sich um serverseitig ausführbare Software-Komponenten, die eine abgegrenzte Funktionalität als Black Box zur Verfügung stellen. Der Zugriff erfolgt nachrichtenorientiert mittels des Internetprotokolls XML/SOAP (siehe Abschnitt 5.1.3). Mit der XML-basierten Beschreibungssprache WSDL (WebService Description Language) wird standardisiert die Schnittstelle hinsichtlich Daten und Interaktion beschrieben und im Idealfall über ein global zugängliches Verzeichnis basierend auf UDDI (Universal Description, Discovery and Integration) bereitgestellt.

Ziel ist die Bereitstellung von Methoden und Modellen zur Beschreibung und Erstellung von Schnittstellen, sodass beliebige Anwendungen über Internet-Technologien einfach integriert werden können. In E-Business- oder SCM-Szenarien lassen sich mittels Web Services definierte Aufgaben (z.B. Abruf Produktverfügbarkeit, Bereitstellung Transportplanung, Procurement Service) einfach und flexibel in Value Nets bzw. Communities bereitstellen und verteilt nutzen.

Analog zu den bereits beschriebenen *Functional Integration Models* lässt sich Business-Logik wie Auctioning, Liefernetzplanung oder VMI als Service Dritter (Distributed Processing) ohne eigene Entwicklung in interne Prozesse einbauen. Web Services können ebenso als Integrationsschnittstelle genutzt werden, um beispielsweise SCM-Partnern mit minimalem Aufwand den Zugriff auf Verfügbarkeitsprüfungen, kooperative Planungsprozesse (CPFR) oder ein SCM-Monitoring zu ermöglichen.

Integraler Bestandteil sind Technologien zur Beschreibung der Services, aber auch der anbietenden Unternehmen sowie Schnittstellen. Hinzu kommen Directories, die das Auffinden geeigneter Partner bzw. Services erleichtern.

Die Bandbreite potenzieller Einsatzfelder ist inner- wie auch zwischenbetrieblich erheblich und bietet auch für Marktplätze oder SCM-Dienstleister Raum zur Effizienzsteigerung und für neue Business-Modelle. Will ein Unternehmen z.B. eine E-Procurement-Strategie realisieren, kann es im eigenen Unternehmen eine Lösung implementieren oder – für Geschäftspartner transparent – den entsprechenden E-Procurement-Web-Service »abonnieren«. Der Dienstleister muss hierzu die entsprechende Business-Logik sowie die Zugangsschnittstelle als Web Service mittels WSDL und WSFL (siehe Abschnitt 5.1.1) beschreiben und über das Kommunikationsprotokoll SOAP mit geeigneten XML-Datenformaten wie BMEcat für Kataloge, ebXML oder XMLEDI für Transaktionsdaten zugänglich machen (siehe Abbildung 4.14).

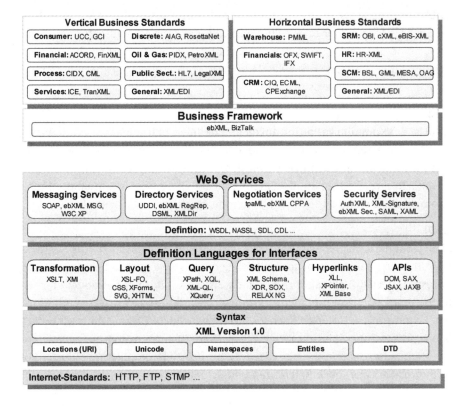

Abbildung 4.14 Nutzbare Standards beim Aufbau Web-Service-basierter Business-Anwendungen

Sucht ein potenzieller Geschäftspartner beispielsweise einen Lieferanten für spezielle Produkte, kann er nicht nur über das standardisierte SOAP-Kommunikationsprotokoll (automatisiert) im UDDI-Branchenbuch nach geeigneten Kandidaten suchen, sondern auch – im Idealfall – WSDL/WSFL-Beschreibungen über E-Business-Schnittstellen und -Services sowie Geschäftsprozessanforderungen für die Abwicklung abfragen, sodass unmittelbar eine elektronische Geschäftsbeziehung initiiert werden kann.

Nachfolgend werden Beziehungen und Abhängigkeiten zwischen einigen der Komponenten aufgezeigt.

HTTP, TCP/IP

Web Services sind generell nicht an ein spezifisches Protokoll gebunden, sondern nutzen die verbreitete Internet-Kommunikationsinfrastruktur um Erreichbarkeit und Support sicherzustellen. Eine wesentliche Rolle nimmt zurzeit HTTP (Hyper-Text Transport Protocol) ein, das von Webservern genutzte Kommunikationsprotokoll.

XML
XML gilt als Lingua Franca zur Beschreibung von Datenaustauschformaten und die für eine automatische Weiterverarbeitung zwingend erforderliche Informationssemantik. Dies zeigt sich auch darin, dass XML Grundlage nahezu aller anderen Web-Service-Standards ist.

SOAP
SOAP ist ein Kommunikationsprotokoll und definiert den standardisierten Aufbau von XML-basierten Nachrichten (Header, Body). Hinzu kommt die Codierung von Daten in eine SOAP-Nachricht sowie deren Decodierung beim Austausch zwischen (E-Business)Systemen. Die Interaktion ähnelt der von RPC (Remote Procedure Calls), basierend auf einer HTTP-Kommunikation.

UDDI
UDDI steht für verschiedene Protokolle und ein Public Directory für die Registrierung und den Realtime-Lookup von Web Services sowie auch anderen Geschäftsprozessen. UDDI beinhaltet ein standardisiertes Informationsmodell für die Beschreibung von Unternehmen, Leistungsangeboten sowie Prozess- und E-Business-Schnittstellen. Unterschieden wird zwischen *White Pages* (Adresse, Kontaktdaten, Unternehmensklassifikation), *Yellow Pages* (Branchenzuordnung, basierend auf Standardtaxonomien) und *Green Pages* (technische Beschreibungen von E-Business-Services sowie Referenzen und Schnittstellen).

WSDL
WSDL ist eine XML-basierte formalisierte Beschreibung, die angibt, wie auf spezifische Web Services zugegriffen werden kann. Hierbei wird völlig von Kommunikations- bzw. Messaging-Protokollen abstrahiert und es werden auf »höherer Ebene« u. a. Prozesse sowie Funktionen mit den jeweiligen Input-/Output-Parametern beschrieben. WSDL ist eine Kerntechnologie der Green Pages von UDDI.

WSFL
WSFL ist ein Framework, das Web-Service-Anwender zur Beschreibung der erforderlichen Business-Logik verwenden, um verschiedene Web Services zu zwischenbetrieblichen End-to-End-Geschäftsprozessen zu verbinden. Unterstützt werden *Flow Models* (Geschäftsprozesse) und *Global Models* (Interaktion der Geschäftspartner) in ihrer Zusammensetzung und im Ablauf. Im Flow Model wird das Zusammenspiel der einzelnen Funktionen eines Bündels von Web Services zur Erreichung einer speziellen Geschäftsanforderung beschrieben und im Global Model das Zusammenspiel der Web Services verschiedener Geschäftspartner.

ebXML
ebXML steht hier stellvertretend für Datenformatstandards (z. B. RosettaNet) im elektronischen Geschäftsverkehr. ebXML spezifizierte schon vor dem Entstehen

von Web Services XML-Nachrichten sowie E-Business-Prozessen basierend auf Internettechnologien, wobei man sich stark an bestehende EDI-Strukturen anlehnte. ebXML stellt weiterhin ein Framework bzw. eine Methodik zur strukturierten Analyse und Definition von Geschäftsnachrichten und -prozessen bereit.

Kriterium	Ausprägung
Problemstellung	Unternehmensübergreifendes Collaborative-Business erweist sich trotz Internettechnologien als schwierig und aufwändig. Die Realisierung integrierter Supply Chains, insbesondere die Einbindung von KMUs, droht am Koordinations- und Technologieaufwand zu scheitern. Benötigt werden hochstandardisierte Technologien und Methoden zur kollaborativen Nutzung von Daten und Business-Logik.
Ursache	Bestehende Internettechnologien erweisen sich durch ihre proprietäre Nutzung in E-Business-Lösungen als zu generisch und zu wenig auf E-Business-Anforderungen angepasst, als dass eine schnelle und kosteneffiziente Integration von Geschäftsprozessen und Anwendungssystemen möglich wäre.
Lösungsansatz	Weiterentwicklung bestehender Internet- und Integrationsstandards von anwendungsneutralen Basistechnologien zu einer auf Collaborative-Business-Anforderungen abgestimmten Infrastruktur. Basiskomponenten hierzu sind u.a.: ▶ UDDI (Universal Description, Discovery Integration), ein standardisiertes Verzeichnis ▶ WDSL/WDFL (Web Services Definition Language/Web-Service Flow Language) ▶ SOAP (Simple Object Access Protocol) ▶ XML-Austauschformate und Prozessmodelle (z.B. RosettaNet, ebXML, XMLEDI, OpenTrans)
Aktueller Stand	Generell wird der Initiative seitens der Wirtschaft eine hohe Bedeutung beigemessen und sie wird bereits jetzt von den Medien als »Allheilmittel« dargestellt. Die Umsetzung der Spezifikationen erweist sich insbesondere im Zusammenspiel jedoch als schwierig. In den Kinderschuhen steckende oder unvollständige Standards, überhastete individuelle Implementierungen durch Anbieter sowie fehlende Erfahrungen bei der Umsetzung von E-Business-Modellen verbunden mit einer enormen Erwartungshaltung seitens der Wirtschaft belasten den Ansatz und steigern das Risiko von Enttäuschungen bei den Anwendern.
Zukünftige Entwicklung	Entscheidend ist das Erreichen stabiler Standards und Produkte, die sich sinnvoll in E-Business-Konzepte einbringen lassen. Von einem »Überleben« der Web-Service-Technologien ist auszugehen, ob sich jedoch alle Ansätze und Standards im erhofften Umfang etablieren können, lässt sich noch nicht abschätzen. Aufgrund der leichteren Durchsetzbarkeit sind Implementierungen im intraorganisationalen Bereich bzw. innerhalb eng koordinierter Communities zu erwarten.

Tabelle 4.7 Web-Service-Profil

Web Services unterstützen somit unmittelbar die schnelle und automatisierte Abwicklung elektronisch integrierter Geschäftsbeziehungen, indem standardisierte Methoden für Schnittstellen und Services bereitgestellt werden, die sich vergleichsweise einfach auch in bestehende Anwendungsumgebungen implementieren lassen und bei modernen E-Business-Lösungen schnell eine Standardfunktionalität darstellen werden (siehe Tabelle 4.7 und Abbildung 4.15).

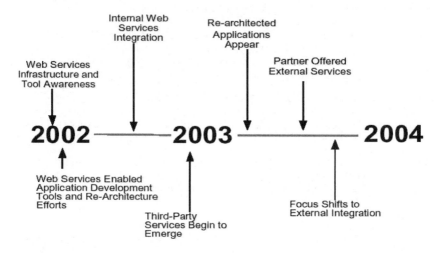

Abbildung 4.15 Erwartete Nutzung in der Wirtschaft

4.2.2 Business Integration und EDI

Electronic Data Interchange (EDI) ist der Urvater der unternehmensübergreifenden Integration von ERP-Systemen. Wesenszüge sind eine lose technologische Kopplung, basierend auf Datenformat-, Kommunikations- und Business-Szenario-Standards. EDI bildet die Grundlage vieler kollaborativer Business-Szenarios, wie JiT- und JiS-Lieferantenanbindungen in der Automobilindustrie, Logistikkoordination mit Speditionen, zeitpunktgenaue Finanztransaktionen oder Prognosedatenaustausch/CPFR und VMI im Handel. In Europa ist EDI in über 40% der mittleren und über 90% der großen Unternehmen im Einsatz. Insbesondere transaktionsstarke Konzerne aus den Bereichen Automotive, Handel, Industrie und Tourismus realisieren mehr als 90% ihrer (Standard-)Geschäftstransaktionen per EDI. Das abgewickelte Transaktionsvolumen ist enorm und übersteigt das des E-Commerce um ein Vielfaches (siehe Abbildung 4.16).

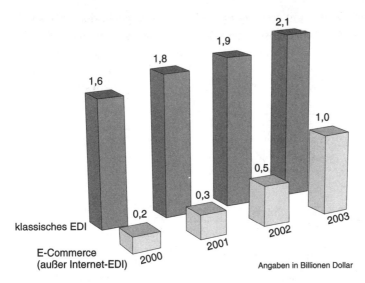

Abbildung 4.16 Handelsvolumen

Bereits in den Sechzigerjahren setzte man sich mit der Möglichkeit auseinander, typische, sich wiederholende Geschäftsvorfälle schneller und effizienter ohne fehleranfällige Mehrfacherfassung zu automatisieren. Die Bemühungen scheiterten an den enormen technischen Problemen, die bereits bei der Kommunikation und dem auszutauschenden Transfervolumen auftraten. In den Siebzigerjahren entstanden parallel zur Weiterentwicklung der Übertragungstechnologie erste Datenformatstandards, die Konzerne wie Siemens (BAV) oder die Automobilbranche (VDA) entwickelten.

Das simple Prinzip beruht auf der Elektronifizierung des traditionellen Austauschs von Geschäftsdokumenten. EDI-Beziehungen sind bilateral organisiert und strikt asynchron (*Message Passing*). Bestellungen, Bestands- und Prognosedaten, Lieferavise, Zahlungsanweisungen sowie mehr als 200 weitere Nachrichtentypen bilden das Repertoire. In 20-jähriger Normierungsarbeit wurden diese Dokumente branchenübergreifend und für alle erdenklichen Ausprägungen international im Standard EDIFACT normiert und in so genannten *Subsets* (vereinfachten Teilmengen) für einzelne Branchen wieder handhabbar gemacht. Die Nutzung XML-basierter Austauschformate ist ohne Anpassung der ERP-Schnittstellen möglich und wird überwiegend von den EDI-Systemen unterstützt. Nachrichtenaustausch und ERP-Integrationsanforderungen gestalten sich aufgrund einer batchorientierten Kommunikation bzw. ERP-Integration vergleichsweise einfach.

Kommunikation und Transformation der Datenformate werden von vorgeschalteten EDI-Systemen wahrgenommen. Die Systeme besitzen einen hohen Reifegrad und verhindern aufgrund ihrer Lösungsarchitektur auch bei der Kommunikation über das Internet einen unberechtigten Zugriff auf angebundene Backend-Syteme. Die Implementierungskosten belaufen sich in einfachen Fällen auf mindestens 20 000 EUR und liegen in komplexeren Multi-Backend-Umgebungen im 6-stelligen Bereich (siehe Abbildung 4.17). Bezugspunkte zu neueren Technologien wie Internet, XML und Web sollen nun im Folgenden dargestellt werden.

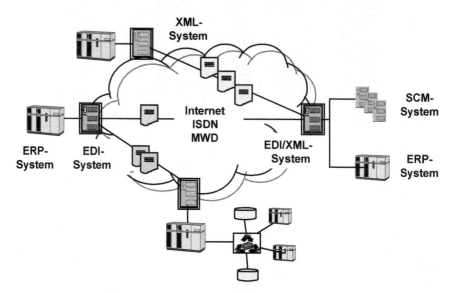

Abbildung 4.17 Schematische Darstellung des elektronischen Geschäftsdokumentenaustauschs

EDI-Systeme unterstützen das *Internet* als Kommunikationsplattform (insbesondere E-Mail), wobei die genannten Sicherheitsdefizite durch Elektronische Unterschrift, Verschlüsselung, Bestätigungs-Messages sowie ein zeit- bzw. ereignisgesteuertes Eskalations-Management weitgehend ausgeräumt sind.

XML wird klassische EDI-Formate wie EDIFACT und ANSI X12 ablösen. Bereits heute verarbeiten moderne EDI-Systeme XML- wie auch EDI-Formate gleichermaßen. Es ist keinesfalls eine schnelle Migration auf XML zu erwarten, wahrscheinlicher ist eine Koexistenz von klassischen EDI- sowie neuen XML-Formaten. Gründe hierfür sind der hohe Verbreitungsgrad von EDIFACT, das Argument »Never touch a running system!« sowie der fehlende Mehrwert einer XML-Umstellung für EDI-Prozesse. Dementsprechend schwierig dürfte sich die Überzeugungsarbeit bei EDI-Anwendern gestalten. Hinzu kommt die fehlende Semantik von XML, was der größte Vorzug von EDIFACT und ANSI X12 darstellt, der über einen schmerzlichen, 20-jährigen Normierungsprozess erreicht wurde (siehe Tabelle 4.8).

XML	EDIFACT
▶ Generische Auszeichnungssprache (Meta-Sprache) ▶ Auszeichnungs-Tags frei definierbar ▶ Keine Standardsemantik ▶ Daten-Darstellung (CSS; XSL) ▶ Daten-Austausch (XML, DTD, Schemata) ▶ Sowohl Mensch-Maschine- als auch Maschine-Maschine-Kommunikation ▶ Verschiedenste Anwendungsbereiche ▶ Kostengünstige Basistechnologie	▶ Ausschließlich Geschäftsdatenaustausch ▶ Normierte Syntax und Semantik ▶ Geschäftsprozessmodelle vorhanden ▶ Etablierter Standard in der Wirtschaft ▶ Ausschließlich Maschine-Maschine-Kommunikation ▶ Geschäftsprozessorientiert ▶ Umfangreiche Produktunterstützung ▶ Aufwändige Infrastruktur erforderlich ▶ Komplexe Syntax

Tabelle 4.8 Wesentliche Merkmale von XML und EDI/EDIFACT im Vergleich

Mit einer normierten Syntax und Semantik wird in über 200 Nachrichtentypen, einem Repository für Elemente, Segmente usw. genau der betriebswirtschaftliche Anwendungsbezug (z.B. genauer Einsatzbereich, Nachrichtentypen, Datenumfang) bereitgestellt, der beim Geschäftsdatenaustausch per XML erst noch zu definieren ist. Im Rahmen verschiedener Initiativen wird an einer Transformation der EDIFACT-Semantik in eine XML-Notation gearbeitet (z.B. DIN, XMLEDI-Group).

Web-Schnittstellen sind per Definition ein Widerspruch zu EDI, das auf eine zwischenbetriebliche A2A-Integration abzielt. Nichtsdestotrotz werden mit WebEDI (siehe Abschnitt 4.2.3) Hybridlösungen zur Anbindung kleiner bzw. sporadischer Partner in einen EDI-Verbund angeboten.

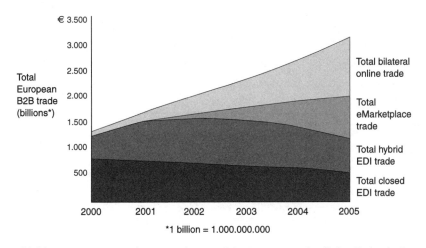

Abbildung 4.18 Umsatzvolumen, realisiert auf der Basis unterschiedlicher Technologien

Zukünftig wird EDI weiterhin bei stark formalisierbaren Geschäftstransaktionen eine bedeutende Rolle spielen. »Neue Ansätze« aus dem Bereichen B2Bi und EAI gelten vielfach als noch zu unausgereift. EDI stellt eine funktionierende Plattform dar, die zudem mit erheblichen Investitionen verbunden ist (Investitionsschutz). 90% der Unternehmen werden kurzfristig das integrierte EDI um WebEDI-Ansätze zur Anbindung von KMUs über ein Web-Frontend und für sporadische Geschäfttransaktionen erweitern (FORRESTER RESEARCH, siehe Abbildung 4.18).

Die sukzessive Migration auf internetbasierte Kommunikationstechnologien (SMTP, SOAP) sowie XML-basierte Datenformate unter Nutzung der Erfahrungen aus dem klassischen EDI-Standardisierungsumfeld ist voll im Gange. Mit gesicherten Ergebnissen oder nutzbaren Lösungen ist mittelfristig zu rechnen (siehe Tabelle 4.9).

Kriterium	Ausprägung
Problemstellung	▶ Automation des sich wiederholenden zwischenbetrieblichen Geschäftsdatenaustauschs zur Vermeidung zeit- und fehleranfälliger manueller Tätigkeiten ▶ Effizientere Gestaltung der administrativen Prozesse zur Schaffung von Wettbewerbsvorteilen ▶ Integrierter Datenaustausch zwischen den Anwendungssystemen ▶ Zeitnaher Austausch zeitkritischer Koordinations- und Abwicklungsdaten
Ursache	▶ Unternehmenszentrische ERP-Systeme ohne Kommunikations- und Interaktionsfunktionalität ▶ Heterogene Daten- und Prozessstrukturen
Lösungsansatz	▶ Einsatz standardisierter Kommunikationskanäle (Internet, MWD, Direktverbindungen) ▶ Etablierte Standards für Geschäftsdatenaustausch und Business-Szenarios ▶ Verfügbarkeit von EDI-Schnittstellen in ERP-Systemen sowie EDI-Systeme zur Datentransformation und Kommunikationssteuerung
Aktueller Stand	▶ Hohe Verbreitung weltweit bei größeren Unternehmen mit hohem Transaktionsvolumen ▶ Komplexe, teure Technologie und ausgereifte Produkte ohne Unterstützung von Realtime-Interaktionen ▶ Ausgereifte und akzeptierte Standards (EDIFACT, ANSI X12) sowie Interaktionsreglements (Prozessmodelle, EDI-Gesetzte) ▶ Anbindung der KMUs seit 1999 mittels WebEDI über ein nicht-integriertes Web-Interface

Tabelle 4.9 EDI-Profil

4.2.3 WebEDI

Für manche ist WebEDI der verzweifelte Versuch, mittels Webmasken endlich auch kleine Unternehmen in eine bestehende EDI-Infrastruktur einzubinden, für andere ist es eine pragmatische Synthese aus Web, Internet und ERP-Integration über bestehende EDI-Schnittstellen, die selbst für sensible Transaktionen einsetzbar ist.

Angebundener Partner	WebEDI-Betreiber
▶ Klassisches EDI ist aufgrund eines zu geringen Transaktionsaufkommens unwirtschaftlich. ▶ Meist besteht weder die erforderliche technische Infrastruktur noch das nötige EDI-Know-how. ▶ WebEDI als einfache, kostengünstige Möglichkeit, den EDI-Anforderungen des Partners nachzukommen ▶ Keinerlei Schulungs- und Serviceaufwand erforderlich	▶ EDI-Anbindung auch kleiner Geschäftspartner ▶ Steigerung des elektronischen Geschäftsaufkommens ▶ Kein Aufwand für Absprachen, Implementierung und Support beim Partner ▶ Nur eine EDI-Inhouse-Schnittstelle erforderlich ▶ Technologische Voraussetzung für ECR- und SCM-Strategien

Tabelle 4.10 Gründe für WebEDI

Nicht EDI-fähige Unternehmen können mittels WebEDI nur unter Zuhilfenahme eines Web-Browsers EDI-Nachrichten als HTML- oder Java-Formulare abrufen, neu erstellen und die EDI-Transaktionen überwachen. Enttäuschen muss man jene, die hier bereits den Nachfolger klassischer EDI-Anwendungen sehen. WebEDI ist eine intelligente Erweiterung mit dem Ziel, die kleinen und mittelständischen Geschäftspartner über das Web anzubinden. Anstatt teurer EDI-Konverter, die aus Kostengründen nicht in das Inhouse-System integriert werden, erhalten diese Unternehmen per Internet Zugang zu einem webbasierten Dokumentenmanagementsystem. Sowohl die Zielgruppe als auch die verschiedenen WebEDI-Einsatzgebiete besitzen mit Ausnahme von EDI-Kleinstsystemen keine Überschneidungen zum klassischen EDI (siehe Tabelle 4.10).

Bei Aufbau von WebEDI-Lösungen sollte Folgendes berücksichtigt werden:

▶ Medienbrüche werden bewusst bei kleinen, angebundenen Partnern in Kauf genommen, was einen Widerspruch zur EDI-Philosophie darstellt, ERP-Systeme ohne manuelle Wiedererfassung zu koppeln.

▶ Bestehender Architekturwiderspruch zwischen dem EDI-eigenen, asynchronen *Message-Passing-Ansatz* (d.h., die Nachrichten werden nicht in einer Datenbank verwaltet, sondern als einzelne Dateien) und der gewohnten Flexibilität (z.B. Zugriffe, Auswertungen) sowie Realtime-Interaktion von Webanwendungen.

WebEDI-Systeme besitzen im Wesentlichen zwei Aufgaben:

- Umsetzung von EDI-Nachrichtentypen in Webformulare, sodass beliebige EDI-Nachrichten empfangen bzw. erfasst und versandt werden können
- Ein Nachrichtenmanagement, das es dem Partner erlaubt, ohne Einarbeitungszeit WebEDI-Nachrichten zu verwalten und zu bearbeiten

Dass WebEDI-Systeme keinesfalls als triviale EDI-System-Anhängsel missverstanden werden sollten, belegen folgende Anforderungen:

- Benutzeroberfläche (z.B. minimaler Implementierungs- und Schulungsaufwand)
- Sicherheit (z.B. Authentifikation, Vertraulichkeit, Transaktions-Tracking)
- Nachrichtenmanagement (z.B. Print/Download-Option, Benutzer-Views, Dokumentenmanagement)
- Systemverwaltung (z.B. individuelle Benutzerverwaltung und Transaktionskontrolle, native EDI-/Inhouse-Schnittstelle)

Voraussetzung ist beim EDI-Betreiber ein WebEDI-System, das dem eigentlichen EDI-System vorgeschaltet ist und den Übergang zum Internet bildet, sowie ein permanenter Internetzugang. Beim Partner genügt ein beliebiger Internetwählzugang. EDI-Software- sowie Beratungs- und Support-Kosten entfallen ebenso wie eine technisch aufwändige Infrastruktur oder EDI/EDIFACT-Know-how.

Das WebEDI-System sollte Geschäfts- bzw. Transaktionsdaten datenbankbasiert verwalten, so dass Auswertungen zum Geschäftsvolumen (z.B. realisiertes Geschäfts-, Transaktionsvolumen per Web-EDI) oder Nutzungsverhalten (z.B. Tageszeit, Häufigkeit) möglich sind. Dies bildet die Grundlage für ein Transaktions-Monitoring und das Eskalations-Management, was insbesondere bei zeitkritischen oder sensiblen Transaktionen zunehmend an Bedeutung gewinnt. Durch ein rollenbasiertes Zugangssystem sowie die Erweiterung des Integrationsansatzes um eine Puffer-Datenbank (siehe Abschnitt 4.1.2) lässt sich der Ansatz beispielsweise auch zu einem Informationsportal für SCM ausbauen.

Der Datenaustausch zwischen WebEDI- und EDI-System erfolgt über ein strukturiertes Zwischenformat (z.B. EDIFACT, XML-Strukturen). Die batchorientierte Inhouse-Schnittstelle bleibt unberührt. Archivierung, Logging und Schnittstellensteuerung verbleiben organisatorisch beim bestehenden EDI-System.

WebEDI-Systeme können neben dem klassischen EDI-Nachrichtenaustausch auch als Basis für SCM-Lösungen wie Procurement (z.B. Bestellabwicklung, Tracking), OBI (Open Buying in the Internet) oder VMI dienen. Mit einem (WebEDI-)System und einer (EDI-)Inhouse-Schnittstelle kann der Betreiber seinen Partnern unter einer Oberfläche eine integrierte, umfangreiche Supply-Chain-Unterstützung für die integrationsarme Zusammenarbeit bereitstellen (siehe Abbildung 4.19).

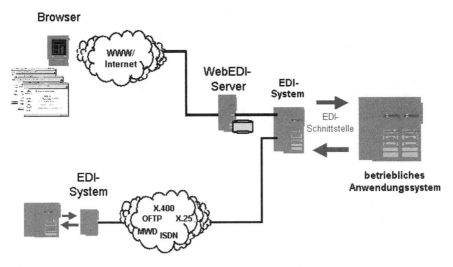

Abbildung 4.19 EDI/EC-Rahmenbedingungen in Deutschland

Aussagen, dass WebEDI in direkter Konkurrenz zum klassischen EDI steht, sind unzutreffend. WebEDI bildet eine Ergänzung und richtet sich an die Unternehmen, für die EDI bislang kein Thema war. Den größten Vorteil realisieren Unternehmen, die EDI bereits im Einsatz haben und mit WebEDI auch kleine Partner anbinden können. Erheblich interessanter und vielfältiger gestalten sich die Möglichkeiten, wenn die kostengünstige »Integration« in Verbindung mit Puffer-DB und SCM-Szenarios betrachtet wird (siehe Tabelle 4.11).

Kriterium	Ausprägung
Problemstellung	Klassisches EDI, basierend auf einer aufwändig in ERP-Systemen integrierten EDI-Infrastruktur, die für KMUs vielfach unrentabel ist, was wiederum zu einem unbefriedigenden Verbreitungsgrad führt.
Ursache	▶ Hohe Kosten für die Infrastruktur und die Integration in das ERP-System ▶ Komplexe Technologie ▶ Abspracheaufwand in den Bereichen Kommunikation und Implementierung des EDIFACT-Standards mit jedem Geschäftspartner
Lösungsansatz	Bereitstellung einer Webplattform, die den Empfang und die Erstellung von EDI-Transaktionen ohne Integrations- und Infrastrukturaufwand erlaubt.

Tabelle 4.11 EDI-Profil

Kriterium	Ausprägung
Aktueller Stand	Mehr oder minder funktionale WebEDI-Funktionen werden mittlerweile von nahezu allen klassischen EDI-Anbietern offeriert und erfolgreich am Markt genutzt. Für die weiterführenderen Einsatzgebiete werden nur vereinzelt Produkte bereitgestellt.
Zukünftige Entwicklung	WebEDI und insbesondere EDI werden vielfach als »veraltet« abgestempelt, wodurch sie bei B2Bi-Aufgabenstellungen nur selten berücksichtigt werden. Bestehende Erfahrungen und enorme Aufwendungen neuerer Integrationsansätze lassen eine verstärkte Akzeptanz und Nutzung der erweiterten WebEDI-Ansätze sowohl bei Anwendern als auch bei Anbietern erkennen.

Tabelle 4.11 EDI-Profil (Forts.)

4.2.4 B2B-Marktplätze und Marktplatzintegration

Marktplätze, auch *Exchanges* genannt, sind Orte, an denen Angebot und Nachfrage in elektronischer Form zusammentreffen. Ihnen wurde von den Medien in der Vergangenheit als aktive, steuernde Komponente von E-Business und SCM eine zentrale Rolle zugeschrieben. Da sie über das Internet zugänglich sind, lassen sich Angebote und Bedarfe sehr einfach (elektronisch) auswerten. Sofern sich genügend Unternehmen aktiv beteiligen, führt dies zu einer für Unternehmen sehr wertvollen, grenzüberscheitenden Markttransparenz. Hinzu kommt, dass Marktplätze die Rolle eines (neutralen) Intermediärs einnehmen, der als zentrale Plattform betriebswirtschaftliche wie auch technische Schnittstellendienste bereitstellen kann. Nennen lässt sich hier z. B. Folgendes:

▶ Ausschreibungen
▶ Angebot/Nachfrage-Matching
▶ Bereitstellung von Brancheninformationen
▶ Anbieter- bzw. Nachfragergemeinschaften
▶ Auktionsmechanismen
▶ Bonitäts- und Qualitäts-Ratings
▶ Logistik- (z. B. Frachtbörsen) und Abwicklungsfunktionen (z. B. Finanzierung, SCM-Planung/Steuerung)
▶ Datenformat- und Schnittstellenkonvertierung

2000 formulierte FORRESTER RESEARCH dies folgendermaßen

> »eMarketplaces will ultimately account for between 45% and 74% of eCommerce in a supply chain. The largest impact will be in the computing and electronics, shipping and warehousing, and utilities industries, where more than 70% of online trade will go through eMarketplaces.«

Mit B2B-Marktplätzen lassen sich Partnersuche, Geschäftsanbahnung und -abwicklung erheblich effizienter und kostengünstiger gestalten. Die Potenziale eines flexiblen Global Sourcing und die Realisierung von E-Procurement-Strategien für C-Teile sowie MRO-Güter werden mit Einsparungen von bis zu 90% bei Prozesskosten und 40% bei den Konditionen beziffert. Der Marktplatzgedanke reicht bis zum Anfang der Neunzigerjahre zurück, erlangte jedoch erst 1999 mit der Akzeptanz des Internets und darauf basierender Geschäftsmodelle einen Hype (FORRESTER RESEARCH, siehe Abbildung 4.20).

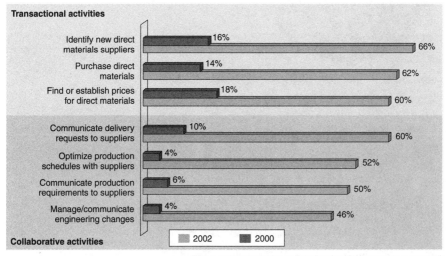

Abbildung 4.20 Ziele, die Anwender mittels elektronischer Marktplätze zu erreichen suchen

Vergleichsweise wenig Bedeutung wurden der Funktion eines Organisations- und Schittstellen-Intermediärs beigemessen. Hierzu gehören grundlegende Probleme inkompatibler Anwendungssysteme auf semantischer Ebene (z. B. eindeutige Produktbeschreibungen/Identifikation), auf syntaktischer Ebene (z. B. Multiformat-Mapping) und auf der prozessualen Ebene (z. B. synchrone/asynchrone Interaktionsszenarios).

Dementsprechend ernüchternd ist der Vergleich zwischen Anwendererwartungen und deren Zufriedenheit (GIGA INFORMATION GROUP/BOOZ ALLEN HAMILTON, siehe Abbildung 4.21 und Abbildung 4.22).

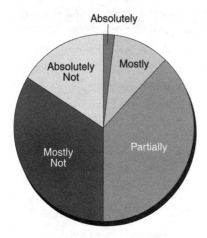

Abbildung 4.21 Anwenderzufriedenheit bei B2B-Marktplätzen

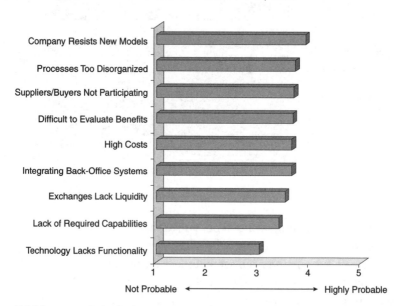

Abbildung 4.22 Zufriedenheit von Anwendern bezogen auf Erwartungen und Herausforderungen bei der Nutzung von Marktplätzen

Laut META GROUP muss mittlerweile von 10000 »Marktplätzen« ausgegangen werden, von denen ca. 300 als Handelsplattformen online sind. Seit 2001 ist eine Marktkonsolidierung in Form von Zusammenschlüssen und Schließungen zu beobachten. Die Gründe sind vielfältig:

▶ Nichterreichen der kritischen Teilnehmerzahl
▶ Unzureichende Funktionalität und Betriebsstabilität

▶ Fehlen standardisierter Integrationsmethoden, d.h. (branchenspezifische) Daten-/Katalogformate, Interaktionsszenarios sowie Schnittstellen für kleine und große Unternehmen.

Research-Unternehmen erwarten, dass maximal 50 Marktplätze überleben werden (siehe Abbildung 4.23).

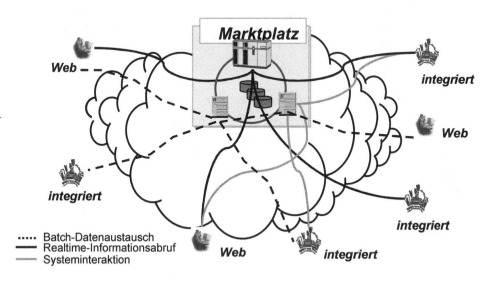

Abbildung 4.23 Heterogene Schnittstellenanforderungen an B2B-Marktplätze

Die funktionalen und technologischen Anforderungen sind sehr aufwändig, insbesondere da die Business-Modelle und Strategien schneller generiert werden als diese sich technologisch umsetzen oder auf ihre Akzeptanz am Markt überprüfen lassen. So werden beispielsweise kontinuierlich neue Varianten von Auktionsverfahren entwickelt, die sich als beliebtes Mittel für den Match von Angebot und Nachfrage zwischen Unternehmen erweisen (siehe Tabelle 4.15).

Verfahren	Erläuterung
Dutch Auction	Umkehrmodell der English Auction für den Verkauf mehrerer Güter
English oder Forward Auction	Verkäufer nennt Mindestpreis und die Auktion endet mit dem letzten Bieter.
Express Auction	Analog *Yankee Auction*, jedoch begrenzt auf maximal drei Stunden
First Bit Wins	Das erste Gebot erhält den Zuschlag.
First Come First Serve	Die Auktion endet, sobald der vom Verkäufer gesetzte Mindestpreis erreicht wird.

Tabelle 4.12 Überblick über verschiedene Auktionsverfahren

Verfahren	Erläuterung
Reserve Auction	Niedriger Eröffnungspreis mit höherem Mindestpreis, wobei der Verkäufer entscheidet, ob und wann er unter dem Mindestpreis verkauft.
Reverse Auction	Der Nachfrager initiiert und die Lieferanten unterbieten sich.
Yankee Auction	Unterart der *Forward Auction* für den Verkauf mehrerer Güter gleichzeitig. Der Meistbietende entscheidet, ob er alle Güter haben will, wenn nicht, fällt der Rest an den Nächstbietenden.

Tabelle 4.12 Überblick über verschiedene Auktionsverfahren (Forts.)

Unter dem Schlagwort *Privat Trading Exchanges* etablieren Konzerne bzw. Interessengruppen zunehmend ihre eigenen Marktplätze (z. B. T-MART/TELEKOM und CC-CHEMPLORER), die nicht nur funktional, sondern auch im Bereich Handhabbarkeit sehr viel genauer auf die Anforderungen und Möglichkeiten der Zielgruppen eingehen. Die Grenze zu Branchennetzen oder integrierten SCM-Ketten beginnt hier zu verschwimmen.

So wird beispielsweise unter dem Motto »von Zulieferer für Zulieferer« von BOSCH, CONTINENTAL, INA WÄLZLAGER, SCHÄFER und ZF FRIEDRICHSHAFEN eine auf SCM und die Anbindung kleinerer Partner abgestimmte Plattform SUPPLYON bereitgestellt. Angeboten werden u.a. Firmenverzeichnisse, anhand derer Einkäufer anhand von Zeichnungen, technischen Spezifikationen sowie herstellbaren Materialgruppen (z. B. Guss-/Frässteile, Gummi-/Kunststoffteile) und Angaben über Maschinen und Fertigungsmöglichkeiten gezielt Lieferanten suchen können (siehe Tabelle 4.13).

Kriterium	Ausprägung
Problemstellung	Bereitstellung einer elektronischen Plattform zur Geschäftspartnersuche, Matchen von Angebot und Nachfrage sowie Abwicklungsunterstützung auf der Ebene von Communities, Branchen oder auch global. Beispiele: ▶ Kommunikationsplattform ▶ Markt-Applikationen ▶ Ergänzende Services
Ursache	▶ Enorme Kosten in der Partnerauswahl und Transaktionsabwicklung, insbesondere bei geringwertigen und hochstandardisierten Gütern ▶ Fehlende (De facto-)Standards für E-Business-Lösungen ▶ Zeitdruck, schnell Marktsegmente besetzen bzw. Wettbewerbsvorteile wahren zu müssen

Tabelle 4.13 Marktplatz-/Exchange-Profil

Kriterium	Ausprägung
Lösungsansatz	▶ Bereitstellung einer Plattform, auf der Produkt- und Unternehmensinformationen homogen bereitgestellt werden, sowie Services für die Anbahnung und Abwicklung von Transaktionen ▶ Definierte Schnittstellen und Prozesse für Communities ▶ Zentrale Verwaltungs- und Informationsservices (Informationsportal, Clearing) ▶ Verschiedenste Zugangs- und Kommunikationsschnittstellen
Aktueller Stand	Marktkonsolidierung mit Zusammenschlüssen sowie einem besser auf Teilnehmer zugeschnittenen Informations- und Serviceangebot. Probleme, die kritische Masse zu erreichen bzw. autonome Marktplätze in virtuellen »Megaplattformen« zusammenzufassen. Aufgrund mangelnder Standardplattformen und der bedingten Eignung von E-Business-Anwendungen ist der Anpassungsaufwand sehr hoch.
Zukünftige Entwicklung	Der Trend, Marktplätze elektronisch zu *virtuellen* Marktplätzen zusammenzuschließen bzw. als *Private Trade Exchanges* zu etablieren, steigert die Professionalität der Services und forciert die für Unternehmen interessante Erreichung der kritischen Masse. Komplexe Services, wie Verfügbarkeitskontrolle, Offenlegung sensibler Kapazitäts- und Lagerdaten oder die integrierte Interaktion zwischen Unternehmen und Marktplatz liegen für viele der Anwender nicht nur technologisch außerhalb des Vorstellbaren. Dennoch bieten insbesondere die Procurement-Ansätze erhebliche und schnell realisierbare Potenziale.

Tabelle 4.13 Marktplatz-/Exchange-Profil (Forts.)

4.2.5 Communities und Branchennetze

Nicht unähnlich zu Marktplätzen bieten Branchennetze eine Plattform zur Anbahnung und Abwicklung von Geschäftstransaktionen. Diese ist jedoch viel stärker auf die Bedürfnisse und Besonderheiten der Teilnehmer ausgerichtet. In der Regel sind die Teilnehmer bekannt und in ihrer Anzahl begrenzt. Infrastrukturelle Mängel des öffentlichen Internets – wie unzureichende Bandbreiten, Sicherheit oder Zuverlässigkeit (QoS) – werden durch ein mit besonderen Leistungsmerkmalen versehenes »privates Internet«, häufig als *Extranet* oder VPN (*Virtual Privat Network*) bezeichnet, ausgeglichen.

Diese auf Internettechnologien basierenden *Extranets* definieren sich nicht nur durch eine leistungsfähigere bzw. sicherere Infrastruktur, sondern häufig ebenso durch speziell auf die Teilnehmer bzw. Branche ausgerichtete Services in Form der Informationsbereitstellung, der Zugangsverfahren zu lokalen bzw. zentralen Anwendungssystemen sowie den Integrations- und Koordinationsservices.

Die Bandbreite der technischen Lösungsvarianten reichen vom Einsatz verschlüsselter Datenkanäle (z. B. IPsec) über das öffentliche Internet bis hin zu dedizierten Netzen.

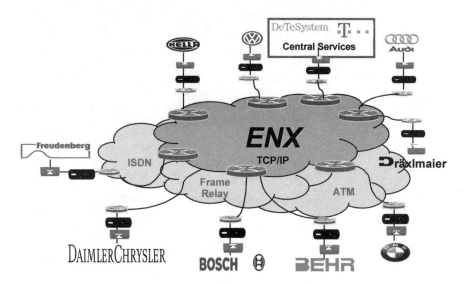

Abbildung 4.24 Branchen-Extranet der Automobilindustrie: European Network Exchange

Branchennetz ENX

Die Automobilindustrie zeigt mit dem Branchennetzwerk ENX (European Network Exchange), wie sich auf der Basis von Extranet-Communities Sicherheits- und Qualitätsmängel des Internets lösen lassen.

Mitte der Neunzigerjahre wurde in den USA von der Automotive Industry Action Group (AIAG) das Branchennetzwerk ANX (Automotive Network Exchange) pilotiert. Technik, Standards und organisatorische Regelungen sind auf die US-Automobilindustrie angepasst, sodass nur wenig Raum für eine europäische Beteiligung (z. B. exportbeschränkte Sicherheitstechnologie, Austauschformate) blieb.

Im November 1997 wurde im Auftrag des VDA der Startschuss für das Automotive Network (ANet) gegeben, das nach Beendigung der Pilotphase im Frühsommer dieses Jahres unter der Bezeichnung *European Network Exchange* (ENX) im Einsatz ist. Beteiligt sind die Firmen AUDI, BEHR AUTOMOTIVE, BMW, BOSCH, DAIMLERCHRYSLER, DRÄXLMAIER, FORD, FREUDENBERG, HELLA, OPEL, SIEMENS AUTOMOBILTECHNIK, VOLVO und VW.

Ziel ist die Informationstransparenz in der Supply Chain auf der Basis eines Branchen-Extranets für Automobilhersteller und Zulieferer. Aktuelle Daten über Wareneingang, Materialbedarf, Lagerbestände, Liefer- und Produktionsstatus müssen Kooperationspartnern einfach und sicher bereitgestellt werden sowie von diesen abfragbar sein (siehe Tabelle 4.14).

Kategorien	Qualitätsanforderungen
Leistungsfähigkeit	Zugesicherte garantierte Antwortzeiten, Mindestdurchsatz und begrenzte Fehlerraten
Verfügbarkeit	Access-Verfügbarkeit von 99,0%
Sicherheit	Realisierung geschlossener Benutzergruppen im VPN und Einsatz von IPSec (IETF 1825-1829)
Management und Betrieb	Management und Betrieb durch ein zentrales Network Operation Center überwacht; garantierte Qualitätsanforderungen

Tabelle 4.14 Qualitätsanforderungen

Anwendungen und Prozesse im ENX

Bislang überwiegen die großen ENX-Nutzer der Branche mit den klassischen Kommunikationsanwendungen wie Application Sharing, CAD-Datenaustausch, EDI und Terminal-Zugriff auf Host-Systeme. Neue Wege werden mit Einzellösungen wie WebEDI für die Einbindung kleiner und mittelständischer Zulieferer in SCM-Strategien, Onlinezugriff auf Schriftgutarchive, technische Regeln und Konstruktionsverwaltung beschritten. Für die Weiterentwicklung von Kooperationsbeziehungen ist jedoch die Schaffung von technischen und organisatorischen Standards erforderlich. Gerade in Communities lässt sich dies in Form von zentralen Branchen-Services oder als Spezifikation für Informations- und Prozessschnittstellen »einfach« realisieren.

Folgende Extranet-Services werden bereitgestellt:

- Konstruktions- und Geschäftsdatenaustausch (EDI über OFTP-TCP/IP)
- CA-Conferencing (Application Sharing)
- Visualisierung von CAD-Daten im Browser (CATweb)
- EDI-Anbindung von KMUs via WebEDI
- Austausch von Lieferschein- und Transportdaten (Webzugriff auf ERP-Systeme des Partners)
- Unterstützung der Abrechnung von Lieferungen und Leistungen

Die bisherigen Erfahrungen sind vielschichtig. Nach einer Testphase von fünf Jahren zeichnet sich beim amerikanischen Pendant ab, dass das Interoperabilitätsproblem zwischen den VPN-Hardwarekomponenten unlösbar ist. Die Gründer des ANX schwenken daher von einer Multi- auf eine Ein-Hersteller-Strategie um.

Beim ENX erwiesen sich die hohen technischen Anbindungskosten an das besonders gesicherte Extranet als K.o.-Kriterium für viele kleinere Teilnehmer. Andererseits werden erstaunliche Resultate ausgewiesen. Beispielsweise reduzierte die VOLKSWAGEN AG in Einzelfällen die Entwicklungszeiten um 33% und die Kosten um 17%.

Eine Umfrage bei Unternehmen der europäischen Automobilindustrie zeigte, dass Web-EDI bei 14% der Befragten bereits im Einsatz ist. Weitere 43% wollen es künftig verwenden. Den zweitgrößten Zuwachs lässt die Nutzung von ENX/ANX erwarten: 40% der Befragten haben diesbezüglich Pläne, zusätzlich zu den 9,8%, die ihre Daten heute schon über diese Netze austauschen. Andere *Virtual Private Networks* (VPNs) sind weiter verbreitet: 16,3% der Unternehmen machen bisher Gebrauch davon, 32% wollen es künftig tun. XML dient derzeit in 13,4% der Unternehmen als Format für den Informationsaustausch; weitere 38,9% beabsichtigen, diesem Beispiel zu folgen (siehe Tabelle 4.15).

Kriterium	Ausprägung
Problemstellung	Einsatz der Internettechnologien für individualisierte bzw. mit besonderen Leistungsanforderungen versehene Interessengruppen, für die das öffentliche Internet entweder aufgrund der QoS oder durch Bereitstellung spezieller Services ungeeignet ist.
Ursache	Internetprotokolle und Architekturen sind überaltert und mit einem anderen Aufgabenfokus entstanden. Sie können den gesteigerten Leistungsanforderungen moderner E-Business-Anwendungen nicht gerecht werden. Hierzu zählen insbesondere: ▸ QoS mit Geschwindigkeit, Zeitverhalten und Sicherheit ▸ Nutzung von modernen Internetprotokollen (z.B. IP v.6 mit Sicherheitsverfahren, Bandbreitenreservierung, Realtime-Interaktion), die noch nicht flächendeckend genutzt werden
Lösungsansatz	Aufbau und Betrieb geschlossener, internetbasierter Netze, die mit moderneren, leistungsfähigeren und/oder erweiterten technologischen Funktionen sowie Netzmanagement versehen sind. Bereitstellung auf Business-Szenarios angepasste/erweiterte, höhere Netz- und Anwendungs-Services.
Aktueller Stand	Extranets sind vielfach auf Konzern-, Branchen- und Community-Ebene etabliert. Hierbei kommen unterschiedliche technisch-organisatorische Realisierungskonzepte (z.B. eigenständige Netzinfrastruktur, klassisches Internet) zum Einsatz.

Tabelle 4.15 Branchennetze/Communities-Profil

Kriterium	Ausprägung
Zukünftige Entwicklung	Die Modernisierung des Internets, sowohl was die physikalische Infrastruktur als auch die Protokolllandschaft betrifft, setzt sich weiter fort. Es sind auch weiterhin signifikante Leistungsverbesserungen und Steigerungen des QoS (z. B. Bandbreitenreservierung, IPsec) im öffentlichen Internet zu erwarten. Unabhängig davon werden insbesondere in sensiblen oder kritischen Bereichen »private« Extranets zunehmend zum Einsatz kommen und Festverbindungen ablösen.

Tabelle 4.15 Branchennetze/Communities-Profil (Forts.)

4.2.6 Integrierte SCM-Ketten

Während bei Exchanges der Fokus auf der Bereitstellung einer offenen, bilateralen Handelsplattform und bei Branchennetzen auf dem Aspekt der branchenoptimierten Infrastruktur mit (bilateralen) Informations- und Abwicklungsservices liegt, steht bei integrierten SCM-Ketten der vielstufige Wertschöpfungsprozess im Zentrum. Gegenüber den vorgenannten Ansätzen erfolgt somit keine Beschränkung auf bilaterale Prozesse und Informationsströme, sondern es werden noch weitere vor- bzw. nachgelagerte Wertschöpfungsstufen einbezogen. Betrachtet werden sowohl Funktionen und Informationen zur Planung (*Supply Chain Planning*) als auch zur Abwicklung (*Supply Chain Execution*).

Die Notwendigkeit ergibt sich u. a. aus dem »Peitschen-Effekt«: Er beschreibt das Phänomen, dass sich Nachfrageänderungen unverhältnismäßig stark aufschaukeln, wenn diese von Unternehmen an ihre Lieferanten und von diesen an deren Lieferanten weitergegeben werden. Produktionsplanung und Transportsteuerung werden zu einem guten Teil ad absurdum geführt. Lieferanten reagieren mit hohen Sicherheitslagern und Kunden sehen sich mit Absatz- und Produktionsausfällen aufgrund der Nichtverfügbarkeit von Produkten konfrontiert.

Ziel ist es nun, zum einen Bedarfe schnell und effektiv nicht nur den direkten Lieferanten, sondern frühzeitig auch deren Lieferanten mittels Absatzprognosen, Lagerbestandsmeldungen usw. zugänglich zu machen und im Gegenzug Informationen über Verfügbarkeit, Lieferstatus, Auslastung usw. bereitzustellen.

Soweit die Theorie. Der Anspruch und die (Integrations-)Komplexität bei SCM-Aufgabenstellungen sind deutlich höher als bei den anderen, vorgenannten B2Bi-Verfahren, auch wenn die Übergänge – insbesondere zu Branchennetzen – fließend sind. Bei dem bereits im letzten Abschnitt erwähnten SupplyOn-Marktplatz steht die Offenlegung von freien Kapazitäten ebenso wenig zur Debatte wie Prognosen und Planungen einzelner Projekte entlang der Supply Chain. SCM, bei dem über mehrere Stufen »durchgeplant« und ereignisgesteuert Plananpassungen erfolgen, gilt zwar bei den Beteiligten als wünschenswert, jedoch als nicht realisierbar. Neben den psychologischen und technologischen Hemmnissen zeigt sich ein erheblicher Bedarf an bewusstseinsschaffenden Maßnahmen sowie Change Management zur »Eintaktung« von Organisationen in einen mehrgliedrigen Prozess.

Die Diskussion, wie sich SCs organisieren lassen, ob unternehmenszentristisch oder als SCM-Hub, ist noch voll im Gange (siehe Abschnitt 2.1). Gleiches gilt für die Frage, welche Prozesse und Business-Szenarios mit welcher Integrationsintensität und Datenqualität sowohl technologisch als auch psychologisch sinnvoll sind (siehe Tabelle 4.16).

Kriterium	Ausprägung
Problemstellung	Verbesserung der Planungssicherheit sowie Optimierung von Produktions- und Logistikprozessen bei Absenkung von Puffer- und Lagerbeständen
Ursache	Unzureichendes Wissen über Bedarfsänderungen sowie Produktions-, Logistik- und Bedarfsstrukturen innerhalb der Wertschöpfungskette, wodurch die Planungssicherheit sinkt und Sicherheitsbestände steigen
Lösungsansatz	▶ Frühzeitiger Austausch bzw. Bereitstellung von Informationen sowie deren Nutzung in SCM-Planungssystemen über möglichst alle Kettenglieder hinweg ▶ Einsatz neuer Nachbevorratungs-, Logistik- und Kooperationsverfahren (z.B. *Vendor Managed Inventory*, *Capable-to-Promise*) ▶ Einsatz von Marktplätzen als zentrales Koordinationsinstrument
Aktueller Stand	▶ Verbesserung des gegenseitigen Informationsstandes durch eine unternehmenszentristisch organisierte Intensivierung des Informationsaustauschs via EDI, Webzugriff auf Daten von Partnerunternehmen (z.B. Prognose-, Lagerbestandsdaten) oder spezielle Client-Systeme ▶ Viele SCM-Projekte scheitern, da die erforderlichen Informationen weder im Umfang noch in der erforderlichen Qualität zwischen den Beteiligten ausgetauscht werden können (mangelnde Verfügbarkeit in den ERP-Systemen, Komplexität der Kommunikations- und Interaktionskanäle).
Zukünftige Entwicklung	▶ Reduktion der Komplexität von SCM-Szenarios und Absenkung der technischen sowie organisatorischen Anforderungen bei teilnehmenden Unternehmen ▶ Verbesserung der Informationsbereitstellung in ERP- und SCM-Systemen sowie deren Interoperabilität ▶ Entwicklung von Schnittstellen-, Datenformat- und Kommunikationsstandards, die eine schnelle und flexible Integration der Unternehmen erlauben

Tabelle 4.16 Profil integrierter SCMs

5 Standards – Klebstoff für die Supply Chain

»Nahtlos« soll die Integration sein, sowohl innerhalb der Anwendungslandschaft im Unternehmen als auch bei der Zusammenarbeit zwischen Unternehmen. Je höher der Anspruch an den Integrationsgrad und/oder die wirtschaftliche Effizienz, desto weniger Zeit bleibt, unterschiedliche Anwendungs- und Datenstrukturen sowie Prozessausprägungen nach langwierigen Abstimmungsprozessen über komplexe Integrationsplattformen zu verbinden.

Mit Collaborative SCM ist nahezu der Worst Case eingetreten. Für die Supply-Chain-Transparenz sowie die aktive Planung und Abwicklung im Rahmen von SCM muss nicht nur innerbetrieblich, sondern insbesondere auch zwischenbetrieblich – unabhängig von der Unternehmensgröße und Infrastruktur – schnell auf Informationen und Business-Logik zugegriffen werden – und das losgelöst von gelebten Organisations- und Prozessstrukturen. Hinzu kommt die Frage, wie sich Produkte, Dienstleistungen, aber auch Sachverhalte (beispielsweise Adressen sowie Liefer- und Preiskonditionen) eindeutig und damit maschinell auswertbar darstellen lassen. Da eine Homogenisierung von SCM- und ERP-Systemen unterschiedlicher Anbieter ebenso problematisch ist wie die Vereinheitlichung der unternehmensindividuellen Organisation und der Prozessstrukturen, bleiben nur Standards und zunehmend leistungsfähigere Integrationsplattformen als Bindeglied.

Neben den Übertragungsprotokollen wie SMTP für Internet-Mail oder HTTP für den Datentransfer existieren Standards für die Strukturierung und Darstellung von Informationen (z. B. HL7, EDIFACT, RosettaNet, XSL, XHTML).

Insbesondere Erstere erweisen sich als zu generisch und aufwändig bei der Realisierung internetbasierter Business-Szenarios. Dies führt zur Entwicklung höherer, problembezogener Standards zur Bereitstellung von Informations- und Web Services (z. B. WDSL, SOAP), unterstützender Services (z. B. UDDI) sowie Prozessvorgaben der Interaktion (RosettaNet, ebXML) usw.

Die Vielzahl der in den letzten Jahren entwickelten Technologien, Standards und Empfehlungen stellt eine bemerkenswerte Leistung dar. Nicht zu unterschätzen sind die Risiken in folgenden Bereichen:

- ▶ Mangelnde Stabilität
- ▶ Konkurrierende Parallelentwicklungen
- ▶ Praxistauglichkeit
- ▶ Marktverbreitung
- ▶ Fehlende Schnittstellen zu SCM-/ERP-Systemen

So hat EDIFACT als international etablierter Datenformatstandard (korrekter wäre Norm) annähernd 20 Jahre benötigt, bis sich die Beteiligten geeinigt hatten, bis der erforderliche Umfang, die Marktreife und die Verbreitung in der Wirtschaft erreicht war sowie ausgereifte ERP-Schnittstellen und EDI-Systeme verfügbar waren. Mit Sicherheit kein nachahmenswertes Beispiel, jedoch ein Indiz dafür, dass vieles noch in den Kinderschuhen steckt.

Unter der Bezeichnung »Standards« firmieren starr definierte Datenstrukturen, aber auch Frameworks, d.h. Methoden, mit deren Hilfe Prozesse, Protokolle sowie Austauschformate nach formalen Regeln erfasst und spezifiziert werden können (z.B. XMLEDI, ebXML, UDDI).

In den seltensten Fällen wird hierbei begrifflich zwischen *Norm* und *Standard* unterschieden: Während Normen, von »offiziellen« nationalen und/oder internationalen Gremien verabschiedet werden, fällt unter Standard alles, was sich einer gewissen Verbreitung im Unternehmen, in Branchen oder der Wirtschaft (so genannte *Industriestandards*) erfreut. EDIFACT beispielsweise ist eine internationale Norm, das PDF-Format der Firma ADOBE ist, trotz seiner enormen Verbreitung, lediglich ein Standard. Da die begriffliche Differenzierung weder im Alltag Verwendung findet noch einen Mehrwert für den Leser bietet, wird nachfolgend auf eine Unterscheidung verzichtet. Im Folgenden werden einige der wichtigsten *Internetstandards* dargestellt und eingeordnet (siehe Tabelle 5.1).

Für viele sind die Diskussionen um Produktidentifikations- bzw. Klassifikationssysteme sowie das Management kompletter Kataloge wenig nachvollziehbar. Hintergrund ist, dass die Pflege – insbesondere von Multi-Lieferantenkatalogen – bei Marktplätzen oder Procurement-Aktivitäten einzelner Unternehmen sich derart aufwändig gestaltet, dass sie das Gros der Implementierungs- bzw. Betriebskosten verursachen. Im SCM-Umfeld kommt erschwerend die Notwendigkeit hinzu, realtime auf Produkt- und Katalogdaten zugreifen und diese automatisiert verarbeiten zu können. Aus diesem Grund werden im Folgenden auch Katalogstandards (z.B. BMEcat, cXML) sowie Produktklassifikationssysteme (eClass, ETIM) kurz dargestellt.

Name	Langform	Art des Standards	Ziel	Links
EDIFACT/ ANSI X12	Electronic Data Interchange for Administration, Commerce and Transport American National Standards Institute	Application Service	Strukturierte, semantische Beschreibung von Geschäftsinformationen in einem Datenaustauschformat	www.unece.org www.ansi.org
RosettaNet	Anlehnung an den »Rosetta-Stein«, der einen Text in drei unterschiedlichen Sprachen darstellt	Industry-specific Application Service	Nicht-proprietäre Data Dictionaries, Implementation Frameworks, XML-Geschäftsnachrichten und E-Business-Prozessspezifikationen	www.rosettanet.org
ebXML	Electronic Business XML	Framework	Standardisierte, elektronische Geschäftsnachrichten und -prozesse, basierend auf XML und Internettechnologien Methodik zur strukturierten Analyse und Definition derselben	www.ebxml.org
UDDI	Universal Description, Discovery and Integration	Service Publication and Discovery	Weltweite Informationsservices, durch die Unternehmen Daten über sich, ihr Leistungsangebot sowie Kontakt-, Schnittstellen- und Geschäftsbedingungen publizieren können	www.uddi.org
SOAP	Simple Object Access Protocol	Service Invocation	Envelope-Formate für den Datenaustausch	www.w3c.org
WSDL	Web Service Description Language	Service Invocation	Schnittstellenbeschreibung für Web Services (Nachrichtenstromformate, Funktionsaufrufe)	www.w3.org/TR/wsdl

Tabelle 5.1 Gegenüberstellung von Standards und Frameworks

5.1 Internet Services

Internet Services bilden die Grundlage problembezogener E-Business-Architekturen, stellen jedoch selbst keine Lösung dar. Sie orientieren sich an bestehenden Defiziten generischer Technologien wie TCP/IP oder HTTP und erweitern diese zu einer technologisch homogenen, integrierten Informations- und Transaktionsplattform.

Paradebeispiele sind WDSL, SOAP und UDDI, die die Grundpfeiler der businessorientierten Web Services und einer neuen Generation integrierter Kollaborationsbeziehungen bilden:

▶ **UDDI**
Als standardisiertes Nachschlagewerk für Partner, ihre Angebotspalette und Interaktionsmöglichkeiten

▶ **SOAP**
Ein für Business- und Interaktionsanforderungen erweitertes Kommunikationsprotokoll zwischen Systemen

▶ **WSDL**
Zur Spezifikation der bereitgestellten Zugangsschnittstellen und Interaktionsservices

5.1.1 WSDL – Web Service Definition Language

Träger	W3C
Kategorie	Standardisierte Sprache zur Definition von Web Service-Schnittstellen, d.h. Formate und Funktionsaufrufe, auf die mittels SOAP oder HTTP zugegriffen werden kann.
Ziel	Das XML-basierte WSDL beschreibt das Format von Funktionen, Methoden und Parametern sowie Interaktionsszenarios, um die durch Web Services bereitgestellte Funktionalität zu nutzen.

WSDL ist eine einfache XML-Grammatik zur Beschreibung eines Web Services. Folgende Bereiche werden hierbei festgelegt:

▶ Definition der notwendigen Parameter

▶ Bestimmung der Nachrichten, die ausgetauscht werden

▶ Definition, wie sie ausgetauscht werden

▶ Angabe, wo der Web Service zu erreichen ist

▶ Bestimmung des Kommunikationsprotokolls

WDSL präsentiert sich in einer abstrakten Architektur (siehe Abbildung 5.1) und stellt eine Methodik zur Beschreibung von Schnittstellen, d.h. den Zugang zu einer als Black Box konzipierten Business-Logik (z.B. E-Business-Funktion) dar. Diese Schnittstellen werden von anderen Anwendungen asynchron durch Nachrichten oder synchron per Aufruf umsetzbar. Hinzu kommt die Beschreibung der bereitgestellten Funktionalitäten und Nachrichten- bzw. Aufrufformate, die einem konkreten Kommunikationsprotokoll – zurzeit SOAP oder HTTP – zugeordnet werden. Durch die Modularisierbarkeit der Funktionen und Schnittstellen können diese analog zu einem Lego-System dynamisch zu komplexen »Anwendungen«, den Web Services, zusammengebaut werden.

Zukünftig sollen sich E-Business-Anwendungen dynamisch zur Laufzeit die erforderlichen Dienste im Internet suchen und automatisiert in das eigene Business-Szenario einbauen können. Zurzeit fehlen hierzu jedoch noch die Standards sowie Anwendungsszenarios und Business-Modelle.

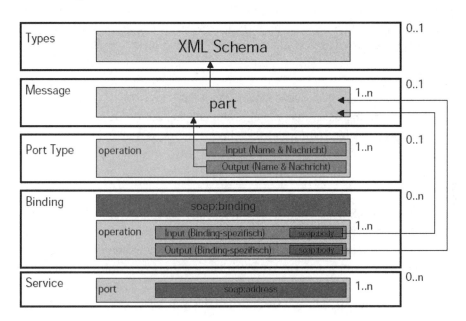

Abbildung 5.1 Aufbau eines WSDL-Dokumentes zur Spezifikation von Web Services (*www.w3.org/TR/wsdl*)

Ein WDSL-Dokument definiert *Web Services* als Sammlung von Schnittstellenspezifikationen, den so genannten Endpunkten (*Ports*), die den Zugang zu einzelnen Web Service-Funktionen beschreiben. Hierbei ist die abstrakte Definition der Ports und Nachrichten gänzlich losgelöst von ihrer softwaretechnischen Umsetzung, was eine hohe Wiederverwendbarkeit erlaubt. *Messages* sind abstrakte Beschreibungen der auszutauschenden Daten und *Port Types* die abstrakte Kombination verschiedener zu einem Web Service zusammengestellter Funktionen (*Operations*). Eine konkrete Ausprägung wird als *Binding* bezeichnet und besteht aus einem Kommunikationsprotokoll sowie einem Datenformat. Ein *Port* ist durch eine Netzadresse und ein Binding definiert. Eine Sammlung von Ports ergibt einen Web Service.

Auch wenn diese Logik auf den ersten Blick verwirrend erscheint, ist sie Grundlage für die Strukturierung der Aufgabenstellung und damit auch der Standardisierung.

WSDL (Web Services Description Language) erlaubt nur eine mangelhafte Beschreibung der Prozessabläufe, d.h. wie sich das (zwischenbetriebliche) Interaktionsszenario zwischen den kommunizierenden Anwendungen gestaltet. Aber auch hierzu existieren bereits mehrere Initiativen. So hat beispielsweise Sun in Zusammenarbeit mit SAP, BEA und Intalio das WSCI (Web Service Choreography Interface) verabschiedet. Aus einem Gemeinschaftsprojekt von IBM, Microsoft und BEA geht BPEL4WS (Business Process Execution Language for Web Services) hervor und von ebXML gibt es BPSS (Business Process Specification Schema). Auf Initiative von Oracle soll das W3C (World Wide Web Consortium) eine industrieweite Arbeitsgruppe benennen, die eine einheitliche, auf WSDL basierende *Choreography Language* für B2B-(Business-to-Business-)Transaktionen in Web Services spezifizieren.

Wertung

WSDL ist ein junger Standard, der sich aufgrund offener Bekenntnisse seitens der Anwender und Anbieter zu diesen Standards durchgesetzt zu haben scheint. Symptomatisch sind die funktionale Dynamik sowie fehlende Erfahrungen und wenig ausgereifte Produkte bzw. Business-Modelle. Er gilt als wesentlicher Bestandteil der Web-Service-Architektur. Schnittstellen zu bestehenden Applikationen sowie Anwendungsszenarios befinden sich noch in der Entwicklung.

Versuche, auch Business-Szenarios zu modellieren und zu standardisieren, stehen erst am Anfang. Zum einen ist keineswegs geklärt, wie die E-Business-Szenarios aussehen und zum anderen bestehen verschiedene Interessengemeinschaften, die konkurrierende Standards propagieren.

5.1.2 UDDI – Universal Description, Discovery and Integration

Träger	OASIS (Organization for the Advancement of Structured Information Standards)
Kategorie	Framework für den Aufbau eines Auskunftssystems mit unmittelbarem betriebswirtschaftlichen Bezug
Ziel	Bereitstellung eines weltweiten und frei zugänglichen Informationsservices, wo Unternehmen Daten über sich, ihr Leistungsangebot sowie Kontakt-, Schnittstellen- und Geschäftsbedingungen publizieren können.

UDDI steht für *Universal Description, Discovery and Integration*. Dieser Service für Unternehmen ähnelt einem Branchenbuch, in das sich Interessenten selbstständig über das Web oder integriert eintragen können. Neben der strukturinternen Bereitstellung von Informationen wie Kontaktinfos, Leistungen, Schnittstellen und Geschäftskonditionen sind Unternehmen gefordert, sich und auch ihr Leistungsangebot für eine effektive Suche zu klassifizieren. Darüber hinaus können Links zu lokalen Servern mit ausführlichen Informationen hinterlegt werden.

Zusammengefasst beinhaltet UDDI:

- Weltweit verteiltes organisiertes Verzeichnis mit verschiedenen Diensten
- Veröffentlichen, Finden und Nutzen von Web Services
- Verwendung von XML Schema-Datentypen
- Service-Schnittstellenbeschreibung mit einem XML-Dialekt (beispielsweise WSDL)

Logisch unterteilt sich UDDI in drei Inhaltsbereiche: die *White*, *Yellow* und *Green Pages* (siehe Abbildung 5.2).

White Pages	Yellow Pages	Green Pages
Business Name	Business-Kategorie	E-Business-Fähigkeiten
Textuelle Beschreibungen	Einteilung in Kategorien	• Verbundenes Modell
• Liste von mehrsprachigen Texten	• Industriezweig: NAICS	- Business-Dienste (funktional)
Kontaktinformationen	• Produkte/Dienste UNSPSC	- Diensttypen (technisch)
• Ansprechpartner, Adresse, Telefonnummern, Faxnummern, E-Mail, Web-Seiten etc.	• Lokalisierung ISO 3166	- Verbindungsinformationen (Implementation)
Bekannte Identifikationen	Es werden Erweiterungsmechanismen für kundenspezifische Kategorien zur Verfügung gestellt.	• Programmierung/Plattform/Implementierungsdiagnostik
• Liste von bekannten Identifikationsnummern für den Handel, DUNS etc.		• Dienste, die zusätzlich kategorisiert sind

Abbildung 5.2 Inhaltsbereiche des UDDI-Directorys

UDDI stellt somit eine E-Business-Basistechnologie für den Aufbau von Geschäftsbeziehungen dar. Es erfolgt weder eine Branchenfokussierung noch sind Prozess- oder Schnittstellenstandards vorgegeben. Definiert sind beschreibende Klassifikationsschemata und die inhaltliche Struktur, nicht jedoch die ausführlichen Inhalte, auf die nur verlinkt wird (siehe Tabelle 5.2).

Interop Stack	Universal Service Interop Protocols (these layers are not defined yet)
	Universal Description, Discovery Integration (UDDI)
	Simple Object Access Protocol (SOAP)
	Extensible Markup Language (XML)
	Common Internet Protocols (HTTP, TCP/IP)

Tabelle 5.2 Einordnung von UDDI in für E-Business erforderliche Technologien

Das UDDI-Projekt wurde von der Industrie (über 280 Unternehmen) mit dem Ziel initiiert, Geschäftspartner direkt und einfach zu finden und damit schnell eine (elektronisch basierte) Geschäftsbeziehung aufzubauen. Das *UDDI Business Registry* ist ein Repository auf der Grundlage eines XML-Datenmodells und enthält Informationen zu Unternehmen sowie zu Dienstleistungen bzw. Produkten und unterstützt die gezielte Suche nach Anbietern und Nachfragern. Ferner umfasst UDDI auch Informationen/Verweise zu individuellen Rahmenbedingungen für die Integration und Geschäftsabwicklung mit anderen Unternehmen.

Die Spezifikationen beziehen Arbeiten des W3C und der IETF (Internet Engineering Task Force) wie XML, HTTP, DNS-Protokoll und die SOAP-Messaging-Spezifikation mit ein.

Das UDDI Business Registry beinhaltet folgende Informationen:

▶ **Business Entity**
Eine Business Entity enthält Informationen über das Unternehmen, etwa einen eindeutigen Identifier, Unternehmensnamen, kurze Tätigkeitsbeschreibung und grundlegende Kontaktinformationen.

▶ **Business Service**
Gemeinsam mit der Business Entity wird hier eine Liste der vom Unternehmen angebotenen Leistungen mit Identifier bereitgestellt. Ferner sind nähere Beschreibungen sowie Links (URLs) zu weiterführenden Informationen enthalten.

▶ **Specification Pointer**
Liste von *Binding Templates*, die auf weitere technische Informationen oder andere Spezifikationen verweisen.

▶ **Service Types**
Jeder Servicetyp wird in einem Metadatenmodell definiert, dem *tModel*. Unternehmen können so ihre Leistungen für eine effektive Suche strukturiert beschreiben. Enthalten sind der Name der Organisation, Leistungskategorien zur Beschreibung des Angebotes und Pointer zu weiterführenden Informa-

tionen wie Schnittstellenbeschreibungen, Nachrichtenformate sowie Sicherheits- und Kommunikationsprotokolle.

Ein Anwender kann über eine Web- und/oder Integrationsschnittstelle mittels *Industry Taxonomies* oder Klassifikationsschemata nach Unternehmen, speziellen Services oder Servicetypen suchen. UDDI wird immer wieder im Zusammenhang mit anderen Technologien, Initiativen und Standards genannt. Nachfolgend erfolgt eine kurze Abgrenzung (siehe Tabelle 5.3).

Initiative	Abgrenzung zu UDDI
SOAP	Der Zugriff auf den UDDI-Service erfolgt über SOAP.
LDAP	LDAP (Lightweight Directory Access Protocol) und UDDI sind für unterschiedliche Einsatzzwecke entwickelt worden. UDDI beschreibt Unternehmen, deren Leistungsangebot und Leistungsklassifikation.
	LDAP ist eine erweiterbare, nicht auf einen spezifischen Zweck ausgerichtete Technologie für den Aufbau und Zugriff auf Directories. LDAP wird überwiegend für User- und Ressourcen-Management eingesetzt. Generell könnte UDDI basierend auf LDAP-Technologien realisiert werden (muss aber nicht).
ebXML Registry	Unternehmen, die ebXML-Business-Services anbieten, können diese im UDDI Business Repository registrieren lassen, d.h. veröffentlichen. Über *Specification Pointer* kann von UDDI auf die Detaileinträge des ebXML Repository für Geschäfts-, Transaktions- und Technologiebeschreibungen zurückverwiesen werden.
BizTalk Registry	In der BizTalk Registry (Bestandteil der XML-Initiative von Microsoft) können Unternehmen ihre XML-Schemata oder Stylesheets registrieren lassen. Das Registry ist frei zugänglich und soll der Harmonisierung sowie der schnellen Initialisierung elektronischer Geschäftsbeziehungen dienen.
	Auf die BizTalk-(Schnittstellen-)Spezifikationen kann im UDDI-Eintrag direkt mittels Specification Pointer verzweigt werden.
OASIS XML Registry	Analog zur BizTalk Registry können Unternehmen ihre XML-Schemata oder Stylesheets auch in der OASIS-XML-Registry registrieren lassen.
	Auf die OASIS-(Schnittstellen-)Spezifikationen kann im UDDI-Eintrag direkt mittels Specification Pointer verzweigt werden.
RosettaNet	RosettaNet definiert unter der Bezeichnung *Partner Interface Protocols* (PIPs) branchenspezifische Standards für XML-Datenaustauschformate und Interaktionsprozesse für die Supply Chain Integration.
	PIPs sind bereits als Service Type innerhalb von UDDI registriert. Beispielsweise kann ein Unternehmen nach Partnern suchen, die bestimmte PIPs unterstützen.

Tabelle 5.3 Abgrenzung zu anderen Initiativen

Die Gründungsmitglieder des UDDI-Konsortiums, ARIBA, IBM und MICROSOFT, beabsichtigten ursprünglich die Einrichtung eines öffentlichen Verzeichnisses für existierende E-Commerce-Sites. Diese *Universal Business Registry* (UBR) wird häufig noch mit UDDI gleichgesetzt. Als Betreiber für die UBR fungieren IBM, MICROSOFT, NTT COM und SAP. Das Interesse der Unternehmen, sich dort eintragen zu lassen, hält sich jedoch bislang in Grenzen.

Die ersten Generationen von Web Services kommen überwiegend unternehmensintern bzw. zwischen festen Geschäftspartnern in Extranets zum Einsatz. Dies führt dazu, dass mit dem Wandel von UDDI zu einem Bestandteil der Web Service-Infrastruktur zahlreiche Verzeichnisse hinter den Firewalls in Unternehmen entstehen, d.h. von außen nicht ohne weiteres zugänglich sind.

Ab Version 3 der UDDI-Spezifikation wird den zahlreichen privaten, öffentlichen oder halböffentlichen Registrierungen Rechnung getragen. Erstmalig erfolgt die Interaktion zwischen einer Vielzahl von Directories, die bei der Replikation von Einträgen die Beibehaltung des eindeutigen Schlüssels erlaubt. Bisher war dies explizit ausgeschlossen. Für die Erzeugung solcher IDs sieht die Spezifikation ein Schema auf der Basis von DNS-(Domain-Name-Systems-)Namen vor. Die Universal Business Registry soll dabei die Funktion eines Master-Verzeichnisses übernehmen, ähnlich dem von VERISIGN betriebenen Hauptknoten des Domain Name Systems. Damit nicht manipulierte Informationen die Konsumenten von Web Services in die Irre führen, sieht UDDI V.3 die Nutzung von digitalen Signaturen vor. Die Spezifikation greift zu diesem Zweck auf *XML Signature* zurück, das Anfang 2002 als W3C-Empfehlung verabschiedet wurde.

Wertung

Der Erfolg des UDDI Business Repositorys ist wesentlich von seiner weltweiten oder zumindest branchenweiten Akzeptanz, d.h. der kritischen Masse der Einträge, abhängig. Gefährdet wird dies durch Repositories anderer Initiativen, die häufig auf einzelne Bereiche der Wirtschaft fokussiert sind und neben dem Repository weitere Services und/oder detaillierte (Branchen-)Informationen bereitstellen.

Durch die in Version 3 unterstützte, verteilte Architektur sowie die Signatur von Einträgen steigt das Vertrauen der Unternehmen in den Service und die Chance, die kritische Masse zu erreichen. Die Vergangenheit hat gezeigt, dass es öffentliche Verzeichnisse schwer haben, sich durchzusetzen. Damit ist das Schicksal von UDDI sehr eng mit dem Erfolg der Web Services verknüpft.

5.1.3 SOAP – Simple Object Access Protocol

Träger	W3C
Kategorie	XML-basiertes und Message-orientiertes »höheres« Kommunikationsprotokoll, das auf Anforderungen abgestimmt ist, wie sie von Web Services gestellt werden. Das Protokoll besitzt keinen betriebswirtschaftlichen Bezug und verwendet als Transportmedium primär HTTP.
Ziel	Bereitstellung eines Envelope-Formats für den effektiven Datenaustausch, basierend auf Internettechnologien; kann sowohl inter- als auch intraorganisational genutzt werden.

SOAP ist ein Protokoll zur Kommunikation von verteilten Anwendungen über das Internet und stellt einen einfachen und »schlanken« Mechanismus für den Austausch von strukturierten und typisierten Daten zwischen Rechnern bzw. Web Services in einer dezentralen Umgebung dar.

SOAP verfügt über folgende Charakteristika:

- Auf Request/Response (ähnlich Remote Procedure Calls) Messaging basierend
- Sprachenunabhängigkeit und Entkopplung der Schnittstelle von der Implementierung
- Ähnlichkeit mit dem Konzept der Remote Procedure Calls
- Bindung an Internet-Protokolle wie HTTP, SMTP und FTP
- Kodierung von Parametern mittels XML
- Trennung zwischen Nutzinformationen und Metadaten
- Synchrone »Objekt«-Aufrufe, eventuell auch asynchrone Interaktionen möglich

SOAP ist unabhängig von der verwendeten Programmiersprache, dem Objektmodell und dem jeweiligen Betriebssystem. Grundlage bildet XML für die Strukturierung der Datencontainer und für den eigentlichen Transferprozess. SOAP stellt kein Geschäftsdatenformat mit Semantik wie beispielsweise EDIFACT dar, sondern einen auf Internettechnologien optimierten »Briefumschlag« (Servicedatenrahmen), der es erlaubt, den Kommunikationsprozess effektiver und intelligenter zu gestalten. Ebenso wenig wird Business-Logik (etwa Programmmodelle oder eine Semantik) bereitgestellt.

SOAP umfasst ein modulares *Packaging-Modell* und einen *Encoding Mechanismus*. Obwohl grundsätzlich Ähnlichkeiten zu RPC-(Remote-Procedure-Call)-Frameworks wie CORBA und DCOM (Distributed Component Object Model) bestehen, hebt sich SOAP in der Zielsetzung und der zwischenbetrieblichen Nutzbarkeit deutlich ab.

SOAP setzt sich aus folgenden Teilbereichen zusammen:

- **SOAP Envelope**
  Umfassendes Framework für die Darstellung, *was* in einer Nachricht enthalten ist, *wer* mit diesen Daten arbeiten soll, und ob die Inhalte *optional* oder *mandatory* sind.
- **SOAP Encoding Rules**
  Vorgaben für die Abbildung von Datentypen und -strukturen, basierend auf XML
- **SOAP-RPC Representation**
  Vorgabe zur Darstellung von RPC-Aufrufen und -Responses

Das Prinzip von SOAP ist einfach: Es erweitert das HTTP-Kommunikationsprotokoll – genauer den Header – um SOAP-spezifische Einträge wie beispielsweise Content-Typ und hängt an diesen die XML-Nachricht an. Der Content-Typ »text/xml« zeigt beispielsweise Integrationsservern, Webservern und Firewalls, dass es sich um eine XML-Nachricht handelt. Je nach Content-Typ lassen sich die SOAP-Nachrichten gezielt an Anwendungen weiterleiten (Routing), blockieren oder Verarbeitungsprozesse anstoßen.

Neben dem Header stellt SOAP einen Umschlag (Envelope) mit Steuerinformationen (z.B. Inhaltstyp, Verarbeitungshinweis) bereit, der die eigentlichen Daten (Body) umschließt (siehe Abbildung 5.3 und Listing 5.1). Innerhalb des Bodys befindet sich wiederum die Anfrage bzw. Antwort an das empfangende System. Dabei kann es sich um so verschiedene Aufrufe wie eine einfache Wetteranfrage an eine bestimmte Website handeln, die Produktverfügbarkeit an ein SCM-System des Lieferanten oder die Aufforderung an einen Server, ein bestimmtes Programm zu starten. Das empfangende System muss den SOAP-Call verstehen und vor allem die darin enthaltene XML-Nachricht interpretieren. Die SOAP Response enthält die Antwort an das anfragende System.

Durch dieses simple Frage- und Antwortspiel legt sich SOAP auf kein Betriebssystem und keine spezielle Anwendungssoftware fest. Auch schreibt es HTTP als Transportmittel nicht fest, obwohl die Spezifikation stark darauf abhebt. Beim Entwurf wurde bewusst auf komplexe Mechanismen eines verteilten objektorientierten Systems wie beispielsweise bei CORBA oder DCOM verzichtet.

Da die Kommunikation mit SOAP gleichermaßen innerhalb wie außerhalb des Unternehmens funktioniert, besitzt SOAP klare Vorteile gegenüber Architekturen wie CORBA oder DCOM. Die Kombination aus SOAP mit WSDL bietet interessante Möglichkeiten für die unternehmensübergreifende Integration von Anwendungen.

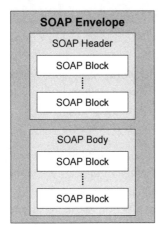

Abbildung 5.3 Schematischer Aufbau einer SOAP-Nachricht

Listing 5.1 Beispiel einer SOAP-Nachricht

```
<env:Envelope xmlns:env="http://www.w3.org/2001/06/soap-envelope">
 <env:Header>
  <n:alertcontrol xmlns:n="http://example.org/alertcontrol">
   <n:priority>1</n:priority>
   <n:expires>2001-06-22T14:00:00-05:00</n:expires>
  </n:alertcontrol>
 </env:Header>
 <env:Body>
  <m:alert xmlns:m="http://example.org/alert">
   <m:msg>Pick up Mary at school at 2pm</M.msg>
  </m:alert>
 </env:Body>
</env:Envelope>
```

Offene Punkte finden sich noch in den Bereichen Sicherheit, Realtime-Interaktionen bei komplexeren Transaktionen. Das W3C trägt dem Aspekt Sicherheit mit Standardisierungen bzw. Working Drafts wie *Encryption Syntax and Processing*, *SOAP Security Extensions*, *Digital Signature* sowie *XML Encryption Requirements* Rechnung. HTTP als zustandsloses Protokoll garantiert nicht für die Auslieferung von SOAP-Nachrichten. Hier bringt IBM HTTPR (Reliable-HTTP) als Ergänzung ins Gespräch. Auch Transaktionen mit mehreren Beteiligten müssen geregelt werden. Ein Vorschlag ist hier XAML (*Transaction Authority Markup Language*). HP wiederum verwendet das *Business Transaction Protocol* (BTP).

Wertung

Einschränkungen bei der Nutzung ergeben sich durch die starke Message-Orientierung des HTTP-Protokolls (verbindungsloses Protokoll): Zwischen den beteiligten Systemen werden isoliert Nachrichten ausgetauscht, wobei nach jeder Nachricht die Verbindung wieder abgebrochen wird. Eine direkte Realtime-Interaktion im Sinne einer Applikationskopplung sowie komplexe Interaktionsszenarios sind nur mit Mühe durch Erweiterungen möglich.

Gleiches gilt für die bislang fehlenden Sicherheitselemente im SOAP-Protokoll wie beispielsweise Verschlüsselung oder Daten- und Prozessintegrität. Dennoch wird SOAP zunehmend von E-Business-Anwendungen unterstützt und besitzt gute Chancen, sich für viele Einsatzbereiche als Kommunikationsstandard durchzusetzen.

5.2 Austauschformate

Austauschformate sind im Gegensatz zu den vorgenannten Internet Services problembezogen, d.h., sie orientieren sich an betriebswirtschaftlichen Problemstellungen wie Bestell- und Zahlungsabwicklung oder auch Produktbeschreibung bzw. -katalogen.

IT-Systeme sind schnell, jedoch ausgesprochen »dumm«: Im Gegensatz zum Menschen sind sie nicht in der Lage, Sachverhalte in einem Gesamtkontext dynamisch zu interpretieren. Während ein Postbote selbst dann Sendungen zustellt, wenn die Adresse unvollständig, mit Rechtschreibfehlern oder in einer unüblichen Anordnung und Positionierung vorliegt oder Sachbearbeiter Bestellungen selbst dann bearbeiten, wenn sie in kuriosen Formen als handschriftliche Notizen oder Formulare unterschiedlichst gestaltet erscheinen, reagieren Anwendungen selbst auf minimale Abweichungen sensibel. Die Daten müssen nach genau definierten Regeln strukturiert sein (Syntax), damit jedes Datenelement seinem Sinn entsprechend (Semantik) korrekt verarbeitet werden kann.

Aus diesem Grund gilt der Mensch noch immer als die flexibelste Schnittstelle zu und zwischen Anwendungssystemen, die sich bei nüchterner Betrachtung noch immer großer Beliebtheit erfreut. Bereits Mitte der Sechzigerjahre wurden erste Ansätze standardisierter Formate und Schnittstellen diskutiert. Jedoch erst in den Achtziger- und Neunzigerjahren wurde das Thema technologisch handhabbar und damit zumindest für große bzw. transaktionsstarke Unternehmen ökonomisch sinnvoll.

Ohne Standards, die zwischen den Individualschnittstellen und -formaten der Anwendungen und Unternehmen stehen, steigt der Implementations- und Wartungsaufwand mit der Anzahl der zu integrierenden Systeme exponentiell, wobei die (politischen) Feinheiten des Abstimmprozesses noch nicht einbezogen sind.

Datenformatstandards sind somit in Zeiten zunehmender Integrationsanforderungen durch kollaboratives SCM oder E-Business ein leidiges, aber heißes Thema. Und XML ist nicht die Lösung – so viel vorab.

5.2.1 XML-Allerlei

Initiator	W3C
Kategorie	»Werkzeugkasten«, bestehend aus verschiedenen Technologien für die flexible Definition von Schnittstellen und Datenformaten sowie deren Manipulation auf der Basis einer Auszeichnungssprache
Ziel	Bereitstellung von standardisierten Methodiken, um beliebige technologische oder betriebswirtschaftliche Aufgabenstellungen, Schnittstellen- und Formatbeschreibungen sowie Manipulationsmechanismen zu definieren bzw. einfach auch ineinander zu überführen.

Vertraut man den Medien, ist XML die Lösung für nahezu alle Probleme im E-Business, insbesondere in den Bereichen Marktplatz, SCM, Daten-, Katalog- und Content-Management sowie Schnittstellen, EAI und B2Bi. Der Nimbus der »eierlegenden Wollmilchsau« bzw. der »Silver Bullet« darf nicht völlig in Abrede gestellt werden, jedoch sollten alle Parteien über die gleichen Sachverhalte sprechen (siehe Abbildung 5.4).

XML, die eierlegende Wollmilchsau?

Nicht wirklich!
XML ist aber ein auf Markups basierendes universelles Datenbeschreibungsformat und kann für alle Arten von Anwendungen eingesetzt werden.

Abbildung 5.4 Mythos XML

Als »Unfug«, wenn nicht sogar gefährlich, sind beispielsweise folgende Aussagen zu werten:

- »Ist ein SCM-, ERP- oder sonstiges Anwendungssystem XML-fähig, bestehen keine Integrationsprobleme.«
- »Daten im XML-Format sind von Mensch und Maschine unmittelbar les- und interpretierbar.«
- »XML-Daten, egal ob in Datenbanken oder als Datei, lassen sich wesentlich effizienter speichern, verwalten, verarbeiten bzw. über das Internet austauschen als bei klassischen Verfahren.«
- »Mit XML haben klassische Schnittstellen- und Geschäftsdatenformate ausgedient.«
- »Durch XML sind klassische Integrations- und E-Business-Architekturen schlagartig veraltet und müssen abgelöst werden.«

Die seit Anfang 1998 standardisierte *Extensible Markup Language* (XML) ist fraglos nicht nur eine der Schlüsseltechnologien im Wandel vom bunten World Wide Web zur E-Business-Plattform, sondern eröffnet auch wesentlich größere Handlungsspielräume bei der Gestaltung inner- und zwischenbetrieblicher Collaboration-Prozesse. XML bietet Anwendern die Möglichkeit, anwendungsabhängig Datenstrukturen (die Syntax) und auch deren inhaltliche Bedeutung (die Semantik) zu definieren und auszutauschen. Erstmals kann man für unterschiedliche Anwendungsgebiete mit einer Methodik und homogenen Tools Daten strukturieren, übertragen, darstellen und (Integrations-)Architekturen aufbauen (siehe Abbildung 5.5). Dazu verwendet XML das Konzept der selbstbeschreibenden Dokumente, die alle erforderlichen Informationen enthalten, um sie in ihrem Anwendungsumfeld zu bearbeiten (z.B. B2Bi, EAI). Ferner erfolgt die strikte Trennung von Inhalt und Darstellung, sodass, ohne den Content zu ändern, unterschiedlichste Ausgabemedien optimal bedient werden können. Obwohl als Standard für eine Vielzahl von Anwendungsfeldern gedacht, wird XML heute vorwiegend als Methode zur Strukturierung von Daten eingesetzt (siehe Tabelle 5.4).

Um XML in der Praxis sinnvoll einsetzen zu können, gibt es mittlerweile eine Vielzahl begleitender »Technologiestandards«, wie XHTML, XML Namespaces, XML Schema, XPointer, XLink, XSLT oder Xpath. Hinzu kommen *Datenformatstandards*, d.h. XML-Dokumententypen für spezifische Anwendungsgebiete, wie BMEcat (Katalogformat), XML/EDI (Datenformat für Geschäftsdokumente) und OFX (Format für den Finanzdatenaustausch).

XML-Dateien sind Textdateien und bei genauerer Betrachtung noch weniger als HTML dafür bestimmt, von Menschen gelesen zu werden. Sie lassen sich mit ergänzenden Technologien wie CSS (Cascading Style Sheets) oder XSL (eXtensible Style Language) elegant für verschiedenste Ausgabemedien grafisch aufbereiten. Das Argument, man könne die Tags für jedes einzelne Datenelement nach Belieben aussagekräftig definieren (z. B. »Lieferdatum«, »Produktbezeichnung«), ist eine Illusion. Zum einen existieren unterschiedliche Sprachräume und Begriffsverständnisse und zum anderen verschlechtert sich das Verhältnis zwischen den Nutz- und Servicedaten so dramatisch, dass die Datenvolumina nicht mehr sinnvoll gehandhabt werden können.

	Horizontal Business Applications		Vertical Business Applications	
XML Business Layers			Consumer Industries	ActiveStore; ECRnet; GCI; RAPID; REDX; UCCnet; VICS
			Discrete Industries	aecXML; AIAG; bcXML; EIDX; RosettaNet; LandXML; MSR; PDX; SMDX; SPEC2000; VDA
	Business Procurement & Collaboration	CWM; eBIS-XML; NAPM; OBI; openTrans; xCBL; XIF; XMI; XTM		
	Customer Relationship Management	ALUReXML; CIML; Customer Support Consortium; ECML; IOTP; NAML; OSSML; OTP; PMML; SyncML; tpaML; XML for Analysis	Financial Services	ACORD; FinXML; FIXML; FpML; FSML; GDV; HBCI; IRML; MDDL; RIXML; STPML; swiftML; WISe
	Financials	boleroXML; CRTML; EDGAR; GOLD; IFX Forum; MISMO; NACHA; OFX; OTA; RETS; XBRL; XML-MP	Oil & Gas	BiztTech for Energy; ETSG; GISB; PetroXML; PIDX; POSC; XMML
	Human Resources	HR-XML; OPX; WFML		
	Product Lifecycle Management	esohxml.org; MatML; Hazardous Waste Manifest; Project Management XML; STEP; STEPml	Process Industries	ChemStandards; CIDX; CML; papiNet; PML; VCI
	Supply Chain Management	BMEcat; BSL; GML; ISA S88; ISA SP95; MEA; OAG; Supply-Chain Council; TranXML	Public Sector	CEN/TC 251; HITIS; HL7; IEEE LSTC; IMS; LegalXML ISO/IEC JTC1/SC36; SCORM; SIF; VHK
			Service Industries	adXML; ICE; JDF; NAA; Open eBook; PRISM; XMCL; XrML

Tabelle 5.4 XML-Standards und Initiativen

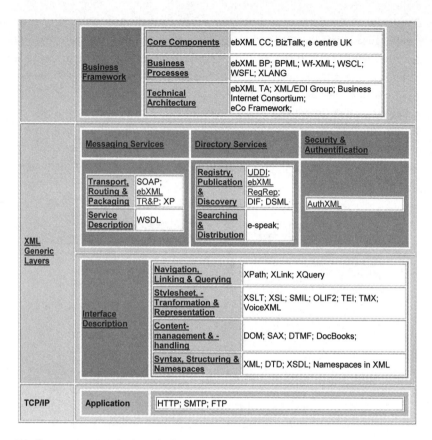

Tabelle 5.4 XML-Standards und Initiativen (Forts.)

So ist im Vergleich zu inhaltsgleichen EDIFACT-Dokumenten das XML-Dokument um den Faktor 20 bis 100 größer. Dank verbesserter Internet-Infrastruktur stellt dies – selbst bei hohem Transaktionsaufkommen – kommunikationstechnisch kein unlösbares Problem dar. Anders verhält es sich in puncto Performance und Datenmanagement bei EAI und B2Bi-Tools sowie bei den Backend-Systemen (z.B. SCM, ERP).

Wie HTML verwendet XML Tags (durch < und > geklammerte Wörter) und Attribute der Form (name=»value«), aber während HTML mit seinen im Standard vorgegebenen Tags einem Browser beschreibt, wie er etwas grafisch darstellen soll, verwendet XML die individuell definierbaren Tags zur Abgrenzung von Daten und überlässt die Interpretation der Daten vollständig der Anwendung. D.h., die Anwendung muss die Tags kennen, um die Daten interpretieren und verarbeiten zu können. Mit anderen Worten: wenn Sie <p> in einer XML-Datei sehen, kann man nicht zwingend davon ausgehen, dass es sich um einen Absatz (englisch *paragraph*) handelt. Je nach Kontext kann es einen Preis, einen Parameter, eine

Person bedeuten oder eine andere, nicht mit »p« beginnende Bedeutung besitzen. Diese Tatsache ist nur einer von mehreren Aspekten, die den Mythos widerlegen, dass sich XML-Daten spontan, ohne Kenntnis der Tags und deren Bedeutung interpretieren lassen.

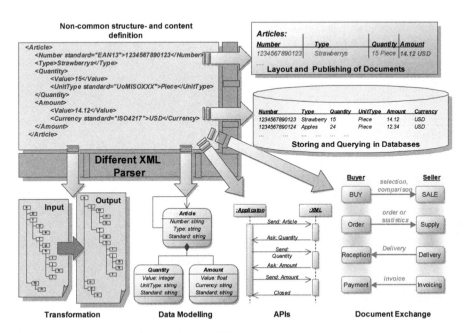

Abbildung 5.5 Wiederverwendbarkeit von XML

XML ist eine Familie von Techniken

Es gibt zunächst XML – die Spezifikation, die definiert, was Tags und Attribute sind. Um XML gruppiert sich aber eine wachsende Anzahl optionaler Technologien (siehe Abbildung 5.6). Es gibt z.B. *Xlink*, das eine Standardmethode beschreibt, um Hyperlinks zu einer XML-Datei hinzuzufügen. *XPointer* und *XFragments* sind Syntaxen, um auf Teile eines XML-Dokuments zu zeigen. XPointer ähnelt einer URL, aber anstatt auf Dokumente im Web zu zeigen, zeigt er auf Daten innerhalb einer XML-Datei. CSS, die Stylesheet-Sprache, ist auf XML ebenso anwendbar wie auf HTML. XSL ist die weiterentwickelte Sprache zum Erstellen von Stylesheets. Sie basiert auf XSLT, einer Transformationssprache, die oft auch außerhalb von XSL (z.B. XML-Strukturtransformationen) für das Umstellen, Hinzufügen oder Löschen von Tags und Attributen nützlich ist. Das DOM ist eine Standardmenge von Funktionsaufrufen zur Manipulation von Inhalt, Struktur und Style von XML- und HTML-Dateien aus einer Programmiersprache. XML Namespaces ist eine Spezifikation, die beschreibt, wie Sie eine URL mit jedem einzelnen Tag und Attribut in einem XML-Dokument verknüpfen können. Wofür die betreffende URL verwendet wird, bleibt aber der Anwendung überlassen, die die URL liest. Die XML-Schemas 1 und 2 unterstützen Entwickler bei der präzisen Definition ihrer eigenen XML-basierten Formate. Es gibt noch einige weitere Module und Werkzeuge, die verfügbar oder in Entwicklung sind.

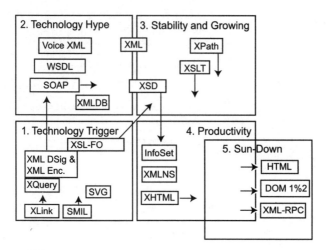

Abbildung 5.6 Standardisierungsaktivitäten und Zukunftstrends entsprechend ihrer Marktrelevanz

XML-basierte (Datenformat-)Standards

XML und seine ergänzenden Technologien können im weitesten Sinne als Baukasten für die Entwicklung von Lösungen bezeichnet werden, besitzen aber originär keinerlei Lösungscharakter. Dies ist der größte Vorteil gegenüber den starren Formaten wie EDIFACT/ANSI X12 (semantische Strukturierung von Geschäftsdaten) oder HTML (aufbereitete Darstellung von Daten im Web), aber auch deren größtes Handicap. Besteht keine Einigung über die genutzten Tags und die Dokumentenstruktur (Schema, DTD), kann weder eine korrekte Interpretation noch eine Weiterverarbeitung stattfinden. Hierzu müsste jedoch, analog zu der 1987 als ISO 9735 verabschiedeten EDIFACT-Norm, eine normierte Syntax für unterschiedliche Nachrichtentypen (z.B. Rechnung, Lieferabruf, Bestellung), ein Repository für Elemente, Segmente usw. erstellt und branchenübergreifend sowie international anerkannt werden (siehe Tabelle 5.5).

Die leidvollen und langwierigen Erfahrungen bei der Entwicklung der klassischen Austausch- und Schnittstellenformate wie IDoc, EDIFACT oder ANSI X12 lassen es sinnvoll erscheinen, anstatt von Grund auf neue Formate zu definieren, die bestehenden, soweit möglich, zu berücksichtigen bzw. in ein XML-Äquivalent zu überführen. Neben der Reduktion des »Standardisierungsaufwands« verringert sich der Aufwand in der Migrationsphase, in der die Koexistenz alter und neuer Formate bzw. Schnittstellen den Regelfall darstellen wird.

XML	EDIFACT/ANSI X12
▶ Generische Methode zur Erstellung von Auszeichnungssprachen ▶ Auszeichnungs-Tags und Syntax frei definierbar ▶ Keine Standardsemantik oder kein inhärenter Problemlösungscharakter ▶ Vielzahl ergänzender technischer und Formatstandards in unterschiedlichen Reife- und Akzeptanzgraden ▶ Daten-Austausch (XML, Schemat/DTD) ▶ Sowohl Mensch-Maschine- als auch Maschine-Maschine-Kommunikation ▶ Vielfältige Anwendungsbereiche für technologische und betriebswirtschaftliche Aufgabenstellungen ▶ Kostengünstige Basistechnologie, für viele Problemstellungen nutzbar ▶ Stark zunehmende Tool- und Browser-Unterstützung ▶ Ansprache-/Entwicklungsaufwand erforderlich (B2B)	▶ Normierte Syntax und Semantik für den integrierten, nachrichten-orientierten Geschäftsdatenaustausch ▶ Fokussierung auf ein Anwendungsgebiet, den integrierten Geschäftsdatenaustausch (Technologieinsel) ▶ Geschäftsprozessmodelle, Interaktions-, Sicherheitsszenarios vorhanden und weitgehend umgesetzt ▶ Etablierter, international und branchenübergreifend akzeptierter Standard in der Wirtschaft ▶ Maschine-Maschine-Kommunikation, mittels WebEDI auch Mensch-Maschine ▶ Umfangreiche Unterstützung durch EDI-Systeme und ERP-Schnittstellen hohen Reifegrades ▶ Umfangreiche, bestehende Installationen in der Wirtschaft ▶ Komplexe Syntax

Tabelle 5.5 Gegenüberstellung von XML und klassischen Standards für den Geschäftsdatenaustausch

XML besticht durch die multifunktionale Nutzbarkeit der Technologie für eine Vielzahl technischer und betriebswirtschaftlicher Anwendungsgebiete. Erstmals kann darüber nachgedacht werden, die Vielzahl an existierenden Teilbereichslösungen mit einer Basistechnologie in einer »Architektur« zu konsolidieren. Ferner gestaltet sich die Integration bzw. Transformation von XML-Schnittstellen und -Formaten einfacher, u.a. auch, da das bestehende Know-how im Markt kontinuierlich steigt.

Leider vereinfacht sich im Umfeld von Collaborative SCM durch XML weder der Abspracheaufwand noch die Komplexität von Schnittstellen oder B2Bi-/EAI-Integrationsarchitekturen, lediglich die Anwendungsbereiche und die Wiederverwertbarkeit sind deutlich höher.

5.2.2 EDIFACT und ANSI X12

Initiator	Z.B. UN/ECE (EDIFACT), ANSI (ANSI X12)
Kategorie	Datenformatstandard für den Message-orientierten Austausch von Geschäftsdaten
Ziel	Strukturierte, semantische Beschreibung von Geschäftsinformationen in einem Datenaustauschformat mit direktem betriebswirtschaftlichen Bezug

EDIFACT, wie auch das sehr ähnliche amerikanische Pendant ANSI X12, wurde in den Achtzigerjahren von internationalen Gremien als Norm verabschiedet. Gegenstand sind klassische Geschäftsnachrichten (z.B. Lieferschein, Rechnung), die entsprechend eines umfangreichen Regelwerks als EDIFACT-Nachrichtentypen elektronisch spezifiziert werden. Der Standard ist international und branchenübergreifend abgestimmt, was einen langwierigen Standardisierungsprozess sowie komplexe Nachrichtenstrukturen zur Folge hat (siehe Abbildung 5.7). Im Schnitt werden nur 20% der in einer Nachricht spezifizierten Felder benötigt. Größere Interessengruppen wie Branchen oder Konzerne vereinfachen entsprechend des EDIFACT-Regelwerkes die Nachrichtentypen und schaffen so genannte *Subsets* (z.B. ODETTE/Automotive, EANCOM/Handel). Darüber hinaus existiert eine Vielzahl von Business-Szenarios, wie sich Business-Modelle (etwa Bestell-, Zahlungsabwicklung, VMI oder CPFR) abbilden lassen.

Die einzelnen Nachrichtentypen sind exakt in ihrer Struktur (Segmente, Elementgruppen, Datenelemente) definiert. Zum Einsatz kommt eine Platz sparende Trennzeichensyntax. Segmente werden über ein Tag und ihre Position innerhalb des Dokuments spezifiziert und die Datenelemente anhand ihrer Reihenfolge innerhalb eines Segments. *Qualifier* konkretisieren die Bedeutung von Elementen und Segmenten. So wird aus einem Adresssegment mit Qualifier eine Lieferanten- oder Kundenadresse bzw. aus einem Datum ein Bestell- oder Lieferdatum. Dies ist eine elegante Methode, um die Anzahl unterschiedlicher Elemente bzw. Segmente in Grenzen zu halten. Mittels allgemein gültiger Code-Listen bzw. Identifikationssysteme lassen sich Inhalte (z.B. EAN-Produkt-, EAN-Unternehmens- und ILN-Standortidentifikation) oder Sachverhalte wie Lieferkonditionen eindeutig interpretieren. Die verbleibenden Freiheitsgrade sind vorab mit den Geschäftspartnern abgestimmt bzw. werden den »schwächeren Partnern« in *Implementation Guides* mitgeteilt.

EDIFACT ist durch die zugrunde liegende, rein Message-orientierte Kommunikation weder für die Realtime-Kommunikation noch für komplexe Prozesse im Sinne eines mehrstufigen Dialogs zwischen Anwendungen oder Systemen innerhalb einer Transaktion geeignet. Mit »InteractiveEDI« (*http://www.unece.org/*

trade/untdid/directory.htm) gibt es zwar eine Initiative, die auch einige Nachrichtentypen entsprechend modifiziert hat, jedoch besteht weder in der Wirtschaft noch durch klassische EDI-Systeme eine nennenswerte Unterstützung. Diese vermeintliche Schwäche schränkt die Nutzbarkeit, beispielsweise Realtime-Dialogverarbeitung im Rahmen des Web-Business, deutlich ein, vereinfacht jedoch andererseits die Schnittstellen- und Integrationsanforderungen der beteiligten Systeme.

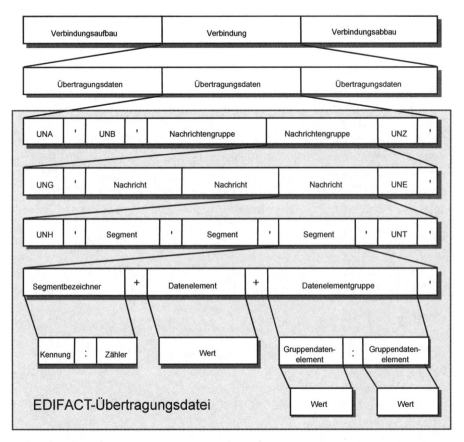

Abbildung 5.7 Aufbau einer EDIFACT-Übertragungsdatei

Die EDIFACT-Norm ist bislang das einzige international gültige und in der Wirtschaft verbreitete Datenaustauschformat. 1987 verabschiedet und bis heute kontinuierlich erweitert, pflegen die Normungsgremien mittlerweile über 200 unterschiedliche Nachrichtentypen nicht nur in ihrer Struktur (Syntax), sondern determinieren ebenso ihren betriebswirtschaftlichen Inhalt (Semantik) (siehe Tabelle 5.6).

Anfang der Achtzigerjahre wurde der sehr ähnliche ANSI X12-Standard als US-amerikanisches Pendant verabschiedet. Er ist zwar stark national orientiert, hat aber dennoch aufgrund der hohen wirtschaftlichen Bedeutung amerikanischer Konzerne weltweit eine gewisse Bedeutung. Die Migration der Standards ist seit Jahren angekündigt, ohne dass bislang ernsthafte Maßnahmen erfolgt sind. Die Inter-Standardkonvertierung gestaltet sich aufgrund der hohen Ähnlichkeit relativ einfach.

Als Beispiel ist in Tabelle 5.6 das EDIFACT-Directory D.01B mit den deutschen Nachrichtenbezeichnungen aufgeführt. Die aktuellen Directories lassen sich bei der UNCE abrufen (*http://www.unece.org/trade/untdid/directory.htm*)

APERAK	Anwendungsfehler- und Bestätigungsnachricht
AUTHOR	Autorisierungsnachricht
BALANC	Rohbilanz
BANSTA	Bank-Status-Nachricht
BAPLIE	Ladeplan über leere und besetzte Zellen
BAPLTE	Ladeplan über Gesamtanzahl (zur Löschung markiert)
BERMAN	Schiffsliegeplatz-Management-Nachricht
BMISRM	Inspektionsbericht über Seefracht-Schüttgut
BOPBNK	Meldungen über Außenwirtschaftstransaktionen und den Auslandsstatus der Banken an die Zentralbank
BOPCUS	Weiterleitung von Meldungen über Auslandszahlungen der Bankkunden an die Zentralbank
BOPDIR	Zahlungsbilanzmeldungen von Nichtbanken direkt an die Zentralbank
BOPINF	Meldung über eingehende Auslandszahlungen von Bankkunden an ihre Geschäftsbank
BUSCRD	Bericht über Kreditwürdigkeit
CALINF	Schiffsinformation
CASINT	Antrag auf gerichtliches Tätigwerden in Zivilprozessen
CASRES	Stellungnahme des Gerichts in Zivilprozessen
CHACCO	Kontenrahmen
CLASET	Klassifikationsinformations-Satz
CNTCND	Vertragsbedingungen
COACSU	Kaufmännischer Kontenbericht
COARRI	Container-Lösch-/Ladebericht
CODECO	Container-Terminal-Eingangs-/Ausgangsmeldung
CODENO	Bescheid über Ablauf der Genehmigung/Zollfreigabe
COEDOR	Container-Bestandsbericht
COHAOR	Auftrag zur besonderen Behandlung eines Containers
COLREQ	Auftrag für ein Dokumenteninkasso
COMDIS	Handelsunstimmigkeit
CONAPW	Ankündigung von beabsichtigten Bauarbeiten

Tabelle 5.6 EDIFACT-Nachrichtentypen

CONDPV	Verkürzte Baurechnung
CONDRA	Zeichnungsverwaltung
CONDRO	Zeichnungsorganisation
CONEST	Auftragserteilung
CONITT	Angebotsaufforderung
CONPVA	Baurechnung
CONQVA	Bauleistungsstand
CONRPW	Antwort auf die Ankündigung von beabsichtigten Bauarbeiten
CONTEN	Angebotsabgabe
CONTRL	Syntax- und Servicebericht
CONWQD	Mengenermittlung
COPARN	Container-Ankündigung
COPAYM	Beiträge für Zahlungen
COPINO	Container-Voranzeige
COPRAR	Container-Lösch-/Ladeauftrag
COREOR	Container-Freistellungsanweisung
COSTCO	Bestätigung über das Be-/Entladen von Containern
COSTOR	Auftrag zum Be-/Entladen von Containern
CREADV	Gutschriftsanzeige
CREEXT	Erweiterte Gutschriftsanzeige
CREMUL	Multiple Gutschriftsanzeige
CUSCAR	Zoll-Gestellungsmitteilung
CUSDEC	Zollanmeldung
CUSEXP	Zollanmeldung für Expressgut
CUSPED	Sammelzollanmeldung
CUSREP	Zoll-Beförderungsmitteilung
CUSRES	Zollantwort
DEBADV	Belastungsanzeige
DEBMUL	Multiple Belastungsanzeige
DEBREC	Schuldeneintreibung
DELFOR	Lieferabruf/-plan
DELJIT	Feinabruf
DESADV	Liefermeldung
DESTIM	Ausrüstungsschäden und Reparaturvoranschlag
DGRECA	Gefahrgutliste
DIRDEB	Lastschrift
DIRDEF	Verzeichnisdefinition
DMRDEF	Datenpflegeantrag
DMSTAT	Datenpflegeantrag, Statusbericht-/anfrage
DOCADV	Avisierung eines Dokumentenakkreditivs
DOCAMA	Avisierung einer Änderung eines Dokumentenakkreditivs

Tabelle 5.6 EDIFACT-Nachrichtentypen (Forts.)

DOCAMI	Information über die Änderung eines Dokumentenakkreditivs
DOCAMR	Beantragung einer Änderung eines Dokumentenakkreditivs
DOCAPP	Antrag zur Eröffnung eines Dokumentenakkreditivs
DOCARE	Rückantwort zu einer Änderung eines Dokumentenakkreditivs
DOCINF	Information über die Eröffnung eines Dokumentenakkreditivs
ENTREC	Buchungssatz
FINCAN	Storno-Nachricht
FINPAY	Multipler Interbank-Zahlungsauftrag
FINSTA	Bankkontoauszug
GENRAL	Allgemeine Nachricht
GESMES	Allgemeine statistische Nachricht
HANMOV	Nachricht für den Ladungs-/Güterumschlag und -transport
ICASRP	Versicherungsnachricht für Schadengutachten und Schadenbericht
ICSOLI	Anweisungsnachricht der Versicherung an den den Schaden bearbeitenden Rechtsanwalt (Schadenanwalt)
IFCSUM	Speditions- und Sammelladungsnachricht
IFTSTA	Multimodaler Statusbericht
IFTSTQ	Anforderung eines multimodalen Statusberichts
IMPDEF	EDI-Anwendungsrichtlinien-Definition
INFCON	Netzinfrastruktur-Bedingungen
INFENT	Unternehmensinformationen
INSDES	Lieferanweisung
INSPRE	Versicherungsprämien-Nachricht
INSREQ	Prüfaufforderung
INSRPT	Prüfbericht
INVOIC	Rechnung
INVRPT	Lagerbestandsbericht
IPPOAD	Versicherungspolicen-Verwaltung
IPPOMO	Kraftfahrzeug-Versicherungspolice
ISENDS	Aktivierungs- oder Deaktivierungsnachricht für das Versicherungsvermittlersystem
ITRRPT	Bericht über Waren im Transit
JAPRES	Bewerbungsergebnis
JINFDE	Anfrage nach Stelleninformationen
JOBAPP	Bewerbungsvorschlag
IFTCCA	Speditions- und Transport-Sendungskosten-Kalkulation
IFTDGN	Gefahrgutanmeldung
IFTFCC	Transport-Frachtkosten und andere Gebühren
IFTIAG	Gefahrgutliste (zur Löschung markiert)
IFTICL	Schadensnachricht für die Frachtversicherung
IFTMAN	Ankunftsmeldung
IFTMBC	Buchungs-/Reservierungsbestätigung

Tabelle 5.6   EDIFACT-Nachrichtentypen (Forts.)

IFTMBF	Buchung/Reservierung
IFTMBP	Buchungs-/Reservierungsanfrage
IFTMCA	Sendungsvorankündigung
IFTMCS	Auftragsbestätigung/Statusmeldung
IFTMIN	Transport-/Speditionsauftrag
IFTRIN	Speditions- und Transportraten-Information
IFTSAI	Speditions- und Transportzeitplan und -Verfügbarkeitsinformation
JOBCON	Empfangsbestätigung von Stellenangeboten
JOBMOD	Änderung von Stellenangeboten
JOBOFF	Stellenangebot
JUPREQ	Berechtigte Zahlungsanforderung
LEDGER	Hauptbuch/Handelsbuch
LREACT	Lebens-Rückversicherungs-Aktionsnachricht
LRECLM	Lebens-Rückversicherungs-Anspruchsnachricht
MEDPID	Personenidentifikation
MEDPRE	Medizinische Rezept-Nachricht
MEDREQ	Anforderung einer medizinischen Leistung
MEDRPT	Bericht medizinischer Leistungserbringer
MEDRUC	Inanspruchnahme medizinischer Leistungen und deren Kosten
MEQPOS	Nachricht zur Angabe der Position eines Transportmittels und eines Equipments
MOVINS	Stauanweisung
MSCONS	Bericht über den Verbrauch messbarer Dienstleistungen
ORDCHG	Bestelländerung
ORDERS	Bestellung
ORDRSP	Bestellantwort
OSTENQ	Bestellstatusanfrage
OSTRPT	Bestellstatusbericht
PARTIN	Partnerstammdaten
PAXLST	Passagier-/Besatzungsliste
PAYDUC	Gehaltsabzugsavis
PAYEXT	Erweiterter Zahlungsauftrag
PAYMUL	Multipler Zahlungsauftrag
PAYORD	Zahlungsauftrag
PRICAT	Preisliste/Katalog
PRIHIS	Preisentwicklung
PROCST	Projektkostenbericht
PRODAT	Produktstammdaten
PRODEX	Nachricht zur Abstimmung von Produktüberlassung
PROINQ	Produktdatenanfrage
PROSRV	Produkt-Kundendienstnachricht
PROTAP	Projektaufgabenplanung

Tabelle 5.6 EDIFACT-Nachrichtentypen (Forts.)

PRPAID	Versicherungsprämien-Zahlungsnachricht
QALITY	Qualitätsdaten
QUOTES	Angebot
RDRMES	Fragebogendaten-Nachricht
REBORD	Rückversicherungsaufstellung
RECADV	Wareneingangsmeldung
RECALC	Rückversicherungsberechnung
RECECO	Kreditrisikoübernahme
RECLAM	Rückversicherungsanspruch
RECORD	Rückversicherungsbasisdaten
REGENT	Unternehmensanmeldung
RELIST	Liste rückversicherter Objekte
REMADV	Zahlungsavis
REPREM	Rückversicherungsprämie
REQDOC	Dokumentenanforderung
REQOTE	Anfrage
RESETT	Rückversicherungsregulierung
RESMSG	Reservierungsnachricht
RETACC	Rückversicherungskonto
RETANN	Ankündigung der Warenrückgabe
RETINS	Anweisung zur Warenrückgabe
RPCALL	Reparaturanfrage
SAFHAZ	Sicherheitsdaten
SANCRT	Verwaltungsnachricht für internationalen Warenverkehr
SLSFCT	Verkaufsprognose
SLSRPT	Verkaufsdatenbericht
SOCADE	Sozialverwaltungsnachricht
SSIMOD	Änderung von Identifizierungsmerkmalen
SSRECH	Versicherungshistorie des Arbeitnehmers
SSREGW	Mitteilung über die Registrierung eines Arbeitnehmers
STATAC	Kontoauszug
STLRPT	Transaktions-/Kontenabstimmungsbericht
SUPCOT	Beitragsmeldung zur Rentenversicherung
SUPMAN	Nachricht zur Pflege des Pensions-/Rentenbestands
SUPRES	Reservierungsantwort
TANSTA	Tank-Statusbericht
TAXCON	Steuernachweis
TPFREP	Terminal-Dienstleistungsnachricht
UTILMD	Netzanschluss-Stammdaten
UTILTS	Netznutzungszeiten-Nachricht
VATDEC	Mehrwertsteueranmeldung

Tabelle 5.6 EDIFACT-Nachrichtentypen (Forts.)

VESDEP	Abfahrt des Schiffes
WASDIS	Müllentsorgungsinformation
WKGRDC	Bescheid über Arbeitserlaubnis
WKGRRE	Antrag auf Arbeitserlaubnis

Tabelle 5.6 EDIFACT-Nachrichtentypen (Forts.)

Für EDIFACT und ANSI X12 sind keine spezifischen Übertragungsprotokolle festgelegt. Waren vormals Mehrwertdienste wie GE, HARBINGER oder das X.400-System der TELEKOM neben Point-to-Point-Verbindungen auf der Basis von ISDN, DATEX-P oder Festverbindungen die Regel, so gewinnen Internettechnologien wie Internet-Mail oder FTP erheblich an Bedeutung. Verfahren zur technologischen und rechtlichen Sicherung wurden schon vor Jahren entwickelt, standardisiert und befinden sich im Einsatz. Verschiedene Interessengruppen wie die XML/EDI-Group oder ebXML versuchen mittlerweile auf XML zu migrieren.

Wertung

Die normierten EDI-Datenformate besitzen, da man sich international über die erforderlichen Inhalte (Semantik) geeinigt hat, auch für die Entwicklung neuer XML-basierter Nachrichtenformate eine hohe Relevanz. Die Migration auf XML-Formate dürfte aus Gründen des Schutzes getätigter Investitionen erst mittelfristig erfolgen, wobei die zugrunde liegenden EDI-Systeme laut FORRESTER RESEARCH, 2002 bereits jetzt zunehmend auch XML-Konvertierungen sowie Internet-Kommunikationsprotokolle unterstützen (siehe Abbildung 5.8).

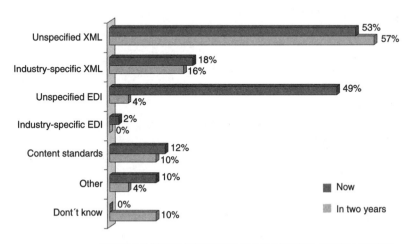

Abbildung 5.8 Relevanz einzelner Datenaustauschformate

5.2.3 RosettaNet

Initiator	RosettaNet-Konsortium (selbstfinanzierte, gemeinnützige Organisation großer Produzenten aus den Bereichen Informationstechnologie, Produktion elektronischer Komponenten und Halbleitererzeugung)
Kategorie	Branchenspezifisches Framework für betriebswirtschaftliche Datenaustauschformate und Prozessmodell im High-Tech-Production-Bereich, um Geschäftsaktivitäten durch einheitliche E-Business-Standards weltweit zu unterstützen
Ziel	Entwicklung von nicht-proprietären Data Dictionaries, Implementation Frameworks, XML-Geschäftsnachrichten und E-Business-Prozessspezifikationen mit direktem betriebswirtschaftlichen Bezug. RosettaNet bietet Methoden sowie Format- und Prozessstandards für die Angleichung der Geschäftsprozesse entlang der Beschaffungskette.

RosettaNet ist ein im Jahre 1998 auf Initiative von über 400 Unternehmen aus den Bereichen IT, Electronic Components, Semiconductor Manufacturing und Solution Provider entwickeltes XML-Framework. Es soll der Standardisierung von Supply Chain Management in den Bereichen Informationstechnologie und Electronic Compound dienen (siehe Abbildung 5.11). Festgelegt wird dabei nicht nur das Nachrichtenformat für geschäftliche Transaktionen, sondern zusätzlich werden auch deren Abläufe und Regeln festgelegt. RosettaNet spezifiziert einen Geschäftsprozess durch so genannte PIPs (*Partner Interface Processes*), die von den Mitgliedern der RosettaNet-Initiative erarbeitet und potenziellen Geschäftspartnern zur Verfügung gestellt werden. Diese PIPs enthalten einen Implementation Guide, den die Beteiligten auf ihren Systemen umsetzen müssen. Sie lassen sich in folgende Kategorien unterteilen:

- RosettaNet Support
- Partner, Product, Service Review
- Product Information
- Order Management
- Inventory Management
- Marketing Information Management
- Service & Support
- Manufacturing

Die Standardisierungsbemühungen können in die drei Bereiche Datenformate, Geschäftsprozesse und Protokolle unterteilt werden (siehe Abbildung 5.9). RosettaNet besitzt im Vergleich zu anderen XML-Initiativen eine recht hohe Bedeutung in der Wirtschaft, da konkrete und pragmatische Lösungsansätze zur direkten Umsetzung in den Unternehmen erarbeitet und in Teilbereichen bereits in Unternehmen realisiert sind.

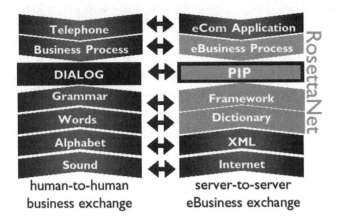

Abbildung 5.9 Einordnung der RosettaNet-Standards

RosettaNet Directories

In den Directories werden nicht nur die einzelnen Technologie- und Content-Bestandteile spezifiziert, sondern ebenso gemeinsame Sprachregelungen. Das *RosettaNet Business Dictionary* definiert die Informations- bzw. Datenelemente, die in den grundlegenden Geschäftsaktivitäten zwischen kooperierenden Unternehmen erforderlich sind. Sie unterteilen sich folgendermaßen:

- Business Properties (z. B. Adresse)
- Business Data Entities (z. B. Transaktionsnummer)
- Fundamental Business Data Entities (z. B. Umsatzsteuer-, Rechnungsnummer)

Ziel ist es, im Dictionary alle Elemente vorzuhalten, die in den Wirtschaftsbereichen Informationstechnologie, E-Commerce, Elektronik und Halbleiterindustrie benötigt werden.

Im *RosettaNet Technical Dictionary* erfolgt die Definition der Bestandteile sowie der Anforderungen an E-Business-Systeme, Komponenten und Services.

RosettaNet Implementation Framework (RNIF)

Auf abstraktem Niveau definieren RNIFs den grundlegenden und kommunikationsprotokollunabhängigen Nachrichtenaufbau der Geschäftsdokumente (siehe Abbildung 5.10). Grundlage bildet das MIME- bzw. S/MIME-Format, das ebenfalls bei Internet-Mail für die Codierung der Nachrichten und ihrer Attachments herangezogen wird.

Als Container für die XML-basierten Geschäftsnachrichten enthält es neben Geschäfts-/Nutzdaten auch folgende Informationen:

- Angaben zur Sicherheit (Authentifikation, Autorisation, Verschlüsselung, Unverfälschtheit)
- Details für den Einsatz mit Kommunikationsprotokollen (z.B. HTTP/HTTPS, SMTP, FTP)
- Spezifikationen für den verlässlichen Nachrichtentransfer zwischen den Geschäftspartnern

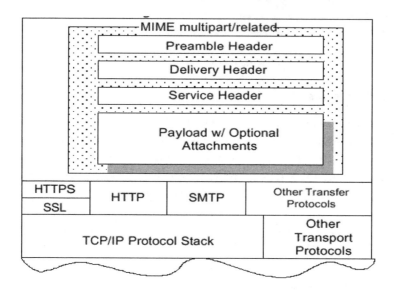

Abbildung 5.10 RosettaNet Application Protocol Stack

Partner Interface Process (PIP)

PIPs beschreiben spezialisierte Interaktionsszenarios, d.h. die einzelnen Schritte, die zwischen Supply-Chain-Partnern zur Abwicklung einer Geschäftstransaktion erforderlich sind (*Process Choreography*). Beispiele für derartige PIPs sind die Bestellabwicklung oder die Verteilung neuer Produktinformationen (siehe Tabelle 5.7).

PIPs definieren weiterhin den Aufbau (Syntax) und den Inhalt (Semantik) der ausgetauschten Nachrichtentypen in einem RosettaNet-XML-Format (XML DTDs, Guidelines). Weitere Aspekte wie Sicherheit, Authentifikation, Zeit oder Performance lassen sich für jeden Geschäftsprozess festlegen. Anforderungen und Prozesse sind auf die Besonderheiten der Technologiebranche abgestimmt.

Cluster 0: RosettaNet Support	Segment 0A: Administrative PIP 0A1: Notification of Failure	
Cluster 1: *Partner Profile Management*, z.B. Sammlung, Pflege und Verteilung von Informationen zur Erstellung von Partnerprofilen und Produkten	Segment 1A: Partner Review PIP 1A1: Request Account Setup PIP 1A2: Maintain Account PIP 1A3: Request Credit References Authorization Status	Segment 1B: Product and Service Review PIP 1B1: Manage Product Information Subscriptions PIP 1B2: Request Authorization Status PIP 1B3: Notify of Updated
Cluster 2: *Product Information*, z.B. Verteilung und periodischer Update von Produktinformationen, einschließlich Produktänderungsnachrichten und technischer Spezifikationen	Segment 2A: Preparation for Distribution PIP 2A1: Distribute New Product Information PIP 2A2: Query Product Information PIP 2A3: Query Marketing Information PIP 2A4: Query Sales Promotion & Rebate Information PIP 2A5: Query Technical Information PIP 2A6: Query Product Lifecycle Information PIP 2A7: Query Product Discontinuation Information PIP 2A8: Distribute Product Stock Keeping Unit (SKU) PIP 2A9: Query EC Technical Information Segment 2B: Product Change Notification PIP 2B1: Change Basic Product Information PIP 2B2: Change Marketing Information PIP 2B3: Change Sales Promotion & Rebate Information	PIP 2B4: Change Product Technical Information PIP 2B5: Change Product Lifecycle Information PIP 2B6: Query Optional Product Information PIP 2B7: Notify of Product Change PIP 2B8: Notify of Product Change Response PIP 2B9: Notify of Modified Product Change PIP 2B10: Notify of Cancel Product Change PIP 2B11: Query Product Change Segment 2C: Product Design Information 2C1: Distribute Product Change Notice 2C2: Request Engineering Change 2C3: Distribute Engineering Change Response 2C4: Request Engineering Change Approval 2C5: Notify of Engineering Change Order 2C6: Notify of Engineering Change Implementation Segment 2D: Collaborative Design
Cluster 3: *Order Management*, z.B. Bestellabwicklung von Katalogprodukten, Erstellung von Individuallösungen, Management von Vertrieb und Lieferung, Unterstützung von Retouren sowie Finanztransaktionen	Segment 3A: Quote and Order Entry PIP 3A1: Request Quote PIP 3A2: Query Price and Availability PIP 3A3: Transfer Shopping Cart PIP 3A4: Manage Purchase Order PIP 3A5: Query Order Status PIP 3A6: Distribute Order Status	Segment 3C: Returns and Finance PIP 3C1: Return Product PIP 3C2: Obtain Financing Approval PIP 3C3: Notify of Invoice PIP 3C4: Notify of Invoice Reject PIP 3C5: Notify of Billing Statement PIP 3C6: Notify of Remittance Advice Segment 3D: Product Configuration

Tabelle 5.7 Verfügbare PIPs

	PIP 3A7: Notify of Purchase Order Acceptance PIP 3A8: Change Purchase Order PIP 3A9: Cancel Purchase Order Segment 3B: Transportation and Distribution PIP 3B1: Distribute Transportation Projection PIP 3B2: Notify of Advance Shipment PIP 3B3: Distribute Shipment Status PIP 3B4: Query Shipment Status PIP 3B5: Change Shipment PIP 3B6: Notify of Shipper's Manifest PIP 3B7: Create Delivery Appointment PIP 3B8: Notify of Transportation Claim PIP 3B9: Notify of Delivery Exception PIP 3B10: Notify of Cancel Delivery Appointment	PIP 3D1: Distribute Risk Analysis PIP 3D2: Notify of Solution Configuration PIP 3D3: Notify of Manufacturing Specification PIP 3D4: Request Build Authorization PIP 3D5: Distribute Material Status PIP 3D6: Distribute Build Readiness PIP 3D7: Request Customer Waiver PIP 3D8: Distribute Work in Process PIP 3D9: Query Work in Process PIP 3D10: Distribute Test Result PIP 3D11: Request Product Acceptance PIP 3D12: Request Engineering Change PIP 3D13: Distribute Engineering Change Response PIP 3D14: Request Engineering Change Approval PIP 3D15: Notify of Engineering Change Order PIP 3D16: Notify of Engineering Change Implementation Plan
Cluster 4: *Inventory Management*, Lagerbestandsverwaltung, u.a. mit Lieferantenanbindung, Wiederbeschaffung, Preisschutz	Segment 4A: Collaborative Forecasting PIP 4A1: Notify of Sales Forecast PIP 4A2: Embedded Release Forecast Notification PIP 4A3: Threshold Release Forecast Notification PIP 4A4: Forecast Notification PIP 4A5: Acknowledgement of Forecast Notification Segment 4B: Inventory Allocation PIP 4B1: Allocate Inventory PIP 4B2: Notify of Shipment Receipt PIP 4B3: Notify of Replenishment Trigger PIP 4B4: Notify of Replenishment Response Segment 4C: Inventory Reporting PIP 4C1: Distribute Inventory Report PIP 4C2: Distribute Inventory Reconciliation Report	Segment 4D: Inventory Replenishment PIP 4D1: Trigger Inventory Replenishment Segment 4E: Sales Reporting PIP 4E1: Notify of Commercial Sales Report PIP 4E2: Notify of Consumer Sales Report PIP 4E3: Notify of Summary Sales Tie-out Report PIP 4E4: Request Detail Sales Tie-out Report PIP 4E5: Distribute Commercial Sales Report Error Notification PIP 4E6: Distribute Consumer Sales Report Error Notification Segment 4F: Price Protection PIP 4F1: Announce Price Change PIP 4F2: New Order Price Change PIP 4F3: Request Price Protection PIP 4F4: Claim Price Protection PIP 4F5: Provide Price Protection

Tabelle 5.7 Verfügbare PIPs (Forts.)

	PIP 4C3: Distribute Inventory Error Notification PIP 4C4: Distribute Inventory Reconciliation Discrepancy	
Cluster 5: *Marketing Information Management*, z.B. Austausch von Marketinginformationen, Kampagnenplanung, Kontaktinformationen (Leads)	Segment 5A: Lead Opportunity Management PIP 5A1: Transfer Sales Lead Responsibility PIP 5A2: Query Sales Lead Status PIP 5A3: Notify of Sales Lead Status Segment 5B: Marketing Campaign Management PIP 5B1: Distribute Marketing Activity Information PIP 5B2: Create Sales Marketing Claim PIP 5B3: Change Sales Marketing Claim PIP 5B4: Notify of Cancel Sales Marketing Claim PIP 5B5: Query Sales Marketing Claim Status PIP 5B6: Notify of Sales Marketing Claim Status	Segment 5C: Design Win Management (Electronic Components) PIP 5C1: Distribute Product List PIP 5C2: Request Design Registration PIP 5C3: Request Design Win PIP 5C4: Distribute Registration Status PIP 5C5: Query Registration Status Segment 5D: Ship from Stock and Debit (Electronic Components) PIP 5D1: Request Ship from Stock and Debit Authorization PIP 5D2: Notify of Blanket Ship from Stock and Debit Authorization PIP 5D3: Distribute Open Ship from Stock and Debit Authorization Status PIP 5D4: Query Ship from Stock and Debit Authorization Status PIP 5D5: Create Ship from Stock and Debit Claim PIP 5D6: Notify of Ship from Stock and Debit Claim Status
Cluster 6: *Service and Support*, z.B. technischer Support im After Sales, Garantie, Asset Management	Segment 6A: Provide and Administer Warranties, Service Packages, and Contract Services PIP 6A1: Notify of Service Package Registration Segment 6B: Provide and Administer Asset Management (Merged with 6A) Segment 6C: Technical Support and Service Management	PIP 6C1: Request Service Event Entitlement PIP 6C2: Transfer Service Event Ownership PIP 6C3: Notify of Service Event Solution PIP 6C4: Query Service Event Status PIP 6C5: Change Service Event PIP 6C6: Cancel Service Event
Cluster 7: *Manufacturing*, z.B. Austausch von Konstruktions-, Konfigurations- und Qualitätsdaten	Segment 7A: Design Transfer Segment 7B: Manage Manufacturing Work Orders and WIP Segment 7C: Distribute Manufacturing Information	

Tabelle 5.7 Verfügbare PIPs (Forts.)

Produkt- und Partneridentifikation

Ähnlich dem klassischen EDIFACT-Ansatz wird bei RosettaNet auch durch Vorgabe von eindeutigen Identifikationssystemen (siehe Tabelle 5.8) die automatische Weiterverarbeitung der Daten vereinfacht und der Abstimmungsaufwand zwischen den Teilnehmern reduziert. An der Auswahl zeigt sich klar die US-amerikanische Dominanz der Mitglieder.

Identifikationssystem	Einsatzbereich
Data Universal Numbering System (D-U-N-S) (Global Business Identifier)	Weltweit eindeutiges Identifikationssystem für Unternehmen
D-U-N-S + 4 (Global Location Identifier)	Weltweit eindeutiges Identifikationssystem für Unternehmensstandorte
Global Trade Item Number (DTIN) (Global Product Identifier)	Weltweit eindeutiges Identifikationssystem für Produktnummern
UN/SPSC Code (Global Class Identifier)	Weltweit eindeutiges Klassifikationssystem für Produkte und Dienstleistungen

Tabelle 5.8 Von RosettaNet vorgegeben Identifikationssysteme

In Deutschland/Europa sind für vergleichbare Aufgabenstellungen das EAN-Nummernsystem (Produkt-, Unternehmensidentifikation) und die *International Location Number* (ILN) als Identifier für Unternehmensstandorte im Einsatz.

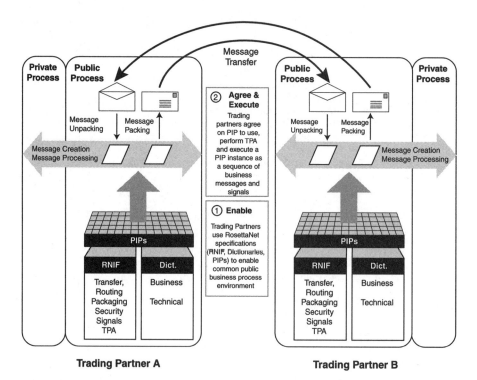

Abbildung 5.11 Zusammenhang zwischen den RosettaNet-Spezifikationen in einer Partnerbeziehung

Wertung

RosettaNet ist ein proprietärer Branchenansatz für Unternehmen aus dem Hightech-Bereich. Die breite Unterstützung in der Branche und die eher pragmatischen Ansätze lassen eine gute Marktdurchdringung erwarten.

Symptomatisch sind konkurrierende Initiativen wie beispielsweise das branchenübergreifende ebXML und die damit einhergehende Unsicherheit für Anwender, wer sich in welchen Marktsegmenten und welchen Spezifikationen durchzusetzen vermag. In Teilbereichen wie der *ebXML Messaging Service Specification for the Secure Transfer, Routing and Packaging* (TRP) streben die Initiativen eine gegenseitige Unterstützung an. Abzuwarten bleibt, ob andere Branchen sich anschließen.

5.2.4 ebXML – Electronic Business XML

Initiator	UN/CEFACT und OASIS
Kategorie	Branchenunabhängiges Framework zur Definition von betriebswirtschaftlichen Datenaustauschformaten und B2B-Interaktionsprozessen
Ziel	Bereitstellung standardisierter, elektronischer Geschäftsnachrichten und -prozesse, basierend auf XML und Internettechnologien sowie einer Methodik zu ihrer strukturierten Analyse und Definition

ebXML ist eine Sammlung von Spezifikationen und Methoden für den Austausch von Geschäftsnachrichten, die Aufnahme von Leistungsbeziehungen sowie die Definition und Registrierung von Business-Szenarios. Deutlich sichtbar ist die Nähe zu den klassischen EDI-Ansätzen. So lehnen sich die ebXML-Nachrichtentypen semantisch deutlich an die bestehenden Übereinkünfte von EDIFACT an, nutzen jedoch eine XML-Syntax. Gleiches gilt für EDI-Prozessmodelle, die als Grundlage für die Erarbeitung der internetbasierten ebXML-Prozesse dienen. Spezifische Kommunikationsprotokolle sind nicht vorgegeben, jedoch dominieren Message-orientierte Kommunikation und das Internet als Transportmedium.

Mit ebXML wird die EDI-Idee sowie die mittlerweile 20-jährige Normierungsarbeit auf State-of-the-Art-Methoden und Technologien migriert. Unternehmen mit einer bestehenden EDI-Infrastruktur werden – sieht man von der XML-Syntax der Geschäftsnachrichten einmal ab – wenig Unterschiede im Informationsumfang und der Interaktion feststellen. Durch die verstärkte Nutzung von XML und Internet ist mittelfristig ein Preisverfall bei der Infrastruktur (Formatkonverter, Kommunikationsmodul) sowie bei der Beratung zu erwarten. Gleiches gilt für den Integrationsaufwand bei SCM- und ERP-Systemen, wobei steigende Integrationsanforderungen und eine höhere Lebensdauer im Unternehmen erst mit einem deutlichen zeitlichen Verzug eintreten. Obwohl auch ebXML auf eine vollintegrierte Verarbeitung bei allen beteiligten Unternehmen abzielt, gestaltet sich die Realisierung von Web-Schnittstellen im Sinne eines WebEDI oder als Interface für B2C-Aufgabenstellungen durch die XML-Syntax per se einfacher als bei klassischem EDI.

ebXML empfiehlt bei der Definition neuer Nachrichtentypen oder Geschäftsprozesse den Einsatz der *UN/CEFACT Modeling Methodology* (UMM) oder einer kompatiblen Methodik (siehe Abbildung 5.13). Der *ebXML Business Process and Business Information Analysis Overview* beschreibt den Analyse- und Definitionsprozess von E-Business-Beziehungen zwischen Unternehmen innerhalb des ebXML-Frameworks, sofern diese noch nicht durch die ebXML geschehen ist (siehe Abbildung 5.12). Dieser sehr aufwändige Prozess wird – was Standardgeschäftsprozesse betrifft – (glücklicherweise) von der ebXML-Gruppe durchgeführt und den Unternehmen als Standardempfehlung bereitgestellt.

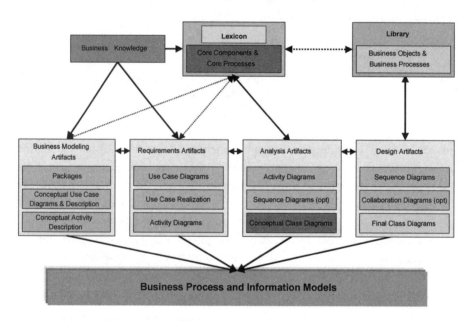

Abbildung 5.12 UMM-Vorgehen und Bestandteile

Die Pflege der ebXML-Spezifikationen teilen sich OASIS und UN/CEFACT. OASIS zeichnet sich hierbei für die Bereiche Messaging, Registry/Repository, Sicherheit sowie Collaborative Partner Work verantwortlich. UN/CEFACT hingegen übernimmt den Part der Semantik, d.h. Core Components und Nachrichtentypen sowie Business Process Models, da hier die Erfahrungen aus dem EDI-Umfeld eingebracht werden.

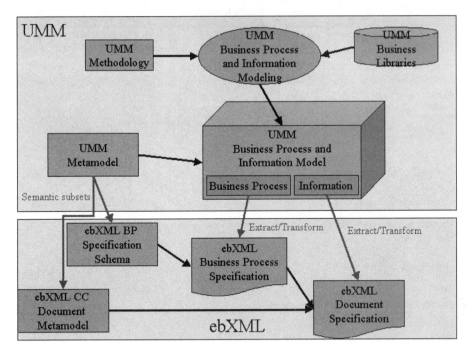

Abbildung 5.13 UMM-Metamodell und ebXML-Business-Process-Specification-Schema

Das *ebXML-Business-Process-Specification-Schema* stellt die zur Definition eines definierten Geschäftsbeziehungstyps erforderliche Semantik (Was?), Rollen (Wer?), Dokumente (auszutauschende Nachrichtentypen) und Interaktionsprozesse (Verhalten) zur Verfügung.

Business Documents sind die Nachrichtentypen, die zwischen Unternehmen zur Abwicklung spezifischer Geschäftsvorfälle ausgetauscht werden müssen. Unternehmen wählen aus einem Angebot möglicher Nachrichtentypen (*Business Process Specification*) die erforderlichen aus. Der Nachrichteninhalt wird auf der Basis vordefinierter Datenbausteine, den *ebXML Core Components*, die den genauen Inhalt jedes Nachrichtentyps bestimmen, definiert. In Verbindung mit den Designregeln lassen sich so flexibel auf die Branchen- oder Unternehmensbedürfnisse zugeschnittene XML-Nachrichtentypen definieren. Die XML-Version dieser Business Process Specifications können im öffentlichen ebXML Repository (*www.ebxml.org*) gespeichert werden.

Bei Bedarf lassen sich ferner ein *ebXML Trading Partner Collaboration Protocol Profile* (CPP) sowie *Collaboration Protocol Agreements* (CPA) erstellen. Sie dienen für die zugrunde liegenden E-Business-Anwendungen als »Konfigurationsbeschreibungen«.

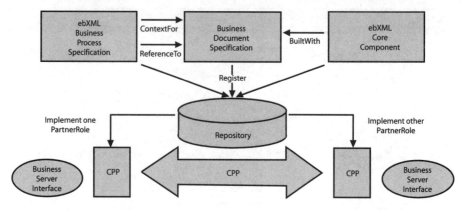

Abbildung 5.14 ebXML-Business-Process-Specification-Schema und andere ebXML Specifications

ebXML empfiehlt explizit die Nutzung von UDDI, um Einträge in ebXML Repositories und Registries zu finden. Die Speicherung der ebXML-Spezifikationen auf der Basis von UDDI ist nicht vorgesehen.

Wertung

ebXML bietet ein sehr gut strukturiertes, jedoch auch komplexes Verfahren zur Definition von XML-basierten Geschäftsnachrichtentypen sowie deren Einbettung in interaktive Geschäftsbeziehungen. Klar ersichtlich sind die starken Anlehnungen an die EDI-Philosophie, was dazu führt, dass eine nachrichtenorientierte Architektur des Informationsaustauschs im Vordergrund steht und interaktive Realtime-Transaktionen nicht ohne weiteres unterstützt werden.

Die bestehenden Erfahrungen und etablierten Prozess- und Schnittstellenstrukturen von EDI werden übernommen, was eine schnelle Entwicklung von Nachrichtentypen und Prozessen erwarten lässt. Auch dürften sich Akzeptanz- und Migrationsprobleme bei EDI-Anwendern – und das sind überwiegend Konzerne – in Grenzen halten. Der Aspekt Sicherheit ist zwar problematisiert, befindet sich aber noch im Diskussionsstadium.

5.3 Katalogformate

Zurzeit wird von ca. 160 verschiedenen, teilweise produktspezifischen Katalogformaten am Markt ausgegangen. Den Status eines von offizieller Seite verabschiedeten Status (Norm) oder eines in der Wirtschaft verbreiteten Industriestandards besitzen jedoch die wenigsten. Ziel ist es, Produkte möglichst eindeutig, umfassend und maschinell auswertbar zu beschreiben. Mit wenigen Ausnahmen hat sich mittlerweile XML als Formatgrundlage elektronischer Kataloge durchgesetzt.

In der derzeitigen Situation werden Einkäufer und Marktplatzbetreiber von ihren Lieferanten mit elektronischen Katalogen in unterschiedlichen, inkompatiblen Formaten konfrontiert. Ein Unternehmen wie beispielsweise der SIEMENS-Konzern mit 220000 Lieferanten stößt hier ebenso an Grenzen wie die Lieferanten, die häufig für große Kunden individuelle Kataloge erstellen müssen. Hinzu kommt, dass bei einer Übernahme in Multilieferantenkataloge oder in SCM-, ERP- oder CRM-Systeme zur Weiterverarbeitung eine Konsolidierung der Daten unumgänglich ist. Eine maschinelle Homogenisierung der Datenstruktur, der Inhalte, Klassifikationen, Packgrößen, Bezeichnungen usw. ist häufig nicht oder nur mit sehr hohem manuellem Aufwand möglich (siehe Abbildung 5.15). Bei SCM kommt ein weiteres Problem hinzu: die Notwendigkeit, in dynamischen Partnerbeziehungen flexibel und hochaktuell auf Produktdaten zugreifen zu können und diese automatisch verarbeiten zu müssen, was weit über den periodischen, asynchronen Katalogdatenabgleich hinausgeht.

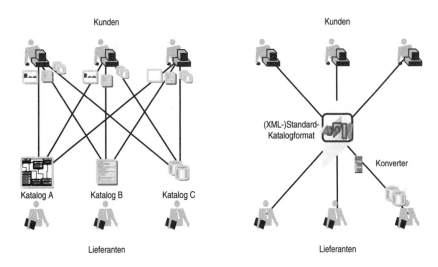

Abbildung 5.15 Reduktion der Komplexität durch Einsatz von Standardkatalogformaten

Der Leidensdruck in der Wirtschaft, getätigte oder geplante Investitionen mittels eines ansprechenden RoI zu legitimieren, steigt. Gefordert werden daher Produktivsysteme mit Massentransaktionsverarbeitung sowie hohem Integrations- und Automationsgrad bei vertretbaren Betriebskosten.

Bedeutende elektronische Katalogformate sind:
- BMEcat
- cXML

▶ xCBL

Daneben sind auch noch andere Formate im Umlauf, die eine gewisse Verbreitung aufweisen, jedoch nicht XML-basiert sind. Es ist davon auszugehen, dass sie mittel- bis langfristig von den XML-Formaten abgelöst bzw. in eine XML-Syntax überführt werden.

5.3.1 BMEcat

Initiator war der BUNDESVERBAND MATERIALWIRTSCHAFT, EINKAUF UND LOGISTIK E.V. (BME), der mit einigen großen deutschen Unternehmen dieses XML-basierte Katalogformat erarbeitete (*www.bmecat.org*). Die fachlichen Entwicklungen wurden von FRAUNHOFER IAO (Institut Arbeitswirtschaft und Organisation) in Stuttgart sowie den Universitäten Essen und Linz durchgeführt und 1999 in der Version 1.0 verabschiedet.

BMEcat zielt auf die Bereitstellung von Produktdaten für elektronische Beschaffungssysteme ab. In der bestehenden Version lassen sich insbesondere MRO- und C-Güter erfassen. Problematisch hingegen ist die Abbildung von Dienstleistungen oder konfigurierbaren Produkten wie beispielsweise PCs mit konfigurierbarem Prozessor, Hauptspeicher, Festplatte usw.

Im Gegensatz zu anderen Formaten wie cXML oder xCBL beschränkt sich BMEcat darauf, eine Struktur für multimediale Produktkataloge zur Verfügung zu stellen. XML-Formate wie cXML oder xCBL verfügen über zusätzliche Module für die Spezifikation von elektronischen Geschäftsdokumenten wie Rechnungen oder Lieferscheinen sowie Empfehlungen für Interaktions- bzw. Business-Szenarios (siehe Abbildung 5.16).

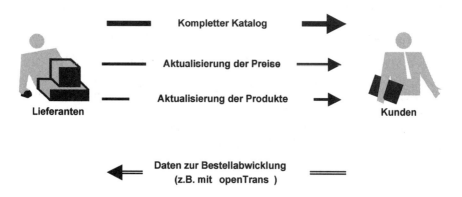

Abbildung 5.16 Katalogtransaktionen in BMEcat

BMEcat entwickelt sich im deutschsprachigen Beschaffungsbereich zunehmend zum Standard für elektronische Kataloge. Aufgrund der Internationalität der beteiligten Unternehmen kann von einer zunehmenden Verbreitung im europäischen Raum ausgegangen werden.

5.3.2 openTRANS

Die bei BMEcat fehlenden Nachrichtendefinitionen für die bilaterale Geschäftsabwicklung über das Internet sowie mit Marktplätzen bieten die XML-Nachrichtentypen von openTRANS. 2001 wurde die Version 1.0 verabschiedet (*www.opentrans.org*).

Zurzeit stehen folgende Nachrichtentypen als DTD zur Verfügung:

- DISPATCHNOTIFICATION (Lieferavis)
- INVOICE (Rechnung)
- ORDER (Auftrag)
- ORDERCHANGE (Auftragsänderung)
- ORDERRESPONSE (Auftragsbestätigung)
- QUOTATION (Angebot)
- RECEIPTACKNOWLEDGEMENT (Wareneingangsbestätigung)
- RFQ (Request For Quotation, Angebotsanforderung)

Das openTRANS zugrunde liegende Interaktionsszenario ist analog zu dem von EDI Message-orientiert (siehe Abbildung 5.17). Trotz des ähnlichen Grundkonzepts besteht keine Kompatibilität zu EDIFACT.

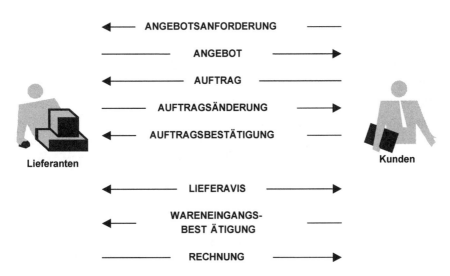

Abbildung 5.17 Interaktionsszenario von openTRANS

5.3.3 cXML

cXML ist ein vom Procurement-Systemanbieter ARIBA entwickelter und auf dessen Produkte abgestimmter Datenformat- und Interaktionsstandard (*www.cxml.org*). Die Nachrichtentypen lassen sich in die Bereiche *Catalog*, *PunchOut* und *PurchaseOrder* unterteilen (siehe Tabelle 5.9).

Bereich	Nachrichtentyp	Inhalt
Catalog	Catalog	Produktkatalog mit Lieferanten-, Produkt- und Konditionsdaten
PunchOut	PunchOutIndexCatalog	
	PunchOutSetupRequest	Start einer PunchOut-Session mit Anfrage nach einem Produkt
	PunchOutSetupResponse	Verweis auf die Webseite mit Detailinfos in Lieferantenkatalogen
	PunchOutOrderMessage	Bestelldaten, d.h. (konfigurierte) Produkte aus dem Einkaufskorb
Purchase Order	OrderRequest	Verbindlicher Bestellauftrag des Procurement-Systems an den Lieferanten
	OrderResponse	Bestätigung des Lieferanten über Erhalt und fehlerfreies Lesen der Nachricht

Tabelle 5.9 Messagetypen von cXML mit Einsatzbereichen

Katalogdefinition

Der cXML-Katalog besteht aus drei Komponenten: *Supplier*, *Index* und *Contract*.

1. **Supplier**
   Grunddaten zum Lieferanten, wie Unternehmens-ID (z.B. DUNS), Adresse, Kontaktperson und Bestellinformationen
2. **Index**
   Lieferantenbestand an Waren und Leistungen und ihre Beschreibung, Nummer, Produktklassifikationscode (z.B. SPSC, Standard Products and Services Classification)
3. **Contract**
   Beinhaltet ausgehandelte Vertragsaspekte und Konditionen

Gängig ist das Verfahren, dass die Katalogdaten zumindest einmal bei der Implementierung im Procurement-System des Kunden vollständig übertragen und anschließend regelmäßig inkrementell oder komplett aktualisiert werden. Die Daten müssen im Rahmen der Integration an die Struktur und Semantik des

Kundensystems angepasst werden, was nicht selten mit erheblichem manuellem Aufwand verbunden ist. Hierbei kann die Transformation alternativ vom Kunden wahrgenommen werden, der die verschiedenen Lieferantenkataloge an sein Format anpasst, oder der Lieferant ist vom Kunden gefordert, unmittelbar ein geeignetes Format bereitzustellen (siehe Abbildung 5.18). Im Bereich der (Multilieferanten-)Katalogpflege hat sich mittlerweile ein eigener Dienstleistungsmarkt entwickelt.

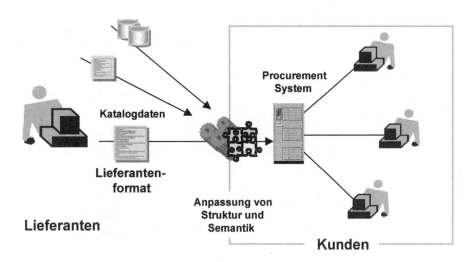

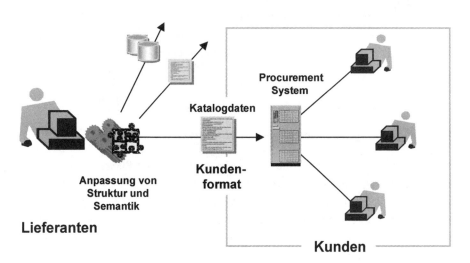

Abbildung 5.18 Typische Varianten des Katalogdatenaustauschs: Kunde übernimmt Formatanpassungen (oben) bzw. Lieferant erzeugt kundenindividuelle Formate (unten)

Neben den obligatorischen Grundinformationen lassen sich auch optionale Informationen zu den Produkten (wie etwa mehrsprachige Beschreibungen) ergänzen.

PunchOut

Alternativ zum aufwändigen Austausch kompletter Kataloge zwischen Lieferant und Kunden bietet cXML mit seinem PunchOut ein alternatives Verfahren, um vom Procurement-System direkt auf das Katalogsystem des Lieferanten durchzugreifen.

Im Procurement-System des Kunden wird der *PunchOutIndexCatalog*, eine Indexlinkliste, hinterlegt. Bei Auswahl eines Produkts wird auf die Detail- und Konfigurationsseiten eines Katalog-Servers beim Lieferanten verzweigt, wo u.a. auch die Preiskalkulation durchgeführt wird. Anschließend übermittelt der Lieferant die Bestelldaten – als Bestellvorschlag – an das Procurement-System des Kunden, das gegebenenfalls nach Durchlauf eines Genehmigungsprozesses die offizielle Bestellung an den Lieferanten übermittelt (siehe Abbildung 5.19).

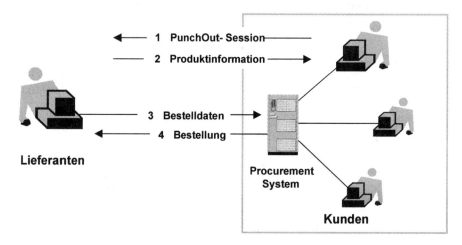

Abbildung 5.19 Interaktionsszenario beim PunchOut-Prozess

Mit dem Verfahren werden insbesondere Probleme bei der Pflege und der Aktualität von Lieferantenkatalogen beim Kunden umgangen und die ATP-Prüfungen – soweit vom Lieferanten angeboten – vereinfacht. Nachteilig hingegen sind die je nach Lieferant unterschiedlichen Oberflächen, Informationen und bereitgestellten Funktionen, was nicht nur die Bedienung, sondern auch die Vergleichbarkeit erschwert. Vor- und Nachteile sind im Einzelfall zu prüfen (siehe Tabelle 5.10).

Vorteile für den Kunden	Nachteile für den Kunden
Keine Pflege von Multilieferantenkatalogen	Unterschiedliche Masken und Bestellmimiken der Lieferanten
Keine Formattransformation	Vergleichbarkeit der Produkte unterschiedlicher Anbieter
Geringer Implementationsaufwand	Internetzugang am Arbeitsplatz erforderlich
Maximale Datenaktualität	Online-Verfügbarkeit der Lieferantenkataloge
Verfügbarkeitsprüfung/ATP (soweit vom Lieferanten unterstützt)	PunchOut-Interaktion muss vom Procurement-System unterstützt werden
Erweiterte Produktinformationen	Aufwändige Genehmigungs-/Zugriffssteuerung
Vorteile für den Lieferanten	**Nachteile für den Lieferanten**
Keine kundenspezifische Katalogaufbereitung	Bereitstellung eines Katalog-Servers und der erforderlichen, gesicherten Internet-Infrastruktur
Auswertungen über Benutzerverhalten	Unterstützung des PunchOut-Prozesses

Tabelle 5.10 Vor- und Nachteile des PunchOut-Verfahrens

5.3.4 xCBL

VEOSYSTEMS, inzwischen von COMMERCE ONE übernommen, stellte 1997 als Ergebnis eines Forschungsprojektes die *Common Business Library* (CBL) vor. Ziel war es u.a., die Grenzen von XML im E-Business und Anforderungen an XML-Standards und -Tools herauszuarbeiten. Hierbei lehnte man sich stark an die Semantik des EDI-Standards ANSI X12 an und war bestrebt, die Interoperabilität zu anderen Standards sicherzustellen.

Mit der Version 2 entstand das XML-basierte xCBL (*www.xcbl.org*). Heute ist xCBL ein Framework zur Erstellung von XML-Dokumenttypen. Kommunikationsplattform bildet das Internet. Bei xCBL wird strikt zwischen dem Inhalt eines XML-Dokuments und der Transaktionslogik zwischen den Teilnehmern der Geschäftstransaktionen getrennt. Im Gegensatz zu cXML gibt es bei xCBL keinerlei Spezifikation des Protokolls, wie der Transport einer Nachricht erfolgen soll.

Bereich	Nachrichtentyp
Auction	▶ AuctionCreate
	▶ AuctionCreateResponse
	▶ AuctionResult
	▶ AuctionResultResponse

Tabelle 5.11 Messagetypen von xCBL

Bereich	Nachrichtentyp
Availability	▶ AvailabilityToPromise ▶ AvailabilityToPromiseResponse
Catalog Content	ProductCatalog
Message Management	MessageAcknowledgement
Invoicing and Payment	▶ Invoice ▶ PaymentRequest ▶ PaymentRequestAcknowledgment ▶ RemittanceAdvice ▶ FXRateRequest ▶ FXRateResponse ▶ PaymentStatusRequest ▶ PaymentStatusResponse
Material Management	▶ AdvanceShipmentNotice ▶ PlanningSchedule ▶ PlanningScheduleResponse ▶ ShippingSchedule ▶ ShippingScheduleResponse
Order Management	▶ Order ▶ OrderRequest ▶ OrderResponse ▶ ChangeOrder ▶ OrderStatusRequest ▶ OrderStatusResult
RFQ/Quote	▶ RequestForQuotation ▶ Quote
Statistics and Forecasting	▶ TimeSeriesRequest ▶ TimeSeries ▶ TimeSeriesResponse
Synchronous Checks	▶ PriceCheckRequest ▶ PriceCheckResult ▶ AvailabilityCheckRequest ▶ AvailabilityCheckResult
Trading Partner Documents	▶ TradingPartnerOrganizationInformation ▶ TradingPartnerUserInformation ▶ TradingPartnerOrganizationDelete ▶ TradingPartnerUserDelete ▶ TradingPartnerResponse

Tabelle 5.11 Messagetypen von xCBL (Forts.)

xCBL stellt für die verschiedensten Geschäftstransaktionen (siehe Tabelle 5.11) einen definierten Dokumentrahmen bereit, der durch Standardelemente, so genannte *XML-Building-Blocks*, ergänzt werden kann. Damit ist es möglich, eigene Typen von Geschäftsnachrichten zu definieren. Ebenso wie bei cXML ist bei xCBL der elektronische Produktkatalog eines von vielen XML-Dokumenten, die dem Dokumentrahmen zugehören. Allerdings wird hier nicht der Funktionsumfang wie beispielsweise bei BMEcat erreicht.

5.4 Identifikations- und Klassifikationssysteme

Während Datenformatstandards über eine Syntax und Semantik verfügen, d.h. nach welchen Strukturierungsregeln (Grammatik) beispielsweise ein Nachrichtentyp aufzubauen und an welcher Stelle ein definierter Sachverhalt (z.B. Produktbezeichnung) zu finden ist, bleibt die Frage, wie ein Sachverhalt (z.B. Produktbezeichnung, Datumsformat) darzustellen ist, häufig dem Anwender überlassen. So nutzen beispielsweise viele Unternehmen individuelle Produktnummern, -bezeichnungen, Schreibweisen für Adressen oder Abkürzungen für Liefer- bzw. Zahlungsbedingungen. Die Liste ließe sich endlos erweitern. Trotz Datenformatstandards führen diese Freiheitsgrade in der Darstellung zu massiven Problemen bei der automatisierten Integration und Weiterverarbeitung von Daten.

In Teilbereichen schaffen standardisierte Code-Listen der ISO (International Standardization Organisation) Abhilfe. Gleiches gilt für Identifikationssysteme, wie die EAN-Produktidentifikation bzw. die ILN (*International Location Number*), eine weltweit gültige Nummernstruktur zur eindeutigen Identifizierung von Unternehmen und/oder Unternehmensteilen (z.B. Lager, Lieferpunkte wie Wareneingangsrampen). Demgegenüber dienen Klassifikationssysteme nicht der eindeutigen Spezifikation, sondern der Beschreibung und Einordnung und spielen beispielsweise bei der Suche nach Geschäftspartnern und Anbietern von bestimmten Produkten eine wichtige Rolle.

Nachfolgend werden einige der wichtigsten Klassifikations- und Identifikationsschemata mit ihren Anwendungsbereichen aufgezeigt.

5.4.1 Universale Klassifikationsschemata

eCl@ss (www.eclass.de)

eCl@ss ist ein vom INSTITUT DER DEUTSCHEN WIRTSCHAFT KÖLN kostenlos zur Verfügung gestellter Standard für Materialklassifikationen und Warengruppen. eCl@ss ist gekennzeichnet durch einen vierstufigen, hierarchischen Klassifikationsschlüssel mit einem aus 12000 Begriffen bestehenden Schlagwortregister.

Durch den Zugang entweder über die Hierarchie oder über Schlagworte kann sowohl der Experte als auch der gelegentliche Nutzer in der Klassifikation navigieren. Hervorzuheben ist die Integration von Merkmalsleisten zur Beschreibung von Materialien und Dienstleistungen

UN/SPSC (www.un-spsc.net)
Der *Universal Standard Products and Services Classification Standard* ist eine durch die Vereinten Nationen vorgegebene Produktklassifikation. Der Standard stellt ein universales Klassifikationsschema für unterschiedlichste Produktgruppen zum weltweiten Einsatz dar und basiert auf Klassifikationen, die das Unternehmen DUN & BRADSTREET entwickelt hat.

NIGP (www.nipg.org)
NIGP (*National Institut of Government Purchasing*) ist ein umfangreiches Produktklassifikationssystem, das in Teilbereichen bis auf Attributebene heruntergebrochen wurde. Das Klassifikationsschema kommt vor allem in den USA bei der Beschaffung von öffentlichen Verwaltungsgütern zum Einsatz. Bedingt durch den hohen Detaillierungsgrad ist NIGP nur eingeschränkt in anderen Industrien einsetzbar.

Thomas Register (www.thomasregister.com)
Thomas Register ist eine private Klassifikationsstruktur, die auf die Klassifikation von MRO-Gütern in den USA ausgelegt ist. GE GLOBAL EXCHANGE SERVICES und Thomas Register haben 1997 zusammen das Unternehmen TPN-REGISTER gegründet, einen Content-Provider, der mit dem Thomas Register arbeitet.

5.4.2 Bau/Baustoffhandel

proficl@ss (www.proficlass.de)
proficl@ss ist eine branchenübergreifende Initiative zur Klassifizierung von Produktdaten. Der Schwerpunkt liegt auf Produkten aus den Bereichen Bau, Gebäudetechnik und Industriebedarf. Federführend sind das EINKAUFSBÜRO DEUTSCHER EISENHÄNDLER (E/D/E), die HAGEBAU HANDELSGESELLSCHAFT FÜR BAUSTOFFE und die PROFI PORTAL AG.

CPV (simap.eu.int/DE/pub/src/welcome.htm)
Die Kommission der Europäischen Gemeinschaften entwickelte das Klassifikationsschema CPV-Code (*Common Procurement Vocabulary*), um vor allem den Bereich der Ausschreibungen im Bauwesen zu vereinheitlichen.

5.4.3 Elektrogroßhandel

ETIM (www.etim.de)
Der Verein ETIM DEUTSCHLAND E.V. wurde von neun Elektrogroßhändlern und Einkaufsgemeinschaften gegründet. Ziel des Vereins ist es, ein Klassifikationssystem für die über den Elektrogroßhandel vertriebenen Produkte zu schaffen. Die deutsche Elektrowirtschaft reagiert mit dem Aufbau des Branchenmodells ETIM

(Elektrotechnisches Informationsmodell) und der Errichtung einer zentralen Austauschplattform für qualitätsgesicherte Produktdaten auf bestehende Anforderungen im E-Business.

5.4.4 Healthcare/Medizin

EGAR (www.cenorm.be)
Als Grundlage von EGAR (*European Generic Article Register*) diente 1998 die 7. Version der GAR-Struktur. Ziel ist es, eine Klassifikation zu entwickeln, die im elektronischen Handel (E-Commerce) eingesetzt werden soll. In der Klassifikation sind ausschließlich Medizinprodukte enthalten. Die GAR-Struktur wurde seit 1995 in Norwegen entwickelt und evaluiert. Sie befindet sich seither in verschiedenen Krankenhäusern, bei Lieferanten und öffentlichen Institutionen aus dem Healthcare-Sektor im Einsatz. Unterstützung erhält das EGAR-Projekt von schwedischen Ministerien und von der CEN (Europäisches Komitee für Normung).

SNITEM (www.snitem.fr)
Das *Syndicat National de l'Industrie des Technologies Médicales* wurde von dem französischen Medizinproduktverband zur Klassifizierung der Medizinprodukte entwickelt.

EDMA (www.edma-ivd.be)
Die EUROPEAN DIAGNOSTIC MANUFACTURERS ASSOCIATION hat eine Klassifikation für den In-vitro-Diagnostikbedarf entwickelt.

5.4.5 Produktnummern- und Lokationssysteme

EAN (www.ean-int.org, www.ccg.de)
Die EUROPEAN ARTICLE NUMBERING ASSOCIATION entwickelt und pflegt ein international abgestimmtes, einheitliches und weltweit überschneidungsfreies 8-, 13- oder 14-stelliges Artikelnummernsystem für Produkte und Dienstleistungen. Es bildet die Grundlage für den Einsatz der Scannertechnologie (EAN-Code) und erleichtert wesentlich die elektronische Kommunikation.

Eine Erweiterung bildet der EAN-128-Standard zur Codierung von umfangreicheren, logistischen Grund- und Zusatzinformationen (z. B. Chargennummern, Mindesthaltbarkeitsdatum, EAN-Nummer der Handelseinheit usw.). Zur Darstellung der entsprechenden Informationen wurde eine Reihe von Tags entwickelt, die Format und Inhalt der jeweils folgenden Daten eindeutig festlegen.

UPC (www.export911.com/e911/coding/upcChar.htm)
Der *Universal Product Code* ist ein Strichcodesymbol der EAN/UPC. Es unterscheidet sich zum EAN-13-Symbol durch die vom Menschen lesbare Darstellung der im Code enthaltenen Nummern. Verwaltet wird der UPC vom *Uniform Code*

Council (UCC, Lawrenceville, NJ, USA) bzw. dem *Electronic Commerce Council of Canada* (ECCC) für Kanada. Der UPC ist eine der Grundlagen des moderneren EAN. Ab 2005 müssen alle US-Händler in der Lage sein, 8-, 12-, 13- und 14-stellige EAN/UCC zu verarbeiten.

ILN (www.ccg.de)

Die *International Location Number* ist eine weltweit gültige Nummernstruktur zur eindeutigen Identifizierung von physischen, funktionalen oder rechtlichen Einheiten von Unternehmen und/oder Unternehmensteilen (z. B. Lager, Lieferpunkte wie Wareneingangsrampen). ILN Typ 1 dient nur dem Zweck der eigenen Unternehmensidentifizierung gegenüber Geschäftspartnern, wohingegen mit der Typ-2-Ausprägung Unternehmensteile, Artikel oder Versandeinheiten eindeutig identifiziert werden können.

5.4.6 Industrieklassifikationssysteme

NAICS (www.census.gov/epcd/www/naics.html)

Eines der bekanntesten Industrieklassifikationssysteme ist das sechsstellige NAICS (*North American Industry Classification System*), das vom U.S. CENSUS BUREAU eingeführt worden ist. NAICS hat 1997 die vierstellige SIC (*Standard Industrial Classification*) abgelöst.

5.4.7 Nomenklaturen

UMDNS/GMDN (www.dimdi.de/germ/klassi/umdns/ls-umdns.htm)

Das *Universal Medical Device Nomenclature System* (UMDNS) wurde von ECRI, USA, zur Verschlüsselung von Medizinprodukten entwickelt. Auf Empfehlung das CEN (Europäisches Komitee für Normung) dient sie in europäischen Ländern als Grundlage für die Codierung von Medizinprodukten, bis eine einheitliche europäische Vorgabe existiert. Mit *Global Medical Device Nomenclature* (GMDN) ist diese Vorlage auf der Basis von UMDNS erarbeitet und soll zur einheitlichen Nomenklatur für Europa werden.

6 Betriebstypologische Branchensegmentierung

Jedes Unternehmen ist bestrebt, seine Informations- und Warenflüsse mit minimalem Aufwand möglichst gut mittels SCM-Software zu unterstützen. Dies bedeutet, dass im Gegensatz zu einer Individualentwicklung Standardlösungen erwünscht sind, aber nur dann, wenn der Adaptionsaufwand trotz individueller Anforderungen vertretbar ist. Software-Anbieter versuchen, dieser Anforderung mit Lösungen für homogene Anwendergruppen, meist Branchen, Herr zu werden. Die möglichst exakte Beschreibung der Unternehmensanforderungen sowie die Gruppierung zu homogenen Gruppen ist Gegenstand dieses Kapitels. Ziel ist es, Unternehmen ein Instrument an die Hand zu geben, um die bestehenden SCM-Anforderungen schnell und genau zu identifizieren sowie diese strukturiert mit dem Leistungsprofil von SCM-Systemen abzugleichen.

In der betriebswirtschaftlichen Literatur findet sich eine Vielzahl von Typologisierungsansätzen. Sie differieren in der Zahl, Bezeichnung, Bedeutung und Ausprägung der aufgenommenen Merkmale. Zentrales Kriterium bei der Auswahl ist die zugrunde liegende Zielsetzung. Selbst eine umfangreiche Literaturanalyse ergibt, dass nur wenige der dort verzeichneten Merkmale für die Aufgabe, Eigenschaften und funktionale Anforderungen an SCM-Software zu spezifizieren, nutzbar sind.

Da die Zuordnung von Unternehmen zu Branchen den individuellen Anforderungen nicht ausreichend Rechnung trägt, werden nachfolgend verfeinerte Merkmale bzw. Anforderungen entwickelt und als »betriebstypologische Branchensegmentierung« formal in eine für unsere Zwecke besser geeignete, neuartige Typologisierung gegliedert. Diese Merkmale charakterisieren die Besonderheiten des einzelnen Betriebs und lassen sich in gleicher Weise auch in anderen Branchen nutzen. Neben den bekannten, groben Branchenanforderungen erhält man somit eine weitere Dimension in Form branchenübergreifender, betriebstypologischer Merkmale. Folge ist eine wesentlich genauere Erfassung von unternehmensindividuellen Bedarfen und ihre Zuordnung zu den spezifischen SCM-Software-Funktionsmodulen mit der für die Implementierung erforderlichen Parametrisierung.

Der Leser kann somit jede Merkmalsausprägung unmittelbar nicht nur einer Branche zuordnen, sondern auch die hierfür verantwortlichen Funktionsmodule direkt identifizieren. Abbildung 6.1 zeigt das allgemeine Strukturschema zur Analyse. Es führt zu einer deutlichen Beschleunigung der Analyse und einer erheblichen Verringerung des Einführungsaufwands von SCM-Software-Paketen.

Merkmal	Ausprägungen	Funktionsmodul									Branchen		
		Absatzprognose	Verfügbarkeitsprüfung	Primärbedarfsplanung	Logistiknetzplanung	Produktionsplanung	Transportplanung	Untern. übergr. Zus. arbeit	Monitoring und Controlling	Strat. Netzwerkplanung	Halbleiter	PC-Industrie	Automobil	Konsumgüter
Bezeichnung des Merkmals	Merkmalsausprägung 1													
	Merkmalsausprägung 2													
	Merkmalsausprägung n													

Abbildung 6.1 Allgemeines Strukturschema der betriebstypologischen Branchensegmentierung

Die in der Übersichtsmatrix der betriebstypologischen Branchensegmentierung (siehe Abbildung 6.2) aufgezeigten Merkmalsausprägungen sind entweder direkt in diesem Buch beschrieben oder lassen sich unmittelbar aus den genannten Erläuterungen ableiten. In Abbildung 6.2 wird dargestellt, welche betriebstypologischen Merkmale für die jeweiligen Branchen relevant sind, sowie ihre Zuordnung zu den einzelnen aufgezeigten Funktionsmodulen dargestellt. So erhält der Leser eine Übersicht zur Einordnung in das Gesamtschema.

Im Folgenden wird jedes Modul zunächst betriebstypologisch eingeordnet; anschließend werden die betriebstypischen Besonderheiten herausgestellt. Falls eine Anforderung nur für ein Funktionsmodul von Relevanz ist, wird sie direkt im jeweiligen Abschnitt beschrieben (siehe Abschnitt 6.1). Betreffen ein Merkmal und die sich hieraus ergebenden Anforderungen mehr als eine Komponente, wird diese in Abschnitt 6.2 behandelt. Zu beachten ist, dass auch Anforderungen, die in Kapitel 3, diskutiert wurden, unter Umständen von unterschiedlichen Betriebstypen abhängen können. So ist beispielsweise die Reihenfolgeplanung in der kontinuierlichen Massenfertigung de facto nicht erforderlich.

Merkmal	Ausprägungen	Funktionsmodul									Branche					
		Absatzprognose	Verfügbarkeitsprüfung	Primärbedarfsplanung	Logistiknetzplanung	Produktionsplanung	Transportplanung	Untern.-übergr. Zus.-Arbeit	Monitoring und Controlling	Strateg. Netzwerkplanung	Halbleiter	PC-Industrie	Automobil	Konsumgüter	Chemie	Pharma
Promotionsintensität	Hohe Promotionsintensität	■										■	■	■		
	Niedrige Promotionsintensität	■									■				■	■
Nachfrageabhängigkeit von Promotionen	Nachfrage sehr abhängig von Promotionen			■								■	■	■		
	Nachfrage kaum abhängig von Promotionen			■							■				■	■
Anpassbarkeit der Kapazität	Kapazität mittelfristig gut anpassbar			■								■	■	■		
	Kapazität mittelfristig kaum anpassbar			■							■				■	■
Nachfrageabhängigkeit von Saisonalitäten	Nachfrage sehr saisonabhängig			■								■	■	■		■
	Nachfrage kaum saisonabhängig			■							■				■	
Anzahl der Stufen und Komplexität der SC	Eher wenige Stufen und einfache Struktur der SC				■							■		■		
	Eher viele Stufen und komplexe Struktur der SC				■						■		■		■	■
Freiheitsgrade in den Abläufen von SC	Eher geringe Freiheitsgrade, fest vorg. SC-Abläufe				■						■			■		■
	Eher hohe Freiheitsgrade, Variabilität d. SC-Abläufe				■							■	■		■	
Kapitalbindung in Material und Fertigerz.	Eher geringe Kapitalbindung				■							■				■
	Eher hohe Kapitalbindung				■						■		■	■	■	
Orientierung der Logistiknetzplanung an	Periodenbedarfen				■									■	■	■
	Einzelbedarfen				■						■	■	■			
Distributionsintensität der SC	SC eher distributionsintensiv						■					■		■		■
	SC eher nicht distributionsintensiv						■				■		■		■	
Stabilität der Beziehungen	Beziehungen innerhalb der SC eher stabil							■			■			■	■	■
	Beziehungen innerhalb der SC eher instabil							■				■	■			
Integrationstreiber vorhanden	Ein Treiber der Integration ist vorhanden							■			■	■	■	■		■
	Ein Treiber der Integration ist nicht vorhanden							■							■	
Zahl der Abnehmer	Niedrige Zahl der Abnehmer							■			■			■	■	
	Hohe Zahl der Abnehmer							■				■	■			■
Zahl der Zulieferer	Niedrige Zahl der Zulieferer							■			■			■	■	■
	Hohe Zahl der Zulieferer							■				■	■	■		
Komplexität der SC	Eher hohe Komplexität der SC								■			■	■			■
	Eher geringe Komplexität der SC								■		■			■	■	
Dynamik der SC-Zusammensetzung	Häufige Änderung in der SC-Zusammensetzung									■	■	■		■	■	
	Kaum Änderung in der SC-Zusammensetzung									■			■			■
Fokus der SC-Planung	Planung der Produktion und Beschaffung	■	■	■	■	■	■	■	■	■	■	■	■		■	
	Planung der Nachfrage und Distribution	■	■	■	■	■	■	■	■	■				■		■
Auftragsauslösungsart	Produktion auf Bestellung mit Einzelaufträgen	■				■					■					
	Produktion auf Bestellung mit Rahmenaufträgen	■				■					■					■
	Kundenanonyme Vorprod./ -auftragsbez. Endprod.	■				■						■	■	■	■	
	Produktion auf Lager	■				■						■	■	■	■	■
Fertigungsart	Prozessfertigung				■	■					■			■	■	■
	Fließfertigung				■	■						■	■	■		
	Reihenfertigung				■	■					■	■	■	■	■	■
Verbundenheit des Produktionsprozesses	Unverbundene Produktion					■					■	■	■	■		
	Kuppelproduktion ohne Zyklen					■					■			■	■	■
	Kuppelproduktion mit Zyklen					■					■			■	■	■
Zeitl. Abhängigkeiten zw. Prod.-Schritten	Zeitliche Abhängigkeiten vorhanden					■					■			■	■	■
	Zeitliche Abhängigkeiten nicht vorhanden					■						■	■	■		
Material-bearbeitungsstruktur	Analytische (zerlegende) Produktion					■					■			■	■	■
	Synthetische (zusammenfassende) Produktion					■						■	■	■	■	■
	Durchlaufende (glatte) Produktion					■								■		
	Umgruppierende (synt.-anal./anal.-synt.) Produktion					■					■			■	■	■
Dauer des Produktlebenszyklus	Kurze Produktlebenszyklen	■				■					■	■		■		
	Mittlere bis lange Produktlebenszyklen	■				■							■	■	■	■
Internationalität der SC	Geschäft vorwiegend national						■			■						
	Geschäft vorwiegend international						■			■	■	■	■	■	■	■
Erforderlichkeit eines Herkunftsnachweises	Herkunftsnachweis nicht erforderlich		■			■						■	■	■		
	Herkunftsnachweis erforderlich		■			■					■			■	■	■
Haltbarkeit des Materials und der Endprodukte	Begrenzte/kurze Haltbarkeit		■		■	■								■	■	■
	Unbegrenzte/lange Haltbarkeit		■		■	■					■	■	■	■		
Variantenvielfalt des Erzeugnisspektrums	Erzeugnisse nach Kundenspezifikation	■	■			■					■				■	
	Typisierte Erzeugnisse mit kundenspez. Varianten	■	■			■					■				■	■
	Standarderzeugnisse mit Varianten	■	■			■						■	■	■	■	■
	Standarderzeugnisse ohne Varianten	■	■			■						■	■	■	■	■

Abbildung 6.2 Übersichtsmatrix zur betriebstypologischen Branchensegmentierung

Zutreffende betriebstypologische Merkmale werden hierzu mit den möglichen Ausprägungen dargestellt. Falls nur bestimmte Ausprägungen diskutiert werden, sind diese dunkel hervorgehoben (siehe Abbildung 6.3).

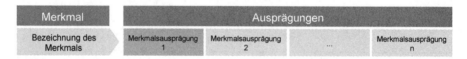

Abbildung 6.3 Allgemeine Struktur zur visualisierten Darstellung des betriebstypologischen Merkmals und der jeweils zutreffenden Ausprägungen

Allgemein ist der Focus der Supply-Chain-Planung zu berücksichtigen:

| Fokus der SC-Planung | Planung der Produktion und Beschaffung | Planung der Nachfrage und Distribution |

Bei der Ausrichtung von SCM-Software auf Betriebstypen unterscheidet man in der Regel zwischen Unternehmen mit großer Produktions- und Beschaffungskomplexität, etwa in der Elektronik- und Automobilindustrie, und solchen, die vorwiegend in der Nachfrage- und Distributionsplanung der Unterstützung bedürfen, insbesondere Handel und Konsumgüterindustrie (siehe Abbildung 6.4).

Abbildung 6.4 Einordnung diverser Branchen nach Produktions- und Beschaffungskomplexität sowie nach Distributionskomplexität

Einige Branchen wie die Pharma- und Chemieindustrie können – abhängig vom Geschäftszweig – beiden Rubriken zugeordnet werden. So stößt etwa die Supply-Chain-Planung für nicht rezeptpflichtige Sonnenschutzpräparate auf ähnliche Probleme wie in der Konsumgüterindustrie.

Die erste Gruppe von Unternehmen ist insbesondere an einer Verbesserung der Produktionsplanung interessiert, entweder um kurze Durchlaufzeiten für die viel Kapital bindenden, gegebenenfalls unter hohem Wertverlust leidenden Einsatzstoffe zu erreichen oder eine möglichst hohe Auslastung ihrer Produktionskapazität zu erlangen. Die zweite Gruppe strebt indessen eine verbesserte Qualität von Absatzprognosen, Distributions- und Verteilplanung an.

Eine Studie der AUTOMATION RESEARCH CORP. zeigt, dass in Supply Chains, in denen die Distribution große Bedeutung besitzt, eine höhere Bereitschaft zu Investitionen in SCM-Systeme besteht als in solchen, in denen die Beschaffung oder die Produktion im Vordergrund stehen.

Unternehmen, die auftragsbezogen produzieren, beispielsweise aus der Computer-, Halbleiter- oder Chemieindustrie (z. B. DELL, SIEMENS, BAYER), können in der Produktionsplanung die größten Fortschritte mit SCM-Software erzielen. Der Trend zur kundenauftragsbezogenen Fertigung beruht zum einen auf einer steigenden Intensität des Wettbewerbs um Kunden und zum anderen auf einer stärkeren Durchsetzung der so genannten *Pull-Orientierung* in vielen Supply Chains. So kündigte TOYOTA USA 1999 an, dass das Modell CAMRY SOLARA COUPÉ zukünftig innerhalb von fünf Arbeitstagen gemäß den Kundenspezifikationen gefertigt und ausgeliefert wird. Mittelfristig soll dieser Service für alle Pkw angeboten werden.

Diverse SCM-Anbieter, z. B. i2 TECHNOLOGIES und MANUGISTICS, versuchten anfänglich, die gesamte Bandbreite der Anforderungen abzudecken. Ein Hinweis, dass dieser Ansatz nicht sehr erfolgreich war, ist etwa die ca. sechs Jahre dauernde Einführung von i2 RHYTHM bei INFINEON TECHNOLOGIES. Mittlerweile haben sich beide Anbieter stärker spezialisiert. i2 konzentriert sich mehr auf die produktions- und beschaffungsintensiven Unternehmen, während MANUGISTICS insbesondere in der Konsumgüterindustrie Anwendung findet..

6.1 Funktionsmodulabhängige betriebstypische Anforderungen

In der Übersichtsmatrix (siehe Abbildung 6.2) sind die sechs Funktionsmodule zur SCM-Auftragsabwicklung und die drei Querschnittsfunktionen chronologisch mit Bezug zu den betriebstypologischen Merkmalen dargestellt, die in den folgenden Abschnitten diesbezüglich beschrieben werden. Falls die Anforderungen mehrere Funktionsmodule tangieren, werden diese in Abschnitt 6.2 erläutert.

6.1.1 Absatzprognose

Die Bedeutung dieser Komponente ist umso höher, je später der Kundenauftragsentkopplungspunkt in der Wertschöpfung liegt bzw. je mehr Entscheidungen es, beispielsweise bezüglich Beschaffung und Produktion, vor dem Eingang von Aufträgen zu treffen gilt. Dementsprechend kommt der Absatzprognose die größte Bedeutung in Unternehmen zu, die Standarderzeugnisse mit oder ohne Varianten herstellen und diese auch bevorraten. Hinsichtlich dieser Kriterien verwundert es nicht, dass die Unternehmensberatung PRICEWATERHOUSECOOPERS die Konsumgüterindustrie als klassischen Lagerfertiger und den Handel als die Branchen identifiziert, für die die Absatzprognose am wichtigsten ist.

Als betriebstypische Anforderung ist die Berücksichtigung von hoher oder niedriger Promotionsintensität zu sehen:

| Promotionsintensität | Hohe Promotionsintensität | Niedrige Promotionsintensität |

A.68 Promotionsplanung

In Branchen mit promotionsintensiven Produkten wie z. B. in der Konsumgüterindustrie ist die Planung und Erfolgskontrolle aller Promotionsaktivitäten ein kritischer Erfolgsfaktor. So sieht Tony Pearce, Vetriebsdirektor bei BIRDS EYE WALL'S, dem britischen Eishersteller, eines der größten Potenziale weiterer Effizienzsteigerungen in der Evaluation von Promotionen. Daher muss die SCM-Software eine Analyse bisheriger Promotionen ermöglichen und die Wirkung geplanter Verkaufsförderungsmaßnahmen antizipieren. Dies erfolgt insbesondere durch Kausalanalysen und Bibliotheken mit historischen Nachfrageverläufen. Für die Erfolgskontrolle sollen neben einer Plan-Ist-Analyse auch die Kosten (Werbekostenzuschüsse an den Handel, Kosten für TV-Spots usw.) den zusätzlichen Deckungsbeiträgen gegenübergestellt werden.

Im Zusammenhang mit SCM hat sich gezeigt, dass Promotionen einen Grund für Absatzschwankungen darstellen, die zum Peitscheneffekt führen können. Innovative Unternehmen (z. B. WAL-MART oder DM-DROGERIE MARKT) setzen daher zunehmend auf Dauerniedrigpreisstrategien zur Verstetigung der Nachfrage. Die Untergliederung zwischen dieser Strategie und Aktionsorientierung ist ein Merkmal, das zur Typisierung von Handelsbetrieben führen kann. Es gibt jedoch auch Beispiele aus der Fertigungsindustrie, etwa den Suppenproduzenten CAMPBELL.

6.1.2 Verfügbarkeitsprüfung

PRICEWATERHOUSECOOPERS zufolge kommt dem Funktionsmodul u.a. in der Serien- und Prozessfertigung eine große Bedeutung zu. Bei Auftragsfertigung liegt der Schwerpunkt auf der mehrstufigen ATP-Prüfung gegen Kapazität und Komponenten. Bei Serienfertigung dagegen liegt der Fokus auf der Beschaffbarkeit. Jedoch fällt eine Bestimmung so genannter morphologischer Merkmale schwer, weshalb man eine entsprechende Einordnung unterlässt.

6.1.3 Primärbedarfsplanung

Von hoher Relevanz ist das Modul vor allem im Falle einer vollständigen auftragsorientierten Logistikstruktur, aber auch bei Mischformen der Logistikkette. Die Primärbedarfsplanung erweist sich als wichtig in Betrieben, in denen die Kapazitäten mittelfristig einfach angepasst werden können, wenn es eine starke Saisonalität gibt oder die Nachfrage stark von bestimmten Ereignissen wie z. B. Promotionen abhängt. So haben Unternehmen der Chemie- und Pharmabranche oft einen Planungshorizont von 12 bis 18 Monaten, was ihnen eine Anpassung der Kapazität erlaubt.

6.1.4 Logistiknetzplanung

Abhängig von den verfolgten Zielen wird diese Komponente entweder überwiegend für die Beschaffungs- und Produktionsplanung oder für die Distributions- und Absatzplanung eingesetzt. Am wertvollsten ist sie in Branchen, in denen Erzeugnisse hergestellt werden, bevor ein Kundenauftrag eingeht. Dies ist insbesondere dann der Fall, wenn das Produkt in unterschiedlichen Stadien seiner Fertigstellung vorrätig gehalten werden kann. Es existiert häufig eine hohe Anzahl von parallelen und sequenziellen Stufen in der logistischen Kette, gegebenenfalls bereits mit jeweils verschiedenen verketteten Unternehmen, und ein erheblicher Anteil von Lager-, Warte- und Transportzeiten am gesamten logistischen Prozess vom Rohstoff über Halb- und Fertigfabrikaten zum Endkunden. In diesen Fällen bestehen Freiheitsgrade in der Organisation der logistischen Kette, z. B. alternative Beschaffungswege, Produktionskapazitäten oder Transportmöglichkeiten.

Die Distributionsplanung ist am wertvollsten in einer Umgebung, in der es erhebliche Vorlaufzeiten gibt und in der sich die Nachfrage häufig verändert. Gleiches gilt für den Fall, dass die Herstellungsmenge nicht präzise vorhergesagt werden kann. Die Bestandsplanung und die Transportplanung sind besonders wichtig innerhalb eines mehrstufigen Distributionsnetzwerks. Wird das Produkt hingegen direkt von der Fabrik zum Kunden gesandt, sinkt der Nutzen.

Besondere Herausforderungen kommen auf die Distributionsplanung im Rahmen des so genannten *Postponements* zu. Dieses Konzept kann z. B. dazu führen, dass die Endmontage erst im Distributionszentrum erfolgt, um einerseits für Kundenwünsche flexibel zu sein, andererseits aber eine schnelle Auslieferung zu ermöglichen. So findet bei der FESTO AG die Endmontage für Kundenaufträge bei variantenreichen Produkten im Verteilzentrum statt.

Als betriebstypische Anforderung ist die Berücksichtigung von Perioden- oder Einzelbedarfen hervorzuheben:

Orientierung der Logistiknetzplanung an	Periodenbedarfen	Einzelbedarfen

A.69 LNP-Heuristiken für Planung von Perioden- und Einzelbedarfen

Die LNP muss eine Planung sowohl für Unternehmen, die sich an Periodenbedarfen orientieren, als auch für Anwender, die mit Einzelbedarfen planen, anbieten. Die zweitgenannte Gruppe von Unternehmen berücksichtigt Kunden- und Produktprioritäten besonders stark in ihrer Planung. Ein typisches Beispiel sind Auftragsfertiger in der Elektronikindustrie.

Zusätzlich kann sich die Lage verkomplizieren, wenn viele unterschiedliche Produkte über mehrere Vertriebskanäle abzuwickeln sind. Die Planungsziele unterliegen einer Vielzahl von *Constraints*: z.B. Transportanforderungen, Lagerkapazität, wesentliche Produktionskapazitäten, Kalender, Kosten und Gewinn. Es besteht die Möglichkeit, die Planungsstrategien der Komponente festzulegen, um verschiedene Umgebungen zu modellieren, wie Lagerfertigung, auftragsbezogene Verpackung und Montage (mit oder ohne Endmontage).

6.1.5 Produktionsplanung

Die Produktionsplanung ist bezüglich der These, dass eine einheitliche SCM-Software nicht die Bedürfnisse aller Anwender befriedigen kann, ein interessanter Untersuchungsbereich. Ein Großteil der Anforderungen, wie auch in Abbildung 6.2 aufgeführt, betrifft vorrangig dieses Funktionsmodul, zusätzlich sind jedoch auch andere Komponenten involviert.

Fertigungsart

Die GARTNER GROUP gesteht zurzeit keinem SCM-Software-Anbieter komplette Einsatzfähigkeit in diesem Bereich zu. Nachfolgend werden vor allem die Arten des Fertigungsablaufs behandelt, die über den bisher diskutierten Rahmen weit hinausgehende Anforderungen an SCM-Software stellen. Um eine kohärente und kompakte Darstellung der Anforderungen verschiedener Produktionstypen an SCM-Software zu erhalten, wird auf die folgenden Fertigungsarten eingegangen:

1. Prozessfertigung
2. Getaktete Fließfertigung
3. Reihenfertigung

Typischerweise ist der Fertigungsprozess vieler Unternehmen durch eine Kombination dieser Typen gekennzeichnet. Einzelfertiger, für die im Allgemeinen Projektplanungsfunktionen essenziell sind (beispielsweise Hersteller von Großdampferzeugern für Kraftwerke oder Schiffe), stehen nicht im Fokus der SCM-Anbieter und werden daher nicht weiter betrachtet.

Prozessfertigung

Prozessfertiger werden häufig auch als Betriebstyp R (»Rezeptindustrie«) klassifiziert. Beispiele sind die pharmazeutische bzw. kosmetische Industrie sowie die Herstellung von Wasch- und Reinigungsmitteln, Farben und Lacken, Getränken und große Teile der Lebens- und Genussmittelindustrie (z.B. Puddingpulver). Darüber hinaus ist dieser Fertigungstyp auch in der chemischen, der Öl-, Gas-, Papier- sowie der Stahlindustrie vorherrschend. Jedoch können ebenso in anderen Branchen einzelne Fertigungsabschnitte durch Prozessfertigung gekennzeichnet sein.

Zu unterscheiden ist zwischen »reinen« und »hybriden« Prozessfertigern. Bei Letzteren existieren (meist in einer späten Phase des Herstellungsablaufs) diskrete Fertigungsschritte, wie z.B. die Tablettierung in der Pharmaindustrie oder die Abfüllung von Jogurt in Becher in der Lebensmittelindustrie. Abbildung 6.5 stellt eine Einordnung verschiedener Branchen in reine und hybride Prozessfertiger dar.

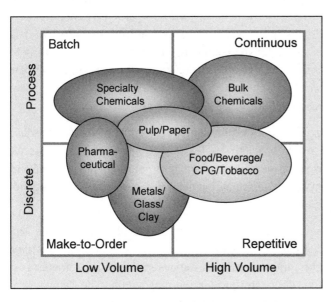

Abbildung 6.5 Einordnung mehrerer Branchen hinsichtlich ihrer Fertigungsart

Wie sich nachfolgend zeigen wird, unterscheiden sich die Anforderungen von Prozessfertigern an eine Produktionsplanung in vielen Bereichen von denen diskreter Fertiger, die im Fokus traditioneller MRP-Konzepte stehen.

A.70 Kampagnenfertigung

Die Losgrößen (Chargen) einzelner Fertigungsschritte sind in der Regel vordefiniert, da etwa der Inhalt einer Fritteuse für die Produktion von Kartoffelchips nicht variabel ist. Sind die Rüstkosten besonders hoch, etwa weil die Produktionsanlagen beim Umrüsten neu zu konfigurieren oder besonders gründlich zu reinigen sind, ergeben sich meist Losgrößen als Vielfaches von Chargen. Man bezeichnet dies dann auch als *Kampagnenfertigung*.

Für die Dimensionierung und Reihenfolgeplanung von Kampagnen kommen meist spezielle Algorithmen zum Einsatz, die sowohl die Lagerhaltungs- als auch die meist reihenfolgeabhängigen Rüstkosten berücksichtigen. So bietet es sich an, z.B. bei Würzmischungen für Kartoffelchips beginnend mit »leicht gesalzen« über »normale Paprikamischung« bis hin zur »feurigen Chili-Mischung« zu terminieren, da so die Reinigungskosten niedrig gehalten werden können. Hinzu kommt, dass die Erzeugnisse vieler Prozessfertiger nur von begrenzter Haltbarkeit sind, was die Unternehmen anfällig für Verbrauchsschwankungen macht. Vor allem in der Chemie- und Pharmabranche potenzieren sich diese durch lange Produktionsdurchlaufzeiten, die beispielsweise in der Chemie bis zu zwei Jahre erreichen können. Auch in der Lebensmittelindustrie kann die Durchlaufzeit mehrere Monate umfassen, wie etwa bei der Schinkenherstellung. Eine Analyse der Unternehmensberatung PRTM besagt, dass Prozessfertiger zwischen vier und sechs Monate Zeit benötigen, um die Produktion um 20% zu steigern. Demgegenüber wird bei diskreten Fertigern zwischen ein und zwei Monate veranschlagt.

Die Kampagnenplanung stellt aufgrund der vielfältigen Abhängigkeiten spezielle Anforderungen an die Produktionsplantafel. Es sollte möglich sein, einerseits alle Fertigungsaufträge anzuzeigen, die zu einer Kampagne gehören, und andererseits, beispielsweise bei der zeitlichen Verschiebung einer Kampagne, auch die zugehörigen Fertigungsaufträge entsprechend anzupassen.

Die Feinplanung der Kampagnen wird umso wichtiger, je häufiger man die Produktion auf andere Produkte umstellt. In einigen Bereichen der Prozessindustrien, z.B. in der Pharmabranche, sind in der Praxis starke Tendenzen zu kleineren Losgrößen festzustellen. In der Grundstoffproduktion hingegen hat die Kampagnenplanung keine große Bedeutung, da die Anlagen hier meist kontinuierlich laufen.

A.71 Abbildung der Materialcharakteristika

Die Produktionsplanung muss vielfältige Charakteristika des verwendeten Materials berücksichtigen, etwa Dichte, Alter und Qualität. So ist bei der Herstellung von Ketchup die Zugabe von Zucker nach dem Zuckergehalt der zu verarbeitenden Tomaten zu richten. Auch beim Recycling von Abfallmaterial spielen diese Charakteristika eine große Rolle.

A.72 Beachtung von Toleranzen und Aktualisierung der Planung

Zentraler Punkt ist es, mannigfaltige Messgrößen abzubilden und ineinander zu überführen. Beispielsweise kann bereits eine Temperaturveränderung das Material bezüglich seiner Dichte verändern und Auswirkungen auf die Produktion haben. Die SCM-Software muss diese Anpassungen und die Ausbringungsmengen vorausberechnen.

In der Realität findet sich ein starres Mengenverhältnis zwischen Haupt- und Nebenprodukt bestenfalls bei der Zerlegung einfacher chemischer Verbindungen. Speziell eine schwankende Rohstoffqualität und mangelnde Beherrschung der Produktionsbedingungen führen zu stochastischen Schwankungen der Arten-, Güte- und Mengenverhältnisse. Insbesondere nach Schritten, deren Output nicht exakt vorbestimmt werden kann, sollte der Ist-Output an die SCM-Software rückgemeldet werden. Basierend auf dieser Information kann die nachfolgende Produktion deutlich genauer geplant werden.

In der Praxis stellt die bewusste Überproduktion, um Kundenaufträge trotz Produktionsabweichungen erfüllen zu können, ein gängiges Vorgehen dar. Üblicherweise ist hier festzulegen, ob der Überschuss gelagert oder weiterverarbeitet wird.

A.73 Berücksichtigung nicht-linearer Relationen zwischen den Materialien

Ist geplant, den Output eines Prozesses zu verdoppeln, so bedeutet das in der Chemieindustrie nicht unbedingt, dass alle Inputs zu verdoppeln sind. Einige Input-Mengen, etwa von Katalysatoren, sind nicht anzupassen, während andere sich über- oder unterproportional verändern. Diese so genannte *Mengenberechnung* muss die SCM-Software insbesondere bei der Losgrößenbestimmung berücksichtigen.

A.74 Spezielle Ressourcen für die Prozessfertigung

In manchen Gebieten der Prozessfertigung gibt es Produktionsressourcen, die gleichzeitig für verschiedene Produkte und Aktivitäten eingesetzt werden können (z. B. Öfen). Lagerressourcen müssen mit einbeziehen, dass auch bei einer Auslastung von unter 100% nur bedingt weitere Produkte oder Materialien in der Ressource eingelagert werden dürfen. Bei Schüttgut oder Flüssigkeiten besteht beispielsweise die Gefahr der Vermischung von Stoffen oder Chargen. Zusätzlich muss ein kontinuierlicher Materialfluss durch die SCM-Software abbild- und darstellbar sein.

A.75 Optimierungsverfahren für die Prozessfertigung

U.a. kommen in der Chemieindustrie komplexe mathematische Modelle zur Optimierung des Produktionsprozesses zum Einsatz. AMR bezweifelt, dass eine SCM-Software alle Modelle, die in der Prozessindustrie zur Produktionsplanung erforderlich sind, zur Verfügung stellen kann und schlägt als Konsequenz den Einsatz von *Componentware* vor.

A.76 Adäquate Datenstruktur

Prozessfertiger sind auf Rezepte angewiesen, hybride Fertiger zusätzlich auf Stücklisten und gegebenenfalls Arbeitspläne. In der Datenstruktur muss die Identifikation von Chargen ermöglicht werden. Darüber hinaus kann sich die Notwendigkeit ergeben, Produkte mit zwei ineinander nicht verrechenbaren Einheiten zu führen. So muss die SCM-Software etwa Stahlrollen (so genannte *Coils*) einerseits als eine Rolle, andererseits aber als Stahl mit Dimensionen wie Breite, Länge, Gewicht usw. verarbeiten. In anderen Bereichen, beispielsweise der Lebensmittelindustrie, sind zusätzlich bestimmte Fertigungsaufträge (oder ihre Teilkomponenten) durch Experten zu genehmigen. Falls diese Aufträge durch einen Produktionsplaner verändert werden, so sind diese von der SCM-Software zu sperren, bis die Änderungen genehmigt sind.

Aus der Verbundenheit des Produktionsprozesses ergeben sich die nachfolgend dargestellten betriebstypischen Anforderungen:

| Verbundenheit des Produktionsprozesses | Unverbundene Produktion | Kuppelproduktion ohne Zyklen | Kuppelproduktion mit Zyklen |

A.77 Kuppelproduktion ohne Zyklen

Bei einer Kuppelproduktion ergeben sich aus naturgesetzlichen oder technischen Gründen zwangsläufig mehrere Produkte unterschiedlicher Art und Güte. So entstehen in der Stahlproduktion im Hochofenprozess z. B. Gichtgas, Schlacke und Abwärme neben Roheisen. Da sich teilweise mehrere Kuppelproduktionen sequenziell aneinander reihen, ergeben sich unter Umständen sehr komplexe Ablaufkonstellationen, die entsprechende Herausforderungen für die Produktionsplanung darstellen.

| Verbundenheit des Produktionsprozesses | Unverbundene Produktion | Kuppelproduktion ohne Zyklen | Kuppelproduktion mit Zyklen |

A.78 Kuppelproduktion mit Zyklen

Führt man eines der Kuppelprodukte in den Prozess, aus dem es entstanden ist, oder in eine vorgelagerte Stufe zurück, so handelt es sich um eine Kuppelproduktion mit Zyklen bzw. Rückflüssen. Beispiele hierfür sind Katalysatoren in der Chemie- und Pharmabranche oder Bruchschokolade in der Lebensmittelindustrie.

| Zeitliche Abhängigkeiten zwischen Produktionsschritter | Zeitliche Abhängigkeiten vorhanden | Zeitliche Abhängigkeiten nicht vorhanden |

A.79 Zeitliche Abhängigkeiten einzelner Produktionsschritte

Minimale und maximale Abstände zwischen einzelnen Produktionsschritten sind charakteristisch für die Prozessindustrie: So muss beispielsweise flüssige Schokolade in eine Form gegossen werden, bevor sie erstarrt, andererseits ist eine Füllung für eine Praline erst dann einzuspritzen, wenn die Hülle ausreichend ausgekühlt ist. Diese zeitlichen Abhängigkeiten müssen darstellbar sein. Hierbei ist die Abbildung von Werks- bzw. Ressourcenkalendern besonders wichtig, da häufig Vorgänge (beispielsweise das Frittieren von Kartoffelchips) oder Sequenzen von Vorgängen nicht unterbrochen werden dürfen.

Fließfertigung

Die Fließfertigung setzt man bei der Herstellung von Erzeugnissen und Erzeugnisbestandteilen ein, die über längere Zeiträume in sehr großen Stückzahlen aufgelegt werden. Kennzeichnend ist eine objektbezogene Zusammenfassung der Fertigungsmittel in Fertigungsablauffolge sowie eine exakte Kapazitätsabstimmung und eine feste Verkettung der einzelnen Arbeitsstationen. Als Voraussetzung hierfür gilt ein starrer Materialfluss, der in der Regel einem Taktzwang unterliegt. Diese Fertigungsart wird beispielsweise in der Automobilindustrie eingesetzt. Sie ist auch für Abfüll- oder Verpackungsprozesse typisch.

Bei der Fertigung auf einer Linie von fortlaufend identischen Produkten, entstehen kaum planerische Anforderungen. Werden jedoch unterschiedliche Produkte oder Serien hergestellt, ergeben sich u.a. die nachfolgend dargestellten Planungsanforderungen.

| Ablauf der Teilefertigung | Werkstattfertigung | Inselfertigung | Reihenfertigung | Fließfertigung |

A.80 Zuteilung von Fertigungsaufträgen zu verschiedenen Fertigungslinien

Bestehen mehrere Fertigungslinien, auf denen ein Erzeugnis produziert werden kann, ist eine Zuordnung der Aufträge zur Linie erforderlich. In der Automobilindustrie wird auf eine gleichmäßige Belastung der Linien mit Pkw bestimmter Ausprägungen geachtet. Beispielsweise benötigt der Einbau einer Klimaanlage mehr als die den Arbeitern bzw. Maschinen zugestandene Bearbeitungszeit. Derart bearbeitungsintensive Pkw dürfen nur in Maßen einer Linie zugewiesen werden, da sonst der Ausgleich durch Pkw, die eine kürzere Zeit als den Takt benötigen, nicht mehr gelingt.

A.81 Koordination der Fließgeschwindigkeit

Findet an einer Stelle eine Umverteilung von einem Fließband auf mehrere andere statt (oder vice versa), so müssen die jeweiligen Fließgeschwindigkeiten in der Planung aufeinander abgestimmt werden. Bei vollautomatisierten Anlagen, die hohe Anlaufkosten haben, besteht auch die Option, die Fließgeschwindigkeit zu drosseln.

A.82 Reihenfolgeplanung

Aufgabe ist es, die einer Linie für einen bestimmten Zeitraum zugeordneten Aufträge in einer günstigen Reihenfolge einzuplanen. Die SCM-Software soll den Planer mit entsprechendem Algorithmus unterstützen. In der Automobilindustrie kommen spezielle Taktungsalgorithmen zur Anwendung, die eine geschickte Kombination unterschiedlicher Ausstattungsmerkmale der Produkte sicherstellen (beispielsweise Mindestabstand von fünf Takten zwischen zwei Pkw mit Klimaanlage). Andererseits ist es sinnvoll, Pkw gleicher Farbe hintereinander einzuplanen, wenn diese zusammen lackiert werden sollen.

A.83 Kontrolle des Fertigungsfortschritts

An definierten Punkten muss der Fertigungsfortschritt festgestellt werden, da der Fertigungsauftrag, im Gegensatz zur Einzelfertigung, nicht nach jedem Bearbeitungsschritt zurückgemeldet wird.

A.84 Datenstruktur für die Abbildung einer »Linien-Ressource«

Die Datenstruktur sollte folgende Verknüpfungen abbilden können:

▶ Produktstruktur, die die Produktvariantenstruktur (PVS) und den Baukasten beinhaltet

▶ Prozessstruktur mit den zugeordneten Aktivitäten sowie den Aufbau des Fabriklayouts

Reihenfertigung

Zunächst zu den Zielen der Reihenfolgeplanung: Es ist davon auszugehen, dass in den einzelnen Branchen die verschiedenen Optimierungsziele ein unterschiedliches Gewicht haben. So spielt die Umrüstkostenminimierung in der Chemieindustrie, der Papierverarbeitung oder in Walzwerken mit stark kundenwunschorientierter Fertigung eine größere Rolle als in den meisten anderen Branchen. Die Ziele können auch nach Arbeitsplätzen differenziert sein: An Engpassmaschinen will man keine Kapazität durch unnötiges Umrüsten verlieren, während an anderen Arbeitsplätzen Durchlaufzeitaspekte eine größere Rolle spielen.

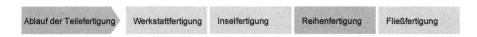

Es gestaltet sich schwierig, die Fertigungsarten, die nicht in den beiden vorangegangenen Abschnitten abgedeckt wurden, betriebstypologisch zu charakterisieren. Hinsichtlich der Ablaufart überwiegt die diskrete Reihenfertigung. Es lässt sich nicht vollständig ausschließen, dass Anwender auch andere Fertigungsarten

(z. B. Inselfertigung) betreiben. Im Allgemeinen fertigen die Unternehmen in dieser Kategorie unterschiedliche Produkte (teils in Serie, teils in Einzelfertigung), die meist auf unterschiedlichen Ressourcen bearbeitet werden können.

Ein typischer Anwender dieser Kategorie ist das Unternehmen WACKER SILTRONIC AG, bei dem nach einigen Schritten der Prozessfertigung aus Siliziumstangen über mehrere Veredelungsschritte Silikon-Wafer hergestellt werden. Aber auch Unternehmen wie DELL als Auftragsfertiger und COMPAQ als anteilig überwiegender Lagerfertiger finden sich hier. Diese Unternehmen standen bisher im Fokus des APO und stellen über die in den Kernanforderungen erwähnten Anforderungen hinaus keine weiteren, die hier erwähnenswert wären.

Materialbearbeitungsstruktur

Bei der Materialbearbeitungsstruktur wird das zahlenmäßige Verhältnis zwischen Input und Output beschrieben. Es gliedert sich in folgende Prozesse:

1. **Synthetische Produktion**
   Sie fügt mehrere Elemente zu einem Endprodukt zusammen und ist typisch für den Maschinenbau

2. **Analytische Fertigung**
   Sie spaltet Inputmaterial in mehrere Endprodukte auf und ist beispielsweise in der Ölindustrie vorherrschend

3. **Durchlaufende Fertigung**
   Sie verändert das eingehende Objekt

4. **Umgruppierende Produktion**
   Sie stellt eine Kombination aus analytischer und synthetischer Fertigung dar

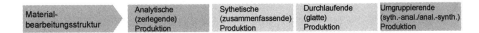

Hieraus ergeben sich folgende Anforderungen an SCM-Software:

A.85 Verschnittoptimierung
Bei analytischer oder synthetisch-analytischer Produktion (z. B. Papier-, Textil-, Kunststoff-, Leichtmetallindustrie) sind Produktionsaufträge so zu kombinieren, dass ein Minimum an Verschnitt anfällt. Dabei können die Probleme von Branche zu Branche stark variieren. So produziert das Unternehmen LOHMANN ETIKETTEN, Bullay, Spezialist für den Druck von Nass-Etiketten (z. B. für Weinflaschen) mit einer Druckplatte in der Regel mehrere unterschiedliche Aufträge. Da deren Anordnung auf der Platte nicht nur von den Formen, sondern auch von Farbe und Veredelung der Etiketten abhängt, ergeben sich ganz andere Verschnittprobleme

als beispielsweise in der Textilindustrie, wo häufig aus mehreren Stofflagen kurvige Formen auszuschneiden sind. Insofern muss eine SCM-Software zur Unterstützung der Verschnittoptimierung die Einbindung branchen- bzw. unternehmensspezifischer Algorithmen erlauben.

6.1.6 Transportplanung

Die Bestands- und die Transportplanung ist besonders wichtig, wenn ein mehrstufiges Distributionsnetzwerk vorliegt. Wird das Produkt hingegen direkt von der Fabrik zum Kunden gesandt, so ist diese Funktion (Rerouting, Stauvermeidung usw.) von geringerem Nutzen. Sie bietet den größten Vorteil in Unternehmen, die sich mit einem engen Lieferplan konfrontiert sehen oder bei denen Transportmittel häufig nur teilweise beladen sind. Dabei sollte auch auf die Verträglichkeit der Lieferungen untereinander (z.B. Kombination chemischer Produkte) sowie mit dem Transportmittel (z.B. Sicherstellung ausreichender Kühltemperatur) geachtet werden.

| Distributionsintensität der SC | SC sehr distributionsintensiv | SC eher nicht distributionsintensiv |

Prozesshersteller haben spezielle Anforderungen bei der internen und externen Distribution der Materialien bzw. Produkte. Es müssen spezielle Vorschriften berücksichtigt werden. Diese Produzenten nutzen Eisenbahnwagen, Tanklaster und Schiffe für ihren Transport und haben erhebliche In-Transit-Bestände. Hinzu kommt eine immer stärkere Integration mit Logistikdienstleistern. APS-Software muss Probleme wie Containerrücknahmen, gefährliche Abfälle usw. berücksichtigen oder Schnittstellen zu Komponenten hierauf spezialisierter Logistiksoftware anbieten.

6.1.7 Unternehmensübergreifende Zusammenarbeit

Da Vertrauen essenzielle Grundlage jedweder Kooperationen bildet, stellt die Stabilität der Beziehungen zwischen Unternehmen ein zentrales Kriterium für die Potenziale zur Zusammenarbeit dar. Als weitere Faktoren kommen das eventuelle Vorhandensein eines Treibers der Kooperation wie z.B. in der Automobilindustrie und die Zahl der wichtigsten Partner hinzu: Ist diese klein, ist eine fokussierte Kooperation eher denkbar als bei einer großen Zahl, die alle unterschiedliche Formen der Integration wünscht. Integrationsstrategien und -technologien werden in Kapitel 4 behandelt.

Ein weiteres mögliches Kriterium bildet die Dauer des Produktlebenszyklus. Ist er kurz, gestaltet sich ein großer Aufwand für die Kooperation unwirtschaftlich. Andererseits kann sich auch bei kurzzeitigen Kooperationen, beispielsweise einer gemeinsamen Produktentwicklung, der Integrationsaufwand als sinnvoll erweisen.

Eine wichtige Größe für den Integrationsgrad eines Unternehmens mit seinen Kunden ist die Anzahl der Kunden. Für einen Automobilzulieferer mit wenigen Kunden, die zudem alle ähnlichen Formen der Kooperationen verfolgen, stellt die Zusammenarbeit eine zu bewältigende Aufgabe dar. Ein Konsumgüterhersteller hingegen, der sich einer ganzen Reihe von Handelsunternehmen gegenübersieht, jedes mit unterschiedlichen Graden und Formen der Integration, hat hier eine bedeutend größere Komplexität zu meistern. In den Neunzigerjahren wurden in mehreren Branchen Kooperationskonzepte ausgearbeitet. So spricht man in der Textilindustrie von *Quick Response*, in der Automobilindustrie von *Just-in-Time* und im Handel/Konsumgüterbereich von *Efficient Consumer Response*. Technologische Grundlage bildete hierbei immer EDI mit den auf die Strategie ausgerichteten Interaktionsszenarios.

In der Konsumgüterindustrie ist insbesondere die Abstimmung der Bedarfe und der Prognosen mit den Kunden von wettbewerbskritischer Bedeutung, während in der Elektronikbranche eher die Prozesse in der Produktions- und Bestandsplanung im Vordergrund stehen.

Anforderungen ergeben sich vor allem bei der kooperativen Produktentwicklung. Konzepte sind hierzu im Bereich der Produktentwicklung *Concurrent Engineering* (CE) und *Simultaneous Engineering* (SE). Sie haben eine Verkürzung der Zeitspanne bis zur Markteinführung zum Ziel, die durch eine parallele, integrierte und standardisierte Ausführung von Entwicklungsaufgaben erreicht werden soll. Bei CE steht eine verteilte Erfüllung bestimmter Entwicklungsaufgaben und bei SE die Parallelisierung der Produkt- und Prozessentwicklung im Vordergrund. SCM-Software könnte hier z.B. im Bereich des *Produktdatenmanagements* (PDM) Unterstützung bieten.

6.1.8 Monitoring und Controlling des Liefernetzes

Die Bedeutung von Monitoring und Controlling wächst mit der Supply-Chain-Komplexität. Dies äußert sich in der steigenden Sensibilität von SCM-Strategien (wie VMI oder Outsourced Manufacturing) auf Verzögerungen oder unvorhersagbare Störungen, die schnell zu Produktionsstillständen führen können.

6.1.9 Strategische Netzwerkplanung

| Dynamik der SC-Zusammensetzung | Häufige Änderungen in der Zusammensetzung der SC | Kaum Änderungen in der Zusammensetzung der SC |

Die strategische Netzwerkplanung ist besonders wichtig für Branchen, in denen sich die Supply Chain oder der Materialfluss in ihr häufig ändern. So analysiert etwa die COCA COLA ERFRISCHUNGSGETRÄNKE AG regelmäßig, wie die hohe Nachfrage der Sommermonate an Urlaubsorten am Meer befriedigt werden kann.

Hierfür sind drei Szenarios abzuwägen:

1. Aufbewahrung der Ware in eigenen, zu diesem Zweck zu errichtenden Warenhäusern
2. Lagerung der Ware in gemieteten Warenhäusern
3. Transport der Ware durch kurzfristige Streckenlieferungen an den Zielort

6.2 Generelle betriebstypische Anforderungen

Die im Folgenden beschriebenen Merkmale und Anforderungen betreffen übergreifend mehrere Funktionsmodule. Aus diesem Grund ist dieser Abschnitt nach betriebstypologischen Merkmalen untergliedert, wie sie auch in der Übersichtsmatrix am Anfang von Kapitel 5 dargestellt sind (siehe Abbildung 6.2).

6.2.1 Dauer des Produktlebenszyklus

| Dauer des Produktlebenszyklus | Kurze Produktionszyklen | Mittlere bis lange Produktionszyklen |

A.86 Lebenszyklusplanung in der Absatzprognose

Die Absatzprognose muss insbesondere Unternehmen, deren Produkte kurze Lebenszyklen haben, Projektionen über den gesamten Produktlebenszyklus hinweg erlauben. Kurze Produktlebenszyklen bedeuten, dass viele Produkte entweder am Anfang ihres Marktzyklus stehen, an dem noch keine Nachfragehistorie besteht, oder am Ende, wo das Risiko der Obsoleszenz das Halten von Vorräten sehr teuer macht. Daher sind spezielle An- und Ablaufkurven innerhalb der Prognose für Neueinführung am und für Rückzug vom Markt erforderlich.

Nach AMR ist es für Unternehmen, deren Produkte kurze Lebenszyklen haben, wichtig, dass in die Absatzprognose viele Arten von Informationen, beispielsweise von Verkaufsrepräsentanten, Händlern etc., einfließen können (siehe Anforderung A.10, *Umfangreiche Informationsbasis für die Prognosen*). Hersteller von Erzeugnissen mit längeren Lebenszyklen bevorzugen demgegenüber umfangreiche statistische Verfahren.

A.87 Abbildung kurzer Produktlebenszyklen in der Verfügbarkeitsprüfung
Spezielle Anforderungen ergeben sich in den sehr häufigen Produkteinführungs- bzw. -auslaufphasen. Hier muss gewährleistet sein, dass korrekte Verfügbarkeitsaussagen gemacht und gegebenenfalls A-Kunden bevorzugt berücksichtigt werden.

A.88 Berücksichtigung kurzer Produktlebenszyklen in der Produktionsplanung
Bei häufigen Anpassungen der Erzeugnisstrukturen ergibt sich die Forderung nach einer flexiblen und übersichtlichen Pflege der Produktdaten.

6.2.2 Internationalität der Supply Chain

| Internationalität der SC | Geschäft vorwiegend national | Geschäft international |

Folgende betriebstypischen Anforderungen ergeben sich aus der internationalen Ausrichtung:

A.89 Berücksichtigung länderspezifischer Merkmale
Für Unternehmen, die international tätig sind oder ausländische Partner der Supply Chain berücksichtigen wollen, ergibt sich die Forderung nach Abbildung folgender Merkmale:

▶ Unterschiedliche Währungen und jeweils aktuelle Umrechnung der Produktionskosten in eine Leitwährung

▶ Produktionskosten in Leitwährung bei der Auswahl der Produktionsstätte (*Hedging der Allokation*)

▶ Berücksichten der Währung, in der ein Auftrag bezahlt wird, bei der Wahl der Produktionsstätten (Ausschalten der Währungsschwankungen)

▶ Unterschiedliche Zeitzonen

Eine globale Supply Chain, wie sie sich etwa in der Elektronikindustrie oder bei Sporttextilherstellern findet, verschärft die Folgen falscher Prognosen oder Planung, da eine schnelle Anpassung kaum möglich ist.

A.90 Transmissionsmechanismen zur Nivellierung länderspezifischer Besonderheiten

Für Unternehmen, die international Materialien beziehen, produzieren oder Waren vertreiben, stellen die komplexen internationalen Handelsbestimmungen (z. B. Zölle, Steuern, Import- oder Exportquoten) wichtige Restriktionen bei Supply-Chain-Entscheidungen dar.

So ging die Entscheidung asiatischer Automobilhersteller, in Europa Produktionsstätten einzurichten, nicht zuletzt auf Einfuhrquoten der EU zurück. Dementsprechend muss die Software Funktionen bieten, um länderspezifische Besonderheiten bei der Planung abbilden zu können.

6.2.3 Erfordernis eines Herkunftsnachweises

Erforderlichkeit des Herkunftsnachweises	Herkunftsnachweis nicht erforderlich	Herkunftsnachweis in Form von Chargen erforderlich	Herkunftsnachweis in sehr detaillierter Form erforderlich

Aus der Forderung die Herkunft abbilden zu können ergben sich folgende Bedarfe:

A.91 Chargenfindung in der Produktionsplanung

In der Prozessindustrie, vor allem in der Pharmabranche, ist häufig ein Herkunftsnachweis in Form von Chargennummern erforderlich. Dies kann sowohl auf staatlichen Vorschriften beruhen, etwa um Chargen von Kartoffelchips zu identifizieren, die mit einer salmonellenverseuchten Gewürzmischung hergestellt wurden, oder um eine Charge mit bestimmten Merkmalskombinationen zu finden, die ein Kunde benötigt.

A.92 Chargenfindung in der Verfügbarkeitsprüfung

In der Verfügbarkeitsprüfung ist die Chargenfindung gleichfalls bedeutsam, beispielsweise wenn Kunden Chargen mit speziellen Merkmalskombinationen benötigen.

A.93 Beachtung der Chargeninformation in der Verfügbarkeitsprüfung

Ist ein Chargensplit nicht zulässig, muss die Verfügbarkeitsprüfung berücksichtigen, dass beispielsweise ein Kundenauftrag über 100 t eines Stoffes nicht mit 40 t einer Charge und 60 t einer anderen befriedigt werden kann.

A.94 Abbildung der Chargeninformation in der Produktionsplanung

In manchen Fällen dürfen unterschiedliche Chargen aus produktionstechnischen Gründen keinesfalls oder erst in einem späteren Schritt der Fertigung vermengt werden. Ebenso kann es vorkommen, dass Chargen von Fertigprodukten nicht gemischt werden dürfen.

6.2.4 Haltbarkeit des Materials und der Endprodukte

> Haltbarkeit des Material und der Endprodukte → Begrenzte/kurze Haltbarkeit | Unbegrenzte/lange Haltbarkeit

Folgende Anforderungen ergeben sich hieraus:

A.95 Abbildung von Resthaltbarkeitsdauern in der Verfügbarkeitsprüfung
Aufgrund begrenzter Haltbarkeit geben Kunden die Mindesthaltbarkeitsdauer für ihren Auftrag vor. Die Verfügbarkeitsprüfung muss daher die Haltbarkeitsdauer von Endprodukten berücksichtigen.

A.96 Abbildung von Resthaltbarkeitsdauern in der Logistiknetzplanung
In vielen Fällen haben in der Prozessindustrie sowohl Input als auch Output nur eine begrenzter Haltbarkeit (»Shelf Lives«). Die Logistiknetzplanung sollte demzufolge in ihre Planung einbeziehen, dass die Bestände begrenzt haltbar sind.

A.97 Berücksichtigung von Resthaltbarkeitsdauern in der Produktionsplanung
Um eine angestrebte Resthaltbarkeit zu erreichen, ist in der Produktionsplanung für jeden einzelnen Inhaltsstoff zu prüfen, welche Resthaltbarkeit er unter Beachtung des Produktionsprozesses mindestens noch besitzen muss. So verlängert sich bei Erhitzung häufig die Haltbarkeit.

6.2.5 Variantenvielfalt des Erzeugnisspektrums

> Erzeugnisspektrum → Erzeugnisse nach Kundenspezifikation | Typisierte Erzeugnisse mit kundenspezifischen Varianten | Standarderzeugnisse mit Varianten | Standarderzeugnisse ohne Varianten

Unternehmen, bei denen Kundenwünsche erheblichen Einfluss auf die Herstellung haben, benötigen außer der Produktnummer zusätzliche *Merkmale* für eine eindeutige Identifikation.

A.98 Außerordentliche Leistungsfähigkeit der Variantenplanung
Die generelle Anforderung A.1, *Hohe Leistungsfähigkeit der Planung*, wird an dieser Stelle erneut aufgenommen, da die Planungsvorgänge, beispielsweise von Automobilherstellern, die kundenauftragsbezogen fertigen, durch die extrem hohe Anzahl an Varianten (hinsichtlich der Planungsgeschwindigkeit) eine der größten Herausforderungen an SCM-Software darstellt.

A.99 Unterstützung der Produktdatenpflege
Diese Anforderung ergibt sich insbesondere bei der Pflege von mehrteiligen Produkten.

A.100 Absatzprognose für Produktvarianten

Die SCM-Software soll die Prognose des Absatzes variantenreicher Produkte abbilden können. Hierzu sind Regeln bzw. Profile notwendig, die aggregierte Vorhersagen auf Variantenebene »herunterbrechen«.

So lässt sich aus historischen Absatzdaten die Farbverteilung eines Pkw-Modells ableiten und ermitteln, dass im Frühjahr mehr Cabrios geordert werden als im Herbst. Da diese Regeln schon bei einer geringen Zahl an Varianten sehr komplex werden, ist eine Validierung der resultierenden Bedarfe notwendig, die beispielsweise die Kombination des Merkmals »Cabrio« mit dem Merkmal »Schiebedach« verhindern soll.

A.101 Merkmalsbasierte Produktionsplanung

Merkmale sind bei der Produktionsplanung zu berücksichtigen, z. B. um unterschiedliche Produktionsaufträge mit gleichen Eigenschaften bei der Lackierung oder Laminierung zu Losen zusammenzufassen. Ziel ist es hierbei, Rüstkosten und -zeiten zu verringern. So sind etwa Kundenaufträge in der Wafer-Produktion für die Halbleiterindustrie mit sehr spezifischen Merkmalen verbunden. Diese werden nicht nur für die Losbildung benötigt. So kann es vorkommen, dass einzelne Wafer-Scheiben während der Produktion andere als die geplanten Merkmale annehmen. Folglich muss die Zuordnung zu Losen angepasst werden.

Weitere Branchen, für die eine merkmalsbasierte Planung notwendig ist, sind die Automobilindustrie (z. B. Angabe von Farbe, Vollverzinkung), die Stahlindustrie (z. B. Angabe von Tonnage, Qualität und Form) und die Papierindustrie (z. B. Angabe von Papierdichte, Format, Länge der Rollen usw.). Treffen in der Fertigung Produkte mit gleichen Merkmalen und hohe Rüstkosten zusammen, werden auf den Ressourcen oft so genannte *Blöcke* eingeplant, innerhalb derer Produkte mit ähnlichen Eigenschaften bearbeitet werden. Als Beispiel kann hier das Färben von Textilien dienen.

A.102 Merkmalsbasierte Verfügbarkeitsprüfung

Bietet ein Unternehmen variantenreiche Produkte an, muss die SCM-Software die spezifischen Kundenwünsche bzw. Produktmerkmale bei der ATP- oder CTP-Prüfung berücksichtigen, um eine realistische Einschätzung des Liefertermins zu gewährleisten.

Es sei angemerkt, dass die Explosion der Varianten u. a. mit der Präsenz auf den globalen Märkten zusammenhängt, da Produkteigenschaften an nationale oder regionale Gegebenheiten anzupassen sind. HEWLETT-PACKARD geht hier einen interessanten Weg: Drucker werden derart konstruiert, dass das Netzteil extern und separat vom Drucker selbst ist, was eine Nationalisierung auf länderspezifische Netzadapter beschränkt. So unterliegen nur diese Netzteile der Planungsunsicherheit hinsichtlich des Zielmarkts.

7 Anwendung der betriebstypologischen Branchensegmentierung auf ausgewählte Industrien

Nachdem in den vorangegangenen Kapiteln generelle und betriebstypische SCM-Anforderungen dargestellt und in konkrete Anforderungen gefasst wurden, erfolgt nun eine nähere Darstellung der Branchenbesonderheiten.

Betrachtet werden die Elektronik-, Automobil-, Konsumgüter-, die Chemie- und die Pharmaindustrie (siehe Abbildung 7.1), da in diesen Branchen die Hauptnutzer und -interessenten von SCM-Software zu finden sind. Die SCM-Anforderungsprofile für die einzelnen Branchen sind im Anhang sowohl tabellarisch als auch in Form von Checklisten zusammengefasst.

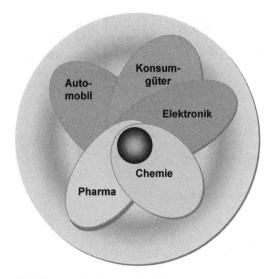

Abbildung 7.1 Analysierte Branchen

Wichtige Unterscheidungskriterien zwischen den Industrien sind zum einen die *Produktkomplexität* und zum anderen die *Auftragsanbindung*. So bedingt beispielsweise eine frühe Auftragsanbindung an freie Kapazitäten bei der Fertigung andere Funktionen im verkaufsunterstützenden Werkzeug als es bei einer Fertigung auf Lager der Fall ist, bei der Fremd- bzw. Eigenlager geplant werden müssen. Hier liegt der Schwerpunkt in der Verfügbarkeit der Produkte am Lager.

In distributionsintensiven Branchen werden erhebliche Potenziale in der Optimierung von Transporten und in der Reduzierung von Beständen gesehen. In kapitalintensiven Branchen hingegen liegt der Fokus auf einer guten Abstimmung zwischen Durchlaufzeit und Kapazitätsauslastung. In materialintensiven Industrien sind in der Regel Entscheidungen über das Produktionsprogramm, die Produktionsorte und die Beschaffung von Bedeutung (siehe Abbildung 6.4). So finden sich etwa im Liefernetzwerk der PC-Herstellung Teile, die produktions- und beschaffungsintensiv sind (insbesondere in der Halbleiterindustrie), und andere, die »distributionslastig« sind (insbesondere PC-Hersteller wie COMPAQ). GARTNER GROUP 1998 zufolge ist daher eine kohärente Strategie beim Ausbau der Funktionen der SCM-Software wichtig (siehe Abbildung 7.2).

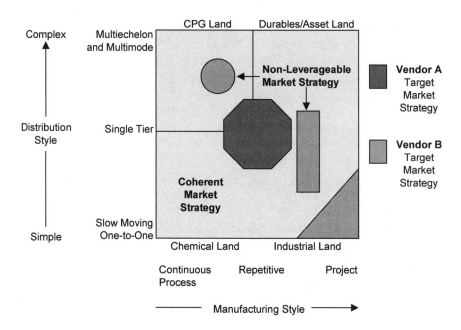

Abbildung 7.2 Strategien der Funktionsausweitung

Die Brancheneinteilung einzelner SCM-Anbieter und die Zuordnung von Unternehmen zu diesen Branchen muten teilweise unkonventionell an. So entstammt beispielsweise bei SAP der Begriff der Konsumgüterindustrie (*Consumer Packaged Goods*, CPG) der klassischen SAP-Welt und orientiert sich an den Branchenlösungen der SAP AG. Das SAP-CPG-Software-Paket bedient sowohl Hersteller von Sporttextilien als auch Produzenten von Milcherzeugnissen, obwohl die Anforderungen dieser Unternehmen, etwa bezüglich der Produktionsplanung, sehr verschieden sind.

In vielen Bereichen, z. B. hinsichtlich der Fertigungsart, erweist sich ein Vorgehen nach Betriebstypen deutlich hilfreicher. SAP bezeichnet zwar teilweise seine Lösungen als auf eine Branche zugeschnitten, wobei jedoch sich so genannte Branchenlösungen wie etwa *SAP Mill (Metal, Paper & Woods)* eher betriebstypisch als branchenorientiert darstellen. Ebenso werden die Halbleiter- und PC-Herstellerindustrien, die eigentlich unter der Elektronikbranche zu subsumieren sind, unter dem Begriff *Hightech* zusammengefasst. Tendenziell bewegt sich SAP hin zu Software-Paketen, in denen verschiedene Industrien entsprechend ihrer betriebstypischen Merkmale gebündelt werden.

7.1 Elektronikindustrie

Die Halbleiter- und die PC-Herstellerindustrie gelten als Best-Practice-Branchen in der Realisierung durchgängiger Supply-Chain-Lösungen. Generell ist die Elektronikindustrie gekennzeichnet durch folgende Aspekte:

- Kurze Produktlebenszyklen (da es nicht ungewöhnlich ist, dass ein Produkt, dessen Entwicklung drei oder vier Quartale in Anspruch nimmt, einen Produktlebenszyklus von zwei Quartalen oder weniger hat)
- Volatile Nachfrage und begrenzte Erfahrung über spezielle Kundenpräferenzen
- Unsichere Wiederbeschaffungszeiten
- Nahezu tägliche Unter- und Überproduktion
- Kaum erreichbare Differenzierung über die Technologie, sodass Preis und Service in den Vordergrund rücken

Bei verschiedenen kritischen Faktoren der Elektronikindustrie können SCM-Lösungen helfen:

- Sie leisten einen direkten Beitrag zu einer verbesserten Abschätzung zukünftiger Nachfrage sowie einer flexiblen Anpassung der Produktionskapazitäten.
- Sowohl die schwer durchsetzbare Technologiedifferenzierung als auch die damit einhergehende Fokussierung auf Preis und Service verlangen ein straffes Management der Supply Chain: Der Vizepräsident von LUCENT TECHNOLOGIES für Mikroelektronik sagt hierzu: »If it's a question of us or Texas Instruments offering the same price and virtually the same technical wizardry, then our new supply chain is what's going to win us the order.«

Im Bereich Mikroelektronik betreibt LUCENT TECHNOLOGIES ein Tracking-System, das den Kunden des Unternehmens erlaubt, den Status ihrer Bestellungen im Internet abzufragen. Drei Minuten nach Abschluss eines Fertigungsschritts ist diese Information im Web verfügbar.

- Angesichts häufig sehr kurzer Produktlebenszyklen kann SCM-Software durch reibungslosere, überbetriebliche Abläufe Abhilfe leisten (Minimierung von Time-to-Market). Elementare Bedeutung kommen hier Collaboration- und Integrationsfunktionen zu. Hinzu kommen die Bereiche *Simultaneous* oder *Concurrent Engineering*.

Die hier aufgeführten Punkte bescheren den SCM-Anbietern zurzeit den größten Umsatz in der Elektronikindustrie. Der Erfolg dieser SCM-Orientierung wird im Vergleich mit anderen Branchen deutlich: So benötigen die Elektronikhersteller deutlich weniger Zeit als andere Industrien, um die Produktion an die Nachfrage anzugleichen, und liefern im Durchschnitt 94% aller Aufträge termingerecht aus, wohingegen dies in den meisten Branchen nur bei 70% bis 80% der Lieferungen gelingt.

7.1.1 Branchentypische Merkmale und Anforderungen

Bei der nachfolgenden Ermittlung der Branchenbesonderheiten liegt die Schwerpunktsetzung auf der Betrachtung der Produzenten von Halbleitern, Computern und Peripheriegeräten. Die hiervon abweichenden Anforderungen der Hersteller von Konsumentenelektronik (z.B. Videogeräten) werden in Abschnitt 7.3 im Rahmen der Konsumgüterindustrie abgedeckt. DELL ist ein anschauliches Beispiel dafür, wie die Grenzen zwischen der Konsumentenelektronik und der Konsumgüterindustrie verschwimmen.

BENCHMARKING PARTNERS zufolge bilden in der Elektronikbranche vor allem die Funktionsmodule der Absatzprognose, der Verfügbarkeitsprüfung, der Logistiknetzplanung, der Produktionsplanung und der strategischen Netzwerkplanung die zentralen SCM-Bereiche.

Eine genaue Absatzprognose ist in der Elektronikindustrie meist kaum realisierbar – ein wirtschaftliches Desaster, bedenkt man, dass die mit Fehlplanungen verbundene Unter- und Überproduktion an der Tagesordnung ist. Viele Unternehmen dieser Branche stehen vor einem Dilemma. Einerseits ist der Wertverfall von Beständen dramatisch, andererseits aber kann bei erfolgreichen Produkten die Nachfrage oft nicht befriedigt werden. Die Folge sind so genannte *Lost Sales*, die das Unternehmen um erhebliche Deckungsbeiträge bringen. Die Auswirkungen einer Fehlplanung zeigt das folgende Beispiel: INTEL, der weltweit größte Hersteller von Mikroprozessoren, litt unter der vom Unternehmen unterschätzten Nachfrage nach PCs und Mobiltelefonen. Erst in der zweiten Jahreshälfte 2000 konnte INTEL die Nachfrage wieder voll befriedigen. Aus diesem Grund hatte INTEL den PC-Hersteller GATEWAY als Kunden an den Wettbewerber AMD verloren. Da die aufwändigen Fabriken rund zwei Jahre Bauzeit benötigen, war der Planungsfehler kurzfristig nicht auszugleichen. Ein führender PC-Hersteller in den USA büßte 300 Millionen US$ Umsatz ein, weil er Mitte der Neunzigerjahre die Nachfrage nach seinen zwei erfolgreichsten Produkten unterschätzte. Bis er die Produktion erhöhen konnte, existierte der Markt für diese Produkte nicht mehr.

Aber auch eine Überschätzung der Nachfrage ist mit signifikanten Auswirkungen verbunden: So sinkt der Wert vieler Komponenten im Lager von DELL mit einer Rate von einem Prozent pro Woche.

Einen weiteren kritischen Erfolgsfaktor stellt in der Elektronikindustrie die Qualität der Verfügbarkeitsprüfung dar. Dies liegt einerseits an den vorherrschenden hohen Konventionalstrafen und andererseits an der Bereitwilligkeit vieler Kunden, den Anbieter aufgrund der hohen Produktsubstituierbarkeit zu wechseln. Zusätzlich sind die Erwartungen der Endkunden an die Liefertermintreue sehr hoch, wobei diese durch *Electronic Commerce* noch weiter ansteigen werden. Die Verfügbarkeitsprüfung muss u.a. den für die Industrie typischen komplexen, merkmalsreichen Produkten mit kurzen Lebenszyklen gewachsen sein.

Kurze Produktlebenszyklen bedeuten, dass viele Produkte entweder am Anfang ihres Zyklus sind, an dem noch keine Nachfragehistorie besteht, oder am Ende, wo das Risiko der Obsoleszenz das Halten von Vorräten sehr teuer gestaltet. Produktlebenszyklen von lediglich drei bis sechs Monaten sind bei Mobiltelefonen oder PCs keine Seltenheit (siehe Abschnitt 9.1). Material und Endprodukte sind im technischen Sinne in der Regel unbegrenzt haltbar, jedoch – wie auch AMR betont – nicht im wirtschaftlichen Sinne:

> »*High-tech and other manufacturers of products with short life cycles tend to favor applications that allow users to incorporate and manipulate forecasts and data from a number of sources, including distributors, dealers, value-added resellers, sales reps, and marketing personnel.*« [AMR 1999]

Aufgrund der Tatsache, dass viele Unternehmen Auftragsfertiger sind, kommten CTP-Prüfungen, die häufig über mehrere Supply-Chain-Mitglieder durchzuführen sind, eine zunehmende Bedeutung zu.

Eine rasche Anpassung der Produktion an eine veränderte Nachfragesituation (und daraus folgernd die Primärbedarfsplanung) erweist sich aufgrund dieser Zusammenhänge als erfolgskritisch. Auf diesem Gebiet kann die Elektronikindustrie erste positive Auswirkungen vorweisen: Untersuchungen der Unternehmensberatung PITTIGLIO RABIN TODD & MCGRATH (PRTM) kamen zu dem Ergebnis, dass die Unternehmen ihre Reaktionszeiten auf eine 20%ige Nachfrageveränderung innerhalb der letzten drei Jahre halbieren konnten.

Nächster kritischer Faktor ist die Logistiknetzplanung, um die Kundenprioritäten bei der Zuordnung von Nachfrage zu Angebot abbilden zu können. Grund sind die produkt- und kundenspezifischen Konventionalstrafen bei Verspätung einer Lieferung. Herausforderung ist, die richtige Ausführung jeder Komponente fristgerecht zu beschaffen bzw. zu produzieren, zugleich jedoch lediglich so viele Restbestände der vorherigen Version vorzuhalten, wie für Ersatzteile benötigt werden. Außerdem gilt es, in einer weltweit operierenden Supply Chain Überbestände an einem Ort und Mangel an einem anderen zu vermeiden. Die Auslastung der Fabriken in der Halbleiterindustrie liegt dem Fachverband SEMI zufolge bei 95%. Ein starker Nachfrageüberhang wird für die nahe Zukunft erwartet.

Die Forderung nach Anbindung an Marktplätze (z. B. *http://www.e2open.com* und *http://www.converge.com*) wächst in der Elektronikindustrie. Trotz klarer Konsolidierungstendenzen bei diesen Public Exchanges wird von den Anwendern zunehmend eine direkte Unterstützung von standardisierten Austauschformaten (z. B. BMEcat, xCML) und Interaktionsszenarios (z. B. Open Trans) gefordert.

Die nachfolgend aufgeführte Anforderung ist typisch für die Logistiknetz- und die Produktionsplanung in der Halbleiterindustrie.

A.103 Optimierung der Wahl zwischen Down Binning und Standard Binning

Die Herstellungskosten von Mikroprozessoren sind nahezu unabhängig von deren Taktzahl. Hersteller präferieren daher die höherpreisigen, hochgetakteten Modelle. Angesichts der Nachfrageschwankungen fällt es schwer, die Nachfrage exakt zu prognostizieren, weshalb Angebotsüberhänge an schnellen Prozessoren keine Seltenheit sind. Trifft dieser auf einen Nachfrageüberhang bei langsameren Prozessoren, ist zu entscheiden, ob die Lagerung und der spätere Verkauf unter Inkaufnahme eines Wertverlusts (*Standard Binning*), oder das (künstliche) Verlangsamen von Prozessoren (*Down Binning*) attraktiver ist.

In der Logistiknetz- und in der Produktionsplanung sehen sich darüber hinaus sowohl Halbleiter- als auch PC-Hersteller mit einer komplexen Variantenfertigung konfrontiert. So sind in der Fertigung von Silizium-Wafern bei der WACKER SILTRONIC AG über 100 Merkmale zur Beschreibung eines Erzeugnisses erforderlich. Beim Computerhersteller COMPAQ existieren durch die extrem hohe Variantenvielfalt an Endprodukten bis zu vier Millionen Permutationen innerhalb einer Produktgruppe.

Die Elektronikindustrie ist durch eine breite Palette an Fertigungsarten gekennzeichnet: Während in der Wafer- und Mikroprozessorfertigung einige Arbeitsschritte durch Prozessfertigung – bis hin zur Kuppelproduktion mit Zyklen – gekennzeichnet sind, werden Hauptplatinen (Motherboards) für Computer und PCs selbst teilweise in Fließfertigung hergestellt.

Im Gegensatz zur Halbleiterindustrie, in der man überwiegend mit Rahmenaufträgen arbeitet, setzt sich in der PC-Industrie zunehmend eine kundenauftragsbezogene Endproduktion mit kundenanonymer Vorproduktion durch. Die große Variantenvielfalt zwingt die Hersteller, die Planung auf Komponentenebene durchzuführen und mit deren Kombination zu einem Produkt zu warten, bis sie die Aufträge mit ihren genauen Spezifikationen erhalten haben. DELL hat früh die

Potenziale dieses Konzepts als Wettbewerbsvorteil erkannt und konsequent umgesetzt. Viele Komponenten werden erst nach dem Eingang des Kundenauftrags beim Lieferanten bestellt.

Der Transportplanung messen die Unternehmen hingegen keine zentrale Bedeutung bei. Dies könnte sich laut der AMERICAN PRODUCTION AND INVENTORY CONTROL SOCIETY zufolge ändern, da Distributionszentren angesichts des Wertverfalls der Güter zunehmend durch zahlreiche kleine Direktlieferungen umgangen werden. Durch Tendenzen zu häufigeren, kleineren Lieferungen bei gleichzeitig wachsender Bedeutung der Lieferpünktlichkeit (z. B. im Rahmen von JiT) und so genannten *Third-Party-Logistics*-(3PL-)Anbietern wächst die Komplexität der zu bewältigenden Aufgaben weiter an. Die Transportplanung ist durch eine hohe funktionale Breite gekennzeichnet. Jedoch hat die Industrie hier in der Vergangenheit kaum Kompetenzen aufgebaut.

Der Branche eröffnen sich zwei mögliche Szenarios: Die Unternehmen nehmen, unterstützt durch entsprechende Software, diese Aufgabe selbst wahr oder greifen auf Logistikdienstleister zurück. Jedoch ist bisher kein Software-Anbieter erkennbar, der die ganze Spannbreite von der Optimierung der Transportpläne bis hin zu 3D-Grafiken für die Beladung von Lkw abdeckt. META GROUP empfiehlt Anwender eine Komponentenstrategie, bestehend aus Applikationen verschiedener Anbieter.

Die unternehmensübergreifende Zusammenarbeit besitzt in der Elektronikindustrie, bedingt durch kurze Marktfenster und lange Entwicklungszeiten, eine außerordentliche Bedeutung. Ca. 80% der Supply-Chain-Leistung in dieser Branche hängt, laut Aussage der Unternehmensberatung PRTM, von den Zulieferern ab. Die eigentliche Endmontage der Produkte gestaltet sich demgegenüber relativ einfach und erfordert wenig Zeit. Im Zentrum der Zusammenarbeit stehen vor allem die gemeinsame Absatz- und Materialplanung sowie die gemeinsame Produktentwicklung. Weiterhin ist der Informationsaustausch über die zahlreichen Produktänderungen wichtig.

Das Standardbeispiel für unternehmensübergreifende Zusammenarbeit in der PC-Industrie stellt das Unternehmen DELL dar. Um die kurzfristige Verfügbarkeit zu gewährleisten, kooperiert DELL eng mit seinen Lieferanten. Hierzu reduzierte das Unternehmen deren Zahl zwischen 1992 und 1998 von 204 auf 47. So werden etwa für die Produktion in Limerick (Irland) mehr als 40% der Komponenten JiT produziert und geliefert. Weitere 45% befinden sich in Lagern der Zulieferer, die sich in der Nähe des DELL-Werks befinden. Die Lieferanten sind für die Verwaltung verantwortlich, Sendungen an das Werk geschehen als Konsignationsware. Viele Komponenten werden erst bezahlt, wenn DELL die Zahlung des PC-Käufers erhalten hat – sozusagen eine negative *Cash-to-Cash Cycle Time*. Großvolumige

Teile wie Monitore und Lautsprecher werden vom Lieferantenlager direkt an den Kunden geliefert. Diese Komponenten werden DELL erst dann in Rechnung gestellt, wenn sie das Lager verlassen. Komponenten, die lange Wiederbeschaffungszeiten haben (z. B. Festplatten), sind allerdings entsprechend der Absatzprognose zu bestellen. Die Nachfrage nach Komponenten ist stabiler und somit besser prognostizierbar als die nach Endprodukten.

Eine enge Zusammenarbeit in der Supply Chain mit hohem Integrationsgrad der Outsourcing-Partner ist in dieser Branche mittlerweile erfolgskritisch. Dies zeigt der verbreitete Einsatz von Lohnbearbeitung. Hierbei werden einzelne Fertigungsschritte an einen externen Partner ausgelagert, der die Teile wiederum zur Endmontage an das Unternehmen zurückleitet. Dies macht eine enge Abstimmung der Produktionsplanung und eine Überwachung des Arbeitsfortschritts bzw. das Erkennen von Störungen auch beim Partner erforderlich. So bietet CISCO SYSTEMS über CISCO CONNECTION ONLINE (*http://www.cisco.com*) Zulieferern und Kunden Zugriff auf vielfältige interne Daten des Unternehmens. Die Integration mit Transportunternehmen ist notwendig, da hochwertige Komponenten schnell und zuverlässig von einem Werk zu einem anderen oder zum Kunden transportiert werden müssen.

Die unternehmensübergreifende Zusammenarbeit in der Elektronikindustrie wird seit Juni 1998 durch die Initiative ROSETTANET vorangetrieben, die im Rahmen eines so genannten *RosettaNet Partner Interface Process* (PIP) XML-basierte Standards zur zwischenbetrieblichen elektronischen Kommunikation für SCM entwickelt (siehe Abschnitt 5.2.3).

Ein weiterer wichtiger Aspekt in dieser Branche ist die strategische Netzwerkplanung. Grund ist die sich häufig ändernde Zusammensetzung der Supply Chain. Nicht zuletzt durch den Trend zum Outsourcing sind viele Supply Chains sehr komplex geworden. Die Abstimmung dieser Partner (z. B. im Rahmen von CPFR) und das Wahren der Übersicht und Kontrolle über das verzweigte Netzwerk nimmt im operativen Alltag eine zunehmende Relevanz ein. Die Aussagen zur strategischen Netzwerkplanung gelten weitgehend analog für Monitoring und Controlling der Lieferkette: Es existieren zahlreiche Unsicherheiten (z. B. Lieferungen, die verspätet ankommen oder defektes Material enthalten, oder Störungen im Produktionsprozess). Gleiches gilt für das unsichere Nachfrageverhalten.

Viele Unternehmen der Elektronikindustrie betreiben Werke auf der ganzen Welt. So produziert DELL in Austin/Texas, Limerick/Irland und Penang/Malaysia. Dies erschwert die ohnehin komplexen Planungsprozesse nicht nur durch unterschiedliche Zeitzonen, Währungen usw., sondern erhöht bei langen Wiederbeschaffungszeiten auch die Kosten von Planungs- oder Prognosefehlern.

7.1.2 Betriebstypologische Branchensegmentierung

Die Übersichtsmatrix zur betriebstypologischen Branchensegmentierung (siehe Abbildung 6.2) bietet eine umfassende betriebstypologische Zuordnung der Merkmale und ihrer Ausprägungen sowohl für die Halbleiter- als auch für die PC-Industrie.

Zusammen mit den im vorangegangenen Abschnitt aufgezeigten branchenspezifischen Besonderheiten treffen die in den folgenden Tabellen aufgezählten betriebstypischen Anforderungen für die beiden Bereiche zu. Tabelle 7.1 listet die betriebstypologischen Merkmale und die Anforderungen für die Halbleiterindustrie auf:

Betriebstypologisches Merkmal	Anforderung	Betroffene(s) Modul(e)
Verbundenheit des Produktionsprozesses	A.77 Kuppelproduktion ohne Zyklen	Produktionsplanung
	A.78 Kuppelproduktion mit Zyklen	
Zeitliche Abhängigkeiten zwischen Produktionsschritten	A.79 Zeitliche Abhängigkeiten einzelner Produktionsschritte	Produktionsplanung
Materialbearbeitungsstruktur	A.85 Verschnittoptimierung	Produktionsplanung
Dauer des Produktlebenszyklus	A.86 Lebenszyklusplanung in der Absatzprognose	Absatzprognose
	A.87 Abbildung kurzer Produktlebenszyklen in der Verfügbarkeitsprüfung	Verfügbarkeitsprüfung
	A.88 Berücksichtigung kurzer Produktlebenszyklen in der Produktionsplanung	Produktionsplanung
Internationalität der Supply Chain	A.89 Berücksichtigung länderspezifischer Merkmale	Verfügbarkeitsprüfung
	A.90 Transmissionsmechanismen zur Nivellierung länderspezifischer Besonderheiten	Logistiknetzplanung
		Strategische Netzwerkplanung

Tabelle 7.1 Übersicht der betriebstypischen Anforderungen der Halbleiterindustrie

Betriebstypologisches Merkmal	Anforderung	Betroffene(s) Modul(e)
Erforderlichkeit eines Herkunftsnachweises	A.91 Chargenfindung in der Produktionsplanung	Produktionsplanung
	A.92 Chargenfindung in der Verfügbarkeitsprüfung	Verfügbarkeitsprüfung
	A.93 Beachtung der Chargeninformation in der Verfügbarkeitsprüfung	
	A.94 Abbildung der Chargeninformation in der Produktionsplanung	Produktionsplanung
Variantenvielfalt des Erzeugnisspektrums	A.98 Außerordentliche Leistungsfähigkeit der Variantenplanung	Produktionsplanung
	A.99 Unterstützung der Produktdatenpflege	
	A.100 Absatzprognose für Produktvarianten	Absatzprognose
	A.101 Merkmalsbasierte Produktionsplanung	Produktionsplanung
	A.102 Merkmalsbasierte Verfügbarkeitsprüfung	Verfügbarkeitsprüfung

Tabelle 7.1 Übersicht der betriebstypischen Anforderungen der Halbleiterindustrie (Forts.)

Tabelle 7.2 enthält die zutreffenden betriebstypologischen Merkmale und die daraus resultierenden Anforderungen für die PC-Industrie.

Betriebstypologisches Merkmal	Anforderung	Betroffene(s) Modul(e)
Promotionsintensität	A.68 Promotionsplanung	Absatzprognose
Bedarfsorientierung von LNP	A.69 LNP-Heuristiken für die Planung von Perioden- und Einzelbedarfen	Logistiknetzplanung
Fließfertigung	A.80 Zuteilung von Fertigungsaufträgen zu verschiedenen Fertigungslinien	Produktionsplanung
	A.81 Koordination der Fließgeschwindigkeit	
	A.82 Reihenfolgeplanung	
	A.83 Kontrolle des Fertigungsfortschritts	
	A.84 Datenstruktur für die Abbildung einer »Linien-Ressource«	

Tabelle 7.2 Übersicht der betriebstypischen Anforderungen der PC-Industrie

Betriebstypologisches Merkmal	Anforderung	Betroffene(s) Modul(e)
Dauer des Produktlebenszyklus	A.86 Lebenszyklusplanung in der Absatzprognose	Absatzprognose
	A.87 Abbildung kurzer Produktlebenszyklen in der Verfügbarkeitsprüfung	Verfügbarkeitsprüfung
	A.88 Berücksichtigung kurzer Produktlebenszyklen in der Produktionsplanung	Produktionsplanung
Internationalität der Supply Chain	A.89 Berücksichtigung länderspezifischer Merkmale	Verfügbarkeitsprüfung
	A.90 Transmissionsmechanismen zur Nivellierung länderspezifischer Besonderheiten	Logistiknetzplanung
		Strategische Netzwerkplanung
Variantenvielfalt des Erzeugnisspektrums	A.98 Außerordentliche Leistungsfähigkeit der Variantenplanung	Produktionsplanung
	A.99 Unterstützung der Produktdatenpflege	
	A.100 Absatzprognose für Produktvarianten	Absatzprognose
	A.101 Merkmalsbasierte Produktionsplanung	Produktionsplanung
	A.102 Merkmalsbasierte Verfügbarkeitsprüfung	Verfügbarkeitsprüfung

Tabelle 7.2 Übersicht der betriebstypischen Anforderungen der PC-Industrie (Forts.)

Die vollständigen SCM-Anforderungsprofile für die Halbleiter- und PC-Industrie sind im Anhang sowohl tabellarisch als auch in Form von Checklisten zusammengefasst.

7.2 Automobilindustrie

Die Unternehmen der Automobilindustrie verfügen traditionell über weltweit verteilte Herstellungsorte. So besitzt die VOLKSWAGEN AG 50 Fertigungsstätten, die den Bedarf in 150 Ländern decken. Bei den Herstellern fließen Informationen und Aufträge aus dem Fahrzeugvertrieb (Kunde, Händler und Importeur) zusammen. Die Information über Fahrzeugaufträge wird an die System- und Teilezulieferer weitergereicht, die produktionssynchron die erforderlichen Komponenten beisteuern.

Ziel ist die gemeinsame Planung mit den Supply-Chain-Mitgliedern – und zwar nicht nur der Fahrzeugaufträge, sondern auch der Neuentwicklungen. Die Hersteller übertragen hierbei verstärkt die Innovation und Systemverantwortung auf ihre Lieferanten, wobei die Anzahl der Direktlieferanten u.a. aufgrund des hohen Integrations- und Abstimmungsaufwands möglichst gering gehalten wird. Bisher sind in der Regel nur die direkten Lieferanten (1. Stufe) in das Liefernetz der Hersteller eingebunden; die Sublieferanten mit einzubinden, stellt noch den Ausnahmezustand dar.

Zurzeit werden ca. 60% bis 80% der Fahrzeugentwicklung von den Entwicklungspartnern durchgeführt. Verschiedene Supply-Chain-Mitglieder entwickeln unterschiedliche Komponenten, beispielsweise die Elektrik, Elektronik, Karosserie und Aggregate. Ein enges Netz von Importeuren, Großhändlern, Händlern und Werkstätten übernimmt die Aufgabe des Fahrzeughandels und -services. Zentrale Probleme sind die hohen Kosten der Fahrzeugverteilung sowie die Produktion ohne Kundenauftrag. Während heute in Europa noch zwei Drittel aller Fahrzeuge »auf Halde« gefertigt werden, streben die Automobilhersteller an, in Zukunft möglichst nur noch auf Kundenwunsch zu produzieren. Hierdurch sollen die Verteilungskosten, die Lieferzeit, aber auch vor allem die hohen Bestände wesentlich reduziert werden. Als SCM-Kernanliegen gilt in dieser Branche, die langfristige Programmplanung über mehrere Fertigungsstätten und Zulieferer hinweg zu gewährleisten. Hinzu kommt die Verbesserung der Mittel- und Kurzfristplanung der Auftragsreihenfolgen. Kritische Erfolgsfaktoren der Automobilindustrie sind:

- Gleichmäßige Auslastung der Produktionsstätten und Linien
- Minimierung der absoluten Terminabweichung
- Minimierung von Time-to-Market
- Von den Produzenten wird eine Lieferzeit zwischen fünf und zehn Tagen angestrebt, zurzeit sind zwei bis acht Wochen üblich.

7.2.1 Branchentypische Merkmale und Anforderungen

Die Unternehmensberatung BENCHMARKING PARTNERS misst in der Automobilindustrie besonders den Funktionsmodulen der Absatzprognose, der Logistiknetzplanung, der Produktionsplanung und der strategischen Netzwerkplanung eine hohe Relevanz bei. Nachfolgend werden daher insbesondere diese Komponenten und bedeutsame Faktoren größtenteils anhand von Praxisbeispielen dargestellt.

Eine detaillierte Absatzprognose erweist sich aufgrund der hohen Variantenzahl der Produkte als sehr schwierig. Die Vielfalt der Eigenschaftskombinationen für Fahrzeuge ist neben der Prognose auch in der Planung eine große Herausforderung. Allein 1998 betrug der Wert der unverkauften Fahrzeuge in Europa rund 27 Milliarden Euro. Die durchschnittliche Reichweite der Fahrzeugvorräte beläuft sich auf 50 Tage.

Aufgrund der Konventionalstrafen bei Verspätung einer Lieferung ist die Logistiknetzplanung bedeutungsvoll, die Kundenprioritäten bei der Zuordnung von Nachfrage zu Angebot abbilden kann. So werden die Kupplungen für bestimmte Baugruppen bei VW an unterschiedlichen Standorten gefertigt. Abhängig von der jeweiligen Nachfrage können die Aufträge auf verschiedene Werke eingelastet werden.

Seit der Ankündigung von elektronischen Marktplätzen durch GM und FORD im Herbst 1999 wurde dieser Ansatz hervorgehoben. Es folgten weitere Initiativen verschiedener Automobilhersteller und Zulieferer; als Größte ist der Zusammenschluss von GM, FORD und DAIMLERCHRYSLER zum Marktplatz COVISINT aufzuführen, dem sich inzwischen eine Reihe weiterer Hersteller und Zulieferer angeschlossen haben.

Eine weitere Plattform dieser Art speziell für Automobilzulieferer ist *SupplyOn*. Der SupplyOn-Marktplatz wurde von den Unternehmen ROBERT BOSCH, CONTINENTAL, INA, ZF FRIEDRICHSHAFEN und SAP ins Leben gerufen. Zielsetzung ist es, komplementär zu den Initiativen der Automobilhersteller eine gemeinsame Kommunikations- und Transaktionsplattform zwischen Automobilzulieferern und ihren Sub-Lieferanten zu schaffen. Dabei sollen gemeinsame Standards bezüglich Technik und (Integrations-)Prozessen geschaffen werden. Nutznießer sind die überwiegend mittelständischen Lieferanten, für die es aufwändig ist, unterschiedliche Schnittstellen verschiedener Kunden einzurichten.

In der Logistiknetz- und der Produktionsplanung sehen sich darüber hinaus die Hersteller mit einer komplexen Variantenfertigung konfrontiert, die durch die hohe Anzahl an Varianten eine enorme Herausforderung an die Planungsgeschwindigkeit stellt. Insofern birgt die breite und variantenreiche Produktpalette in der Produktion erhebliche Schwierigkeiten. Dies verdeutlicht die Aussage eines BMW-Produktionsleiters: »1998 haben wir genau 1,2 identische Fahrzeuge produziert.«

In der Automobilindustrie hat es sich etabliert, dass die Hersteller in besonderem Maße die Wünsche ihrer Abnehmer berücksichtigen müssen. Die Kunden wünschen eine auftragsbezogene Fertigung ihres Fahrzeugs mit der Zusage des genauen Auslieferungstermins, was aufgrund der hohen Variantenanzahl und Datenvolumina bisher de facto nicht abbildbar ist. Hieraus ergibt sich eine typische Anforderung an die Automobilindustrie:

A.104 Reservation Planning

Bisher erfolgt die Prüfung eines Kundenauftrags nur gegen Modell- bzw. Typenreihen. Hierdurch ist nur feststellbar, wann in den darauf folgenden Wochen ein Fahrzeug dieses Modells zur Fertigung eingeplant ist. Ziel muss es jedoch sein, gegen echte Fertigungskapazitäten und die Lieferfähigkeit der Zulieferer zu prüfen. Als Folge kann nicht nur ein ungefährer Liefertermin berechnet, sondern der tatsächliche Herstellungs- und Auslieferungstermin direkt bei der Bestellung mitgeteilt werden.

Im Schnitt beträgt die Durchlaufzeit von der Bestellung bis zur Auslieferung 40 Tage. Die bisher vorherrschende Fertigung auf Lager birgt erhebliche Nachteile. Beispielsweise versucht GM nach wie vor, die Nachfrage nach Fahrzeugen im Voraus abzuschätzen, und produziert die Wagen auf Halde. Händler sind nicht selten gezwungen diese dann mit Rabatten anzubieten, um sie abzusetzen. Verbreitet sind Rahmenaufträge mit mehrjähriger Laufzeit, wodurch kurzfristige Anpassungen nicht durchführbar sind. Zudem wurde bei einer bisher vom Kundeneinfluss weitgehend unabhängigen Produktionsstruktur weniger eine besonders kurze Durchlaufzeit als eine kostenminimale und verschwendungsarme Produktion mit einer hohen Auslastung der vorhandenen Ressourcen als wesentlich angesehen.

Eine Besonderheit bilden die speziellen Taktungsalgorithmen. Anhand von Mengen-, Abstands-, Block- oder Positionsrestriktionen werden die verschiedenen Ausstattungen auf eine Art und Weise kombiniert, durch die jeder Arbeiter mit der ihm zugedachten Bearbeitungszeit auskommen kann. Sollen z.B. 10 von 100 Fahrzeugen mit Klimaanlage ausgestattet werden, sind diese nicht direkt hintereinander zu fertigen, da der Einbau einer Klimaanlage mehr Zeit erfordert, als dem Bearbeiter von der Taktzeit her zugeteilt ist. Aber in Kombination mit den Fahrzeugen ohne Klimaanlage kann sich eine zeitlich ausgewogene Mischung ergeben.

In der Automobilindustrie ist die unternehmensübergreifende, elektronisch integrierte Zusammenarbeit de facto Standard. Die Prozesse zwischen den Geschäftspartnern in der Automobilbranche sind wie in kaum einer anderen Industrie umfassend dokumentiert und standardisiert. Normierungsinstitutionen wie VDA, ODETTE, AIAG legen fest, wie (elektronische) Lieferabrufe, Lieferavise, Rechnungen, Gutschriften und andere Geschäftsdokumente auszusehen haben. Der Austausch von Geschäftsdokumenten zwischen Automobilherstellern und Systemzulieferern erfolgt primär über EDI (siehe Abschnitt 4.2.2). Je weiter man die Supply Chain nach unten hin betrachtet, desto geringer wird die Durchdringung des elektronischen Datenaustauschs. Die zumeist mittelständischen bzw. kleinen Unternehmen können und wollen die Kosten für die Installation und den Betrieb einer klassischen EDI-Kommunikation nicht tragen. Der Informationsaustausch erfolgt hier über Medien wie Fax, E-Mail, Telefon oder WebEDI.

Ähnlich der Elektronikindustrie ist die strategische Netzwerkplanung auch bei der Fahrzeugindustrie von großer Bedeutung, insbesondere da die Produktionsstätten und Vertriebszentren der Supply-Chain-Mitglieder weltweit verteilt sind. Die

Kunden wollen ihre Fahrzeuge entweder im Internet oder beim Händler individuell konfigurieren und bestellen. Eine prompte und zuverlässige Erfüllung von Kundenbestellungen ist ein kritischer Wettbewerbsfaktor. Von den Fahrzeugherstellern wird eine Lieferzeit von der Bestellung über die Produktion bis hin zur Auslieferung von fünf bis zehn Tagen angestrebt.

7.2.2 Betriebstypologische Branchensegmentierung

Die Übersichtsmatrix zur betriebstypologischen Branchensegmentierung (siehe Abbildung 6.2) bietet für die Automobilindustrie eine umfassende Zuordnung der Merkmale und ihrer Ausprägungen. Zusammen mit den aufgezeigten branchenspezifischen Besonderheiten sind die in Tabelle 7.3 aufgeführten betriebstypischen Anforderungen charakteristisch für die Automobilindustrie.

Betriebstypologisches Merkmal	Anforderung	Betroffene(s) Modul(e)
Bedarfsorientierung von LNP	A.69 LNP-Heuristiken für Planung von Perioden- und Einzelbedarfen	Logistiknetzplanung
Zeitliche Abhängigkeiten zwischen Produktionsschritten	A.79 Zeitliche Abhängigkeiten einzelner Produktionsschritte	Produktionsplanung
Fließfertigung	A.80 Zuteilung von Fertigungsaufträgen zu verschiedenen Fertigungslinien	Produktionsplanung
	A.81 Koordination der Fließgeschwindigkeit	
	A.82 Reihenfolgeplanung	
	A.83 Kontrolle des Fertigungsfortschritts	
	A.84 Datenstruktur für die Abbildung einer »Linien-Ressource«	
Dauer des Produktlebenszyklus	A.86 Lebenszyklusplanung in der Absatzprognose	Absatzprognose
	A.87 Abbildung kurzer Produktlebenszyklen in der Verfügbarkeitsprüfung	Verfügbarkeitsprüfung
Internationalität der Supply Chain	A.89 Berücksichtigung länderspezifischer Merkmale	Verfügbarkeitsprüfung
	A.90 Transmissionsmechanismen zur Nivellierung länderspezifischer Besonderheiten	Logistiknetzplanung Strategische Netzwerkplanung

Tabelle 7.3 Übersicht der betriebstypischen Anforderungen der Automobilindustrie

Betriebstypologisches Merkmal	Anforderung	Betroffene(s) Modul(e)
Erforderlichkeit eines Herkunftsnachweises	A.91 Chargenfindung in der Produktionsplanung	Produktionsplanung
	A.92 Chargenfindung in der Verfügbarkeitsprüfung	Verfügbarkeitsprüfung
	A.93 Beachtung der Chargeninformation in der Verfügbarkeitsprüfung	
	A.94 Abbildung der Chargeninformation in der Produktionsplanung	Produktionsplanung
Variantenvielfalt des Erzeugnisspektrums	A.98 Außerordentliche Leistungsfähigkeit der Variantenplanung	Produktionsplanung
	A.99 Unterstützung der Produktdatenpflege	
	A.100 Absatzprognose für Produktvarianten	Absatzprognose
	A.101 Merkmalsbasierte Produktionsplanung	Produktionsplanung
	A.102 Merkmalsbasierte Verfügbarkeitsprüfung	Verfügbarkeitsprüfung

Tabelle 7.3 Übersicht der betriebstypischen Anforderungen der Automobilindustrie (Forts.)

Das vollständige SCM-Anforderungsprofil für die Automobilindustrie ist im Anhang sowohl tabellarisch als auch in Form einer Checkliste zusammengefasst.

7.3 Konsumgüterindustrie

Der Begriff *Konsumgüterindustrie* ist für die Definition von Branchenbesonderheiten keine allzu passende Definition: Zu heterogen gestaltet sich das Spektrum von Unternehmen (beispielsweise Hersteller von Vitaminpräparaten, Miederwaren sowie auch Suppenproduzenten). Da sich im hart umkämpften Markt kaum neue Marktsegmente erschließen lassen, entsteht ein hoher Kosten- und Wettbewerbsdruck auf die Supply-Chain-Mitglieder. Durch zahlreiche Promotionen oder Neuprodukteinführungen versuchen diese, ihre Marktanteile zu verteidigen oder zu erhöhen.

Absatzprognosen stellen ein wichtiges Instrument dar, weil die häufig auf Lager produzierende Konsumgüterindustrie mit einer volatilen Nachfrage ringt und der Handel meist nur geringe Bestände vorhält, sodass sich Veränderungen der Nachfrage schnell auf den Hersteller selbst auswirken. Eines der SCM-Hauptziele in dieser Industrie ist, eine hohe Lieferbereitschaft bei geringen Beständen zu gewährleisten. Aus diesem Grund ist es notwendig, möglichst zutreffende Absatzprognosen anzufertigen. Dies ist nur bei umfassender Erhebung der Konsumentennachfragedaten und enger Zusammenarbeit mit dem Handel erreichbar.

Die Konsumgüterindustrie gilt als Vorreiter insbesondere in den Konzepten des *Quick Response, Efficient Consumer Response* und des CPFR. Der Handel verlangt seinerseits zunehmend verbesserten Service, was sich beispielsweise in VMI und verkürzten Vorlaufzeiten abzeichnet. Dieser Trend verstärkt die bereits vorhandene erhebliche Distributions- und Transportkomplexität für die Hersteller. BLACK&DECKER, Hersteller von Maschinen für Heimwerker, wurde z. B. gezwungen, kleinere Bestellungen in kürzeren Intervallen zu akzeptieren. Einige Abnehmer gehen sogar so weit, nicht rechtzeitig oder unvollständig ankommende Lieferungen zu stornieren.

Die Konsolidierung im Handel steigert die Machtposition gegenüber den Lieferanten. Hierdurch bedingt ist eine Verschiebung des Absatzrisikos vom Handel auf die Hersteller festzustellen (*Konsignationsware*). So hat die amerikanische Handelskette KMART bereits im Juli 1993 einige Spielwarenlieferanten davon in Kenntnis gesetzt, dass man in Zukunft ihre Waren in Konsignation nehmen werde. Von den Zulieferern wird erwartet, dass sie ihre Produkte bestellungsgemäß an KMARTs Distributionszentren senden, gekauft wird Ware jedoch erst, wenn die Produkte an die Filialen weitergeleitet sind. Nicht erwartungsgemäß verkaufte Produkte werden vom Distributionszentrum an den Lieferanten zurückgesandt.

7.3.1 Branchentypische Merkmale und Anforderungen

BENCHMARKING PARTNERS misst in der Konsumgüterindustrie vor allem den Bereichen *Absatzprognose*, *Logistiknetzplanung* (insbesondere auch hinsichtlich der Distribution), *Transportplanung* und *strategische Netzwerkplanung* große Bedeutung bei.

Da die Absatzprognose in der Konsumgüterindustrie erfolgskritisch ist, legen die Unternehmen Wert auf eine umfassende Auswahl an Prognoseverfahren und fordern die Abbildung der Promotions- und Lebenszyklusplanung. Der zu CADBURY SCHWEPPES gehörende amerikanische Getränkehersteller MOTT'S hat seine mySAP SCM-Einführung mit dem DP-Modul gestartet, da die Erhöhung der Prognosegenauigkeit als größtes Verbesserungspotenzial gesehen wurde. In der Vergangenheit erstellte der Vertrieb die Vorhersage auf der Basis von »Intuition und Erfahrung«. Mit mySAP SCM werden nun zunächst Prognosen erzeugt und dann in abteilungsübergreifenden Diskussionen gegebenenfalls angepasst. Später erfolgt die qualitative Analyse der Ergebnisse. Das Unternehmen erhofft sich hiervon sowie in Kombination mit VMI (siehe Abschnitt 2.3) eine Reduzierung des gebundenen Kapitals um fünf Millionen US$, der laufenden Kosten um eine Million US$ Dollar und eine Steigerung der Lieferfähigkeit.

Die nachfolgend aufgeführten Anforderungen sind für die Konsumgüterindustrie typisch.

A.105 Absatzprognose für Promotionsets und Displays

In der Konsumgüterindustrie ist in der Regel eine Vorhersage des Absatzes für Promotionsets und Displays notwendig, die mehrere Produkte eines Herstellers beinhalten. So finden sich etwa im Oster-Set von KINDERSCHOKOLADE ein Überraschungsei, ein KINDER HAPPY HIPPO SNACK und ein Riegel Kinderschokolade. Weil die Verbraucher für die einzelnen Bestandteile verschiedene Präferenzen haben, gilt es, diese Wechselwirkungen (z. B. Kannibalisierung anderer Produkte) in der Prognose zu berücksichtigen.

A.106 Vorgabe für den Platzbedarf im Regal

Auf der Basis der prognostizierten Nachfrage ist eine Vorgabe für den Platzbedarf im Regal (empfohlener Sollbestand, beispielsweise abhängig von der Saison) zu berechnen.

A.107 Identifikation standortspezifischer Merkmale des Konsumverhaltens

Weiterhin ist eine zuverlässige Identifikation standortspezifische Besonderheiten des Konsumverhaltens erforderlich.

Aufgrund der Tatsache, dass die Nachfrage beispielsweise stark von Promotionen und der Saison (siehe Abschnitt 6.1.9) beeinflusst wird, ist auch die Primärbedarfsplanung für die Konsumgüterindustrie bedeutsam.

Mithilfe der Logistiknetzplanung, die für die Konsumgüterindustrie wichtig ist, soll eine hohe Lieferbereitschaft bei niedrigen Beständen gewährleistet werden. Grund ist die produktionstechnisch bedingt fehlende Flexibilität vieler Unternehmen auf kurzfristige Nachfrageänderungen. So beträgt etwa die Durchlaufzeit in der Schinkenherstellung mehrere Monate.

Darüber hinaus unterstützt diese Komponente solche Supply-Chain-Mitglieder, die vor einer signifikanten Distributionskomplexität stehen. Weißwarenhersteller stehen beispielsweise vor der Aufgabe, ihre Ausbringung europaweit den Vertriebskanälen zuzuordnen, wobei priorisierte Bedarfe zu beachten sind. Hierzu können Produzenten eine CTM-Heuristik zum Einsatz bringen, wie sie auch von Halbleiterherstellern eingesetzt wird. In anderen Fällen müssen Unternehmen eine saisonale Bestandsplanung durchführen. Der Eiskremhersteller LANGNESE etwa baut in jedem Jahr im Winter/Frühjahr Bestände für die zu erwartende Nachfragespitze im Sommer auf.

Hieraus ergibt sich eine weitere Anforderung, die für die Konsumgüterindustrie typisch ist.

A.108 Jahreszeitabhängige Bestandsplanung

Erforderlich ist die Abbildung einer Bestandsplanung, die jahreszeitliche Unterschiede einkalkuliert.

Auch in der Konsumgüterindustrie gewinnt die Anbindung an Internetmarktplätze an Bedeutung. Auf der Seite der Handelsketten werden Plattformen installiert, wie z. B. SEARS und CARREFOUR, um die Beschaffungskosten zu senken:

> »It costs about 150 US-$ an hour to use older EDI systems, whereas internet-based systems cost about 1 US-$ an hour to use.« [Kehoe, Iskandar 2000]

Derartige Aussagen sind generell mit Vorsicht zu genießen, da aus Unkenntnis häufig Äpfel mit Birnen verglichen werden. Auf der Seite der Konsumgüterhersteller baut man ebenso Marktplätze auf. So beschreiben DANONE und NESTLÉ den Geschäftszweck von CPGMARKET.COM wie folgt:

> »Buyers and suppliers will be able to place orders on catalogue offers, call for bids and participate in auctions. They will also have access to sourcing services for raw materials and packaging, as well as capital goods and services. Participants will benefit from a more efficient market and lower costs through higher transaction efficiency and simplified procedures.« [Supply-On 2002]

Die Produktionsplanung wird von Marktbeobachtern als weniger entscheidend für die Branche eingestuft. Hier spiegelt sich besonders die angesprochene Heterogenität der Unternehmen in den Produktionsprozessen wider: Während bei Lebensmittelherstellern die Prozessfertigung meist in Kombination mit diskreten Verpackungsprozessen überwiegt, sind auch unterschiedliche Arten diskreter Fertigung anzutreffen.

Die Transportplanung ist traditionell für die Konsumgüterindustrie äußerst bedeutsam. Einer Studie von ROLAND BERGER zufolge verringerte sich die Planungskomplexität jedoch in den vergangenen Jahren durch die ansteigende Zahl von Zentrallagern im Handel. Ein neuerer Trend ist die zunehmende Selbstabholung der Ware durch den Handel, wie es die METRO-Gruppe momentan praktiziert. *Cross Docking* spielt hingegen noch keine große Rolle.

Es kann davon ausgegangen werden, dass die Unternehmen das Funktionsmodul *Monitoring und Controlling* vor allem für Lagerbestände, Servicelevel und Abweichungen von den Prognosen einsetzen. Im Rahmen des *Category Managements* sind regelmäßig Sortimentsanalysen durchzuführen.

Die integrierte, unternehmensübergreifende Zusammenarbeit ist für Unternehmen der Konsumgüterindustrie zunehmend missionskritisch. Hauptmotivation ist hierfür der Kostendruck. Hierbei ist zwischen der Kooperation mit dem Handel einerseits sowie mit Zulieferern und Partnern (wie den so genannten *Co-Packern*) andererseits zu differenzieren. Die Kooperation der Konsumgüterindustrie mit dem Handel ist bereits stark vorangeschritten, VMI basierend auf EDI ist bereits sehr weit verbreitet. Beispielsweise führt eine durchschnittliche Filiale der britischen Supermarktkette TESCO 50000 Produkte, während ein Hersteller im Schnitt 200 Erzeugnisse offeriert. Somit kann der Produzent diesen ungleich mehr Aufmerksamkeit widmen als der Handel. CACHON und FISHER wiesen z.B. für CAMPBELL nach, dass mithilfe von VMI die Bestände des Handels bei konstanter Warenverfügbarkeit um 66% verringert werden konnten. Weitergehende Kooperation ist vor allem im Rahmen von ECR (z.B. Category Management, Promotionsplanung) und CPFR vorzufinden. So führte TESCO die TESCO INFORMATION EXCHANGE (TIE) ein, um u.a. eine gemeinsame Informationsbasis für die kooperative Promotionsplanung zu schaffen.

Die Zahl der Partner stellt sich jedoch als ein Hemmnis enger Kooperation dar. Konsumgüterhersteller sehen sich häufig mit einer großen Anzahl von Handelsunternehmen konfrontiert, von denen viele stark unterschiedliche Grade und Formen der Integration fordern. Aus der Sicht des Handels stellt sich die Situation noch ungünstiger dar. Die Lösung mag hier in einer Segmentierung bestehen. So teilt WAL-MART seine 5500 Zulieferer in die Gruppen »Basic vendors«, »Preferred Vendors« und »Partners« ein. Partner (1995 waren es 110) müssen höhere Anforderungen erfüllen, erfahren dafür jedoch intensivere Kooperation. WAL-MART hat ca. 4000 seiner Lieferanten an sein internetbasiertes Retail-Link-Netz angeschlossen, in dem umfangreiche Informationen über Absatz, Belieferung und Bestand pro Filiale verfügbar sind. Als nächster Schritt ist der Anschluss der Transportfirmen geplant, die die Verteilzentren beliefern. Von dem heimischen Markt ist es WAL-MART gewohnt, den Lieferanten seine technischen Normen zu diktieren und zu fordern, dass sie den hohen Ansprüchen der EDI und Barcodierungssysteme genügen. Dies ist auch ein Grund dafür, weshalb sich viele Verpackungshersteller auf die Behälterverfolgung mittels Transponder konzentrieren.

Insbesondere hinsichtlich der traditionell gegnerischen Beziehung zwischen Konsumgüterindustrie und Handel ist es bedeutsam, über die Aufteilung der Kosten und des Nutzens von Kooperationen zu diskutieren. Einen interessanten Weg geht hier der Teehersteller LIPTON, der *Activity based Pricing* einführte: Der Abnehmer kann neben der Ware bestimmte Aktivitäten zu definierten Preisen kaufen, z.B. VMI.

Ebenso wichtig ist die Integration mit externen Partnern, die für die Verpackung der Produkte verantwortlich sind. Beispielsweise veredeln Co-Packer die Erzeugnisse, indem sie Sonderpackungen (z. B. Urlaubs- oder Promotionsets) herstellen. Bei anderen Produkten ist es notwendig, abhängig von nationalen Märkten die richtige Verpackung zu selektieren. Der Einbezug von Zulieferern ist branchenüblich. Die Vorlieferanten der SCHÖLLER AG etwa haben Einsicht in Planungsdaten und Bestände des Unternehmens und dürfen in einem definierten Rahmen selbstständig disponieren.

Die strategische Netzwerkplanung wird in der Konsumgüterindustrie in mehrerer Hinsicht immer bedeutsamer: Einerseits befindet sich die Branche in einer Konsolidierungsphase, andererseits besteht der Trend zur Internationalisierung. So werden beispielsweise Produkte wie das Shampoo »Head & Shoulders« oder die Kartoffelchips »Pringles« von PROCTER & GAMBLE weltweit vertrieben und bedingen eine geeignete Planung internationaler Logistiknetzwerke. Eine weitere typische Anforderung ist die Analyse der Auswirkung von Rahmenverträgen für eine Handelsmarke auf die Supply Chain.

7.3.2 Betriebstypologische Branchensegmentierung

Durch die Aufnahme der Spezifika aller Teilbreiche der Konsumgüterindustrie ergibt sich eine breite Palette von zutreffenden Merkmalsausprägungen. Zusammen mit den dargestellten branchenspezifischen Besonderheiten des vorigen Abschnitts treffen die in Tabelle 7.4 aufgeführten betriebstypischen Anforderungen für die Konsumgüterindustrie zu.

Betriebstypologisches Merkmal	Anforderung	Betroffene(s) Modul(e)
Promotionsintensität	A.68 Promotionsplanung	Absatzprognose
Bedarfsorientierung von LNP	A.69 LNP-Heuristiken für Planung von Perioden- und Einzelbedarfen	Logistiknetzplanung
Prozessfertigung	A.70 Kampagnenfertigung	Produktionsplanung
	A.71 Abbildung der Materialcharakteristika	
	A.72 Beachtung von Toleranzen und Aktualisierung der Planung	
	A.73 Berücksichtigung nicht-linearer Relationen zwischen den Materialien	
	A.74 Spezielle Ressourcen für Prozessfertigung	
	A.75 Optimierungsverfahren für Prozessfertigung	
	A.76 Adäquate Datenstruktur	
Verbundenheit des Produktionsprozesses	A.77 Kuppelproduktion ohne Zyklen	Produktionsplanung
	A.78 Kuppelproduktion mit Zyklen	
Zeitliche Abhängigkeiten zwischen Produktionsschritten	A.79 Zeitliche Abhängigkeiten einzelner Produktionsschritte	Produktionsplanung
Fließfertigung	A.80 Zuteilung von Fertigungsaufträgen zu verschiedenen Fertigungslinien	Produktionsplanung
	A.81 Koordination der Fließgeschwindigkeit	
	A.82 Reihenfolgeplanung	
	A.83 Kontrolle des Fertigungsfortschritts	
	A.84 Datenstruktur für die Abbildung einer »Linien-Ressource«	
Materialbearbeitungsstruktur	A.85 Verschnittoptimierung	Produktionsplanung
Dauer des Produktlebenszyklus	A.86 Lebenszyklusplanung in der Absatzprognose	Absatzprognose
	A.87 Abbildung kurzer Produktlebenszyklen in der Verfügbarkeitsprüfung	Verfügbarkeitsprüfung
	A.88 Berücksichtigung kurzer Produktlebenszyklen in der Produktionsplanung	Produktionsplanung

Tabelle 7.4 Übersicht der betriebstypischen Anforderungen der Konsumgüterindustrie

Betriebstypologisches Merkmal	Anforderung	Betroffene(s) Modul(e)
Internationalität der Supply Chain	A.89 Berücksichtigung länderspezifischer Merkmale	Verfügbarkeitsprüfung
	A.90 Transmissionsmechanismen zur Nivellierung länderspezifischer Besonderheiten	Logistiknetzplanung
		Strategische Netzwerkplanung
Erforderlichkeit eines Herkunftsnachweises	A.91 Chargenfindung in der Produktionsplanung	Produktionsplanung
	A.92 Chargenfindung in der Verfügbarkeitsprüfung	Verfügbarkeitsprüfung
	A.93 Beachtung der Chargeninformation in der Verfügbarkeitsprüfung	
	A.94 Abbildung der Chargeninformation in der Produktionsplanung	Produktionsplanung
Haltbarkeit des Materials und der Endprodukte	A.95 Abbildung von Resthaltbarkeitsdauern in der Verfügbarkeitsprüfung	Verfügbarkeitsprüfung
	A.96 Abbildung von Resthaltbarkeitsdauern in der Logistiknetzplanung	Logistiknetzplanung
	A.97 Berücksichtigung von Resthaltbarkeitsdauern in der Produktionsplanung	Produktionsplanung
Variantenvielfalt des Erzeugnisspektrums	A.98 Außerordentliche Leistungsfähigkeit der Variantenplanung	Produktionsplanung
	A.99 Unterstützung der Produktdatenpflege	
	A.100 Absatzprognose für Produktvarianten	Absatzprognose
	A.101 Merkmalsbasierte Produktionsplanung	Produktionsplanung
	A.102 Merkmalsbasierte Verfügbarkeitsprüfung	Verfügbarkeitsprüfung

Tabelle 7.4 Übersicht der betriebstypischen Anforderungen der Konsumgüterindustrie (Forts.)

Tabelle 7.5 listet die Abdeckung der branchentypischen Anforderungen der Konsumgüterindustrie durch mySAP SCM auf.

Branche	Anforderung	Identifizierte Defizite	Betroffenes Modul
Konsumgüterindustrie	A.105 Absatzprognose für Promotionsets und Displays	-	Absatzprognose
	A.106 Vorgabe für den Platzbedarf im Regal	-	
	A.107 Zuverlässige Identifikation standortspezifischer Besonderheiten des Konsumverhaltens	-	
	A.108 Jahreszeitabhängige Bestandsplanung	-	Logistiknetzplanung

Tabelle 7.5 Übersicht zur Abdeckung branchentypischer Anforderungen der Konsumgüterindustrie durch mySAP SCM

Das vollständige SCM-Anforderungsprofil für die Konsumgüterindustrie ist im Anhang sowohl tabellarisch als auch in Form einer Checkliste zusammengefasst.

7.4 Chemie- und Pharmaindustrie

In der Literatur und in der Praxis haben sowohl die Chemie- als auch die Pharmaindustrie ähnliche Anforderungen, die Parallelen zu Teilen von Unternehmen der Konsumgüterindustrie aufweisen. Zur Vermeidung von Redundanzen stehen nachfolgend Besonderheiten der Chemie- und Pharmaindustrie im Vordergrund. Häufig wird die pharmazeutische Industrie zur Branche der chemischen Industrie gezählt, insbesondere da viele Unternehmen (z. B. BAYER AG) sich nur schwer eindeutig zuordnen lassen.

Die Großunternehmen sind weltweit aufgestellt. Beispielsweise ist die BAYER AG in 350 Gesellschaften untergliedert, um durch lokale Produktionsstätten und Vertriebszentren in den Abnehmermärkten zügig die Kundenbedarfe zu decken. Es existiert eine große Anzahl von hoch spezialisierten mittelständischen Unternehmen, die als »Lohnbearbeiter« Schritte in der Fertigung übernehmen und entsprechend eng im Informationsfluss und logistisch anzubinden sind.

Eine der zentralen Anforderungen in der Chemieindustrie ist die Abbildung des Umgangs mit Gefahrstoffen entsprechend den gesetzlichen Vorgaben. Dies zeigt sich u.a. an der Bedeutung, die Umweltrestriktionen bei der Koordination in der Supply Chain einnehmen.

In der Arzneimittelindustrie sind die Prozesse zwingend gemäß den Regeln nach GMP (*Good Manufacturing Practice*) der FDA (*Food and Drug Administration, http://www.fda.gov*) zu validieren. Die festgelegten Abläufe dürfen ohne eine erneute Abnahme durch die entsprechenden offiziellen Stellen nicht geändert werden.

Die beiden Branchen sind typische Vertreter der Prozessfertigung (siehe Abbildung 6.5). Man stellt die Erzeugnisse meist unter Verwendung komplexer Produktions- und Lagerstrukturen sowie zahlreicher verfahrenstechnischer Rahmenbedingungen her. Sowohl chemische als auch mechanische Verfahren finden hierbei Anwendung. Aus wenigen Basisstoffen lässt sich oft eine hohe Anzahl unterschiedlicher Endprodukte herstellen.

Chemische Erzeugnisse umfassen neben chemischen Basisstoffen, pharmazeutischen Produkten und Chemiefasern zusätzlich auch Schädlingsbekämpfungs- und Pflanzenschutzmittel, Druckfarben sowie Seifen, Wasch-, Körperpflege- und Reinigungsmittel. Zu differenzieren ist zwischen Basis- und Spezialchemie, die bezüglich Materialfluss, Auftragsgröße, Homogenität und Produktionsanlagen unterschiedliche Ausprägungen aufweisen (siehe Abbildung 7.3).

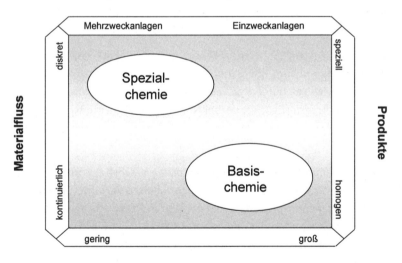

Abbildung 7.3 Einordnung der Bereiche Basis- und Spezialchemie hinsichtlich relevanter Größen

Als SCM-Kernanliegen gelten die langfristige Programmplanung im betriebsübergreifenden Unternehmensverbund sowie die mittel- und kurzfristige Planung der Auftragsreihenfolgen in den Werken.

Kritischen Erfolgsfaktoren sind:

- Koordination der Auftragseinlastung, Verringerung der Rüstzeiten
- Berücksichtigung der Reifezeiten, Haltbarkeit bzw. Verfallsdaten
- Kampagnenplanung, Abbildung der zulässigen Produktionsschritte
- Erhöhung des Servicegrades, da die Fertigung nach Kundenwunsch insbesondere in der Spezialchemie tendenziell ansteigt

7.4.1 Branchentypische Merkmale und Anforderungen

In der Chemie- und Pharmaindustrie liegt das Hauptaugenmerk auf den Bereichen Absatzprognose, Logistiknetzplanung, Produktionsplanung, Transportplanung und strategische Netzwerkplanung.

Die Bedeutung der Absatzprognose ist hoch, da viele chemische Unternehmen vor allem in der Basischemie Standarderzeugnisse herstellen, die aufgrund des Nachfrageverhaltens bevorratet werden müssen. Die Herstellung der »losen Ware« (*Bulk*), d.h. Flüssigkeiten und »Gebinde«, wird langfristig auf der Basis von Prognosen geplant. Eine Anpassung der chemischen Produktion ist aufgrund der langen Rüstzeiten, beispielsweise bei der BAYER AG von zwei Wochen bei einem Planungshorizont von 18 Monaten, schwierig. In der Pharmaindustrie sind Horizonte (beispielsweise bei Synthese) von zwei bis drei Jahren üblich, wobei Umrüstzeiten von bis zu vier Wochen zu berücksichtigen sind.

Bei der Basischemie liegt der Schwerpunkt auf der Verfügbarkeitsprüfung der Rohstoffe, die überwiegend auf Lager produziert werden. In der Praxis gelten die produktspezifischen Lagerressourcen als Engpässe. In der Spezialchemie überwiegt hingegen die Auftragsfertigung. Hierbei ist in der Verfügbarkeitsprüfung vor allem die Berücksichtigung der Merkmale bzw. der Charakteristika wie Farbe und Schattierungen wichtig.

Die Bedeutung der Anbindung an Internetmarktplätze wächst auch in der Chemie- und Pharmaindustrie mit den bereits beschriebenen Anforderungen. Am Markt sind mehrere branchenspezifische Plattformen mit teilweise unterschiedlichen Schwerpunkten entstanden. So fokussiert etwa CHEMATCH (*http://www.chematch.com*) auf Erzeugnisse der Basischemie, wohingegen ELEMICA (*http://www.elemica.com*) auf Produkte der Spezialchemie ausgerichtet ist.

In der Basischemie produziert man überwiegend unter Nutzung von Einzweckanlagen (z.B. bei Wasch-, Spülmitteln und Benzinmischungen). Geachtet wird hierbei auf kontinuierliche Materialflüsse, wodurch die Rüstkosten etwas in den Hintergrund treten. Aus mehreren Ausgangsstoffen stellt man über ein Mischungsrezept ein Enderzeugnis her. Es existieren häufig alternative Rezepturen, wobei die Zulassungsbestimmungen und Qualitätsvorschriften zu berücksichtigen sind. In der Produktionsplanung müssen die Zuordnung von Rezepturen zu Mischern, die Verschaltung der Tanks und Mischer, die Tankkapazitäten sowie die Lagerbestände von Komponenten und Endprodukten abgebildet werden.

In der Spezialchemie kommen Mehrproduktanlagen zum Einsatz, in denen über mehrere Betriebe hinweg chargenweise und/oder semikontinuierlich Produkte gefertigt werden. Nach Kundenwunsch erfolgt die Produktion der Enderzeugnisse auf der Basis diverser Grundrezepturen in Kampagnenfertigung. Sensibel ist die Ablaufreihenfolge und Zuordnung der Ressourcen.

Aufgrund der hohen Transportkosten chemischer Güter und der Zustandseigenschaften (z. B. Außentemperaturen) stellt die Transportplanung einen kritischen Baustein für SCM-Lösungen in dieser Branche dar. Aufgrund der vergleichsweise geringen Distributionsintensität ergeben sich jedoch keine außergewöhnlichen Anforderungen an eine SCM-Software.

Da viele Produktionsschritte an kleinere, hoch spezialisierte Zulieferer ausgelagert in Lohnbearbeitung ausgegliedert werden, nehmen Collaboration-Strategien und Integrationstechnologien einen hohen Stellenwert ein. Bisher sind viele der mittelständischen Lieferanten erst sporadisch angebunden, was die Konzerne durch WebEDI sowie Web-enabled Services kurzfristig zu ändern versuchen.

Die strategische Netzwerkplanung ist von hoher Relevanz, da die Produktionsstätten und Vertriebszentren der Supply-Chain-Mitglieder weltweit verteilt sind. Aufgrund der unterschiedlichen länderspezifischen Regelungen, v. a. für die Produktion und den Transport von Gefahrstoffen, sind vielfältige Faktoren und Restriktionen bei der Modellierung und Simulation abzubilden (z. B. darf ein Werk in Oldenburg wegen fehlender Wasseraufbereitungsanlage und in Deutschland gültiger Umweltgesetze keine Pestizide produzieren; dies ist aber in den identischen Werken in Liverpool und Warschau erlaubt).

7.4.2 Betriebstypologische Branchensegmentierung

In der Übersichtsmatrix zur betriebstypologischen Branchensegmentierung (siehe Abbildung 6.2) wird getrennt sowohl für die Chemieindustrie als auch für die Pharmaindustrie eine betriebstypologische Zuordnung der Merkmale und ihrer Ausprägungen vorgenommen. Zusammen mit den beschriebenen branchenspezifischen Besonderheiten treffen folgende betriebstypischen Anforderungen zu (siehe Tabelle 7.6). Da die betriebstypischen Bedarfe für beide Branchen deckungsgleich sind, wird auf eine getrennte Darstellung in der nachfolgenden Tabelle verzichtet.

Betriebstypologisches Merkmal	Anforderung	Betroffene(s) Modul(e)
Prozessfertigung	A.70 Kampagnenfertigung	Produktionsplanung
	A.71 Abbildung der Materialcharakteristika	
	A.72 Beachtung von Toleranzen und Aktualisierung der Planung	
	A.73 Berücksichtigung nicht-linearer Relationen zwischen den Materialien	
	A.74 Spezielle Ressourcen für Prozessfertigung	
	A.75 Optimierungsverfahren für Prozessfertigung	
	A.76 Adäquate Datenstruktur	
Verbundenheit des Produktionsprozesses	A.77 Kuppelproduktion ohne Zyklen	Produktionsplanung
	A.78 Kuppelproduktion mit Zyklen	
Zeitliche Abhängigkeiten zwischen Produktionsschritten	A.79 Zeitliche Abhängigkeiten einzelner Produktionsschritte	Produktionsplanung
Dauer des Produktlebenszyklus	A.86 Lebenszyklusplanung in der Absatzprognose	Absatzprognose
	A.87 Abbildung kurzer Produktlebenszyklen in der Verfügbarkeitsprüfung	Verfügbarkeitsprüfung
	A.88 Berücksichtigung kurzer Produktlebenszyklen in der Produktionsplanung	Produktionsplanung
Internationalität der Supply Chain	A.89 Berücksichtigung länderspezifischer Merkmale	Verfügbarkeitsprüfung
	A.90 Transmissionsmechanismen zur Nivellierung länderspezifischer Besonderheiten	Logistiknetzplanung
		Strategische Netzwerkplanung
Erforderlichkeit eines Herkunftsnachweises	A.91 Chargenfindung in der Produktionsplanung	Produktionsplanung
	A.92 Chargenfindung in der Verfügbarkeitsprüfung	Verfügbarkeitsprüfung
	A.93 Beachtung der Chargeninformation in der Verfügbarkeitsprüfung	
	A.94 Abbildung der Chargeninformation in der Produktionsplanung	Produktionsplanung

Tabelle 7.6 Übersicht der betriebstypischen Anforderungen der Chemie- und Pharmaindustrie

Betriebstypologisches Merkmal	Anforderung	Betroffene(s) Modul(e)
Haltbarkeit des Materials und der Endprodukte	A.95 Abbildung von Resthaltbarkeitsdauern in der Verfügbarkeitsprüfung	Verfügbarkeitsprüfung
	A.96 Abbildung von Resthaltbarkeitsdauern in der Logistiknetzplanung	Logistiknetzplanung
	A.97 Berücksichtigung von Resthaltbarkeitsdauern in der Produktionsplanung	Produktionsplanung

Tabelle 7.6 Übersicht der betriebstypischen Anforderungen der Chemie- und Pharmaindustrie (Forts.)

Die vollständigen SCM-Anforderungsprofile für die Chemie- und Pharmaindustrie sind im Anhang sowohl tabellarisch als auch in Form von Checklisten zusammengefasst.

8 Was bieten SCM-Lösungen am Markt – mySAP SCM

Nachdem in den letzten Kapiteln SCM-Anforderungen sowie branchen- und betriebstypische Besonderheiten erläutert wurden, ist es nun an der Zeit zu prüfen, inwieweit SCM-Produkte diesen Anforderungen gerecht werden. Hierzu werden nachfolgend die Anforderungen in einem Kern-Schalen-Modell übersichtlich strukturiert.

Im Folgenden wird das Vorgehen anhand der umfangreichen und stark verbreiteten SCM-Lösung mySAP SCM der SAP aufgezeigt. Ergebnis ist eine vollständige Bewertung des Leistungsangebots. Je nach Bedarf kann die Methode in Teilbereichen oder vollständig auf beliebige SCM-Produkte angewendet bzw. für Produktvergleiche und/oder Stärken-/Schwächenanalysen genutzt werden. Im Anhang finden sich hierzu eine Komplettdarstellung und umfangreiche Checklisten. Diese können gleichermaßen zur Erstellung unternehmensindividueller Anforderungsprofile wie auch zur Bewertung von SCM-Produkten herangezogen werden.

Der Grad der Anforderungsabdeckung durch mySAP SCM wird entsprechend der in der folgenden Legende dargestellten Symbole bewertet. Ein voller Punkt schließt weiteres Verbesserungspotenzial nicht gänzlich aus. Am Ende eines jeden Abschnitts werden die Analyseergebnisse in einer Tabelle zusammengefasst.

○	Nicht abgedeckt
◔	Kaum abgedeckt
◑	Teilweise abgedeckt
◕	Weitgehend abgedeckt
●	Vollständig abgedeckt

8.1 Strukturierte SCM-Anforderungs- und -Leistungsprofile im Kern-Schalen-Modell

Basierend auf einem Kern-Schalen-Prinzip wird ein Instrument zur Strukturierung und zur Visualisierung von Anforderungen und ihrer Abdeckung erstellt (siehe Abbildung 8.1).

Gegenüber einer Unterscheidung nach Branchen hat dies den Vorteil, dass sich die verschiedenen Gruppen »branchenübergreifender« und »branchentypischer« Anforderungen visuell klar voneinander abgrenzen lassen.

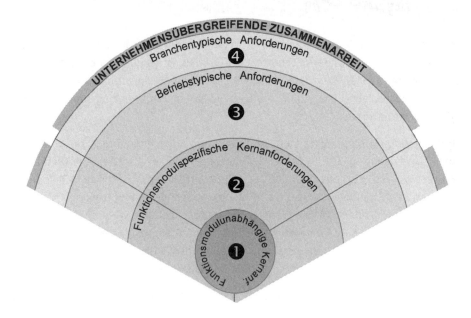

Abbildung 8.1 Aufbau der Analyse

Im Kern des Modells finden sich funktionsmodulunabhängige (1) und -modulspezifische (2) Funktionen, die Anwender und Marktbeobachter im Allgemeinen von SCM-Software erwarten und üblicherweise zum Einsatz gelangen. In der Schale der betriebstypischen Anforderungen (3) finden sich Funktionen, die nicht in allen Branchen relevant sind, aber auch nicht nur einer einzelnen Branche typisch zugeordnet werden können. Letztere Gruppe wird in der Schale der branchentypischen Anforderungen (4) analysiert. Diese Vorgehensweise erlaubt es, gewonnene Erkenntnisse unmittelbar auf andere Branchen zu übertragen, da aus einem großen Pool vorhandener Anforderungen nur die relevanten ausgewählt und lediglich um branchentypische Elemente ergänzt werden müssen.

Um den unterschiedlichen Ausprägungen Rechnung zu tragen, wurde das Modell untergliedert. Abbildung 8.2 und Abbildung 8.3 zeigen die Abgrenzung zwischen den beiden Teilen des Kern-Schalen-Modells auf. Teil 1 beinhaltet die Funktionsmodule, die sich entlang des Auftragsabwicklungsprozesses orientieren. Teil 2 stellt die drei voneinander unabhängigen SCM-Querschnittsfunktionen im weiteren Sinne dar.

Der *innerste Kreis* beinhaltet die wesentlichen allgemeinen SCM-Kernanforderungen an SCM-Software (siehe Tabelle 3.1).

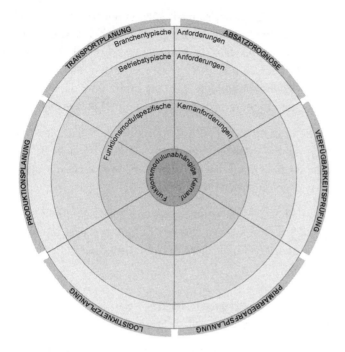

Abbildung 8.2 Kern-Schalen-Modell für die SCM-Auftragsabwicklung (Teil 1)

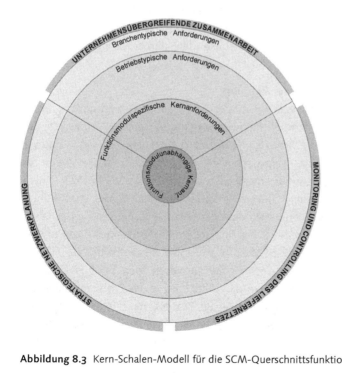

Abbildung 8.3 Kern-Schalen-Modell für die SCM-Querschnittsfunktionen (Teil 2)

Strukturierte SCM-Anforderungs- und -Leistungsprofile im Kern-Schalen-Modell **255**

Der *zweite Kreis* umfasst die Kernanforderungen nach SCM-Bereichen, also Funktionen, die Anwender und Marktbeobachter standardmäßig von den einzelnen Komponenten einer SCM-Software erwarten (siehe Abschnitt 3.1 und 3.2). Dabei sind zunächst im Teil 1 des Kern-Schalen-Modells im Uhrzeigersinn die auftragsbezogenen Funktionsmodule (siehe Abbildung 8.2) angeführt und danach im zweiten Part die Querschnittskomponenten (siehe Abbildung 8.3) dargestellt.

Der *dritte Kreis* beinhaltet die betriebstypischen Anforderungen (siehe Kapitel 6). Falls mithilfe der betriebstypischen Anforderungen nicht alle Bedarfe einer Branche abdeckbar sind, sind die speziellen, für die jeweilige Branche typischen Anforderungen im *äußersten Kreis* angeführt (siehe Kapitel 7).

Das SCM-Kern-Schalen-Modell lässt sich problemlos auf beliebige Branchen übertragen. Hierzu muss lediglich eine Auswahl aus den betriebstypischen Anforderungen getroffen und müssen spezielle, für diese Branche typische Anforderungen ergänzt werden.

8.2 Abdeckungsgrad der allgemeinen SCM-Kernanforderungen

mySAP SCM besteht aus mehreren Bestandteilen (siehe Abbildung 1.15). Vereinfacht dargestellt repräsentiert APO (Advanced Planner and Optimizer) den Bereich des *Supply Chain Plannings*, wohingegen die *Supply Chain Execution* überwiegend im R/3 abgebildet ist. Falls es zu Abgrenzungszwecken nötig ist, wird zwischen mySAP SCM und APO sowie insbesondere deren Zusammenarbeit mit R/3 unterschieden.

A.1 Hohe Leistungsfähigkeit der Planung

Die *liveCache*-Technologie (Verwaltung großer Datenmengen im schnell zugreifbarem Hauptspeicher) ermöglicht es, Planungsvorgänge schnell (SAP benutzt den Begriff »in Echtzeit«) auszuführen. Die Laufzeit der Heuristiken und Optimierungsverfahren hängt von der geforderten Lösungsqualität, aber vor allem von den zu verarbeitenden Datenvolumina ab. Bei besonders umfangreichen Datenvolumina, beispielsweise bedingt durch die Variantenvielfalt in der Produktionsplanung der Automobilindustrie, stellt sich die Beschränkung des liveCache auf vier Gigabyte (GB) als »Stolperstein« für eine geeignete Verwendung von mySAP SCM dar. Grund ist, dass die SAP-SCM-Software bisher nur auf Windows NT einsetzbar war. Aufgrund der 32-Bit-Technik der verwendenden INTEL-Prozessoren kann nicht mehr Speicher adressiert werden. Eine Lösung des Problems bietet die Unix-Variante von mySAP SCM, die mit 64-Bit-Prozessortechnologie eingesetzt werden kann und den adressierbaren Arbeitsspeicher massiv erweitert (siehe Abschnitt 8.5.5).

A.2 Datenaustausch mit Office-Software-Paketen

Eine Schnittstelle zum Microsoft Office-Paket, u.a. MS Excel, erlaubt es, bereits im Unternehmen oder bei den Supply-Chain-Partnern vorhandene Software-Werkzeuge weiter zu nutzen. *SAP Office* gestattet, Planungsmappen im MS Excel-Format als E-Mail-Anlagen zu versenden. Das in MS Excel eingebettete Frontend des SAP Business Information Warehouse (BW), der so genannte *Business Explorer*, gestattet dem Anwender flexible Abfragen, z. B. über Kundenaufträge, Lagerbestände, Nachbevorratungsdispositionen, aktuelle Kapazitätssituationen, Produktions- und Transportmengen, Kosten oder Servicegrade. Der Business Explorer ermöglicht es, diese und andere selbst definierte Kennzahlen zu gewichten, zu kombinieren und direkt in MS Excel zu ändern.

A.3 Enge Integration mit den verbundenen ERP-Systemen

Für die Integration mit R/3 bietet SAP so genannte Plug-Ins an. Da mySAP SCM in der Regel mit SAP R/3 eingesetzt wird, wird im Folgenden auf diese Konstellation eingegangen. Für mySAP SCM ist dies das *Core Interface* (CIF), das den Datenaustausch zwischen R/3- und mySAP SCM-Systemen steuert. Es handelt sich hierbei um eine Echtzeit-Schnittstelle. Aus der komplexen Datenmenge im R/3 müssen nur diejenigen Datenobjekte an mySAP SCM übergeben werden, die in den Datenstrukturen von mySAP SCM für die jeweiligen Planungs- und Optimierungsprozesse gebraucht werden. Darüber hinaus garantiert das Core Interface neben der Erstdatenversorgung (*initial*) auch die Belieferung von mySAP SCM mit entsprechenden Datenänderungen (*inkrementell*). Zusätzlich verfügt mySAP SCM über eine Schnittstelle zu einem Online-Analytical-Processing-(OLAP-)System.

A.4 Unterstützung offener Internet-Standardschnittstellen

SAP vollzieht mit der mySAP-Technology-Initiative im großen Stil eine architektonische Hinwendung zu XML- und Internettechnologien. Ab R/3 Enterprise wird die Gesamtarchitektur sukzessive umgestellt und die Unterstützung von Format-, Business- sowie Technologiestandards wie xCBL, RosettaNet sowie Web Services erweitert. Kernbestandteile sind die *Portal Infrastructure*, der *Web Application Server* (Web AS) und die *Exchange Infrastructure* (XI).

Ab R/3 Enterprise übernimmt der WAS die Funktion der SAP-Basis, erweitert u.a. um J2EE und Java Server Pages. Er bildet mit der parallelen Unterstützung einer »ABAP- und Java-Personality« die Laufzeitumgebung für sämtliche SAP-Komponenten und -Solutions.

Mit der XML-basierten XI wird eine umfassende Integrationsplattform bereitgestellt, die zukünftig nicht nur die einzelnen SAP-Komponenten verknüpfen soll, sondern ebenfalls über umfangreiche Middleware- und B2Bi-Funktionen verfügt.

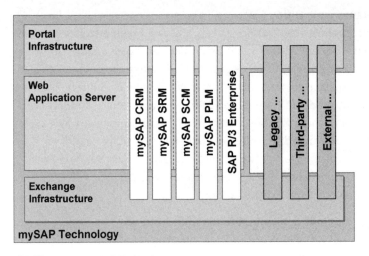

Abbildung 8.4 mySAP Technology

Angestrebt wird eine umfassende, businessgetriebene Integrationsarchitektur, die über synchrone und asynchrone Kommunikationskanäle gleichermaßen SAP- und Fremdanwendungen unternehmensintern sowie -übergreifend zusammenführt. Dieser stark geschäftsprozess- und contentorientierte Integrationsansatz stellt nicht nur technologisch eine sehr ehrgeizige Herausforderung dar, sondern ist in dieser Form ein Novum am Markt.

Die Portal Infrastructure repräsentiert zusammen mit der neu entstehenden Web-Dynpro-Technologie die Web-Schnittstelle zum Anwender. Erstere ist eine typische Portalumgebung. Merkmale sind das von R/3 bekannte Rollenkonzept sowie eine die semantischen Inkompatibilitäten unterschiedlicher Anwendungen überbrückende Unification-Technologie.

Die Technologien besitzen einen unterschiedlichen Entwicklungs- bzw. Reifegrad und sind noch nicht vollständig in ihrer Architektur aufeinander abgestimmt. Langjährige Spezialanbieter können daher gegenüber dem recht jungen XI-Produkt auf mehr Implementierungen und eine breitere Funktionalität verweisen. Demgegenüber besitzt SAP gerade im Bereich betriebswirtschaftlich integrierter Systeme ein ausgewiesenes Know-how und kann auf den Erfahrungen der Integrations-Pioniere aufsetzen.

A.5 Schlanke Datenstruktur

Für mySAP SCM wurde das *Produktionsprozessmodell* (PPM) entwickelt, das eine Kombination aus Stückliste und Arbeitsplan darstellt und die gestellten Anforderungen im Allgemeinen gut erfüllt. Die Stückliste liefert zum einen die Information, welcher Output hergestellt wird, und zum anderen, welche Werkstoffe und Komponenten in das Endprodukt eingehen. Aus dem Arbeitsplan werden die benötigten Arbeitsgänge und deren Reihenfolge sowie die erforderlichen Betriebsmittel und Hilfsstoffe bzw. menschlichen Arbeitsleistungen in das PPM übernommen. Eine Weiterentwicklung stellt das Modell des *Integrated Product and Process Engineering* (iPPE) dar. Hiermit können Produktvarianten, Arbeitspläne und Fabrik-Layouts sowie deren Verknüpfung untereinander abgebildet werden. Es eignet sich vor allem für Produkte mit hoher Variantenvielfalt.

A.6 Benutzungsfreundlichkeit

Um die Benutzungsfreundlichkeit der SAP-Produkte zu steigern, startete das Unternehmen die so genannte *Enjoy-Initiative*, um Layoutinkonsistenzen und komplexe Maskenfolgen zu bereinigen. Unabhängige Institute bestätigen den Erfolg, auch wenn der Anwender häufig mit einer sehr hohen Informationsdichte konfrontiert wird. mySAP SCM ist Teil der Enjoy-Initiative. Darüber hinaus wurde mit COOPER DESIGN ein Spezialist für das Design von Benutzungsoberflächen mit der weiteren Verbesserung der Benutzungsfreundlichkeit beauftragt.

Anforderung	mySAP SCM	Identifizierte Defizite
A.1 Hohe Leistungsfähigkeit der Planung	●	-
A.2 Datenaustausch mit Office-Software-Paketen	●	-
A.3 Enge Integration mit den verbundenen ERP-Systemen	●	-
A.4 Unterstützung offener Internet-Standardschnittstellen	●	-
A.5 Schlanke Datenstruktur	●	-
A.6 Benutzungsfreundlichkeit	●	-

Tabelle 8.1 Übersicht über die Abdeckung der funktionsmodulunabhängigen Kernanforderungen durch mySAP SCM

8.3 Abdeckungsgrad der Kernanforderungen nach SCM-Bereichen

Dieses Kapitel untersucht den Abdeckungsgrad der funktionsmodulspezifischen Kernanforderungen durch mySAP SCM (also Funktionen, die üblicherweise von einer SCM-Software erwartet werden). Die Grenze zwischen kern- und betriebstypischen Anforderungen (siehe Kapitel 3 und 6) ist fließend, da eine exakte Definition, welche Branchen als »typische« Zielgruppen für diese Art von Software anzusehen sind, nicht existiert.

Teil 1 des SCM-Kern-Schalen-Modells, der die Funktionen für den Auftragsdurchlauf beinhaltet, enthält die Module Absatzprognose, Verfügbarkeitsprüfung, Primärbedarfs-, Logistiknetz-, Produktions- und Transportplanung.

8.3.1 Absatzprognose

In mySAP SCM deckt das Modul *Demand Planning* (DP) die Absatzprognose ab. Zentrales Merkmal von DP sind die benutzungsfreundlichen Planungsmappen (*Planning Books*). Sie bestehen aus einer Baumstruktur für die Datenselektion sowie Diagrammen und/oder Tabellen. Sie sind weitreichend konfigurierbar und nach benutzerspezifischen Profilen erstellt worden. Vorkonfigurierte Planning Books liegen u.a. für Promotionsplanung, Kausalanalyse, statistische Prognose und Lebenszyklusmanagement vor. Die intuitive Bedienbarkeit ermöglicht auch dem sporadischen Anwender das »Spielen« mit Prognoseverfahren und Daten. So mag sich ein Vertriebsmanager im Rahmen einer Absatzprognose über die Verkäufe in Europa informieren, dann einen Drill-down auf Frankreich vornehmen, um sich anschließend auf dieser Ebene den Umsatz pro Produktgruppe anzeigen zu lassen. Dabei lassen sich in der Tabelle Maßeinheit und Periode modifizieren. Die Einheiten der Achsen von Diagrammen bzw. Tabellen sind frei definierbar. Ferner ist es möglich, in einer Tabelle oder einem Diagramm die Daten für die nächsten vier Wochen auf Wochenbasis und danach auf Monats- bzw. Quartalsbasis darzustellen. Veränderungen der Daten können absolut oder in Prozent vorgenommen werden. Falls man die Daten einer Aggregationsstufe anpasst, ändern sich automatisch die Daten entsprechend auf den anderen Stufen. Modifikationen können sowohl in der Tabelle als auch direkt im Diagramm vorgenommen werden, wobei eine automatische Aktualisierung abhängiger Elemente erfolgt.

Erweiterte Makros (*Advanced Macros*) ermöglichen die schnelle und recht komfortable Durchführung komplexer Tabellenkalkulationen. Sie werden entweder zu festgelegten Zeitpunkten gestartet oder durch den Anwender ausgelöst. Ein Anwendungsbeispiel ist die automatische Generierung von Warnungen im Alert Monitor, wenn die Prognosen unterschiedlicher Parteien mehr als 10% differieren. Eine Schnittstelle zu MS Excel erlaubt die weitere Nutzung vorhandener Werkzeuge.

A.7 Konsensbasierte Prognosen

mySAP SCM bietet Funktionen für eine konsensbasierte Absatzplanung. Es ist möglich, parallel mehrere Absatzpläne für verschiedene Ziele und Prognoseschwerpunkte (z.B. einen strategischen Geschäftsplan und einen taktischen Vertriebsplan) zu erstellen sowie diese – auch wenn sie sich auf unterschiedliche Dimensionen oder Ebenen beziehen – in einen konsensbasierten Plan zu überführen. Planer aus verschiedenen Abteilungen und unterschiedlichen Unternehmen können ihre Daten in eine gemeinsame Datenbasis laden und zusammen eine Prognose erarbeiten. Dabei können die erforderlichen Aktivitäten mit Planungsmappen definiert und die Arbeitsschritte mit erweiterten Makros festgelegt werden (siehe Abschnitt 3.2.1).

Außendienstmitarbeiter können aus dem *Demand Planning Data Mart* Daten auf ihr Notebook übertragen, beim Kunden Verkäufe online oder offline eingeben und gegebenenfalls die aktualisierten Daten zur Weiterverarbeitung in den *Data Mart* transferieren.

A.8 Datenbanken mit Prognosen und Absatzverläufen

Es ist möglich, im *Time Series Management* einmal erstellte Zeitreihen abzuspeichern und später wiederzuverwenden. So kann beispielsweise die Nachfrage nach Neuprodukten auf der Basis der historischen Nachfrage für ähnliche Produkte (*Like Modelling*) modelliert werden (siehe Abschnitt 6.1.1).

A.9 Planen auf mehreren Aggregationsebenen

Die Kopplung von DP mit dem BW ermöglicht den Einsatz fortgeschrittener OLAP-Verfahren, etwa für Drill-down-Funktionen oder die Analyse von historischen Daten aus vielen verschiedenen Perspektiven. Produkte können durch so genannte merkmalsbasierte Hierarchien zu Gruppen aggregiert bzw. disaggregiert werden. Darstellungsoptionen bestehen für unterschiedliche Granularitäten bei physischen (z.B. Stück, Paletten, Container) und finanziellen Einheiten (z.B. Deckungsbeitrag, Umsatz) sowie bezüglich mehrerer Dimensionen (Kunden, Regionen usw.) (siehe Ausführungen zu *InfoCubes* im Abschnitt 3.2.2). Mit Planungsmappen lassen sich verschiedene Planungsszenarios simulieren. Für eine konsistente Planung im gesamten Unternehmen werden Planungsansätze top-down, bottom-up und middle-out angeboten. Eine Middle-out-Planung bezeichnet eine Prognose auf mittlerem Aggregationsniveau, an die sowohl darüber als auch darunter liegende Ebenen angeglichen werden.

A.10 Umfangreiche Informationsbasis für die Prognosen

Die Integration des DP mit dem BW macht eine breite Informationsbasis verfügbar. Dies erlaubt, neben Vergangenheitsdaten wie Absatz- oder Auftragsdaten auch Daten externer Marktforschungsinstitute, wie z.B. von NIELSEN, sowie Informationen über Wettbewerber zu berücksichtigen. Mittels manueller Modifikationen der Zeitreihe können die Benutzer Erfahrung und Wissen einbringen.

A.11 Weitreichendes Angebot an Prognoseverfahren

SAP stellt in der *Statistical Forecasting Toolbox* eine breite Palette an Prognoseverfahren zur Verfügung. Der Methodeneinsatz ist individuell konfigurierbar und es lassen sich unterschiedliche Verfahren mit Gewichtungen kombinieren (*Composite Forecasting*). Als Bezugsgröße sind z.B. die jeweiligen Restfehler nutzbar. Es ist ferner möglich, die Gewichtung vom Zeithorizont abhängig zu machen, sodass in der Kurzfristplanung eine Methode einen hohen Stellenwert erhält, während sie auf die Langfristplanung nur geringen Einfluss nimmt.

Analysen über nicht realisierte Absätze bei Lieferproblemen sind durch Kausalanalysen, die den Servicegrad als Kausalvariable nutzen, realisierbar. Zur Verbesserung der Datenqualität identifiziert DP fehlende Werte und Ausreißer und passt die Daten oder das Prognoseverfahren entsprechend an. Einer der ersten Anwender von DP ist GOODYEAR. Dort berechnet DP mithilfe saisonaler Trendmodelle, multilinearer Regression und exponentieller Glättung den zukünftigen Absatz. Verschiedene Faktoren, wie z.B. winterliche Wettereinbrüche, Zulassungszahlen von Pkw und Lkw sowie Testergebnisse des ADAC und deren Auswirkungen auf die Nachfrage spezieller Produkte, werden automatisch in die Prognose des Planungsmoduls integriert.

Die *Forecasting Extension Workbench* erlaubt die Einbindung weiterer Prognosealgorithmen, die gegebenenfalls bereits im Unternehmen vorhanden sind oder von Drittanbietern wie ILOG oder dem INSTITUT FÜR WIRTSCHAFTSTHEORIE UND OPERATIONS RESEARCH der Universität Karlsruhe (TH) angeboten werden. *Multitier Forecasting* ermöglicht die Integration von Daten über Verkäufe an Endverbraucher (z.B. POS-Daten) und an Zwischenstufen (z.B. Lieferung an Großhandel). Hieraus kann der Planer zunächst die Endverbrauchernachfrage prognostizieren. Diese kombiniert er mit dem Wissen über Lagerbestände und Nachfrage-Einflussfaktoren der Zwischenstufen (etwa Promotionen), um unter Berücksichtigung der Zeitverzögerungen zwischen den einzelnen Stufen zukünftige Lieferungen zu berechnen.

A.12 Automatisierte Auswahl adäquater Prognosemethoden

DP gestattet es, mit der *Pick-the-best-Option* entweder alle Verfahren oder eine vordefinierte Auswahl durchzurechnen und automatisch das – gemessen an historischen Daten – am besten geeignete Verfahren anzuwenden. Hierzu ist es möglich, den Horizont für das Übereinstimmungskriterium auf kurz-, mittel- oder langfristig zu fixieren.

A.13 Automatisierte Analyse der Prognosequalität

Die *Forecast Accuracy Analysis* misst die Abweichung zwischen Prognose und Ist-Werten. Der *Alert Monitor* benachrichtigt den Planer durch eine E-Mail oder Ausnahmemitteilung, sobald ein vordefinierter Abweichungskorridor verlassen wird. Berichte (bei SAP *Reports* genannt) stellen die Abweichungen auf jeder Ebene und Dimension dar. Sie vergleichen z.B.:

- Ist-Wert mit Prognose
- Ist-Wert mit zeitverzögerter Prognose
- Ist-Wert mit anderen Planungsversionen, etwa den ursprünglichen Prognosen der einzelnen Partner bei einer konsensbasierten Prognose

Darüber hinaus identifiziert DP Änderungen in Mustern (z.B. in Trends) und kann den Planer darüber informieren bzw. selbstständig Anpassungen vornehmen. Anhand der historischen Abweichungen von der Prognose besteht die Möglichkeit, für die Zukunft verschiedene Szenarios zu entwickeln (z.B. geplantes, maximales, minimales Verkaufsvolumen), deren Auswirkungen auf die Supply Chain durch Simulationen analysiert werden können. Diese machen die Bedeutung des jeweiligen Prognosefehlers transparent. Unternehmen können so ein Verständnis für die Bedeutung von Abweichungen erhalten und sich auf die zu erwartenden Differenzen vorbereiten. Dennoch lässt sich der Aufbau von Pufferbeständen in begrenztem Rahmen kaum vermeiden, da bereits eine geringe Unterschätzung der Nachfrage zur Lieferunfähigkeit führen kann.

A.14 Automatisierte Planung

Wie auch in den anderen mySAP SCM-Modulen können in DP erweiterte Makros genutzt werden, um zu definierten Zeitpunkten eine Stapelverarbeitung anzustoßen. Hierbei lassen sich entsprechende Planungen durchführen und vordefinierte Kriterien wie die Prognosegüte in der Vergangenheit oder die Abweichung zum Vorjahr überprüfen. Für Prognosen, bei denen Toleranzschwellen für ein oder mehrere Kriterien überschritten werden, generiert mySAP SCM eine Warnung (*Alert*).

A.15 Verwaltung der Erläuterungen zu Prognosen

Das *Notes Management* ermöglicht es, Notizen zu Diskussionen oder Annahmen anzufertigen und so den Entscheidungsprozess zu dokumentieren.

Anforderung	mySAP SCM	Identifizierte Defizite
A.7 Konsensbasierte Prognosen	●	-
A.8 Datenbanken mit Prognosen und Absatzverläufen	●	-
A.9 Planen auf mehreren Aggregationsebenen	●	-
A.10 Umfangreiche Informationsbasis für die Prognosen	●	-
A.11 Weitreichendes Angebot an Prognoseverfahren	●	-
A.12 Automatisierte Auswahl adäquater Prognosemethoden	●	-
A.13 Automatisierte Analyse der Prognosequalität	●	-
A.14 Automatisierte Planung	●	-
A.15 Verwaltung der Erläuterungen zu Prognose n	●	-

Tabelle 8.2 Übersicht über die Abdeckung der funktionsmodulspezifischen Kernanforderungen für die Absatzprognose durch mySAP SCM

8.3.2 Verfügbarkeitsprüfung

In mySAP SCM deckt die Komponente *Global ATP* diese Anforderungen ab.

A.16 Geringe Antwortzeiten
Durch die Integration aller Planungsdaten im liveCache steht die ATP-Information nahezu in Echtzeit zur Verfügung und kann durch die Anbindung an das R/3-System zu einer unmittelbaren Verbuchung führen.

A.17 Konsistenz bei parallelen Prüfungen
Der ATP-Check blockt sowohl Material als auch Kapazität, bis die Prüfung abgebrochen oder als Auftrag gespeichert wird.

A.18 Prüfen auf Bestandsebene
Der Verkäufer erhält die Möglichkeit, gegen Lagerbestände, Kontingentierungspläne, Prognosen usw. zu prüfen. Es ist frei definierbar, welche Bestände oder geplanten Zu- und Abgänge in die ATP-Überprüfung mit einbezogen werden. Die berücksichtigten Bestände sind dabei auch von der Kundenpriorisierung abhängig: Für wichtige Kunden kann auch ein so genannter *Special Stock*, d.h. ein »Reservebestand für Notsituationen«, freigegeben werden. Die Verfügbarkeitsprüfung ist dynamisch, daher berechnet das System die aktuelle Situation bei jeder Abfrage neu. Als Ergebnis erhält der Disponent folgende Informationen:

- Die zum Wunschtermin verfügbare Menge
- Ein Datum für die vollständige Lieferung
- Gegebenenfalls Daten über mehrere Teillieferungen

A.19 Automatisierte Alternativensuche
Die regelbasierte Verfügbarkeitsprüfung erzeugt Vorschläge, wie der Bedarf unter Berücksichtigung von Prüfungen gegen alternative Lokationen, Produktsubstitutionen oder durch Bezug von außen gedeckt werden kann, und berechnet die jeweiligen Kosten.

A.20 Prüfen gegen Kapazitäts- und Materialsituation
Mithilfe der Funktion CTP kann die Einplanung eines Auftrags im Produktionsplan simuliert werden, um die Material- und Kapazitätsverfügbarkeit auf jeder Produktionsebene zu prüfen. Ergänzend enthält CTP einen Algorithmus zur Neuterminierung der Produktion bei der Auftragserfassung auf der Basis von Kundenauftragsprioritäten.

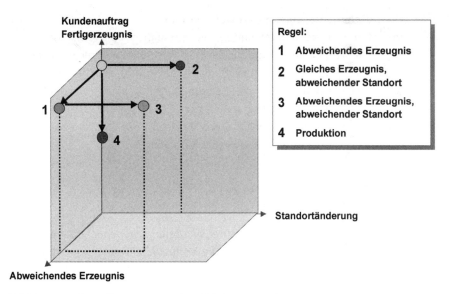

Abbildung 8.5 Darstellung einer Regel im ATP Decision Cube

Die Erklärungs- und Simulationskomponente von *Global ATP* hilft dem Anwender, die Ergebnisse der Prüfungen zu interpretieren. Das System bietet einfache Dialoge, Verfügbarkeitsdaten und bestätigte Mengen. Aber auch komplexe, mehrstufige Dialoge sind möglich. So erläutert beispielsweise das regelbasierte ATP die während der Verfügbarkeitsprüfung getroffenen Entscheidungen oder die Auswirkungen der Neuterminierung. Ebenso kann der Planer einen Überblick über die Produktverfügbarkeit abrufen.

A.21 Einbezug von Partnersoftware

Global ATP schafft prinzipiell die Möglichkeit, die Verfügbarkeitsprüfung gegen mehrere R/3-Systeme, Produkte anderer Standardsoftware-Anbieter und Legacy-Systeme gleichzeitig durchführen zu lassen. *Local ATP* dagegen erlaubt den ATP-Check gegen ein einziges R/3-System. Für den Einbezug von Partnersoftware soll zukünftig XI genutzt werden.

A.22 Internetanbindung mithilfe eines Web-Browsers

Durch die Internetanbindung von ATP können sich nicht nur Außendienstmitarbeiter, sondern auch Kunden und Zulieferer einfach über die Produktverfügbarkeit informieren. So können beispielsweise bei PEUGEOT AUTOMOTIVE Kunden im Internet ihr Wunschauto konfigurieren und erhalten mit mySAP SCM eine sofortige ATP-Information.

A.23 Überwachung der zugesagten Liefertermine

Weichen Lieferungen der Vorlieferanten, die Produktion oder die Auslieferung vom Plan ab, benachrichtigt ATP die zuständigen Personen. Andererseits generiert ATP auch Meldungen, die zum Sicherstellen des Zieltermins entscheidend beitragen, etwa beim Eintreffen eines für die Lieferung zeitkritischen Teils in der Warenannahme. *Supply Chain Broadcasting* als Teil des SCC ermöglicht es, auch externe Supply-Chain-Planer über den Status von Prozessen oder über Ausnahmen zu informieren. Dies kann auf folgenden Wegen erfolgen:

- E-Mail oder Fax
- Anhängen von Dokumenten, z. B. Absatzplänen im MS Excel-Format, an eine E-Mail
- Bereitstellen der Informationen auf einer Webseite, gegebenenfalls ergänzt um eine E-Mail, die die Adressaten über die Verfügbarkeit der Informationen in Kenntnis setzt

A.24 Bevorzugte Neuterminierung bei Verspätung

Der verspätete Auftrag kann beim nächsten Planungslauf mit vorrangiger Priorität eingelastet werden.

Anforderung	mySAP SCM	Identifizierte Defizite
A.16 Geringe Antwortzeiten	●	-
A.17 Konsistenz bei parallelen Prüfungen	●	-
A.18 Prüfen auf Bestandsebene	●	-
A.19 Automatisierte Alternativensuche	●	-
A.20 Prüfen gegen Kapazitäts- und Materialsituation	●	-
A.21 Einbezug von Partnersoftware	●	-
A.22 Internetanbindung mithilfe eines Web-Browsers	●	-
A.23 Überwachung der zugesagten Liefertermine	●	-
A.24 Bevorzugte Neuterminierung bei Verspätung	●	-

Tabelle 8.3 Übersicht über die Abdeckung der funktionsmodulspezifischen Kernanforderungen für die Verfügbarkeitsprüfung durch mySAP SCM

8.3.3 Primärbedarfsplanung

Sales and Operations Planning (SOP) stellt in mySAP SCM kein eigenständiges Funktionsmodul dar, sondern basiert auf einer engen Integration von DP und *Supply Network Planning* (SNP). Im Anschluss an die Freigabe des Absatzplans aus DP an SNP werden im liveCache die entsprechenden Aufträge generiert. Der Planer kann diese im SNP bearbeiten und durch einen SNP-Lauf mit langem Zeithorizont die Durchführbarkeit und Rentabilität des restriktionsfreien Bedarfs prüfen. Der aus SOP berechnete Bedarf stellt ein Produktionsprogramm dar, das hinsichtlich mehrerer Dimensionen durch Heuristiken dem theoretischen Optimum angenähert wurde.

A.25 Einbeziehung wichtiger Restriktionen
mySAP SCM beschränkt sich in der Regel auf Engpasskapazitäten und Materialien bzw. Erzeugnisse, die bedeutenden Einfluss auf den gesamten Produktionsprozess haben.

A.26 Überprüfung der Planung
Die automatisierte Überprüfung der Prognosegüte findet in der *Forecast Accuracy Analysis* statt. Um die Auswirkungen auf die Planung zu ermitteln, müssen die aktualisierten Daten an SNP auf Produktebene (z.B. erwartete Nachfrage von 10000 5-kg-Säcken und 5000 50-kg-Säcken Zement) manuell freigegeben und eine Simulation durchgeführt werden. Dies kann man in der oben geforderten Form in SNP abbilden. Ferner ist es möglich, dass Absatzpläne anschließend auf aggregierter (z.B. Produktgruppen-)Ebene an SNP weitergereicht werden können (z.B. 300 Tonnen Zement) und diese zu einem späteren Zeitpunkt konkretisiert werden, etwa wenn Kundenaufträge eintreffen.

A.27 Reichweitenszenarios
Durch erweiterte Makros und Berichtsfunktionen kann man Kennzahlen wie Reichweite, Kapazitätsauslastung, Lieferbereitschaftsgrad usw. ermitteln, die die Auswirkungen von Entscheidungen im SOP auf die Supply Chain verdeutlichen. Ebenso ist die Übergabe von Planzahlen in das BW möglich, die dann mit den dort vorhandenen Analysewerkzeugen auswertbar sind.

A.28 Detailliertes Kostenmodell
mySAP SCM greift hier auf das im Network Design erstellte Modell zurück.

Anforderung	mySAP SCM	Identifizierte Defizite
A.25 Einbeziehung wichtiger Restriktionen	◓	Beschränkung auf Engpasskapazitäten und Materialien bzw. Erzeugnisse
A.26 Überprüfung der Planung	●	-
A.27 Reichweitenszenarios	●	-
A.28 Detailliertes Kostenmodell	●	-

Tabelle 8.4 Übersicht über die Abdeckung der funktionsmodulspezifischen Kernanforderungen für die Primärbedarfsplanung durch mySAP SCM

8.3.4 Logistiknetzplanung

Die Logistiknetzplanung wird im mySAP SCM durch das Funktionsmodul *Supply Network Planning (SNP) & Deployment* abgedeckt.

A.29 Verbesserung des Liefernetzes

Zur Befriedigung der in DP prognostizierten Absatzmengen erlaubt SNP theoretisch die Planung der mittelfristigen Distributions-, Produktions- und Einkaufsbedarfe über das gesamte Supply-Chain-Netzwerk hinweg und erstellt die zugehörigen Transportvorschläge. Gelingt es dem Anwender, die Supply Chain zu modellieren und die Datenqualität zu garantieren, erlaubt die simultane Planung einen globalen Abgleich der Ressourcenkapazitäten und der begrenzten Materialen zur Abdeckung der rentabelsten Bedarfe. Weiterhin wird ein Ausgleich zwischen Produktionsläufen und Lagerhaltungskosten bereitgestellt. SNP beseitigt hierbei u. a. die Planungslücke des R/3-Systems für die werks-, buchungskreis- und systemübergreifende Planung. Die dynamische Berechnung des Sicherheitsbestandes und der Ziellagerbestände in Verbindung mit der zeitabhängigen Auftragslogistik zu Erreichung eines kontinuierlichen Nachschubs führt zur Reduzierung der Lagerbestände. Gleichzeitig erhöht sich der Lagerumschlag in der gesamten Supply Chain. Auch in mehrstufigen Produktions- und Distributionsumgebungen wird der Lieferweg abgestimmt. Ferner werden Lieferungen Kunden und Vertriebswegen zugeordnet. So ergeben sich auch die Bestands- und die Transportgrobplanung.

Zur Ermittlung des durchführbaren Plans (*SNP-Lauf*) kann der Anwender heuristische Methoden und mathematische Optimierungsverfahren nutzen. Diese erfüllen die gestellten Anforderungen, wie die Berücksichtigung von Verfügbarkeit und Kosten der Ressourcen, in unterschiedlicher Weise.

Der *SNP-Optimizer* erlaubt die Anwendung der linearen oder der gemischt-ganzzahligen Programmierung. Für den Modellbau gibt SAP verschiedene Zielfunktionen vor, die der Planer mit linearen Gewichten (1) versehen kann. So können die Optimierungsprobleme der Produktion, der Distribution, des Bestands und des Transports (2) berücksichtigt werden (siehe Abbildung 8.6).

Während der Optimierung werden die Werte visualisiert, die die Zielgrößen erreicht haben. Ergebnis des Optimierungslaufs ist eine Lösung, die den Transport, Produktions-, Lager- und Handhabungsrestriktionen gerecht wird. Verspätete Lieferungen oder das Unterschreiten von Sicherheitsbeständen werden inklusiver Strafkosten abgebildet. Je nach Höhe der Strafkosten empfiehlt der Optimizer beispielsweise, mit zwei Wochen Verzug zu liefern oder unter Inkaufnahme von hohen Beständen frühzeitig zu fertigen.

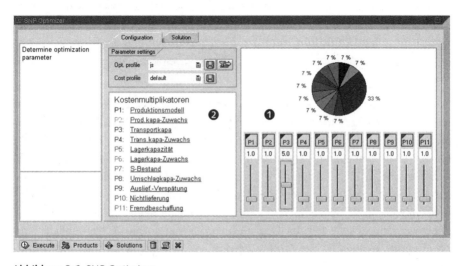

Abbildung 8.6 SNP Optimizer

Die *SNP-Heuristik* kommt im Rahmen eines korrekturbasierten Planungsprozesses zur Anwendung. Zunächst werden alle für ein Produkt in einer Lokation geplanten Bedarfe zum Gesamtbedarf dieser Periode zusammengefasst. Anschließend erfolgt die Ermittlung der Bereitstellungsmöglichkeiten und der entsprechenden Mengen auf der Basis vordefinierter Prozentsätze für jede Bezugsquelle. Kapazitätsrestriktionen und Teileverfügbarkeiten bleiben für die Planung unbeachtet. Da der so entstehende Plan nicht notwendigerweise realisierbar ist, kann der Planer je nach Lokation einen Kapazitätsabgleich vornehmen.

Capable-to-Match (CTM) ist ein vorrangig in der Elektronikindustrie bekanntes Verfahren, das im Gegensatz zu den beiden anderen Methoden nicht mit Periodenbedarfen, sondern mit Einzelbedarfen arbeitet und sich besonders an der Auftragsfertigung orientiert. Bei der Suche nach einer realisierbaren Lösung beachtet CTM Auftragsprioritäten (z.B. Möglichkeit zu Teillieferung) sowie Produktions- und Transportressourcen. Unberücksichtigt bleiben Handhabungs- und Lagerressourcen.

CTM prüft zunächst, ob die Nachfrage mit vorhandenen Fertig- und Zwischenprodukten befriedigt werden kann, bevor sie einen Produktionsauftrag erstellt. Hierbei wird insbesondere versucht, Bestände mit hoher Priorität, die z.B. einen hohen Wertverlust in kurzer Zeit erfahren, abzubauen. Steht keine Produktionskapazität zur Verfügung, bleibt der Bedarf zunächst ungedeckt. Hinsichtlich der Lieferanten kann CTM Nebenbedingungen über die von einem Anbieter zu beziehenden Mengen für jeden Standort und jedes Produkt berücksichtigen. Zudem können Lokationsprioritäten definiert und Aufträge in einer oder in mehreren Lokationen generiert werden. CTM verwendet die erste zulässige Lösung, ohne Kostengesichtspunkte zu berücksichtigen. Insbesondere wird innerhalb eines Planungslaufs keine Umplanung bereits zugewiesener Aufträge erwogen. Da die so entstehende Lösung in der Regel nicht optimal ist, spricht man bei CTM von einer Heuristik.

Die Auswahl der für eine Planung geeigneten Methode ist ein Frage der Kosten/Nutzen-Abwägung, kann aber auch von Eigenschaften der Produktion, insbesondere vom Grad der Auftragsorientierung, bestimmt sein (siehe hierzu Abschnitt 6.1.4). Zur Vereinfachung der entstehenden Planungsmodelle bietet mySAP SCM verschiedene »Metaheuristiken« an, bei denen einzelne Optimierungsschritte nur auf Ausschnitte des gegebenen SNP-Modells anwendet werden (siehe A.25, *Einbeziehung wichtiger Restriktionen*). Durch diese lokale Begrenzung lassen sich die Rechenzeiten gegenüber einer Optimierung des Gesamtmodells erheblich reduzieren. Entscheidend ist der Trade-off zwischen Lösungsqualität und Rechenzeitbedarf.

Die erstellten Pläne können durch Heuristiken oder interaktiv an Sachverhalte angepasst werden, die im früheren Kalkulationsschritt unberücksichtigt geblieben sind. Die so entstandene Berechnung wird anschließend der Komponente *Production Planning and Detailed Scheduling* (PP/DS) übergeben. Sie gleicht den Produktionsplan mit dem Ist-Zustand des Produktionssystems ab und erstellt unter Berücksichtigung von Engpässen ein realisierbares Ergebnis. Der ermittelte Detailplan lässt sich mit den Ausgangswerten vergleichen. Wesentliche Abweichungen können dazu führen, dass der Prozess unter veränderten Prämissen zu wiederholen ist.

Den Planungsverfahren ist gemein, dass sie sich auf so genannte *Time Buckets* beziehen, die aggregiert oder disaggregiert betrachtet werden können. Die feinste Granularität eines solchen Buckets ist ein Tag. mySAP SCM plant nicht nur auf der

Ebene einzelner Produkte oder Ressourcen, sondern auch auf Gruppenebene, z. B. Produkt- oder Ressourcenfamilien.

A.30 Bestandsplanung und -steuerung
SNP erfüllt die hier gestellten Anforderungen:

1. In SNP kann der Anwender allen Lagern in der Supply Chain Sicherheitsbestände und Zielbestände zuweisen.
2. Dabei schlägt das System Sicherheitsbestände auf der Basis von Beschaffungszeiten, Nachfrageschwankungen, durchschnittlicher Prognoseabweichung und angestrebtem Servicegrad vor. Bestandsstrategien sind Beständen merkmalsbasiert (z. B. eine Differenzierung nach A-, B-, oder C-Teil) zuweisbar (ab Version 3.1 geschieht dies auf Wunsch auch dynamisch). Die Parameter dieser Strategien können dabei in Bezug zur Zeit gesetzt werden, etwa um einen Produktlebenszyklus, saisonale Nachfragen oder geplante Promotionen zu berücksichtigen.
3. Die Verwaltung von Sekundärbedarfen ist möglich. Rahmenverträge können im Supply-Chain-Modell als eingeplante Kapazitäten der Zulieferer abgebildet werden.
4. Das Supply-Chain-Modell erlaubt es, mehrstufige Strukturen inner- und überbetrieblich abzubilden.
5. Siehe Punkt 4
6. Intransitbestände werden bei allen Planungsvorgängen berücksichtigt

Nachdem die Produktionsplanung abgeschlossen wurde und mySAP SCM bekannt ist, was hergestellt wird, erzeugt der Distributionsplanungslauf im *SNP* bestätigte Umlagerungsaufträge pro Produkt und Lokation.

A.31 Aufteilung des Produktangebots
Deployment verbessert die Verteilung des vorhandenen Angebots innerhalb des Netzwerks zur Deckung des kurzfristigen Bedarfs. Beachtung finden u. a. offene Kundenaufträge, Sicherheitsbestände, Absatzprognosen sowie die Kapazität der Distributionszentren und Transportressourcen. Übersteigt die Nachfrage das Angebot, berücksichtigt SNP Bedarfsprioritäten und wendet gegebenenfalls eine *Fair-Share-Aufteilungsregel* an, die auch Rahmenverträge und garantierte Mindestzuteilungen berücksichtigt. Steht andererseits z. B. zu wenig Lagerplatz zur Verfügung, erfolgt eine Verteilung des Lagerbestands über eine Push-Logik im Netzwerk. Innerhalb des Planzeitraums (*Deployment Horizon*) wird hierbei der gesamte Bedarf, auch früher als erforderlich, befriedigt. Deployment plant auch Querlieferungen und die Nachbevorratung interner Lager.

A.32 Zuordnung von Produktalternativen

Regeln für Produktsubstitutionen können im CTM hinterlegt werden.

A.33 Internetbasierte Beschaffung

Aus dem SNP-Lauf werden Bestellanforderungen generiert. Diese können als Bestellungen direkt oder nach weiteren Schritten an Zulieferer weitergeleitet werden. Die Einkaufsdisponenten werden darüber hinaus durch die *Purchasing Workbench* (PWB) unterstützt. Diese ist von der SAP-Komponente SRM (*Supplier Relationship Management*) abzugrenzen, die sich u.a. mit der Beschaffung von indirekten Gütern und Dienstleistungen – dem so genannten MRO-(Maintenance, Repair and Operations-)Material – auseinander setzt, während sich die PWB explizit mit der Beschaffung von Fremdbezugsteilen für die Produktion beschäftigt. Sie ermöglicht die Simulation von Beschaffungsprozessen und dient so der Entscheidung zwischen Eigenfertigung, Umlagerung und Fremdbeschaffung.

Bei Fremdbezug bietet PWB Informationen zur Auswahl des Lieferanten (z.B. Beschaffungskalender, -zeiten und -kosten) und zur Losgrößenbestimmung (z.B. Lager- und Transportkosten sowie Preisstaffeln). Relevante Änderungen im SNP und in der Produktionsplanung werden in den Einkaufsplan einbezogen und vice versa. Bei Über-/Unterdeckung und Reichweitenproblemen werden Alerts generiert. Es können u.a. die Daten der Bezugsquellen (mit Lieferplänen, Rahmenverträgen usw.) aus R/3 in mySAP SCM übernommen werden. Ein Einbezug der Transportplanung ist ebenso möglich wie die Bestimmung der Lieferpläne. Aufgrund der Integration mit *Collaborative Planning* können Lieferanten über Änderungen automatisch informiert werden. Abbildung 8.7 stellt eine Benutzungsoberfläche dar, die BOSCH als Zulieferer von MERCEDES BENZ sehen würde (siehe Abbildung 8.7).

Dem Zulieferer wird automatisch mitgeteilt, welche Bedarfe in den nächsten Tagen bestehen, und er kann die gewünschten Liefermengen bestätigen. Solche so genannten *Abrufe* werden sowohl in die Berechnung der Reichweiten als auch in die ATP-Prüfung einbezogen. Auch eine Anbindung an Internetmarktplätze ist möglich. Bedarfe können dort automatisiert ausgeschrieben werden. Gibt ein Zulieferer ein Gebot ab, kann man über Regeln die weitere Vorgehensweise festlegen: Dem Zulieferer kann automatisiert zusagt oder die Entscheidung an den Disponenten weitergeleitet werden.

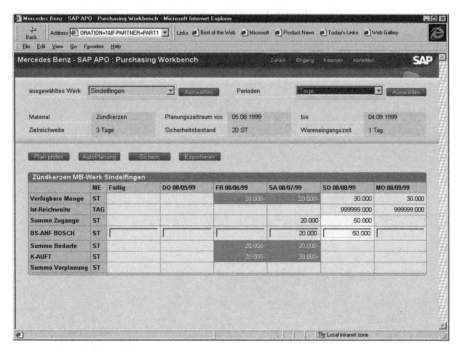

Abbildung 8.7 mySAP SCM Purchasing Workbench

Anforderung	mySAP SCM	Identifizierte Defizite
A.29 Verbesserung des Liefernetzes	●	-
A.30 Bestandsplanung und -steuerung	●	-
A.31 Aufteilung des Produktangebots	●	-
A.32 Zuordnung von Produktalternativen	●	-
A.33 Internetbasierte Beschaffung	●	-

Tabelle 8.5 Übersicht über die Abdeckung der funktionsmodulspezifischen Kernanforderungen für die Logistiknetzplanung durch mySAP SCM

8.3.5 Produktionsplanung

Die Produktionsplanung wird im Funktionsmodul PP/DS abgedeckt. Um den Unterschied von SNP und PP/DS zu verdeutlichen, werden zunächst der Anwendungsbereich und die Funktionen abgegrenzt.

Der Anwendungsbereich des SNP wird durch den frei definierbaren Produktionshorizont begrenzt. Liegt der Starttermin eines Auftrags bereits in so naher Zukunft, dass er sich innerhalb dieses Zeitfensters befindet, kann nicht mehr mit

SNP, sondern nur noch mit PP/DS geplant werden. Die mittelfristige Planung des SNP fasst die Aufträge maximal tagesgenau in so genannten *Buckets* zusammen, wohingegen PP/DS sekundengenau terminieren kann. Tabelle 8.6 stellt Ähnlichkeiten und Unterschiede von SNP und PP/DS einander gegenüber.

Eigenschaft	SNP	PP/DS
Anwendungshorizont: Planung	Vier Wochen	Zehn Schichten
Planungszeitraum	Periode	Bis Sekunde
Planungsgenauigkeit	Max. Tagesgenauigkeit	Bis Sekunde
Planungsobjekte	Bucket-Ressourcen (aggregiert)	Selektierte Ressourcen
Liefertermine	Ja	Ja
Produktionskapazitäten	Ja	Ja
Zusatzschichten	Ja	Ja
Lagerkapazitäten	Ja	Ja
Handhabungskapazitäten	Ja	Ja
Transportkapazitäten	Ja	Ja
Unterbrechungen	z. B. Feiertage, Wochenenden	z. B. Pausen, Schichtwechsel
Umrüstzeiten	Nein	Ja
Reihenfolgeplanung	Nein	Ja
Aus Reihenfolgen resultierende Minimal- und Maximalzeiten	Nein	Ja
Losgrößenlimitierung	Ja	Ja
Sicherheitsbestände	Ja	Ja

Tabelle 8.6 Vergleich von SNP und PS/DS

Die *Produktionsgrobplanung* (PP) ordnet die Produktionsbedarfe, beispielsweise die in SNP erzeugten Planaufträge, den Ressourcen eines bestimmten Werkes zu und überprüft die Materialverfügbarkeit. Als Resultat erhält man einen durchführbaren Produktionsplan, der anschließend an die *Produktionsfeinplanung* (DS) übermittelt wird. Die Funktionen von der DS-Komponente dienen der Festlegung einer geeigneten Bearbeitungsreihenfolge und Betriebsmittelauswahl.

PP/DS liefert Ergebnisse an das ERP-System oder das Manufacturing Execution System zurück. Im ERP-System werden gegebenenfalls Details ergänzt, die auf mySAP SCM-Ebene nicht berücksichtigt wurden. Ein Beispiel dafür sind verbrauchsgesteuerte C-Teile, für die keine Stücklistenauflösung vorgenommen wird. Dort erfolgt auch die Umsetzung von Planaufträgen in Produktionsaufträge und die Fertigungssteuerung mit Auftragsrückmeldung. Die Auftragsfreigabe kann direkt von mySAP SCM durchgeführt werden.

A.34 Einsatz von Optimierungsmethoden in der Produktionsplanung

Der Planer kann von SAP als *Optimierungsmethoden* bezeichnete Verfahren aufrufen. Sie generieren unter simultaner Berücksichtigung der Kapazitäts- und Materialrestriktionen durchführbare Produktionspläne und verbessern die Produktionsterminierung beispielsweise hinsichtlich Auftragsverspätungen, Gesamtdurchlaufzeit, Rüstzeiten oder -kosten. Tabelle 8.7 zählt einige der berücksichtigten Restriktionen auf. Eine Gewichtung der teilweise konfliktären Kriterien ist konfigurierbar. PP/DS bietet die folgenden Verfahren an:

Bezugspunkt der Restriktion	Art der Restriktion
Ressourcen	1. Ressourcenkapazitäten 2. Ein- oder Mehrfachbelegbarkeit der Ressourcen 3. Arbeits- und Nichtarbeitszeiten von Ressourcen 4. Ressourcenkapazität je Schicht 5. Ressourcenabhängige Rüstzeiten/-kosten 6. Reihenfolgeabhängige Rüstzeiten/-kosten
Auftrag	1. Fälligkeitsdaten 2. Pegging-Beziehungen zwischen Aufträgen
PPM	1. Dauer der Aktivitäten 2. Zeitliche Anordnungsbeziehungen zw. Vorgängen 3. Unterbrechbarkeit der Aktivitäten 4. Alternativ einsetzbare Ressourcen 5. Kuppelprodukte

Tabelle 8.7 Beispiele für im Produktionsplan berücksichtigte Nebenbedingungen

Constraint Propagation generiert zunächst eine zulässige Lösung. Anschließend errechnet die Methode sukzessive weitere Lösungen unter der zusätzlichen Nebenbedingung, dass diese besser als die vorhandenen sein sollen. Die Qualität der letzten Lösung des Prozesses hängt somit von der Zeit ab, die der Planer dem Prozess gewährt. Die Bestimmung des exakten Optimums ist in vielen Problemklassen aus Rechenzeitgründen nicht möglich.

Auch mittels *Genetischer Algorithmen* (GA) wird die Ergebnisqualität durch die Laufzeit bestimmt. In einem Statusfenster wird eine Übersicht über die Schritte dieses Heuristikprozesses angezeigt.

Eine Pauschalaussage, unter welchen Bedingungen sich welche Methode am besten eignet, kann nicht getroffen werden. Vielmehr empfiehlt es sich, im jeweiligen Anwendungsfall die Qualität der Ergebnisse beider Verfahren nach einer als realistisch eingeschätzten Laufzeit anhand mehrerer Testfälle zu vergleichen. Eine werksübergreifende Abstimmung ist von PP/DS nicht planbar.

Für die eher kurzfristig orientierte Reihenfolgeplanung bietet DS zahlreiche Planungsstrategien an:

- Infinite Planung
- Finite Vorwärtsplanung
- Finite Rückwärtsplanung
- Finite Vor- und Rückwärtsplanung (Mittelpunktsterminierung)
- Auflösung von Rückständen (Backlog Elimination)
- Sequencing (für eine Ressource)

Diese Strategien unterscheiden sich u.a. dadurch von den oben genannten Planungsverfahren, dass sie nur lokale statt globale Zusammenhänge berücksichtigen. So wählen sie als Nachfolger eines Auftrags denjenigen, der die niedrigsten Rüstkosten hat, ohne zu berücksichtigen, ob dies auch die Rüstkosten über mehrere Folgeaufträge hinweg minimiert.

Die *Fixing Logic* ermöglicht, dass Aufträge trotz der Optimierung unverändert bleiben, wenn sie beispielsweise manuell geändert wurden oder bereits für die Produktion freigegeben sind. Generell kann der Anwender zwischen fixierter und dynamischer Zuteilung von Material zu Fertigungsaufträgen wählen (*Pegging*, siehe Abbildung 8.8). Die Planung überlappender Fertigung erlaubt beispielsweise die Abstimmung der Ressourcen bei unterschiedlichen Fertigungsgeschwindigkeiten oder das Splitten von Aufträgen. Die Planungsverfahren können als Batch-Lauf im Hintergrund stattfinden.

Auf Grundlage einer Modellbibliothek können Anwender durch Parametrierung und unter Abbildung der Branchengegebenheiten spezifische Modelle generieren. Der Benutzer definiert für die einzelnen Betriebsmittelgruppen, ob eine die Kapazitätsgrenzen berücksichtigende finite Planung vorgesehen werden soll. Für kurzfristige Anpassungen ermöglicht *Realtime Planning and Scheduling*, eine Beschleunigung des Lösungsprozesses durch die Kombination von *Constraint Propagation* mit einem »*Edge-finding*«-Algorithmus, der den Lösungsraum für die Berechnung einschränkt.

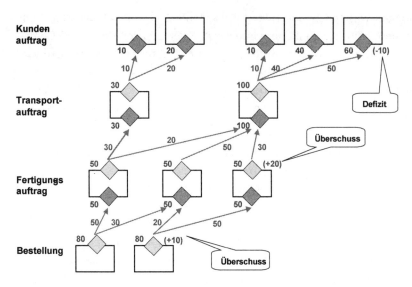

Abbildung 8.8 Veranschaulichung der Pegging-Mechanismen

Hierzu arbeitet die SAP AG eng mit dem Unternehmen ILOG, dem Marktführer zur Bereitstellung von Optimierungsbibliotheken für SCM-Software, zusammen. Diese Sammlungen sind teilweise direkt in die einzelnen SAP-SCM-Module integriert und werden auch von anderen SCM-Software-Anbietern eingesetzt (siehe Tabelle 8.8).

Funktionsmodul	ILOG-Optimierungsbibliotheken
Supply Network Design	CPLEX (Concert 7.0) (siehe Abschnitt 3.2.3)
Supply Network Planning	CPLEX (Concert 7.0)
Detailed Scheduling	SOLVER, SCHEDULER (4.4) -> für *Constraint Propagation* (siehe Abschnitt 3.1.5)
	DISPATCHER (4.4) -> speziell für Kampagnenfertigung (siehe Abschnitt 6.1.5)
Deployment	CPLEX (Concert 7.0) (siehe Abschnitt 3.1.4)
Vehicle Scheduling	DISPATCHER (2.1) (siehe Abschnitt 3.1.6)

Tabelle 8.8 Einsatz von ILOG-Optimierungsbibliotheken in den jeweiligen SAP-SCM-Modulen

Da selbst eine umfangreiche Auswahl an Algorithmen nicht gewährleisten kann, dass alle Anforderungen der Anwender erfüllt werden, bietet SAP die *mySAP SCM Optimization Extension Workbench (APX)* an. Hierdurch können zusätzliche Verfahren in die mySAP SCM-Umgebung eingebunden werden, die etwa schon im

Unternehmen vorhanden sind oder von Drittanbietern offeriert werden. Abbildung 8.9 beschreibt die Funktionsweise der APX. Gemäß der Idee »ILOG Components are to High Performance Software what computer chips are to hardware« kann man so genannte *Optimierungs-Cartridges* (1) einklinken, die u.a. aus *PP/DS* aufgerufen werden können und über *Business Application Programming Interfaces (BAPIs)* (2) direkten Zugriff auf die mySAP SCM-Daten und den *liveCache* (3) erlauben.

Mithilfe von *Database Extensions* (4) können in die mySAP SCM-Datenbank unternehmensspezifische Informationen eingespeist werden. Anwendungsbeispiel ist die Stahlindustrie, wo Geometriedaten zur Verschnittoptimierung einzubinden sind. Ersten Implementierungen von Spezialverfahren wurden bei deutschen Unternehmen der Stahlbranche bereits erfolgreich vorgenommen. Hierbei wird ein Algorithmus von ILOG zur Belegung der einzelnen Fertigungsstraßen kundenspezifisch angepasst. Aufgrund der ähnlichen Problemstellung wird in weiteren Projekten derselbe Basis-Algorithmus von ILOG für die Abstimmung der Produktionssequenzbildung bei DAIMLERCHRYSLER sowie auch bei BMW eingesetzt.

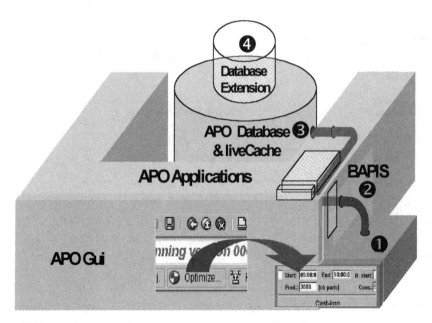

Abbildung 8.9 mySAP SCM Optimization Extension Workbench

Die im mySAP SCM implementierten Standardverfahren umfassen weitgehend die in der Industrie verbreiteten und akzeptierten Algorithmen. Ergänzend kommen bei besonderen Problemkonstellationen noch hochspezialisierte Eigenentwicklungen zum Einsatz, die aufgrund ihrer Besonderheiten nicht mit Standardalgorithmen oder parametrisierbaren Verfahrensansätzen lösbar sind. Innerhalb von DAIMLERCHRYSLER kommen z.B. bei analogen Aufgabenstellungen je nach Werk unterschiedliche Verfahren zum Einsatz.

Aus einer betriebswirtschaftlichen Gesamtsicht ist im Einzelfall zu prüfen, ob Spezialverfahren unter Berücksichtigung des enormen Implementierungs- und Pflegeaufwands gerechtfertigt sind. Alternativen stellen parametrisierbare Standardmethoden dar, die bei akzeptablem Aufwand zu »guten Ergebnissen« führen.

SAP bietet in mySAP SCM beide Varianten an:

▶ Stark parametrisierbare Standardalgorithmen mit hohem Abdeckungsgrad der Kundenanforderungen

▶ APX als definierte Schnittstelle zur Einbindung von Individualverfahren

A.35 Grafische Produktionsplantafel

PP/DS beinhaltet benutzungsfreundlich gestaltete, grafische Plantafeln, die Leitstandsystemen ähneln und individuell anpassbar sind. Die Plantafel zeigt u.a. die aktuelle Planversion, Details und Status der Vorgänge, Aufträge, Ressourcen und ihre Alternativen. Abrufen lassen sich ferner Informationen über Ressourcenauslastung, Lagerbestände, Status von Maschinen und Material sowie Zusammenhänge (z.B. Netze von Aufträgen) und Auswertungen (z.B. Planungsqualität, Fortschrittszahlen). Heuristiken (siehe Anforderung A.34, *Einsatz von Optimierungsmethoden in der Produktionsplanung*) zur Erstellung von Produktionsplänen stehen ebenfalls zur Verfügung.

Treten Verletzungen von Restriktionen auf, stellt der Alert Monitor dem zuständigen Planer diese zusammen mit den relevanten Vorgängen grafisch dar. Verschiedene Werkzeuge helfen das Problem zu analysieren und Gegenmaßnahmen zu ergreifen. Wissensbasierte Systeme zur Entscheidungsunterstützung stehen in mySAP SCM nicht zur Verfügung. Zwar wurde der Einsatz von *Case-Based Reasoning* diskutiert, jedoch konnten im Vergleich zu genetischen Algorithmen (siehe Anforderung A.34) keine wesentlichen Vorteile erkannt werden, aber ein erheblicher Aufwand für die Ablage und Zuordnung historischer Produktionspläne.

Abbildung 8.10 stellt einen Ausschnitt aus der Reihenfolgeplanung dar. Ein *Gantt Chart* zeigt die (geplante) Verwendung der Ressourcen im Planungshorizont. Durch farbliche Hervorhebung werden Rüstzeiten dargestellt. Wählt der Planer einen Vorgang aus, werden ihm die Reihenfolge, der Status und gegebenenfalls Probleme im Zusammenhang stehender Operationen und Materialien angezeigt. Manuelles Umplanen ist mit Drag-and-Drop möglich. Eventuelle aus der Planänderung resultierende Probleme zeigt der Alert Monitor an.

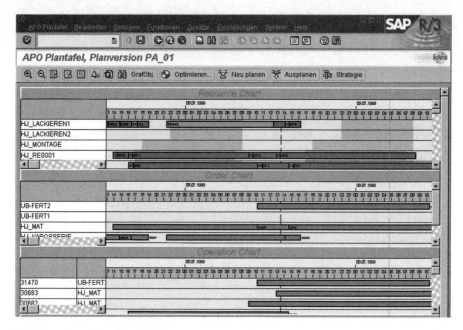

Abbildung 8.10 Plantafel in PP/DS

A.36 Modellierung der unternehmensübergreifenden Zusammenhänge

Bei der Erstellung der Pläne werden vielfältige Nebenbedingungen berücksichtigt. Soft Constraints sind über Strafkosten modellierbar. PP/DS erlaubt, Aktivitäten, Ressourcen und Produkte über mehrere Werke hinweg zu synchronisieren. So können u.a. die Planung von Transfers zwischen den Werken automatisiert oder die Beziehungen interdependenter Werke als Restriktionen definiert werden. Ferner lassen sich umfassende Pläne erzeugen, die die Werke als Teil eines übergreifenden Produktionsprozesses verstehen. Die Kapazitäten der Zulieferer können ins Netzwerkmodell einbezogen werden, kritisch ist hier jedoch die Integration des Zulieferers mit Zugriff auf dessen Daten.

Die Abbildung ein- und mehrstufiger Fertigung ist möglich. Für die Reihenfolgeplanung sind – wie oben bereits angedeutet – umfangreiche Regeln und Informationen, z.B. Rüstmatrizen, festlegbar. Diese Informationen können auch dezentral an den Fertigungsstandorten gepflegt werden.

Anforderung	mySAP SCM	Identifizierte Defizite
A.34 Einsatz von Optimierungsmethoden in der Produktionsplanung	●	-
A.35 Grafische Produktionsplantafel	●	-
A.36 Modellierung der unternehmensübergreifenden Zusammenhänge	●	-

Tabelle 8.9 Übersicht über die Abdeckung der funktionsmodulspezifischen Kernanforderungen für die Produktionsplanung durch mySAP SCM

8.3.6 Transportplanung

Die Komponenten *Transportation Planning* (TP) und *Vehicle Scheduling* (VS) bietet hierzu geeignete Funktionen an. TP besitzt Fähigkeiten zur Planung von Transporten, beispielsweise zur Auswahl von Logistikdienstleistern. VS übernimmt die Aufgaben der Routenplanung. Die Ausführung der Pläne ist Aufgabe des Logistics Execution System (LES), das auch Teil des mySAP SCM-Pakets ist.

A.37 Auswahl der Transportart

VS ordnet Transporte dem jeweils am besten geeigneten Transportmittel zu. Dabei berücksichtigt der Algorithmus u.a. deren unterschiedliche Kapazitäten bezüglich Gewicht, Paletten, Kisten und Volumen, aber auch, ob ein Lkw über benötigte Be- und Entladevorrichtungen verfügt. Die Kombination verschiedener Transportmittel ist möglich. Für Logistikpartner sind jeweils Profile hinterlegt, die z.B. Rahmenverträge, Minimal- und Maximalvolumina, die Information, ob auch Teile einer Transporteinheit (»Less than Truck Load«, LTL) gebucht werden können, sowie die aktuelle Verfügbarkeit der Transportmittel enthalten.

Für die Auswahl eines Logistikdienstleisters sind Regeln individuell festlegbar. Dabei berücksichtigt VS nicht nur die Kosten des Transports, sondern auch, welchen Anteil ein Partner am eigenen Beförderungsvolumen hat, was z.B. für Preisverhandlungen relevant ist. Die Einbindung von Transportbörsen im Internet ist theoretisch möglich. Der Planer kann einen Transportbedarf ausschreiben und so Kontakt zu neuen Anbietern erhalten. Hat man sich für ein Unternehmen entschieden, kann man diesem per EDI oder über das Internet ein Angebot unterbreiten. Lehnt es ab, erhält der Planer eine Benachrichtigung über den Alert Monitor. Ein direkter Austausch von Daten mit SCM- oder OLTP-Software von Partnern ist zukünftig mittels XI realisierbar.

A.38 Tourenplanung

Im Rahmen der Tourenplanung fokussiert VS u. a. Probleme von Rundtouren mit mehreren Be- und Entladevorgängen. Die Routenplanung basiert dabei auf den im Netzwerkmodell von mySAP SCM angelegten *Transportation Lanes*, also nicht auf digitalen Straßenkarten. Die verschiedenen Zielpunkte werden zur Vereinfachung in Gruppen (*Clustern*) zusammengefasst und es wird davon ausgegangen, dass ein Transportmittel alle Be- und Entladepunkte in diesem Cluster erreichen kann. Der auf dem *ILOG Dispatcher* basierende Lösungsalgorithmus versucht, Lieferrückstände und Kosten zu minimieren, gleichzeitig aber auch eine hohe Lieferpünktlichkeit zu erreichen. Sowohl Kosten als auch Kundenprioritäten werden mit einbezogen. Dabei berücksichtigt das Modul im Wesentlichen die oben genannten Restriktionen. Ausnahmen sind die Abbildung der Qualifikation des Fahrers sowie die meisten streckenbezogenen Anforderungen. Für zukünftige Versionen von mySAP SCM ist eine Schnittstelle vorgesehen, die die Einbindung von Routenplanungssystemen, die auf Straßenebene planen (beispielsweise von PTV) erlauben soll.

A.39 Grafischer Distributionsleitstand

Transportplaner können die Ergebnisse der Optimierung an einem Leitstand visualisieren und z. B. per Drag-and-Drop modifizieren. Das Angebot an Transportmitteln und deren Auslastung werden dargestellt. Bei Überlastungen erfolgt sowohl eine grafisch Hervorhebung als auch eine Alert-Meldung. Vom Leitstand aus hat der Anwender Zugriff auf die Daten der Lieferungen, Transportmittel und Routen. Hierbei lassen sich zahlreiche Auswertungen und Simulationen vorzunehmen. Wurden Alerts generiert, etwa aufgrund der Unterschreitung der Minimalauslastung eines Lkws, reagiert der Planer und veranlasst z. B. vorgezogene Lieferungen. Die Kapazitätsnutzung ist darstellbar.

TP/VS ermöglicht die Verfolgung von Lieferungen (*Tracing*). Verspätet sich eine Lieferung, bewegt sie sich in die falsche Richtung oder wird sie beschädigt (Ausfall von Kühlaggregaten), generiert das System eine Warnung und berechnet – soweit sinnvoll – die aktualisierte Ankunftszeit. Soll eine Lieferung umgeleitet werden, z. B. weil die Lieferung für einen A-Kunden ausgefallen ist, lassen sich entsprechende Meldungen etwa an den Bordcomputer des betreffenden Lkws bzw. an den Spediteur versenden. Sollen zusätzliche Güter geladen werden, bietet es sich an, aktualisierte Frachtbriefe ebenfalls auf diesem Weg zu übermitteln. Die Empfangsbestätigung und gegebenenfalls vorhandene Abweichungen von den Planmengen, z. B. durch Diebstahl oder Verderb, können nach der Übergabe an den Empfänger festgehalten werden.

So ist sichergestellt, dass keine Rechnung zu früh oder über falsche Mengen gestellt wird. Für Expresssendungen, wie sie UPS oder FEDERAL EXPRESS anbieten, können Informationen mit dem Paketdienst beispielsweise über XML ausgetauscht werden. Ferner ist das Drucken der notwendigen Adressetiketten möglich. Im TP/VS lassen sich die Daten der Sendungsverfolgung des Transportdienstleisters verarbeiten und auf der Internetseite des eigenen Unternehmens Kunden zugänglich machen.

Das Reporting ermöglicht eine weitgehende Analyse der Lieferungen. So kann sich der Planer alle Lieferungen anzeigen lassen, in denen noch Platz für eine Palette ist. Im *Transportation Information System* sind die Transportdaten auf aggregierter Ebene auswertbar. Das erlaubt dem Planer zu prognostizieren, wie viel Geschäftsvolumen mit einem Logistikpartner auf einer speziellen Route z.B. im nächsten Halbjahr (innerhalb eines Rahmenvertrages) erwartet werden kann. Weicht das Ist vom Soll ab, informiert das System den Anwender frühzeitig, sodass gegebenenfalls Korrekturen eingeleitet werden, etwa um günstige Konditionen nicht zu verlieren. Der gesamte Prozess ist durch regelbasierte Planung abbildbar, die es dem Planer erlaubt, sich auf Ausnahmesituationen zu konzentrieren.

A.40 Optimierung der Transportmittelbeladung

In mySAP SCM erfolgt die Planung der Transportmittelbeladung in TP. Dieser fasst die aus dem Distributionsplanungslauf resultierenden Umlagerungsaufträge zu Transportladeplänen pro Transporteinheit zusammen. Hierbei werden *Minimal-/ Maximal-Constraints* wie Gewicht, Volumen und Anzahl der Paletten zur Ermittlung eines Transportmittels berücksichtigt.

Load Consolidation verfügt über Algorithmen zur Frachtzusammenstellung. Berücksichtigt werden Liefertermintreue sowie Restriktionen, ob beispielsweise Produkte aufgrund ihrer chemischen Beschaffenheit zusammen transportiert werden dürfen. Jedoch sind diese Regeln in mySAP SCM neu anzulegen, es besteht keine direkte Übernahmemöglichkeit auf SAP R/3. Sollte in mySAP SCM eine Ladung zusammengestellt werden, die gegen *Environment, Health and Safety* (EHS) oder Außenhandelsbestimmungen verstößt, meldet dies der Alert Monitor spätestens bei der Übergabe der Planungsdaten zur Ausführung an LES oder SAP R/3, da dort erneut entsprechende Prüfungen stattfinden. Die Eignung des Transportmittels für die Ladung wird hingegen in APO überprüft. Da SAP für kommende Versionen von mySAP SCM eine Schnittstelle zu Programmen für die Transportmittelbeladung anderer Anbieter ankündigt, die für verbesserte Optimierungsergebnisse und detailliertere Palettenoptimierung sorgen sollen, besteht in TP/VS noch Erweiterungsbedarf.

A.41 Gewichtung der Optimierungsziele

Die Gewichtung der unterschiedlichen Ziele bezogen auf die einzelnen Ressourcen ist möglich.

A.42 Cross Docking

Dies kann mit den normalen mySAP SCM-Bordmitteln realisiert werden, es ist hierfür lediglich ein möglicher Austauschpunkt im Liefernetz, beispielsweise mit Handlingsressourcen, Abladezeiten usw., zu modellieren.

A.43 Tracking & Tracing

Der *SAP Event Manager* bietet diese Funktionalität und ist ein Bestandteil der mySAP SCM-Lösung.

Anforderung	mySAP SCM	Identifizierte Defizite
A.37 Auswahl der Transportart	◐	Unzureichende Einbeziehung von Sicherheitsvorschriften
A.38 Tourenplanung	◐	Keine digitalen Straßenkarten
A.39 Grafischer Distributionsleitstand	◐	Keine Straßenkarten-Visualisierung möglich
A.40 Optimierung der Transportmittelbeladung	◐	Keine Gewichtsverteilung gemäß den Fahrzeugbedingungen usw. möglich
A.41 Gewichtung der Optimierungsziele	●	-
A.42 Cross Docking	●	-
A.43 Tracking & Tracing	●	-

Tabelle 8.10 Übersicht über die Abdeckung der funktionsmodulspezifischen Kernanforderungen für die Transportplanung durch mySAP SCM

Der zweite Teil des SCM-Kern-Schalen-Modells beinhaltet die drei voneinander unabhängigen Funktionsmodule »unternehmensübergreifende Zusammenarbeit«, »Monitoring und Controlling des Liefernetzes« sowie »strategische Netzwerkplanung«.

8.3.7 Unternehmensübergreifende Zusammenarbeit

Die kooperative Planung ist im mySAP SCM-Paket durch *Collaborative Planning* (CP) abgedeckt. CP ist bisher kein eigenständiges Modul, sondern setzt sich aus dem Alert Monitor, speziellen internetfähigen Planungsmappen, erweiterten Makros und SAP Office für die Kommunikation zwischen den Partnern zusammen. Die so genannte *Collaboration Engine* ist verantwortlich für die Planung, Leitung und Steuerung des Ablaufs der unternehmensübergreifenden Zusammenarbeit. Sie enthält die Anwendungslogik und nutzt vorhandene Komponenten wie InfoCubes und Makros.

Der *mySAP SCM Collaboration Client* umfasst alle Komponenten außerhalb von mySAP SCM, die Input, Output und Manipulation der Daten mit einem Internetbrowser ermöglichen. Der *Internet Transaction Server* (ITS) bzw. die neue webfähige SAP-Basis WAS dient als Middleware zwischen dem Internet-Browser und mySAP SCM. Die für Massendatentransfers genutzte Kommunikationsschicht besteht aus gegenwärtig verfügbaren Schnittstellen wie z. B. Administrator Workbench, BAPIs sowie EDI- und XML-Nachrichten. CP ist vollständig in mySAP SCM integriert, kann jedoch als eigenständige Lösung *(Collaboration Server)* genutzt werden. Die Architektur gestattet die Verwendung einer Vielzahl von Systemen, die eine zeitnahe Anpassung an Änderungen in der IT-Umgebung ermöglichen. AMR bescheinigt der SAP-SCM-Software, auf dem richtigen Weg zu sein, sieht aber noch erheblichen Entwicklungsbedarf bei den Werkzeugen für die unternehmensübergreifende Zusammenarbeit.

Allgemein gültige Faktoren

Folgende Anforderungen sind zur Collaboration mit Partnern grundsätzlich notwendig:

A.44 Standardisierter Datenaustausch mit Partnerunternehmen über EDI-FACT/XML und internetbasierte Lösungen
mySAP SCM verfügt über eine EDI-Schnittstelle. Zukünftig soll die B2Bi mittels XI erfolgen, die einen wichtigen Teil der Kommunikationsschicht repräsentiert. Internetfähige Planungsmappen des DP und des SNP erlauben Partnern, über konventionelle Internet Browser unternehmenseigene Daten zu lesen und – im Rahmen der Berechtigung – zu ändern oder hinzuzufügen. So können z. B. POS-Daten, Promotionsdaten, Bestandsdaten, Produktionspläne, Distributionspläne, Transportpläne usw. gemeinsam genutzt und bearbeitet werden. Jedoch sind die Darstellungsoptionen dieser Mappen beschränkt; so können zurzeit beispielsweise keine Diagramme angezeigt werden.

Der internetfähige Alert Monitor ermöglicht es, (externe) Supply-Chain-Planer über den Status von Prozessen oder Ausnahmen zu informieren. Wie Abbildung 8.11 zeigt, können im Browser sowohl zusammengefasste Übersichten nach Alert-Typ (siehe Auswahlschalter 1) als auch detaillierte Listen für jeden Alert-Typ angezeigt werden (2). Es ist möglich, direkt vom Alert in die Planungsmappe mit der Merkmalskombination zu verzweigen, die diese Meldung verursacht hat.

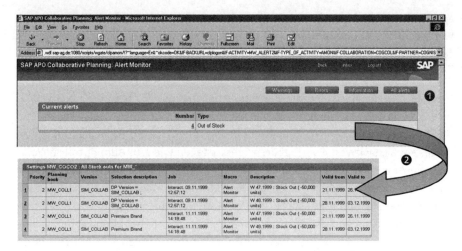

Abbildung 8.11 Der internetfähige Alert Monitor

A.45 Sicherheit des Datenaustauschs

CP nutzt moderne Internet-Sicherheitstechnologie, wie z.B. *Secure Hypertext Transfer Protocol* (SHTTP), um die Vertraulichkeit der Daten zu gewährleisten. Ein Berechtigungskonzept mit Passwortabfrage beschränkt den Benutzerzugriff auf ausgewählte Daten und Aktivitäten. So kann ein Planer beispielsweise nur die Alerts anzeigen, für die er eine Berechtigung hat.

Abnehmergesteuerte Nachbevorratung

Wie bereits beschrieben, sind hierfür keine weiterführenden Anforderungen an eine SCM-Software zu stellen. Daher wird hier nicht näher auf deren Abdeckung durch mySAP SCM eingegangen.

Lieferantengesteuerte Nachbevorratung

Dieses Szenario existierte bereits vor CP. Ein VMI-Kunde kann als Lokation im mySAP SCM-Supply-Chain-Modell angelegt und im *Supply Chain Engineer* über Transportbeziehungen mit der restlichen Supply Chain verknüpft werden. In der Planung wird er wie ein Distributionszentrum behandelt.

A.46 Datenbeschaffung

Die für die Planung notwendigen Daten über Bestände, Bestellungen und Absatzprognosen werden meist über EDI-Nachrichten (gegebenenfalls auch über XML oder Internet-Planungsmappen) integriert und in *VMI InfoCubes* gespeichert.

A.47 Abstimmung der Absatzprognose mit Marktdaten

Die kundenspezifische Absatzprognose sowie deren Abstimmung mit der Gesamtmarktprognose kann mit den Werkzeugen des DP durchgeführt werden.

A.48 Auftragsprognose

Mit SNP wird dann unter Berücksichtigung der Bestände des Kunden, der Losgrößen usw. eine Auftragsprognose erstellt. Bevor die Aufträge erzeugt werden, kontrolliert SNP die Verfügbarkeit der Ware und Deployment erzeugt Transportempfehlungen.

A.49 Auftragserzeugung

Basierend auf dem geplanten und tatsächlichen Bedarf des Kunden und der vereinbarten Bestandsreichweite kann der Hersteller über das Internet oder EDI die Bestellungen des Kunden in dessen SAP-System erzeugen. Das Internet-Szenario wird zurzeit bei der EASTMAN CHEMICAL COMPANY eingesetzt. Unterstützt durch TP/VS generiert man anschließend Transportaufträge.

A.50 Auftragserfüllung

Die Anforderungen im Zusammenhang mit der Auftragserfüllung wurden in den vorangegangenen Abschnitten bereits behandelt. So erlaubte mySAP SCM dem zu CADBURY SCHWEPPES gehörenden US-amerikanischen Getränkehersteller MOTT'S, seine VMI-Beziehungen mit Schlüsselkunden zu verbessern. Diese hatten das Unternehmen zu VMI gedrängt, während es mitten in der Einführung von SAP R/3 war. Um das Implementierungsprojekt nicht weiter zu belasten, übertrug MOTT'S das technische VMI-Management an IBM. Dies führte jedoch zu einer mangelhaften informationstechnischen Integration eines wesentlichen Anteils des Geschäfts und war mit hohem finanziellem Aufwand verbunden. Mithilfe der SAP-SCM-Software konnte MOTT'S VMI re-integrieren, durch die damit verbundene Kostensenkung zusätzlichen Kunden diese Dienstleistung anbieten und so seine Bestände weiter senken.

Unternehmensübergreifende Planung

A.51 Werkzeuge für die flexible Definition von Kooperationsprozessen

Diese Anforderung decken in CP erweiterte Makros sowie die Internet-Planungsmappen ab. Im Customizing der erweiterten Makros definiert man den Ablauf des unternehmensübergreifenden Planungsprozesses. Dieser legt Folgendes fest:

1. Welche Schritte in den Planungsprozess einbezogen?
2. Welche Partner dürfen an einem Planungsschritt teilnehmen?
3. Welche Voraussetzungen und Anforderungen müssen erfüllt sein, bevor ein Schritt von einer der Parteien abgeschlossen werden kann?
4. Welche Planungsobjekte (z. B. Produkte) können in den verschiedenen Schritten bearbeitet werden?

Dabei stellt jede Planungsmappe einen Schritt des Kooperationsprozesses dar.

Unternehmensübergreifende Absatzplanung

Der unternehmensinterne konsensbasierte Planungsprozess ist in mySAP SCM DP möglich. Durch die internetfähigen Planungsmappen und die erweiterten Makros lassen sich diese Prozesse auf externe Geschäftspartner ausdehnen. Die Geschäftspartner können untereinander die Prognosen mithilfe ihres Internetbrowsers abfragen, Änderungen vornehmen und sich auf eine gemeinsame Prognose einigen. Dabei wird jede Bildschirmmaske so angepasst, dass sie nur ausgewählte Daten anzeigt und nur die Aktualisierung bestimmter Daten zulässt.

A.52 Analyse und Synthese abweichender Prognosen
Über die erweiterten Makros können Regeln zur Erzeugung von Zeitreihen aus den Vorschlägen der Teilnehmer der Kooperation frei definiert werden.

A.53 Automatisierte Abweichungsanalyse und Information der Supply-Chain-Mitglieder
Der internetfähige Alert Monitor erlaubt es, (externe) Supply-Chain-Planer über den Status von Prozessen oder Ausnahmen zu informieren. So können diese zeitnah auf Veränderungen reagieren.

A.54 Supply-Chain-Datenpool, Unterstützung umfangreicher Analyse- und Visualisierungsmöglichkeiten
Gemeinsame Informationen lassen sich entweder direkt in mySAP SCM oder auf einem eigenständigen *Collaboration-Server* speichern. SAP Office unterstützt die Zusammenarbeit mit der Möglichkeit, Planungsmappen im MS Excel-Format als E-Mail-Anlagen zu verschicken. Eine denkbare Ergänzung wären hier Internet-Videokonferenzen. Die geforderten Analyse- und Visualisierungsmöglichkeiten bietet mySAP SCM ausreichend an. In den internetfähigen Planungsmappen lassen sich jedoch bisher noch keine Diagramme darstellen, was insbesondere bei der Diskussion von Zeitreihen ein wesentliches Manko bedeutet.

A.55 Ermittlung der Kundenauftragsprognose unter Beachtung relevanter Faktoren
Dies ist im DP möglich, hierbei werden die im Stammsatz abgelegten Informationen, wie Wiederbeschaffungszeiten usw., berücksichtigt.

A.56 Automatisierte Analyse der Planungsergebnisse
Dies ist nicht möglich.

Unternehmensübergreifende Produktionsplanung

A.57 Berücksichtigen detaillierter Partnerinformationen in der Produktionsplanung
Externe Partner können im Supply-Chain-Modell abgebildet und beispielsweise deren Bestandsdaten über BAPIs oder Eingaben der Partner in entsprechenden internetfähigen Planungsmappen einbezogen werden. Das System erlaubt auch kooperative Transportplanung. Für Collaborative oder Simultaneous Engineering bietet SAP eine separate Lösung an, das so genannte *Product Life Cycle Management*.

A.58 Partnern Einblick in die Produktionsplanung gestatten
SNP bietet hierzu internetfähige Planungsmappen an. Damit stellt es kein Problem dar, den Supply-Chain-Partnern Einblick in die hier im Zentrum stehende mittelfristige Produktionsplanung zu gewähren. So beabsichtigt die FISCHERWERKE ARTUR FISCHER GMBH & CO. KG die bedarfsgerechte Anlieferung von Material für die Fertigung von derzeit ca. 8% auf 80% des Inputs anzuheben. Als erste Maßnahme ist ein »detaillierter Abrufplan für Zulieferer« vorgesehen. Später soll der direkte Zugriff auf Daten des Unternehmens durch Lieferanten erfolgen, sodass diese ihre Lieferungen an den Erfordernissen der Produktion der FISCHERWERKE ausrichten können.

A.59 Partnern Einfluss auf Produktionsplanung erlauben
Ein Hersteller ist mit SNP in der Lage, die Anforderungen der Produktion der Supply Chain zu simulieren und den Produktionsplan sowie resultierende Bedarfe seinen Zulieferern mitzuteilen. Dies ist entweder über internetfähige Planungsmappen oder über das Versenden der Planungsmappen per BAPI möglich. In letzterem Fall wertet der Zulieferer die Daten auch mit seinem gegebenenfalls vorhandenen mySAP SCM direkt aus. Anschließend handeln die Supply-Chain-Partner auf dieser Basis einen Produktionsplan aus, lassen sich dessen Ergebnisse über das Web anzeigen und passen gegebenenfalls Daten – z.B. die Nebenbedingungen des Modells – im mySAP SCM-System an. Mithilfe internetfähiger Planungsmappen kann dem Partner auch die Möglichkeit geben werden, direkt in die Produktionsplanung einzugreifen.

Anforderung		mySAP SCM	Identifizierte Defizite
A.44	Standardisierter Datenaustausch mit Partnerunternehmen über EDIFACT/XML und internetbasierte Lösungen	●	-
A.45	Sicherheit des Datenaustauschs	●	-
A.46	Datenbeschaffung	●	-
A.47	Abstimmung der Absatzprognose mit Marktdaten	●	-
A.48	Auftragsprognose	●	-
A.49	Auftragserzeugung	●	-
A.50	Auftragserfüllung	●	-
A.51	Werkzeuge für die flexible Definition von Kooperationsprozessen	●	-
A.52	Analyse und Synthese abweichender Prognosen	●	-
A.53	Automatisierte Abweichungsanalyse und Information der Supply-Chain-Mitglieder	●	-
A.54	Supply-Chain-Datenpool, Unterstützung umfangreicher Analyse- und Visualisierungsmöglichkeiten	◐	Keine Möglichkeit, Grafiken anzuzeigen
A.55	Ermittlung der Kundenauftragsprognose unter Beachtung relevanter Faktoren	●	-
A.56	Automatisierte Analyse der Planungsergebnisse	○	Nicht möglich
A.57	Berücksichtigen detaillierter Partnerinformationen in der Produktionsplanung	●	-
A.58	Partnern Einblick in die Produktionsplanung gestatten	●	-
A.59	Partnern Einfluss auf Produktionsplanung erlauben	●	-

Tabelle 8.11 Übersicht über die Abdeckung der funktionsmodulspezifischen Kernanforderungen für die unternehmensübergreifende Zusammenarbeit durch mySAP SCM

8.3.8 Monitoring und Controlling des Liefernetzes

A.60 Visualisierung des Liefernetzes

Diese Aufgabe nimmt im mySAP SCM vorrangig das *Supply Chain Cockpit* (SCC) wahr. Hierbei handelt es sich um eine grafische Schalttafel zum Modellieren, Navigieren und Kontrollieren der Logistikkette. Ferner fungiert es als oberste Planungsstufe, von der aus der Benutzer andere Planungsebenen innerhalb des Unternehmens überblicken kann, sowie als Einstiegspunkt in die einzelnen

Module, wie z. B. DP. Die Planungsebenen von mySAP SCM sind – wie gefordert – konsistent, da Planungen vom kurz- bis zum langfristigen Bereich mit dem gleichen Modell der physischen Produktionsstruktur (*Produktionsprozessmodell*, PPM) durchgeführt werden. Bei der Modifikaton von Plänen propagiert das System die Änderungen vorwärts und rückwärts innerhalb des Netzwerks, sodass die Auswirkungen auf die gesamte Supply Chain transparent werden. Zusätzlich erlaubt das SCC eine große Bandbreite an Abfragemöglichkeiten, z. B. über Bestände und Bedarfe an Produkten.

A.61 Monitoring des Liefernetzes

Der Alert Monitor verständigt betroffene Fach- und Führungskräfte über als relevant definierte Ausnahmesituationen in Echtzeit. Die so genannten *Alerts* können sich auf Produkte, Aufträge, Ressourcen, Prozesse, Lokationen oder Kanten beziehen. Es gibt zwei Arten von Alerts:

1. *Status-Alerts* erfordern eine Aktion oder Bestätigung des Benutzers, z. B. bei einer unzulässigen Überlappung von Arbeitsgängen.
2. *Meldungs-Alerts* enthalten Informationen, z. B. über die Prognosequalität, und haben zwei Prioritätsstufen. So kann eine Abweichung bis zu 10% als Warnung, eine höhere jedoch als Fehler angezeigt werden.

Diese Alerts lassen sich als »Früherkennungssysteme« nutzen. Beispiele für Frühindikatoren, die man überwachen kann, sind die Kapazitätsauslastung, die Lagerbestände oder die Termintreue von Lieferanten und das Nachfragevolumen wichtiger Kunden.

Die geforderte ereignisgesteuerte automatisierte Behandlung von Standardsituationen wird jedoch nicht abgedeckt.

A.62 Beobachtung und Benchmarking von KPIs

Das SCC bietet in Kombination mit dem SAP BW eine umfassende Auswahl von 280 vordefinierten KPIs, die nur teilweise auf dem SCOR-Modell beruhen. SAP bietet mit dem SAP BW 3.0B-Release u.a. 15 SCOR-KPIs an (siehe Tabelle 8.12), da diese bei branchenübergreifenden Erhebungen unter SAP-SCM-Benutzern (beispielsweise AVENTIS, BAYER, LOCKHEED MARTIN, MERZ, RAYTHEON ELECTRONIC SYSTEMS, WACKER CHEMIE, WESTVACO) aus einer Auswahl von 104 SCOR-KPIs als vorrangig eingestuft wurden.

KPIs aus dem SCOR-Modell
1. Delivery Performance to Scheduled Commit Date
2. Delivery Performance to Customer Request Date
3. Percentage of Orders Scheduled to Customer Request
4. Capacity Utilization
5. Yield
6. Inventory Obsolescence as a % of Total Inventory
7. Inventory Days of Supply
8. Raw Material or Product Days of Supply
9. Unit Cost
10. Production Plan Adherence
11. Supplier Cycle Time
12. Order Fulfilment Lead Times
13. Build Cycle Time
14. Overhead Costs
15. Make Cycle Time

Tabelle 8.12 Übersicht von als vorrangig eingestuften KPIs aus dem SCOR-Modell, die alle in der SAP-SCM-Software verfügbar sind

Das SAP BW ist ein Data-Warehouse-Paket zur Bereitstellung und Verarbeitung großer Datenmengen, die aus unternehmensinternen wie -externen Quellen stammen können, und üblicherweise Bestandteil einer Auslieferung der SAP-SCM-Software. Die OLAP-Technologie des BW erlaubt detaillierte und umfangreiche Analysen. Dabei werden »Informationswürfel« (*InfoCubes*) benutzt. Diese sind multidimensional und stellen die wichtigste Datenstruktur für Planung, Analyse und Reporting dar. Sie bestehen aus einer Anzahl relationaler Tabellen, die nach dem Star-Schema angeordnet sind: Hierbei steht eine große Faktentabelle im Zentrum, umgeben von mehreren Dimensionstabellen. InfoCubes enthalten Kennzahlen (z. B. Absatz in Stück) und Merkmale (z. B. Produktgruppen und Kunden), die die jeweilige Organisationsebene für die Aggregation und das Berichtswesen definieren. Abbildung 8.12 veranschaulicht einen InfoCube mit den Dimensionen »Material«, »Region« und »Periode«.

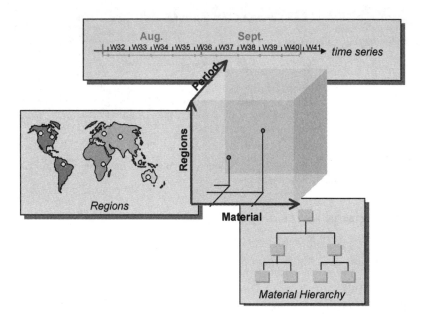

Abbildung 8.12 Visualisierung eines InfoCubes

Das in MS Excel eingebettete Frontend des BW, der *Business Explorer*, erlaubt dem Anwender flexible Abfragen, z.B. über Kundenaufträge, Lagerbestände, Nachbevorratungsdispositionen, aktuelle Kapazitätssituationen, Produktions- und Transportmengen, Kosten, Servicegrade und andere KPIs.

Der *Business Explorer* gestattet es, diese und andere, selbst definierte Kennzahlen zu gewichten und zu kombinieren. Für Standardabfragen werden Benutzerprofile hinterlegt. Jeder Benutzer kann sich eine *Scorecard* mit den für ihn wichtigen KPIs generieren. Diese können auch zur Analyse der Leistung externer Partner eingesetzt werden. In Kombination mit SAP Strategic Enterprise Management (SEM) stehen auch *Benchmarking Scorecards* zur Verfügung. Es sind jedoch nicht, wie gefordert, Maßnahmen für bestimmte Ergebnisszenarios hinterlegbar.

A.63 Ursachenforschung

Es lassen sich sowohl einzelne Ausnahmemeldungen als auch verdichtete Daten darstellen. Eine Drill-down-Funktion gestattet es, nach Eintreffen einer Warnung eine detaillierte Ursachenforschung vorzunehmen und aufgedeckte Zusammenhänge zu visualisieren. Der Bildschirminhalt, über den man diese Verbindungen herstellt, wird von SAP *Problem Resolution Screen* genannt.

Anforderung	mySAP SCM	Identifizierte Defizite
A.60 Visualisierung des Liefernetzes	●	-
A.61 Monitoring des Liefernetzes	◐	Keine ereignisgesteuerte automatisierte Behandlung von Standardsituationen
A.62 Beobachtung und Benchmarking von KPIs	◐	Keine Maßnahmenempfehlungen für bestimmte Ergebnisszenarios
A.63 Ursachenforschung	●	-

Tabelle 8.13 Übersicht über die Abdeckung der funktionsmodulspezifischen Kernanforderungen für Monitoring und Controlling des Liefernetzes durch mySAP SCM

8.3.9 Strategische Netzwerkplanung

Die Anforderungen der strategischen Netzwerkplanung deckt das Modul *Network Design* (ND) ab, das u.a. den *Supply Chain Engineer* enthält.

A.64 Modellierung
Der Supply Chain Engineer dient dem Aufbau und der Pflege des Netzwerkmodells, dessen Elemente im Folgenden beschrieben sind:

1. **Lokationen**
   Sie werden u.a. durch ihren Typ (Produktionswerk, Distributionszentrum, Warenlager, Umschlagsplatz, Kunde, Zulieferer, lieferantengeführtes Bestandskonto usw.), ihren Namen, geografische Informationen, Angaben über Ressourcen und deren Kapazitäten sowie den Werkskalender beschrieben.

2. **Transportbeziehungen**
   Sie markieren die Wege, die physische Güter zwischen den Lokationen nehmen können. Ihnen können Attribute wie Transportverfahren, -ressourcen, -prioritäten, -kalender, -dauer und Gültigkeitsperioden zugeordnet werden. Für die Dispositionsheuristiken lassen sich u.a. Quoten, mit denen einzelne Lokationen und Transportwege an einem logistischen Prozess beteiligt sind, sowie Losgrößenprofile angeben. Letztere beschreiben die Regeln, die bei der Bildung von Losen, z.B. im Hinblick auf Rundungsvorschriften, zu beachten sind.

3. **Ressourcen**
   So z.B. Handhabungs-, Produktions-, Lager- und Transportressourcen, sie können kosten- und leistungsbezogenen Restriktionen zugewiesen werden.

4. **Produkte bzw. Produktfamilien**
   Sie sind Lokationen und Transportbeziehungen mit gewissen Kosten (z.B. Fertigungs- oder Transportkosten) oder Prioritäten zuzuordnen.

5. **PPM**
   Im PPM werden die traditionelle Stückliste und den Arbeitsplan als wesentliche Produktinformationen für die Produktionsplanung zusammengefasst.

6. **Regeln und Restriktionen**
Für jede Beziehung jedes Produktes können Kosten und Prioritäten definiert werden. Beispielsweise kann für das Produkt INTEL PENTIUM IV 2,0 GHz hinterlegt werden, dass es für A- und B-Kunden bei Lieferschwierigkeiten durch das höherwertige Produkt INTEL PENTIUM IV 2,2 GHz substituiert werden kann. Dieses Regelwerk ist die Grundlage für die Optimierung des Abgleichs zwischen Angebot und Nachfrage (siehe Abschnitt 3.1.4).

Soft Constraints sind über Strafkosten modellierbar. Auch die ein- oder mehrstufige Herstellung kann abgebildet werden. Für die Bestimmung günstiger Reihenfolgen in der Produktionsplanung lassen sich umfangreiche Regeln und Informationen festlegen, z. B. Rüstmatrizen. Es ist möglich, aus einem R/3-System Stammdaten u. a. für Lokationen, Transportbeziehungen, Ressourcen, Produkte, Arbeitspläne und Stücklisten sowie Bewegungsdaten über Bestände, Aufträge, Status der Aufträge usw. zu übernehmen. Die Stammdatenpflege ist komfortabel gestaltet und gestattet u. a. eine »Massenpflege«.

Supply-Chain-Modelle können aufgrund ihrer Komplexität rasch unübersichtlich werden. Im SCC ist es möglich, sich das Modell nicht nur geografisch, sondern auch logisch anzeigen zu lassen und darin zu zoomen. Man kann auch mehrere *Working Areas* definieren, sodass etwa der Planer für Italien auf seinem Bildschirm nur die für ihn relevanten Informationen sieht. Mithilfe von Alerts wird der Anwender über Inkonsistenzen im Modell unterrichtet. Die Abbildung internationaler Handelsbestimmungen als Restriktionen ist nicht möglich.

A.65 Optimierungsverfahren und Heuristiken
Network Design (ND) enthält optimierende Verfahren und Heuristiken. Die Verbesserung der Supply Chain kann kontinuierlich erfolgen, z. B. um die geografische Position einer neuen Lokation zu optimieren, oder auch diskret, um aus verschiedenen vordefinierten Lokationen oder Netzwerkalternativen die beste Lösung auszuwählen. Jedoch besteht keine Möglichkeit, zusätzliche Optimierungsverfahren einzubeziehen.

A.66 Simulation
ND bietet umfangreiche Simulationsmöglichkeiten, wie das Neueröffnen, Verändern, Verlagern oder Schließen von Fabriken, Distributionszentren und Lieferrouten oder die Veränderung deren Nutzung. Dabei wird neben Kosten und Kapazitäten der Produktions-, Transport-, Lager- und Handhabungsressourcen sowie den fixen und variablen Kosten der Lokationen auch die prognostizierte Nachfrage berücksichtigt. Die Benutzungsfreundlichkeit des Moduls äußert sich etwa darin, dass man Fabriken per Drag-and-Drop verschieben kann.

A.67 Vergleich alternativer Szenarios

Der *Plan Monitor* als Bestandteil des ND erlaubt es, die unterschiedlichen Szenarios zu vergleichen. So können Entscheidungen wie das Hinzufügen eines Lagers zum Netzwerk, die Abstimmung des Transportnetzwerks, die Änderung der Flottengröße usw. auf einer fundierten Informationsgrundlage getroffen werden. Jedoch ist es nicht möglich, bilanzpolitische Auswirkungen von (Des-)Investitionen zu analysieren. So mag ein Hersteller von Schulmaterial simulieren und vergleichen, was es kostet, Waren für die zu Schulanfang in einem Bundesland zu erwartende Nachfragespitze in eigens zu diesem Zweck zu errichtenden, alternativ in gemieteten Warenhäusern zu lagern oder die Ware unter Inkaufnahme hoher Transportkosten kurzfristig aus einem Werk in einem anderen Land zu beschaffen.

Anforderung	mySAP SCM	Identifizierte Defizite
A.64 Modellierung	●	-
A.65 Optimierungsverfahren und Heuristiken	◐	Nicht möglich, zusätzliche Verfahren einzubeziehen
A.66 Simulation	●	-
A.67 Vergleich alternativer Szenarios	◐	Keine Berücksichtigung bilanzpolitischer Auswirkungen von (Des-)Investitionen

Tabelle 8.14 Übersicht über die Abdeckung der funktionsmodulspezifischen Kernanforderungen für die strategische Netzwerkplanung durch mySAP SCM

8.4 Abdeckungsgrad der betriebstypischen Anforderungen nach SCM-Bereichen

Im Folgenden wird aufgezeigt, inwieweit die in Abschnitt 6.1 beschriebenen betriebstypischen Anforderungen durch mySAP SCM abgedeckt werden.

8.4.1 Absatzprognose

A.68 Promotionsplanung

In DP kann die beispielsweise durch kurzzeitige Preissenkungen und Werbung beeinflusste Nachfrage hinsichtlich der Rentabilität der Maßnahmen, der gewünschten Produktverfügbarkeit und/oder historischen Nachfrageverläufe modelliert werden. Der Planer hat die Möglichkeit, mit Kausalanalysen den Einfluss früherer Promotionen auf die Absätze zu schätzen. Anwendungsbeispiele sind die Berechnung von Preis-Nachfrage-Elastizitäten oder einer Preis-Absatz-Funktion. Hieraus lässt sich ein Katalog so genannter *Promotionsmuster* anlegen und später für die Prognose ähnlicher Produkte oder Regionen nutzen. Promotionen sind dabei für unterschiedliche Ebenen (z.B. lokal, regional) ebenso planbar wie mögliche Kannibalisierung von Substitutionsprodukten und Vorratskäufe. Berichtsfunktionen erlauben die Analyse der Kampagnen.

Für die Verfügbarkeitsprüfung und die Primärbedarfsplanung bestehen keine betriebstypischen Anforderungen.

8.4.2 Logistiknetzplanung

A.69 LNP-Heuristiken für Planung von Perioden- und Einzelbedarfen
Diese Anforderung wird durch die *CTM-Heuristik* abgedeckt. Anwender finden sich nicht nur in der Elektronikindustrie, sondern auch in anderen Branchen, z.B. der Weißwarenhersteller WHIRLPOOL. CTM-Funktionen nehmen einen Abgleich zwischen einer großen Auswahl priorisierter Kundenbedarfe und Prognosen sowie einem Satz kategorisierter Bestände vor. Dabei werden aktuelle Produktionskapazitäten und Transportmöglichkeiten in einer mehrstufigen Produktionsumgebung wie der Halbleiterindustrie berücksichtigt. Das Verfahren priorisiert Bedarfe, etwa Kundenaufträge, oder Prognosen aus der mySAP SCM-Komponente DP, basierend auf Merkmalen wie Kundenpriorität, Lokation und Produktpriorität.

8.4.3 Produktionsplanung

Die Produktionsplanung ist hinsichtlich der These, dass eine Standard SCM-Software nicht die Bedürfnisse aller Anwender befriedigen kann, ein sehr interessanter Themenbereich. Ein Großteil der Anforderungen, wie auch in Abbildung 6.2 aufgeführt, betrifft vorrangig dieses Funktionsmodul, zusätzlich sind jedoch teilweise weitere Komponenten involviert.

Fertigungsart: Prozessfertigung

mySAP SCM berücksichtigte in der Vergangenheit nur bedingt die Bedürfnisse von Prozess- bzw. Fließfertigern. An diesen Defizitstellen wurden in der aktuellen Version umfangreiche Verbesserungen implementiert.

A.70 Kampagnenfertigung
mySAP SCM bietet die Möglichkeit, Kampagnen über mehrere Produkte hinweg in der Plantafel zusammenzufassen und gemeinsam unter Beachtung mannigfaltiger Interdependenzen zu planen. Zusätzlich wird mithilfe der so genannte *Kampagnenoptimierung* geplant.

A.71 Abbildung der Materialcharakteristika
Die Zugabe von Zusatzstoffen in Abhängigkeit von Materialcharakteristika ist nicht abbildbar. Auch die bereits angesprochene merkmalsbasierte Planung bringt

hier keine Abhilfe, da diese lediglich berücksichtigt, ob ein Merkmal vorhanden ist oder nicht.

A.72 Beachtung von Toleranzen und Aktualisierung der Planung

Die SCM-Software kann vielgestaltige Veränderungen des Materials durch die Produktionsschritte vorausberechnen sowie den Anwender über die Ist-Werte der Produktion benachrichtigen. Toleranzen sind abbildbar. Es besteht die Möglichkeit, aus der Überproduktion weitere Fertigungsaufträge zu erzeugen. Jedoch kann man nicht automatisiert von der angestrebten Menge des Endprodukts aus kalkulieren, welcher Outputanteil mindestens weiterzuverarbeiten ist. Zusätzlich muss der Benutzer manuell ermitteln, ob der Überschuss in den Folgeschritten zusammen mit dem ursprünglichen Fertigungsauftrag weiterverarbeitbar ist (z.B. Kapazitäten, Inputstoffe).

A.73 Berücksichtigung nicht-linearer Relationen zwischen den Materialien

mySAP SCM ist nicht in der Lage, die nicht-linearen Beziehungen zwischen Input und Output mit einzubeziehen.

A.74 Spezielle Ressourcen für Prozessfertigung

Diese Anforderungen werden durch so genannte *Tank-* bzw. *Multi-Activity-Ressourcen* abgedeckt. Es ist auch möglich, kontinuierlichen In- und Output zu modellieren.

A.75 Optimierungsverfahren für Prozessfertigung

Hier erweist sich mySAP SCM durch die bereits diskutierte APX als sehr flexibel in der Produktionsplanung.

A.76 Adäquate Datenstruktur

Das PPM ist sowohl für Produkte auf Rezept- als auch auf Stücklisten- und Arbeitsplanbasis verwendbar. Außerdem kann ein PPM so genannte *Multiple Attributes* (nicht ineinander verrechenbare Einheiten) annehmen. Die Genehmigungsinformation kann aber nicht aus dem ERP-System übernommen werden.

A.77 Kuppelproduktion ohne Zyklen

Die Modellierung einer Kuppelproduktion ohne Zyklenfertigung ist abbildbar.

A.78 Kuppelproduktion mit Zyklen

Eine Fertigung mit Zyklen kann nicht geplant werden. Aus diesem Grund ist die Feinplanung des PP/DS für Unternehmen wie HENKEL, BAYER oder BASF für viele Produkte momentan nicht einsetzbar.

A.79 Zeitliche Abhängigkeiten einzelner Produktionsschritte

In mySAP SCM lassen sich in den PPM genaue zeitliche Minimal- und Maximalabstände zwischen Aktivitäten bestimmen.

Fertigungsart: Fließfertigung

A.80 Zuteilung von Fertigungsaufträgen zu verschiedenen Fertigungslinien
Innerhalb der Model-Mix-Planung ist eine Zuordnung von Aufträgen auf unterschiedliche Fertigungslinien möglich.

A.81 Koordination der Fließgeschwindigkeit
Dies ist abbildbar.

A.82 Reihenfolgeplanung
Hierfür stellt die neue Version von mySAP SCM spezielle *Sequencing-Algorithmen*, beispielsweise prozentuale Glättung, priorisierte Gleichverteilung (Bauschuldverfahren) und einen genetischen Algorithmus, im Rahmen der so genannten *Modell-Mix-Planung* zur Verfügung. Abbildung 8.13 zeigt die Benutzungsoberfläche, mit der der Planer z.B. den *Model-Mix*, den der Algorithmus erzeugte, nachbearbeiten kann.

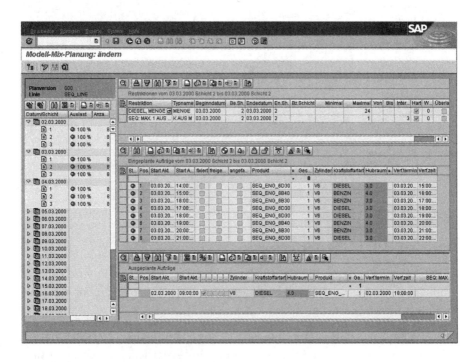

Abbildung 8.13 Model-Mix-Planung in mySAP SCM

A.83 Kontrolle des Fertigungsfortschritts
In mySAP SCM registriert der *Action Handler* den auftragsspezifischen Produktionsfortschritt (*Backflashing*).

A.84 Datenstruktur für die Abbildung einer »Linien-Ressource«

Hierzu ist iPPE nutzbar. Parallel zum Aufbau der Produktstruktur können die funktionalen Strukturen der Arbeitsabläufe beschrieben werden, bevor der Planer die Aktivitäten genau festlegt. Diese sind für verschiedene Werke mit unterschiedlichen Fertigungszeiten darstellbar. Anschließend werden die benötigen Komponenten aus der Produktstruktur den Aktivitäten zugeordnet, die zunächst unabhängig von den Produktionsressourcen eines bestimmten Fertigungsortes sind. Erst durch die Abtaktung erfolgt die Zuordnung, die auch in die Planung eingeht (siehe Abbildung 8.14).

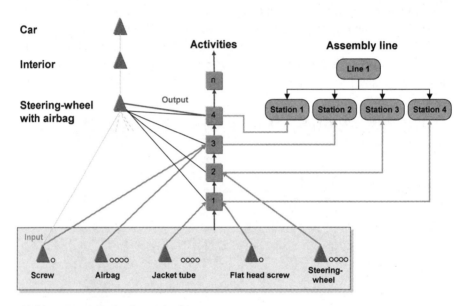

Abbildung 8.14 iPPE für das Lenkrad eines Autos

Fertigungsart: Reihenfertigung

Im Allgemeinen fertigen die Unternehmen in dieser Kategorie unterschiedliche Produkte (teils in Serie, teils in Einzelfertigung), die sich häufig auf unterschiedlichen Ressourcen bearbeiten lassen.

Ein typischer Anwender dieser Kategorie ist das Unternehmen WACKER SILTRONIC AG, bei dem nach einigen Schritten, die der Prozessfertigung zuzuordnen sind, aus Silizium-Stangen über mehrere Veredelungsschritte Silikon-Wafer hergestellt werden. Aber auch Montage-orientierte Unternehmen wie DELL als Auftragsfertiger und COMPAQ als anteilig überwiegender Lagerfertiger finden sich hier. Diese Unternehmen standen bisher im Fokus von mySAP SCM und stellen über die in den Kernanforderungen beschriebenen Anforderungen hinaus keine weiteren, die hier erwähnenswert wären.

Materialbearbeitungsstruktur

Die Struktur der Materialbearbeitung beschildert das zahlenmäßige Verhältnis zwischen Input und Output. mySAP SCM bietet hierzu die im Folgenden dargestellte Unterstützung.

Betriebstypische Anforderungen – Abdeckungsgrad in der SCM-Referenzsoftware

A.85 Verschnittoptimierung

Für diese Problemstellung lassen sich über die APX bereits vorhandene, zugekaufte oder speziell entwickelte Algorithmen in mySAP SCM miteinbeziehen. So bietet u.a. das Unternehmen GREYCON Algorithmen speziell für den Zuschnitt von Stahlrollen an.

8.4.4 Transportplanung

Die Transportplanung stand bereits im Entwicklungsmittelpunkt von mySAP SCM/APO 3.0. Über die in den Kernanforderungen genannten Anforderungen hinaus existieren keine weiteren, die hier explizit darzustellen sind.

8.4.5 Unternehmensübergreifende Zusammenarbeit

SCM-Software sollte auch hier z.B. im Bereich des Produktdatenmanagements Unterstützung bieten. Jedoch standen CE und SE bisher nicht im Fokus von SCM-Software, daher wird zu diesem Zeitpunkt von einer genauen Analyse abgesehen. Die META GROUP erwartet, dass solche Funktionen in wenigen Jahren in SCM-Software integriert werden. Der SCM-Software-Anbieter MANUGISTICS bietet beispielsweise bereits seit 1998 ein Modul »Configuration« zur Entwicklung neuer Produkte an.

8.4.6 Monitoring und Controlling des Liefernetzes

Da keine besonderen betriebstypischen Anforderungen für dieses Funktionsmodul existieren, ist hier keine Bewertung vorzunehmen.

8.4.7 Strategische Netzwerkplanung

Auch hier existieren keine betriebstypischen Anforderungen, somit ist keine Bewertung vorzunehmen.

8.5 Abdeckungsgrad der übergreifenden betriebstypischen Anforderungen

Die im Folgenden beschriebenen Merkmale und Anforderungen betreffen übergreifend mehrere Funktionsmodule. Aus diesem Grund ist dieser Abschnitt nach betriebstypologischen Merkmalen untergliedert, wie sie auch in der Übersichtsmatrix (siehe Abbildung 6.2) dargestellt sind.

8.5.1 Dauer des Produktlebenszyklus

A.86 Lebenszyklusplanung in der Absatzprognose
Die Funktion *Life Cycle Management* im Modul DP unterstützt den Planer bei Entscheidungen wie z. B.:

- Soll ein neues Produkt eingeführt oder eliminiert werden? Wenn ja, wann?
- Soll ein Folgeprodukt eingeführt werden?
- Wie soll ein Produkt in seiner speziellen Lebensphase durch Promotionen unterstützt werden?

DP simuliert Effekte wie Kannibalisierung, Produktsubstitution oder -verdrängung. Hierzu kann die Entwicklung vorangegangener vergleichbarer Produkte berücksichtigt werden. Dabei ist es hilfreich, dass mySAP SCM im *Time Series Management* einmal erstellte Zeitreihen abspeichert und deren Wiederverwendung unterstützt (siehe Anforderung A.8, *Datenbanken mit Prognosen und Absatzverläufen*). So ist es möglich, die Nachfrage für Neuprodukte auf der Basis ähnlicher Produkte (*Like Modelling*), historischer Nachfrage und anderer Faktoren zu modellieren. Spezielle Ein- und Ausphasungsprofile sind definierbar. Die Nachfrage bei Produkteinführung kann – ebenso wie beim Auslaufen eines Produkts – mit POS-Daten verglichen und überwacht werden. Wie bereits erwähnt, bietet DP sowohl den Einbezug einer breiten Informationsbasis als auch umfangreiche statistische Verfahren.

A.87 Abbildung kurzer Produktlebenszyklen in der Verfügbarkeitsprüfung
Um einen Auftrag für ein konfigurierbares Produkt zu erstellen, wird die Anfrage (die auch als Merkmalsbewertung betrachtbar ist) an die *Global ATP*-Prüfung von mySAP SCM weitergeleitet. Das System kalkuliert nun nicht gegen Zeitreihen, sondern führt eine Berechnung mithilfe von PP/DS-Funktionen durch. Das System sucht zunächst nur nach Endprodukten mit den entsprechenden Merkmalen. Falls keine vorhanden sind, wird analog zum hinterlegten Regelwerk ein alternatives Nachfolgeprodukt gewählt, beispielsweise ein Prozessor mit 2400 MHz anstatt der angefragten Version mit 2200 MHz. Bei Bedarf können auch die entsprechenden Fertigungsaufträge erzeugt und eingeplant werden. Wenn für die

benötigten Ressourcen ein Block festgelegt wurde, wird das vom System berücksichtigt.

A.88 Berücksichtigung kurzer Produktlebenszyklen in der Produktionsplanung Diese Anforderung wurde im PPM durch die Möglichkeit zur Einstellung zeit- und versionsabhängiger Planparameter komfortabel modelliert. Folgende Größen lassen sich an zeitliche Anforderungen anpassen:

- Input und Output
- Ausschuss von Produkten
- Erforderliche Produktionsdauer sowie Zeiteinschränkungen und Abhängigkeiten
- Ressourcenverbrauch
- Kosten

8.5.2 Internationalität der Supply Chain

A.89 Berücksichtigung länderspezifischer Merkmale
Die Abbildung ist folgendermaßen realisierbar:

1. mySAP SCM arbeitet mit virtuellen Kosten. Eine Anpassung der Kostenrelationen bei Währungsschwankungen kann in den Stammdaten zwar stattfinden, es ist jedoch angesichts der vielfältigen Interdependenzen, Strafkosten für die Optimierung usw. eher unrealistisch, dass Anwender dies in der Praxis tun.
2. Fasst man die virtuellen Kosten als eine Art Leitwährung auf, werden die Produktionskosten zwangsweise in dieser Leitwährung ausgedrückt.
3. Die Zuordnung der Produktionsstätte unter Berücksichtigung der Währung, in der ein Auftrag bezahlt wird, ist technisch möglich, bisher nutzt jedoch kein Anwender diese Möglichkeit.
4. Das Supply-Chain-Modell von mySAP SCM berücksichtigt die unterschiedlichen Zeitzonen der Lokationen.

A.90 Transmissionsmechanismen zur Nivellierung länderspezifischer Besonderheiten
Die Abbildung internationaler Handelsbestimmungen als Restriktionen ist nicht möglich, jedoch für die Zukunft geplant.

8.5.3 Erforderlichkeit eines Herkunftsnachweises

A.91 Chargenfindung in der Produktionsplanung
Dies ist abbildbar.

A.92 Chargenfindung in der Verfügbarkeitsprüfung
Dies kann berücksichtigt werden.

A.93 Beachtung der Chargeninformation in der Verfügbarkeitsprüfung
Dies ist nicht möglich.

A.94 Abbildung der Chargeninformation in der Produktionsplanung
Zurzeit bietet mySAP SCM diese Funktionalität nicht.

8.5.4 Haltbarkeit des Materials und der Endprodukte

A.95 Abbildung von Resthaltbarkeitsdauern in der Verfügbarkeitsprüfung
Dies ist momentan nicht möglich, aber für die Version 4.0 der SAP-SCM-Software ist ein User-Exit vorgesehen, der die Einbindung einer entsprechenden Funktionalität ermöglicht.

A.96 Abbildung von Resthaltbarkeitsdauern in der Logistiknetzplanung
Die Haltbarkeit kann mittels SNP-Optimizer innerhalb eines Werks, bisher aber nicht bei werksübergreifenden Umlagerungen berücksichtigt werden.

A.97 Berücksichtigung von Resthaltbarkeitsdauern in der Produktionsplanung
Mithilfe der Komponente PP/DS lässt sich die Haltbarkeit von Endprodukten (*Shelf Lives*) überprüfen.

8.5.5 Variantenvielfalt des Erzeugnisspektrums

A.98 Außerordentliche Leistungsfähigkeit der Variantenplanung
Speziell für die Probleme kundenauftragsbezogener Variantenfertiger, beispielsweise in der Automobilindustrie, wurde von SAP in Kooperation mit DAIMLER-CHRYSLER die *Rapid Planning Matrix* (RPM) entwickelt. Hierbei handelt es sich um eine Matrix-Stückliste, die vollständig im Hauptspeicher mySAP SCM, dem liveCache, gehalten wird und hierdurch eine erhöhte Verarbeitungsgeschwindigkeit gestattet. Mit der RPM kann diese nun beispielsweise für 8000 E-Klasse- und 6500 C-Klasse-Pkw in 37 Minuten durchgeführt werden, was eine wesentliche Verbesserung darstellt, da dies vorher 40 Stunden in Anspruch nahm. Ein wesentlicher Engpass in der Produktionsplanung war außerdem die Hauptspeicherbeschränkung des liveCache auf 4 GB (siehe Abbildung A.1, *Hohe Leistungsfähigkeit der Planung*), was eine Stücklistenauflösung mit hohen Volumina bisher nur eingeschränkt erlaubte. Zurzeit stehen Windows-Server mit *Addressing-Windowing-Extension-(AWE-)Technologie* zur Verfügung, um mittels einer 36-Bit-Zwischenlösung 64 GB RAM mit dem liveCache anzusteuern. Für voraussichtlich Anfang 2003 ist von INTEL ein 64-Bit-Prozessor namens ITANIUM II angekündigt, der in Verbindung mit dem ebenfalls announcierten 64-Bit-Windows.net-Server von MICROSOFT liveCache-Volumina von über 100 GB ermöglichen soll. Alternativ kann bereits heute Unix (aktuell werden HP-UX, AIX, True64 Unix und Solaris von

SAP unterstützt) für hauptspeicherintensive Fälle verwendet werden. Beispielsweise hat ein Vertreter aus der Konsumgüterindustrie ein mySAP SCM-System mit 120 GB liveCache mit einem Unix-Betriebssystem produktiv im Einsatz.

A.99 Unterstützung der Produktdatenpflege
Für Produkte mit mehrstufiger Stückliste erweist sich jedoch auch die grafische *PPM*-Pflege als unzureichend. Erst durch die Einbindung der PVS besteht Abhilfe.

A.100 Absatzprognose für Produktvarianten
Diese Funktionalität beinhaltet das so genannte *Characteristic-based Forecasting* (CBF). Auf der Basis einer Datenbank mit historischen Merkmalskombinationen, die ständig aktualisiert wird, bricht DP aggregierte Vorhersagen auf Variantenebene herunter (siehe Abbildung 8.15). Definierte Regeln gewährleisten, dass die ermittelten Merkmalskombinationen sinnvoll sind. Ziel ist es in der Regel, den Bedarf an Komponenten zu ermitteln, um sicherzustellen, dass auch bei langer Wiederbeschaffungszeit eine ausreichende Bevorratung gewährleistet ist. In PP/DS können dann aus den prognostizierten Komponenten über das iPPE Sekundärbedarfe abgeleitet werden. Dies kann entweder mittels einer direkten Auflösung der Komponentenprognose geschehen oder nach einer Simulation, die die infinite Absatzprognose in einen finiten Produktionsplan überführt. Typische Anwender des CBF finden sich in der Automobilindustrie oder bei der PC-Fertigung.

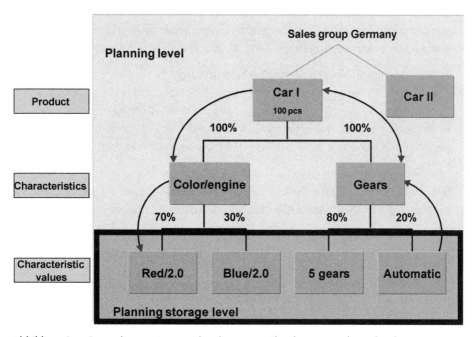

Abbildung 8.15 Beispiel eines »Herunterbrechens« von Planabsätzen nach Merkmalen

A.101 Merkmalsbasierte Produktionsplanung

Klassen und Merkmale werden in PP/DS zur Definition konfigurierbarer Produkte sowie zur Festlegung von so genannten Blöcken bei Ressourcen genutzt, um Rüstkosten und -zeiten zu senken. Aus den Merkmalsbewertungen eines zu fertigenden Produkts leitet man Merkmale seiner Komponente ab. Regeln und Makros können zur Auswahl von einem PPM, von Komponenten, Ressourcen oder alternativen Produkten sowie zur Erstellung von Abhängigkeitsregeln zwischen Merkmalen genutzt werden. Zusätzlich ist eine ergänzende Funktion zur Abwicklung einer Serienfertigung verfügbar. Diese kann mithilfe eines Planungstableaus Fertigungslinien in der Produktions- und Feinplanung berechnen und über den *PP/DS-Optimierer* verschiedene Zielstellungen (totale Durchlaufzeit, Rüstzeiten, Rüstkosten, maximale Verspätung, durchschnittliche Verspätung, Gesamtkosten) zur Umdisposition von Aufträgen berücksichtigen.

Für Einzelfertiger, z.B. im Apparate- und Vorrichtungsbau, in der Labortechnik oder im Reparaturdienst, ist trotz fehlender Stücklisten ein Einsatz von mySAP SCM unter Nutzung von Produktionsprozessmodellen denkbar. Allerdings ist wegen der starken Tendenz zur Produktion auf Bestellung mit Einzelauftrag auch hier noch Verbesserungspotenzial auszuloten. Massenfertiger hingegen sind mit dem PPM umfassend bedient, um ihre zumeist stabile Produktionsplanung durchzuführen. Durch die Möglichkeiten der merkmalsabhängigen Planung ist ein Einsatz von mySAP SCM für Unternehmen aller Erzeugnisspektren vorstellbar. Entsprechend ausgestattet ist die Produktion variantenreicher bzw. vollständig kundenspezifizierter Produkte möglich. Anwenderbeispiele sind im Sektor Papier beispielsweise die Unternehmen SAPPI, Brüssel/Belgien und MEAD, Dayton/USA.

A.102 Merkmalsbasierte Verfügbarkeitsprüfung

Die Berücksichtigung der Produktmerkmale bei der ATP-Prüfung ist möglich. Kann Global ATP kein Endprodukt mit den gesuchten Merkmalen finden, erzeugt es die entsprechenden Fertigungsaufträge und plant diese ein. Wenn für die benötigten Ressourcen ein Block festgelegt wurde, wird dies vom System berücksichtigt.

Die nachfolgende Tabelle bietet eine Ergebnisübersicht zur Analyse und Bewertung der betriebstypischen Anforderungen durch mySAP SCM.

Betriebstypologisches Merkmal	Anforderung	mySAP SCM	Identifizierte Defizite	Betroffene(s) Modul(e)
Promotionsintensität	A.68 Promotionsplanung	●	-	Absatzprognose
Bedarfsorientierung von LNP	A.69 LNP-Heuristiken für Planung von Perioden- und Einzelbedarfen	●	-	Logistiknetzplanung
Prozessfertigung	A.70 Kampagnenfertigung	●	-	Produktionsplanung
	A.71 Abbildung der Materialcharakteristika	○	Nicht möglich	
	A.72 Beachtung von Toleranzen und Aktualisierung der Planung	◐	Keine Unterstützung der weiteren Planung nach dem Auftreten von Abweichungen	
	A.73 Berücksichtigung nichtlinearer Relationen zwischen den Materialien	○	Nicht möglich	
	A.74 Spezielle Ressourcen für Prozessfertigung	●	-	
	A.75 Optimierungsverfahren für Prozessfertigung	●	-	
	A.76 Adäquate Datenstruktur	◐	Genehmigungsinformation kann nicht übernommen werden	
Verbundenheit des Produktionsprozesses	A.77 Kuppelproduktion ohne Zyklen	●	-	Produktionsplanung
	A.78 Kuppelproduktion mit Zyklen	○	Nicht möglich	
Zeitliche Abhängigkeiten zwischen Produktionsschritten	A.79 Zeitliche Abhängigkeiten einzelner Produktionsschritte	●	-	Produktionsplanung

Tabelle 8.15 Gesamtübersicht über die Abdeckung betriebstypischer Anforderungen durch mySAP SCM

Betriebstypologisches Merkmal	Anforderung	mySAP SCM	Identifizierte Defizite	Betroffene(s) Modul(e)
Fließfertigung	A.80 Zuteilung von Fertigungsaufträgen zu verschiedenen Fertigungslinien	●	-	Produktionsplanung
	A.81 Koordination der Fließgeschwindigkeit	●	-	
	A.82 Reihenfolgeplanung	●	-	
	A.83 Kontrolle des Fertigungsfortschrits	●	-	
	A.84 Datenstruktur für die Abbildung einer »Linien-Ressource«	●	-	
Materialbearbeitungsstruktur	A.85 Verschnittoptimierung	●	-	Produktionsplanung
Dauer des Produktlebenszyklus	A.86 Lebenszyklusplanung in der Absatzprognose	●	-	Absatzprognose
	A.87 Abbildung kurzer Produktlebenszyklen in der Verfügbarkeitsprüfung	●	-	Verfügbarkeitsprüfung
	A.88 Berücksichtigung kurzer Produktlebenszyklen in der Produktionsplanung	●	-	Produktionsplanung
Internationalität der Supply Chain	A.89 Berücksichtigung länderspezifischer Merkmale	◐	Keine Berücksichtigung von Währungsschwankungen	Verfügbarkeitsprüfung
	A.90 Transmissionsmechanismen zur Nivellierung länderspezifischer Besonderheiten	○	Nicht möglich	Logistiknetzplanung Strategische Netzwerkplanung
Erforderlichkeit eines Herkunftsnachweises	A.91 Chargenfindung in der Produktionsplanung	●	-	Produktionsplanung
	A.92 Chargenfindung in der Verfügbarkeitsprüfung	●	-	Verfügbarkeitsprüfung

Tabelle 8.15 Gesamtübersicht über die Abdeckung betriebstypischer Anforderungen durch mySAP SCM (Forts.)

Betriebstypologisches Merkmal	Anforderung	mySAP SCM	Identifizierte Defizite	Betroffene(s) Modul(e)
Erforderlichkeit eines Herkunftsnachweises	A.93 Beachtung der Chargeninformation in der Verfügbarkeitsprüfung	○	Nicht möglich	Verfügbarkeitsprüfung
	A.94. Abbildung der Chargeninformation in der Produktionsplanung	○	Nicht möglich	Produktionsplanung
Haltbarkeit des Materials und der Endprodukte	A.95 Abbildung von Resthaltbarkeitsdauern in der Verfügbarkeitsprüfung	○	Nicht möglich	Verfügbarkeitsprüfung
	A.96 Abbildung von Resthaltbarkeitsdauern in der Logistiknetzplanung	◐	Nur innerhalb eines Werks	Logistiknetzplanung
	A.97 Berücksichtigung von Resthaltbarkeitsdauern in der Produktionsplanung	◐	Nur in PP/DS, vorausgesetzt, SAP R/3 wird verwendet	Produktionsplanung
Variantenvielfalt des Erzeugnisspektrums	A.98 Außerordentliche Leistungsfähigkeit der Variantenplanung	●	-	Produktionsplanung
	A.99 Unterstützung der Produktdatenpflege	●	-	
	A.100 Absatzprognose für Produktvarianten	●	-	Absatzprognose
	A.101 Merkmalsbasierte Produktionsplanung	●	-	Produktionsplanung
	A.102 Merkmalsbasierte Verfügbarkeitsprüfung	●	-	Verfügbarkeitsprüfung

Tabelle 8.15 Gesamtübersicht über die Abdeckung betriebstypischer Anforderungen durch mySAP SCM (Forts.)

Eine Gesamtübersicht über die Ergebnisse der branchenübergreifenden Analyse findet sich im Anhang. Die beiden Auflistungen im Anhang (siehe Tabelle A.1 und Tabelle A.2) beinhalten alle funktionsmodulunabhängigen, -modulspezifischen und betriebstypischen Anforderungen, wie sie bereits in den Tabellen am Ende eines jeden Abschnittes aufgelistet sind.

Aus den oben aufgeführten Tabellen und der Bewertung in Verbindung mit Abbildung 6.2 ergeben sich die in Abbildung 8.16 und Abbildung 8.17 dargestellten Kern-Schalen-Modelle. Die Grafiken fassen die Abdeckung der einzelnen Anforderungen durch mySAP SCM zusammen.

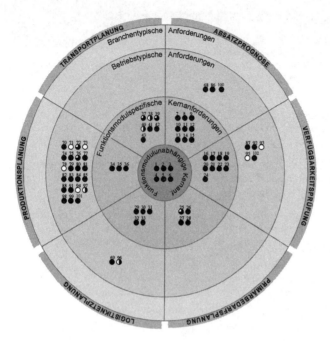

Abbildung 8.16 Abdeckungsgrad durch mySAP SCM für die funktionsmodulunabhängigen, -modulspezifischen und betriebstypischen Anforderungen im Kern-Schalen-Modell (Teil 1)

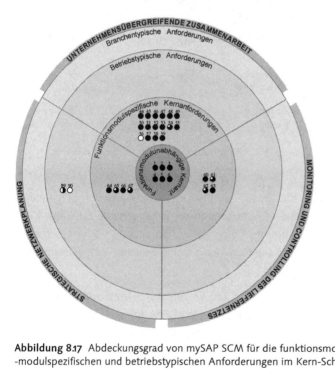

Abbildung 8.17 Abdeckungsgrad von mySAP SCM für die funktionsmodulunabhängigen, -modulspezifischen und betriebstypischen Anforderungen im Kern-Schalen-Modell (Teil 2)

8.6 Abdeckungsgrad der branchentypischen Anforderungen

Im Folgenden wird aufgezeigt, inwieweit die in Kapitel 7 beschriebenen branchentypischen Anforderungen durch mySAP SCM abgedeckt werden.

8.6.1 Elektronikindustrie

A.103 Optimierung der Wahl zwischen Down Binning und Standard Binning
Das *SNP-Planungsszenario* für die Halbleiterindustrie koordiniert die Beschaffungsanforderungen und verwaltet die Restriktionen beispielsweise hinsichtlich der Transportlosgröße. Der *SNP Optimizer* findet auf der Basis eines Modells mit Strafkosten die Balance zwischen dem Standard Binning und dem Down Binning.

Bereitgestellte Leistungsprofile

Für die Halbleiterindustrie ergeben sich aus der Tabelle 7.1 in Verbindung mit Abbildung 6.2 und der Bewertung die Kern-Schalen-Modelle in Abbildung 8.18 und Abbildung 8.19. Hier werden alle für die Branche identifizierten Anforderungen einschließlich Nummerierung und Abdeckungsgrad dargestellt.

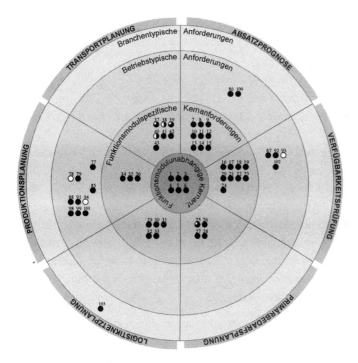

Abbildung 8.18 Abdeckungsgrad von mySAP SCM für die Halbleiterindustrie im Kern-Schalen-Modell (Teil 1)

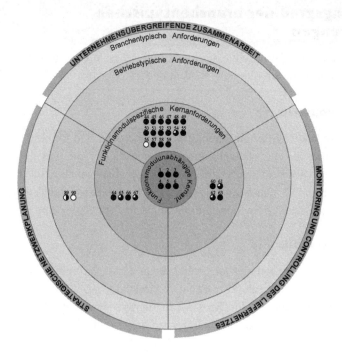

Abbildung 8.19 Abdeckungsgrad von mySAP SCM für die Halbleiterindustrie im Kern-Schalen-Modell (Teil 2)

Relevante Einsatzaspekte

Hinsichtlich der Absatzprognose wird das Defizit, die Prognose variantenreicher Produkte, ausgemerzt (Anforderung A.100, *Absatzprognose für Produktvarianten*). Die aktuelle Version kann bisherige, bedeutende Mängel in der Verfügbarkeitsprüfung, das Fehlen einer bevorzugten Neuterminierung bei Verspätung (Anforderung A.24, *Bevorzugte Neuterminierung bei Verspätung*) sowie die merkmalsbasierte Verfügbarkeitsprüfung (Anforderung A.102, *Merkmalsbasierte Verfügbarkeitsprüfung*) weitgehend beseitigen. Analoges gilt für die Primärbedarfsplanung, da eine verbesserte Integration von DP und SNP (Anforderung A.26, *Überprüfung der Planung*) und komfortablere Analysemöglichkeiten mithilfe des BW (A.27, *Reichweitenszenarios*) möglich sind. Im Rahmen der Logistiknetzplanung hat die Erweiterung der Beschaffungsfunktionen (Anforderung A.33, *Internetbasierte Beschaffung*) auf die Halbleiterindustrie nur geringe Auswirkungen.

Andererseits ist die fehlende Zuordnung alternativer Produkte in mySAP SCM schon bedeutsamer, beispielsweise für Hersteller von Mikroprozessoren. Die Anforderungen der Produktionsplanung deckt die SAP-SCM-Software größtenteils ab, wobei Fertigungsschritte mit Zyklen (Anforderung A.78, *Kuppelproduk-*

tion mit Zyklen) nicht abbildbar sind. Die auffallendste Schwäche bisheriger mySAP SCM-Systeme, die Transportplanung, konnte verringert werden. Die unternehmensübergreifende Zusammenarbeit in der Produktionsplanung (Anforderungen A.47 und A.57 bis A.59) besitzt einen geeigneten Funktionsumfang. Monitoring und Controlling des Liefernetzes sind bezogen auf die aktuellen Marktanforderungen ausreichend abgedeckt. Die strategische Netzwerkplanung weist nur geringe Defizite in Simulation und Bewertung der Szenarios auf. Als signifikanter Mangel bleibt hier die begrenzte Abbildbarkeit einer internationalen Supply Chain (Anforderungen A.89 und A 90).

Für die PC-Industrie ergeben sich aus der Tabelle 7.2 in Verbindung mit Abbildung 6.2 und der Bewertung die Kern-Schalen-Modelle in Abbildung 8.20 und Abbildung 8.21. Hier werden alle für diese Industrie identifizierten Anforderungen einschließlich Nummerierung und Abdeckungsgrad dargestellt.

Die oben genannten Ausführungen zur Halbleiterindustrie gelten hier weitgehend analog, wobei den Schwächen der strategischen Netzwerkplanung noch stärkeres Gewicht zukommt, da die Dynamik der Supply Chain in der PC-Industrie größer ist als in der Halbleiterbranche. Eine bessere Abdeckung besteht in der Produktionsplanung für diese Branche. mySAP SCM bietet geeignete Funktionen für den Einsatz in der Fließfertigung (Anforderungen A.82 bis A.84), wie sie in der Herstellung von PCs bzw. deren Bauteilen vorkommt.

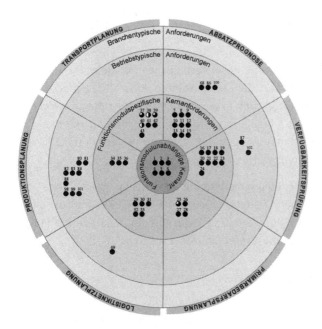

Abbildung 8.20 Abdeckungsgrad von mySAP SCM für die PC-Industrie im Kern-Schalen-Modell (Teil 1)

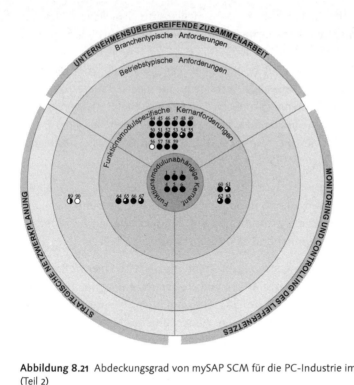

Abbildung 8.21 Abdeckungsgrad von mySAP SCM für die PC-Industrie im Kern-Schalen-Modell (Teil 2)

8.6.2 Automobilindustrie

A.104 Reservation Planning

Das mySAP SCM-Paket ermöglicht eine Reservierungsplanung. Beim Händler vor Ort wird das gewünschte Auto mit den ausgewählten Ausstattungsmerkmalen konfiguriert. Die SAP-Software prüft nun, in welcher Fertigungsstätte an welchem Tag produziert werden kann. Als Ergebnis kann dem Kunden beim Händler vor Ort direkt sowohl der Produktions- als auch der Auslieferungstermin (inkl. Überführung des Fahrzeugs) mitgeteilt werden.

Aufgrund der sehr großen Datenvolumina wird die Abwicklung im liveCache von mySAP SCM durchgeführt. Diese Funktion ist bereits bei einem französischen Automobilproduzenten in der Pilot- und Testphase. Anfang 2003 soll die Funktion voraussichtlich in das Produktivsystem überführt werden.

Bereitgestelltes Leistungsprofil

Für die Automobilindustrie ergeben sich aus der Tabelle 7.3 in Verbindung mit Abbildung 6.2 und der Bewertung die Kern-Schalen-Modelle in Abbildung 8.22 und Abbildung 8.23. Hier werden alle für diese Branche identifizierten Anforderungen einschließlich Nummerierung und Abdeckungsgrad dargestellt.

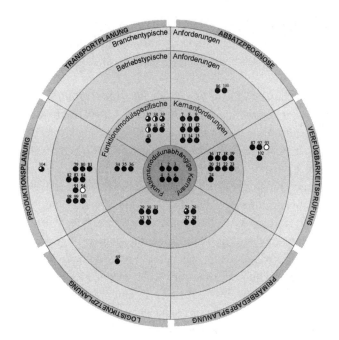

Abbildung 8.22 Abdeckungsgrad von mySAP SCM für die Automobilindustrie im Kern-Schalen-Modell (Teil 1)

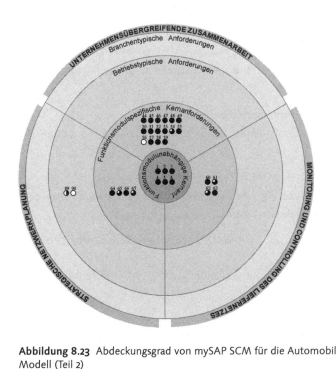

Abbildung 8.23 Abdeckungsgrad von mySAP SCM für die Automobilindustrie im Kern-Schalen-Modell (Teil 2)

Abdeckungsgrad der branchentypischen Anforderungen **315**

Relevante Einsatzaspekte

In der Absatzprognose ist mithilfe von CBF nun die Prognose variantenreicher Produkte abbildbar (Anforderung A.100, *Absatzprognose für Produktvarianten*). mySAP SCM bietet in der Verfügbarkeitsprüfung eine Chargenfindung für den Herkunftsnachweis (Anforderung A.92, *Chargenfindung in der Verfügbarkeitsprüfung*), eine bevorzugte Neuterminierung bei Verspätung (Anforderung A.24, *Bevorzugte Neuterminierung bei Verspätung*) und eine merkmalsbasierte ATP-Prüfung (Anforderung A.102, *Merkmalsbasierte Verfügbarkeitsprüfung*). Für die Primärbedarfsplanung ist der verbesserte Datenaustausch von DP und SNP (Anforderung A.26, *Überprüfung der Planung*) sowie die integrierte Anbindung des BW (Anforderung A.27, *Reichweitenszenarios*) hervorzuheben. Für LNP ist die Erweiterung der Beschaffungsfunktionen (Anforderung A.33, *Internetbasierte Beschaffung*) positiv zu vermerken. Die Anforderungen der Produktionsplanung werden abgedeckt. Die Transportplanung erfüllt überwiegend die gestellten Anforderungen dieser Branche. Die unternehmensübergreifende Zusammenarbeit in der Produktionsplanung (Anforderungen A.47 und A.57 bis A.59) besitzt einen ausreichenden Funktionsumfang. Monitoring und Controlling des Liefernetzes bieten die geeignete Funktionalität. Die strategische Netzwerkplanung weist entsprechende Funktionen für die Simulation von Szenarios auf. Aufgrund der weltweiten Produktion und Verteilung ist die begrenzte Abbildbarkeit einer internationalen Supply Chain (Anforderungen A.89 und A.90) besonders bedeutsam für diese Branche.

8.6.3 Konsumgüterindustrie

Die nachfolgend dargestellten Anforderungen sind allein für die Konsumgüterindustrie typisch.

A.105 Absatzprognose für Promotionsets und Displays
Diese Anforderung deckt mySAP SCM durch Characteristic-based Forecasting ab (siehe Abschnitt 6.2.5).

A.106 Vorgabe für den Platzbedarf im Regal
Mithilfe von erweiterten Makros können die Daten für den Platzbedarf im Regal entsprechend analysiert und kalkuliert werden.

A.107 Zuverlässige Identifikation standortspezifischer Besonderheiten des Konsumverhaltens
Unter Verwendung des SAP BW können mithilfe von OLAP-Verfahren die Eigenheiten ausfindig gemacht werden.

A.108 Jahreszeitabhängige Bestandsplanung
Hierzu ist mySAP SCM mithilfe einer dynamischen Sicherheitsbestandsplanung in der Lage, die u.a. als Input die Prognosedaten verwendet.

Bereitgestelltes Leistungsprofil

Für die Konsumgüterindustrie ergeben sich aus Tabelle 7.4 und Tabelle 7.5 sowie aus der Bewertung in Verbindung mit Abbildung 6.2 die Kern-Schalen-Modelle in Abbildung 8.24 und Abbildung 8.25. Hier werden alle für diese Branche identifizierten Anforderungen einschließlich Nummerierung und Abdeckungsgrad dargestellt.

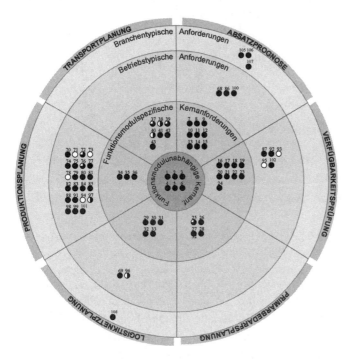

Abbildung 8.24 Abdeckungsgrad von mySAP SCM für die Konsumgüterindustrie im Kern-Schalen-Modell (Teil 1)

Relevante Einsatzaspekte

Eine Absatzprognose für Promotionsets und Displays (Anforderung A.105, *Absatzprognose für Promotionsets und Displays*) ist umsetzbar. Ebenso kann die aktuelle Version in der Verfügbarkeitsprüfung die bisherigen Defizite bezüglich der nicht abbildbaren bevorzugten Neuterminierung bei Verspätungen (Anforderung A.24, *Bevorzugte Neuterminierung bei Verspätung*), der merkmalsbasierten ATP (Anforderung A.102, *Merkmalsbasierte Verfügbarkeitsprüfung*) und der Chargenfindung (Anforderung A.92, *Chargenfindung in der Verfügbarkeitsprüfung*) beheben.

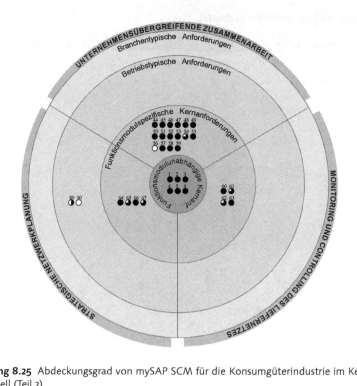

Abbildung 8.25 Abdeckungsgrad von mySAP SCM für die Konsumgüterindustrie im Kern-Schalen-Modell (Teil 2)

Ungelöst sind weiterhin die Abbildung der Chargeninformation (Anforderung A.93, *Beachtung der Chargeninformation in der Verfügbarkeitsprüfung*), ob beispielsweise ein Bedarf durch zwei verschiedene Chargen befriedigt werden darf, sowie die insbesondere in der Lebensmittelindustrie bedeutsame Berücksichtigung von Resthaltbarkeitsdauern (Anforderung A.95, *Abbildung von Resthaltbarkeitsdauern in der Verfügbarkeitsprüfung*). Die verbesserte Primärbedarfsplanung (Anforderungen A.26 und A.27) bringt für diese Branche weiteren Nutzen. In der Logistiknetzplanung erweitert die aktuelle Version die Funktionen für die internetbasierte Beschaffung (Anforderung A.33, *Internetbasierte Beschaffung*) und erlaubt eine jahreszeitabhängige Bestandsplanung (Anforderung A.108, *Jahreszeitabhängige Bestandsplanung*). Nichtsdestotrotz werden Resthaltbarkeitsdauern nicht vollständig abgebildet (Anforderung A.96, *Abbildung von Resthaltbarkeitsdauern in der Logistiknetzplanung*), was vor allem für die Lebensmittelindustrie einen signifikanten Mangel bedeutet. Aufgrund des weiten Spektrums der Konsumgüterindustrie ist eine Vielzahl von Fertigungsverfahren in der Produktionsplanung abzudecken. Für die Prozess- (Anforderungen A.70 bis A.76) und Fließfertigung (Anforderungen A.80 bis A.84) ist mySAP SCM mit ausreichender Funktionalität ausgestattet. Defizite für Prozessfertiger bestehen weiterhin bei der

Abbildung der Materialcharakteristika (Anforderung A.71, *Abbildung der Materialcharakteristika*), nicht-linearer Relationen zwischen den Materialien (Anforderung A.73, *Berücksichtigung nicht-linearer Relationen zwischen den Materialien*), der Kuppelproduktion mit Zyklen (Anforderung A.78, *Kuppelproduktion mit Zyklen*) und der Chargeninformation (Anforderung A.94, *Abbildung der Chargeninformation in der Produktionsplanung*).

Bei einer international ausgerichteten Supply Chain (Anforderungen A.89 und A.90) ist vor allem der Nivellierungsmangel in der strategischen Netzwerkplanung hinderlich, während Monitoring und Controlling zufrieden stellend abgedeckt sind. Die Defizite der Transportplanung (Anforderungen A.37 bis A.42) erweisen sich als gravierend in der distributionsintensiven Konsumgüterindustrie. In der unternehmensübergreifenden Zusammenarbeit bietet mySAP SCM ausreichende Funktionen für eine kooperative Produktionsplanung (Anforderungen A.57 bis A.59).

Es zeigt sich, dass es der SAP-SCM-Software gelingt, zahlreiche Anforderungen für diese Branche abzudecken. Insbesondere für Unternehmen der Lebensmittelindustrie, die auf die Abbildbarkeit der begrenzten Haltbarkeit von Produkten (Anforderungen A.95 bis A.97) angewiesen sind, ist der Einsatz jedoch nur eingeschränkt möglich.

8.6.4 Chemie- und Pharmaindustrie

Bereitgestelltes Leistungsprofil

Für die Chemie- undPharmaindustrie ergeben sich aus Tabelle 7.6 sowie der Bewertung in Verbindung mit Abbildung 6.2 die Kern-Schalen-Modelle in Abbildung 8.26 und Abbildung 8.27. In ihnen werden alle für diese Branche identifizierten Anforderungen einschließlich Nummerierung und Abdeckungsgrad dargestellt.

Relevante Einsatzaspekte

In der Verfügbarkeitsprüfung ist mit mySAP SCM zwar eine Chargenfindung (Anforderung A.92, *Chargenfindung in der Verfügbarkeitsprüfung*) möglich, jedoch sind weiterhin die Abbildung der Chargeninformation (Anforderung A.93, *Beachtung der Chargeninformation in der Verfügbarkeitsprüfung*), ob beispielsweise eine Nachfrage durch zwei unterschiedliche Chargen abgedeckt werden darf, sowie die Beachtung von Resthaltbarkeitsdauern (Anforderung A.95, *Abbildung von Resthaltbarkeitsdauern in der Verfügbarkeitsprüfung*) nicht umsetzbar. In der Logistiknetzplanung können Resthaltbarkeitsdauern nicht komplett abgebildet werden (Anforderung A.96, *Abbildung von Resthaltbarkeitsdauern in der Logistiknetzplanung*).

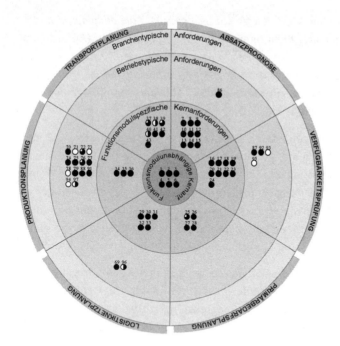

Abbildung 8.26 Abdeckungsgrad von mySAP SCM für die Chemie- und Pharmaindustrie im Kern-Schalen-Modell (Teil 1)

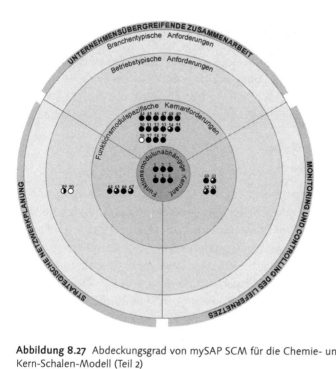

Abbildung 8.27 Abdeckungsgrad von mySAP SCM für die Chemie- und Pharmaindustrie im Kern-Schalen-Modell (Teil 2)

320 Was bieten SCM-Lösungen am Markt – mySAP SCM

Für die Prozessindustrie (Anforderungen A.70 bis A.76) ist mySAP SCM mit nahezu hinreichender Funktionalität versehen. Erhebliche Defizite existieren bei der Abbildung der Materialcharakteristika (Anforderung A.71, *Abbildung der Materialcharakteristika*), nicht-linearer Relationen zwischen den Materialien (Anforderung A.73, *Berücksichtigung nicht-linearer Relationen zwischen den Materialien*), der Kuppelproduktion mit Zyklen (Anforderung A.78, *Kuppelproduktion mit Zyklen*) sowie der Chargeninformation (Anforderung A.94, *Abbildung der Chargeninformation in der Produktionsplanung*). Die unzureichende Einbeziehung von Sicherheitsvorschriften (Anforderung A.37, *Auswahl der Transportart*) ist in der Transportplanung ein gravierender Mangel. mySAP SCM bietet bezüglich der unternehmensübergreifenden Zusammenarbeit ausreichende Funktionen für eine kooperative Produktionsplanung (Anforderungen A.57 bis A.59). In der strategischen Netzwerkplanung ist für weltweit agierende chemische bzw. pharmazeutische Unternehmen (Anforderungen A.89 und A.90) v. a. der Nivellierungsmangel kritisch.

9 Umsetzung der Ergebnisse in ein SCM-Projektierungsverfahren

Warum brennt SCM manchen Unternehmen unter den Nägeln und scheint an anderen Betrieben praktisch »spurlos« vorüberzugehen? Dieses Phänomen hat viele Ursachen, die es bei SCM-Entscheidungen näher zu betrachten gilt. Das Wissen darüber ist wichtig für die Beurteilung von SCM-Entwicklungstrends und deren Relevanz bezogen auf die Wettbewerbsfähigkeit. Sowohl die SCM-Strategien als auch die Systeme, die sich als effektiv in einer Branche erwiesen haben, lassen sich nicht pauschal auf einen anderen Bereich übertragen. Dies stellt ein Potenzial für Fehlentscheidungen dar, dem eine Vielzahl von Unternehmen zum Opfer fallen.

9.1 SCM-Clockspeed als Problem der branchenspezifischen Innovationszyklen

Die Übertragung von erfolgreichen Strategien aus innovativen bzw. schnelllebigen Branchen generell auf alle Wirtschaftsbereiche ist hochgradig riskant. Verstärkt wird der Druck auf die Entscheider insbesondere auch durch die Medienpropaganda, die eine ungefilterte Umsetzung von SCM-Visionen und eines in einer Industrie erfolgreichen SCM-Ansatzes auf die anderen Branchen fordern. In den Medien werden die maximal erreichbaren Ziele oft als normaler Standard dargestellt, anstatt explizit darauf hinzuweisen, dass es sich um zukünftige Visionen bzw. branchenspezifische Strategien handelt. Jede Industrie hat jedoch ihre besonderen Gegebenheiten, die eine darauf speziell zugeschnittene SCM-Strategie bedingt. Bei näherer Betrachtung ist ersichtlich, dass zwischen Branchen wesentliche Differenzen in der Innovationsgeschwindigkeit existieren. Hierdurch sind jeweils unterschiedliche Komponenten und Komplexitätsgrade von SCM-Software für die einzelne Branche von höherer Relevanz bzw. bewirken einen größeren Value.

Für den Management-Professor Charles Fine vom MASSACHUSETTS INSTITUTE OF TECHNOLOGY (MIT) ist der sich rasant entwickelnde Computer- und Internetbereich das, was die Fruchtfliege Drosophila für den Evolutionsbiologen ist: ein Studienobjekt, an dem sich Evolutionsprozesse beobachten lassen. Denn der Lebenszyklus der kleinen Fliegen ist ähnlich kurz wie die Innovationszyklen in den jungen Branchen. Fine geht davon aus, dass jede Branche eine andere Entwicklungsgeschwindigkeit aufweist. Die Taktfrequenz, in der sich Produkte, Herstellung und Organisation verändern, nennt er *Clockspeed* (siehe Tabelle 9.1). Zahlreiche Beispiele zeigen, dass sich aus Branchen mit hoher Clockspeed auch für weniger schnell getaktete Wirtschaftsbereiche lernen lässt – bis hin zu den industriellen »Sauriern«, etwa in der Flugzeug- oder Rüstungsindustrie.

Industry	Product Tech Clockspeed	Organization Clockspeed	Process Tech Clockspeed
Fast-Clockspeed Industries			
Personal Computers	Weniger als 6 Monate	2 bis 4 Jahre	2 bis 4 Jahre
Computer-aided Software Engeneering	6 Monate	2 bis 4 Jahre	2 bis 4 Jahre
Toys and Games	Weniger als 1 Jahr	5 bis 15 Jahre	5 bis 15 Jahre
Athletic Footware	Weniger als 1 Jahr	5 bis 15 Jahre	5 bis 15 Jahre
Semiconductors	1 bis 2 Jahre	2 bis 3 Jahre	3 bis 10 Jahre
Cosmetics	2 bis 3 Jahre	5 bis 10 Jahre	10 bis 20 Jahre
Medium-Clockspeed Industries			
Bicycles	4 bis 6 Jahre	10 bis 15 Jahre	20 bis 25 Jahre
Automobiles	4 bis 6 Jahre	4 bis 6 Jahre	10 bis 15 Jahre
Computer Operating Systems	5 bis 10 Jahre	5 bis 10 Jahre	5 bis 10 Jahre
Agriculture	3 bis 8 Jahre	5 bis 10 Jahre	8 bis 10 Jahre
Fast Food	3 bis 8 Jahre	25 bis 50 Jahre	5 bis 25 Jahre
Beer Brewing	4 bis 6 Jahre	400 Jahre	2 bis 3 Jahre
Airlines	5 bis 7 Jahre	25 Jahre (Hardware) 2 bis 3 Jahre (Software)	Weniger als 5 Jahre
Machine Tools	6 bis 10 Jahre	6 bis 10 Jahre	10 bis 15 Jahre
Pharmaceuticals	7 bis 15 Jahre	10 bis 20 Jahre	5 bis 10 Jahre
Slow-Clockspeed Industries			
Aircraft (commercial)	10 bis 20 Jahre	5 bis 30 Jahre	20 bis 30 Jahre
Tobacco	1 bis 2 Jahre	20 bis 30 Jahre	20 bis 30 Jahre
Steel	20 bis 40 Jahre	10 bis 20 Jahre	50 bis 100 Jahre
Aircraft (military)	20 bis 30 Jahre	5 bis 30 Jahre	2 bis 3 Jahre
Shipbuilding	25 bis 35 Jahre	5 bis 30 Jahre	10 bis 30 Jahre
Petrochemical	10 bis 20 Jahre	20 bis 40 Jahre	20 bis 40 Jahre

Tabelle 9.1 Clockspeeds in unterschiedlichen Industrien nach Charles Fine

Industry	Product Tech Clockspeed	Organization Clockspeed	Process Tech Clockspeed
Paper	10 bis 20 Jahre	20 bis 40 Jahre	20 bis 40 Jahre
Electricity	100 Jahre	25 bis 50 Jahre	50 bis 75 Jahre
Diamond Mining	Jahrhunderte	20 bis 30 Jahre	50 bis 100 Jahre

Tabelle 9.1 Clockspeeds in unterschiedlichen Industrien nach Charles Fine (Forts.)

Grundsätzlich stellt sich die Frage, wodurch diese erheblichen Unterschiede entstehen und welche Rückschlüsse für die individuelle SCM-Strategie zu ziehen sind. Hierfür liefert Fine ein anschauliches Modell (siehe Abbildung 9.1), das im Folgenden auf SCM angewendet wird. Das so genannte *Double-Helix-Modell* beschreibt den Lebenszyklus industrieller Entwicklungen. SCM und SCM-Software beschreiten eine derartige Entwicklung und lassen sich im Modell nicht nur erklären, sondern ebenso voraussagen. Hierdurch sind auch viele Situationen beim Einsatz von SCM bzw. der Entwicklung von SCM-Software abschätzbar.

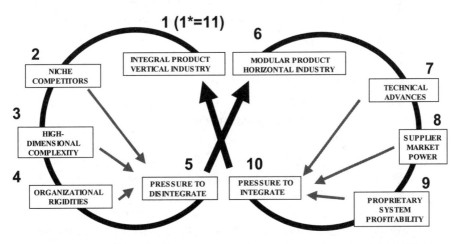

Abbildung 9.1 Die Double Helix illustriert die Supply-Chain-Dynamik von Produkt-Architekturen bzw. Industriestrukturen

Anhand der folgenden zehn Schritte lässt sich die Evolution hinsichtlich SCM-Strategie, Produktintegration und Software-Architektur darstellen sowie nach Einordnung einer Strategie bzw. Produkts die Weiterentwicklung abschätzen (siehe Abbildung 9.2):

1. Mitte der Neunzigerjahre erfolgt eine Betrachtung der gesamten Supply Chain über alle Fertigungsstufen hinweg (*vertigale Integration*) als eine gesamtheitlich zu lösende Strategie (Vision des SCM).
2. Ende der Neunzigerjahre spezialisieren sich SCM-Nischenanbieter auf SCM-Teilbereiche bzw. Wertschöpfungsstufen und verfeinern die SCM-Funktionalität in Breite und Tiefe.
3. Eine hohe dimensionale Komplexität entsteht, wodurch eine gesamtheitliche Lösungsstrategie immer unübersichtlicher wird und die technologische Komplexität kaum noch zu managen ist.
4. Die Anwender halten sich aufgrund organisatorischer Unflexibilität und steigender Umsetzungsprobleme komplexer Gesamtbilder zurück.
5. Zum Jahrtausendwechsel steigt der Druck auf Anbieter, die SCM-Systeme zu modularisieren, als logische Folge stark an.
6. Anfang des neuen Jahrzehnts entstehen modulare, stark fokussierte Produkte für die hoizontalen Industrien bzw. Nischenmärkte (Zwischenergebnis).
7. Mittlerweile ist eine technische und methodische Weiterentwicklung erfolgt, die eine Umsetzung erweiterter komplexerer SCM-Strategien/Visionen möglich erscheinen lässt.
8. Supplier/Anwender erkennen die neuen Potenziale, nutzen Ihren Einfluss am Markt und fordern leistungsfähigere Lösungen.
9. Die Profitabilität bestehender proprietärer Systeme wird aufgrund neuer SCM-Strategien zunehmend als unbefriedigend erachtet und die Investitionsbereitschaft sinkt.
10. Die Anbieter fügen sich dem Druck, die verschiedenen Systeme wieder stärker zusammenzuführen und entwickeln zukunftsweisende SCM-Architekturen, basierend auf den aktuellen Trends und Visionen. Womit man wieder am Startpunkt der Double Helix (1 bzw. 1*), jedoch auf einem höheren Niveau angelangt ist. Über die Zeit betrachtet schließt sich der Zyklus bei steigendem Entwicklungsstand und verbesserter Umsetzbarkeit von Strategien und Verfahren im operativen Alltag dem nächsten Zyklus an.

Die Taktgeschwindigkeit ist auch von der Endkundennähe der jeweiligen Branche abhängig. Der MIT-Professor formulierte hierzu *the law of clockspeed amplification*: Die Erneuerungszyklen werden demnach immer kürzer, je näher die Branche am Endkunden ist (Speed-up-Effekt). Dies stellt folgendes Beispiel visuell dar (siehe Abbildung 9.3): Computerhersteller wie DELL haben schnellere Clockspeeds (z. B. kürzere Produktlebenszyklen) als Halbleiterhersteller, die ihrerseits wieder schnellere Taktzyklen aufweisen als die Hersteller von Halbleiter-Equipment.

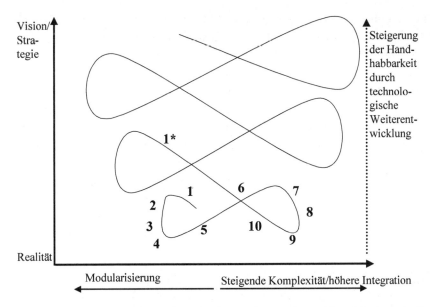

Abbildung 9.2 Ablauf für SCM und SCM-Software, skizziert dargestellt auf der Basis der Double Helix

Zusammenfassend lässt sich festhalten, dass technologische Innovationen wie Beschleuniger von Taktzyklen wirken, wohingegen Systemkomplexität den Ablauf verlangsamt. DELL ist in der Lage, wesentlich häufiger mit neuen PC-Modellen auf den Markt zu kommen als LOCKHEAD-MARTIN einen neuen Kampfjet entwickeln kann, da dieser wesentlich komplexer ist als ein PC. Durch die Modularisierung einer Produktarchitektur in einfachere Sub-Systeme – beispielsweise besteht ein PC aus einer Vielzahl getrennt entwickelter technischer Komponenten mit separaten Produktzyklen – ist in vielen Fällen eine schnellere Entwicklung möglich. Hierdurch ist es Unternehmen möglich, durch kürzere Taktzyklen zeitnäher auf den Markt zu reagieren und ihre Wettbewerbsfähigkeit wesentlich zu erhöhen.

Clockspeed Amplification in der Supply Chain: *"The Speed-up Effect"*

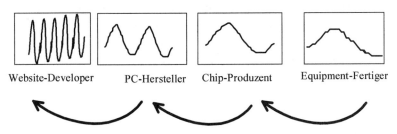

Abbildung 9.3 Speed-up-Clockspeed-Effekt von Branchen, abhängig von der Nähe zum Endkunden

Das Internet und seine Auswirkungen auf SCM hat zusätzlich eine kürzere Taktzeit der Innovationszyklen zur Folge. Fines Clockspeed-Ansatz und seine Ergebnisse zeigen die erheblichen Unterschiede beispielsweise zwischen Halbleiterindustrie und Pharmaindustrie auf. Die in den vorangegangenen Kapiteln untersuchten Branchen und ihre Taktzyklen sind in Abbildung 9.4 dargestellt. Die Abbildung enthält die Taktzyklen Produktinnovation (*Product Tech Clockspeed*), Organisationstruktur (*Organization Clockspeed*) und Herstellungsprozess (*Process Tech Clockspeed*). Viele kritische Faktoren in den einzelnen Branchen sind hieraus ableitbar. Beispielsweise benötigt die Halbleiterindustrie für eine Anpassung ihrer Organisation mehr als zwei Jahre, wobei die Produkte nach sechs Monaten durch neue Modelle ersetzt werden. Da der Aufbau einer neuen Fabrik ca. zwei Jahre in Anspruch nimmt, ist kurzfristig keine deutliche Erhöhung der Produktionskapazität durch den Aufbau neuer Herstellungsanlagen möglich (siehe Abschnitt 7.1).

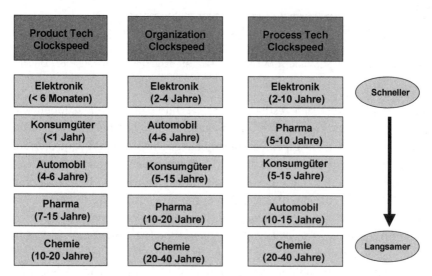

Abbildung 9.4 Entwicklungsgeschwindigkeit der Branchen, diffenziert nach Produktinnovations-, Organisationsstruktur- und Herstellungsprozesszyklus

SCM ist bekanntlich keine einmalige strategische bzw. operative Entscheidung, sondern wird nach Festlegung der Kernstrategie iterativ erweitert und überarbeitet. Der Clockspeed-Ansatz bietet eine gute Möglichkeit, für das eigene Unternehmen, die Branche und den »SCM-Lösungsmarkt« eine Standortbestimmung vorzunehmen sowie Entwicklungstrends fundierter abzuschätzen.

9.2 Kritische Faktoren in SCM-Lösungen

Es kann davon ausgegangen werden, dass zurzeit kein SCM-Software-Paket verfügbar ist, das die Anforderungen verschiedenster Branchen vollständig abdecken kann.

Die Untersuchung der Anforderungen an Standardsoftware für SCM, beschrieben in den vorangegangen Kapiteln, führt zu dem Ergebnis, dass insbesondere folgende Kriterien bei einer Branchendifferenzierung problematisch sind:

- Fertigungsprozesstypen
- Variantenreichtum der zu fertigenden Erzeugnisse
- Lebenszyklus der Produkte
- Haltbarkeit der Artikel
- Optimierungsmethoden
- Einsatz der SCM-Software vorrangig für Absatz und Distribution oder für Beschaffung und Produktion

Es zeigt sich, dass lediglich für einige Funktionsmodule wie beispielsweise die Absatzprognose oder die Verfügbarkeitsprüfung eine branchenübergreifende Verwendung möglich ist. Problematisch erscheint dies hingegen in der Produktionsplanung. Der Einsatz in solch unterschiedlichen Fertigungsumgebungen wie Prozess- oder diskreter Fließfertigung erfordert umfangreiche, divergierende Funktionen mit vielen wechselseitigen Abhängigkeiten.

Falls ein SCM-System vollständig betriebstyp- und branchenübergreifend realisiert würde, besteht die Gefahr, dass die Komplexität weder technisch noch organisatorisch gleichzeitig gemanagt werden kann. Folglich ist es heute zweckmäßig und empfehlenswert, einen branchenunabhängigen Kern zu entwickeln und zur Abdeckung der fehlenden Funktionen offene, standardisierte Schnittstellen anzubieten, sodass spezielle SCM-Komponenten einbindbar sind. Im Rahmen der Untersuchung zeigte sich, dass in vielen Beziehungen Unternehmen verschiedener Branchen oft ähnlicher sind als Unternehmen der gleichen Industrie, was einen großen, gemeinsamen »Basis-Pool« an Funktionen für alle Branchen sinnvoll macht.

Diesen Weg verfolgt auch die SAP AG: An einigen Stellen hat man mySAP SCM gezielt für branchen-, betriebstyp- oder unternehmensspezifische Erweiterungen geöffnet. So können externe Prognoseverfahren und Optimierungsalgorithmen (APX) eingebunden werden. In Funktionsmodulen – wie der Transportplanung (TP/VS) – bei denen SAP im Vergleich zu den anderen Komponenten nur begrenzte Erfahrungen hat, bestehen mehr oder minder offene Schnittstellen, um spezialisiertere Programme anderer Hersteller anzubinden. Die Öffnung für Fremdsysteme wird insbesondere mit der zurzeit stark forcierten XI-Entwicklung vorangetrieben und lässt eine deutlich auch betriebswirtschaftlich verbesserte Kopplung von Anwendungen und Partnern erwarten.

Dies hat zudem den Vorteil, dass bei Einsatz des gleichen SCM-Software-Kerns in allen Unternehmen einer Supply Chain die Integration relativ einfach realisierbar ist. Falls man für die verschiedenen Industrien stark unterschiedliche Speziallösungen entwickelt und einsetzt, ist dies zurzeit mit erheblichen Problemen verbunden. Ein Chemieunternehmen kann beispielsweise durchaus Zulieferer eines Automobilherstellers sein.

Die kritischen Funktionen der unternehmensübergreifenden Zusammenarbeit werden häufig, losgelöst von einer illusorischen Komplexität des Ansatzes und technischen Integration, durch mangelndes Vertrauen zwischen Unternehmen stark gebremst. Als Folge hieraus werden SCM-Konzepte meist nur innerhalb von Konzernen umgesetzt. Die Tatsache, dass diese Funktionen momentan eher im Hintergrund stehen, verwundert, da sie als Kernstück für SCM gelten. Ein weiterer Grund ist die so genannte Opfer-Nutzen-Verrechnungsproblematik. Für alle Teilnehmer der Supply Chain muss ein Vorteil aus der Zusammenarbeit entstehen, eine so genannte Win-Win-Situation. Die Verteilung des Nutzens ist bislang nicht ausreichend für alle Beteiligten erkennbar, wodurch gerade kleine Zulieferer die Gefahr der eigenen Übervorteilung sehen und bislang wenig Interesse an einer technologisch aufwändigen Supply-Chain-Mitgliedschaft zeigen.

Der bisherige Fokus von SCM-Software ist eindeutig in der unternehmensinternen Ablösung und Verbesserung der Planungskomponenten transaktionsbasierter Systeme zu sehen. Die zahlreichen Erfolgsmeldungen über verbesserte Termintreue, Reduktion von Lagerbeständen usw. machen deutlich, dass bereits unternehmensintern durch verbesserte, standortübergreifende Planung noch erhebliche Einsparungen erzielbar sind.

Häufig liegt es nicht an der Technik, sondern die etablierten Organisationsstrukturen und die Menschen in den Unternehmen blockieren die unternehmensübergreifende, teilweise sogar auch die unternehmensinterne, integrierte Planung. Darüber hinaus muss auch auf die Anfälligkeit immer feiner abgestimmter Supply Chain geachtet werden. Da eine enge Kooperation in der Regel nur mit wenigen, ausgewählten Partnern stattfindet, begeben sich die Unternehmen gegebenenfalls in eine wechselseitige Abhängigkeit.

Ferner sollte man sich immer wieder ins Bewusstsein rufen, dass eine Grundvoraussetzung sinnvoller Pläne und hochintegrierter Prozesse korrekte Daten sind. Jedoch werden in vielen Unternehmen etwa die Angaben über Rüstzeiten nicht aktualisiert und auch die Buchbestände stimmen nicht mit den tatsächlichen Beständen überein, d.h., die Infos können nicht in geforderter Art, Umfang und Qualität bereitgestellt werden. Eine kritische Betrachtung vieler SCM-Ansätze ist daher dringend anzuraten.

9.3 Einsatzpotenziale des Projektierungsverfahrens bei SCM-Anbietern, -Anwendern und -Beratern

Aus den genannten Gründen wurde das SCM-Kern-Schalen-Modell entwickelt, um ein trennschärferes und praktikableres Vorgehen bereitzustellen. Es wurde den Analysen und Verbesserungsempfehlungen als formalisierendes Schema zugrunde gelegt.

Das Modell ist so flexibel gehalten, dass vielfältige Einsatzgebiete denkbar sind bzw. weiterführende Methoden darauf aufbauen können. Konkret kann man es beispielsweise für ein unternehmensspezifisches Vorgehensmodell zur Einführung von SCM-Software heranziehen.

Je nach Blickwinkel und Fokussierung auf einzelne Teilaspekte kann die Kern-Schalen-Methodik für die Zielgruppen SCM-Software-Anbieter, IT-Dienstleister und Anwender zum Einsatz gelangen. Hierzu können im Einzelfall noch Verfeinerungen des Kern-Schalen-Modells für die spezifische Zielrichtung sinnvoll sein:

- *Software-Hersteller* sind mithilfe des SCM-Kern-Schalen-Modells in der Lage, die Stärken und Schwächen ihrer SCM-Software und der ihrer Konkurrenten für bestimmte Unternehmensgruppen (z.B. Branchen, Betriebstypen) formalisiert und schnell zu analysieren. Als Ergebnis gewinnt man gruppenspezifische Anforderungsprofile und Stärken-/Schwächen-Übersichten. Dadurch ist eine bessere Einschätzung des eigenen Marktpotenzials und der Position der Wettbewerber für die jeweiligen SCM-Software-Marktsegmente erreichbar. Die Entwicklungsressourcen lassen sich so gezielt auf den Ausbau jener Funktionen lenken, die eine Verbesserung der Wettbewerbssituation versprechen.
- *IT-Dienstleister* können das SCM-Kern-Schalen-Modell nutzen, um die Einsatzfähigkeit verschiedener SCM-Software-Pakete für einzelne Unternehmen zu untersuchen (Anforderungs-/Leistungsabgleich) und entsprechende strategischen Konzepte zu erstellen. Falls die SCM-Module der Software-Anbieter auch separat einsetzbar sind, können die IT-Dienstleister auch die geeignetsten Funktionsmodule der unterschiedlichen Software-Hersteller auswählen und miteinander kombinieren (Best-of-Breed-Ansatz).
- *Anwender* haben die Möglichkeit, den formal strukturierten Vergleich von SCM-Software zu beschleunigen, indem die unternehmensspezifisch relevanten Bedarfe gegliedert, mithilfe des Anforderungskatalogs umfassend identifi-

ziert und bewertet werden. Eine Priorisierung der Relevanz, z. B. in *nicht zutreffend, optional, unwichtig, wichtig, unbedingt notwendig*, erlaubt die Entwicklung von mehrstufigen Einführungsstrategien. Das gewonnene individuelle Anforderungsprofil lässt sich mit den Leistungsprofilen verschiedener SCM-Software-Pakete abgleichen, um das geeignetste Produkt zu identifizieren. Ergänzend bietet es sich in einem weiteren Implementierungsschritt an, das Anforderungsprofil als Grundlage für ein Abnahme-Pflichtenheft heranzuziehen.

Wie gezeigt, bieten sich zahlreiche Ansätze mit dem Ziel, SCM-Software in einem bislang nicht möglichen Maße an unternehmensindividuelle Anforderungen mit vertretbarem Aufwand anzupassen. Insbesondere die skizzierten methodischen Möglichkeiten, das Kern-Schalen-Modell als Analyse- und Implementierungsinstrument weiterzuentwickeln, offerieren eine Vielzahl von Anknüpfungspunkten.

9.4 Anwendungsbeispiel aus der Nahrungsmittelindustrie

Nachfolgend wird das Vorgehen anhand des SCM-Kern-Schalen-Modells für einen Konsumgüterhersteller mit dem fiktiven Namen DOLCE AG, der Nahrungsmittel produziert, dargestellt. Im Angebot sind überwiegend Süßwaren, wobei die Nachfrage saisonalen Schwankungen unterliegt. Die Zielmärkte sind neben Ländern der Europäischen Union auch die Schweiz und der Ostblock (Ungarn, Polen usw), woraus sich besondere Anforderungen bezüglich des internationalen Warenverkehrs ergeben. Außerhalb der EU sind vielfältige Zölle sowie unterschiedliche Nahrungsmittel- und Transportvorschriften zu beachten. Das Unternehmen stellt für besondere Anlässe (z. B. Ostern, Weihnachten) in erheblichem Umfang Promotionsets zusammen. Es wird überlegt, ob die SAP-SCM-Software die Bedarfe des Unternehmens abdecken kann und wie aufwändig sich eine Implementierung gestalten würde.

Mithilfe des dem SCM-Kern-Schalen-Modell zugrunde liegenden Anforderungskatalogs ist der Lebensmittelhersteller kurzfristig in der Lage, strukturiert herauszuarbeiten, welche Bedarfe für sein Unternehmen relevant (☒) sind oder nicht benötigt (☐) werden.

Folgende Schritte sind durchzuführen:

1. Erstellen einer Checkliste auf der Basis des Anforderungskatalogs für die Konsumgüterindustrie
2. Selektieren des relevanten Bedarfs (☒)
3. Festlegen, welche Funktionen in der jeweiligen Ausbaustufe implementierten werden sollen

4. Vergleichen der notwendigen Bedarfe mit deren Abdeckung in SAP-SCM-Software

5. Eruieren der Anforderungen, die nicht ausreichend durch mySAP SCM abgedeckt sind

Abbildung 9.5 stellt das allgemeine schematische Prozessmodell als *Nassi-Shneiderman-Diagramm* zur Realisierung einer Software-gestützten SCM-Strategie dar.

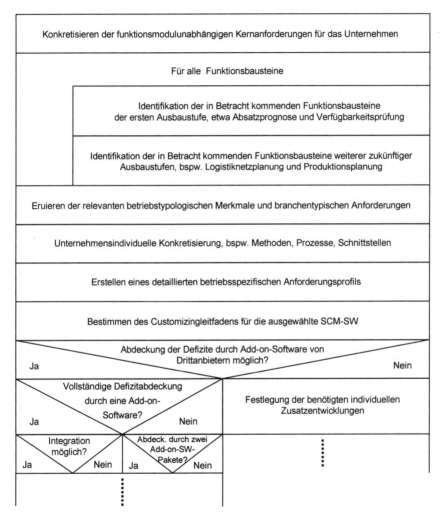

Abbildung 9.5 Schematisches SCM-Prozessmodell auf der Basis des Kern-Schalen-Modells als Nassi-Shneiderman-Diagramm

Für die DOLCE AG ergibt sich die in den Tabellen 9.2 bis Tabelle 9.4 dargestellte Situation. Bei den grau unterlegten Zeilen handelt es sich um nicht ausreichend durch mySAP SCM abgedeckte Bedarfe für das Unternehmen.

Die Software-Einführung ist in zwei Stufen geplant. Die erste Implementierungsphase soll nach zwölf Monaten abgeschlossen sein und umfasst wichtige Basis-SCM-Funktionen überwiegend aus den Funktionsmodulen Absatzprognose, Verfügbarkeitsprüfung, Primärbedarfs- und Logistiknetzwerkplanung. Neun Monate später ist der Produktivbetrieb mit der zweiten Ausbaustufe u.a. mit Produktions- und Transportplanung anvisiert. In den Tabellen 9.2 bis Tabelle 9.4 sind alle relevanten Anforderungen einer der beiden Stufen zugeordnet.

Funktionsmodul	Anforderung		Stufe	Dolce AG	Erläuterung	mySAP SCM
Funktionsmodulunabhängige Kernanforderungen	A.1	Hohe Leistungsfähigkeit der Planung	1	☑		●
	A.2	Datenaustausch mit Office-Software-Paketen	1	☑		●
	A.3	Enge Integration mit den verbundenen ERP-Systemen	1	☑		●
	A.4	Unterstützung offener Internet-Standardschnittstellen	1	☑		●
	A.5	Schlanke Datenstruktur	1	☑		●
	A.6	Benutzungsfreundlichkeit	1	☑		●
Absatzprognose	A.7	Konsensbasierte Prognosen	1	☑		●
	A.8	Datenbanken mit Prognosen und Absatzverläufen	1	☑		●
	A.9	Planen auf mehreren Aggregationsebenen	1	☑		●
	A.10	Umfangreiche Informationsbasis für die Prognosen	1	☑		●
	A.11	Weitreichendes Angebot an Prognoseverfahren	1	☑		●
	A.12	Automatisierte Auswahl adäquater Prognosemethoden	-	☐	Nicht gewünscht	●
	A.13	Automatisierte Analyse der Prognosequalität	1	☑		●

Tabelle 9.2 Relevanz der funktionsmodulunabhängigen und -modulspezifischen Kernanforderungen und ihre Abdeckung durch mySAP SCM für den Nahrungsmittelhersteller

Funktions-modul	Anforderung		Stufe	Dolce AG	Erläuterung	mySAP SCM
Verfüg-barkeits-prüfung	A.14	Automatisierte Planung	1	☑		●
	A.15	Verwaltung der Erläuterungen zu Prognosen	1	☑		●
	A.16	Geringe Antwortzeiten	1	☑		●
	A.17	Konsistenz bei parallelen Prüfungen	1	☑		●
	A.18	Prüfen auf Bestandsebene	1	☑		●
	A.19	Automatisierte Alternativensuche	2	☑		●
	A.20	Prüfen gegen Kapazitäts- und Materialsituation	1	☑		●
	A.21	Einbezug von Partnersoftware	2	☑		●
	A.22	Internetanbindung mithilfe eines Web-Browsers	1	☑		●
	A.23	Überwachung der zugesagten Liefertermine	1	☑		●
	A.24	Bevorzugte Neuterminierung bei Verspätung	1	☑		●
	A.25	Einbeziehung wichtiger Restriktionen	1	☑	Ausreichend in mySAP SCM abgedeckt	◐
Primär-bedarfs-planung	A.26	Überprüfung der Planung	1	☑		●
	A.27	Reichweitenszenarios	1	☑		●
	A.28	Detailliertes Kostenmodell	1	☑		●
Logistik-netzpla-nung	A.29	Verbesserung des Liefernetzes	1	☑		●
	A.30	Bestandsplanung und -steuerung	1	☑		●
	A.31	Aufteilung des Produktangebots	-	☐	Nicht gewünscht	●
	A.32	Zuordnung von Produktalternativen	-	☐	Nicht gewünscht	●
	A.33	Internetbasierte Beschaffung	2	☑		●

Tabelle 9.2 Relevanz der funktionsmodulunabhängigen und -modulspezifischen Kernanforderungen und ihre Abdeckung durch mySAP SCM für den Nahrungsmittelhersteller (Forts.)

Funktions-modul	Anforderung		Stufe	Dolce AG	Erläuterung	mySAP SCM
Produkti-onsplanung	A.34	Einsatz von Optimierungs-methoden in der Produktionsplanung	2	☑		●
	A.35	Grafische Produktionsplan-tafel	2	☑		●
	A.36	Modellierung der unter-nehmensübergreifenden Zusammenhänge	2	☑		●
Transport-planung	A.37	Auswahl der Transportart	2	☑	Ausreichend in mySAP SCM abgedeckt	◐
	A.38	Tourenplanung	2	☑	Einbindung von Routen-planungssyste-men mit digi-talen Straßen-karten notwendig; dies ist bisher in mySAP SCM nicht möglich	◑
	A.39	Grafischer Distributions-leitstand	2	☑	Ausreichend in mySAP SCM abgedeckt	◐
	A.40	Optimierung der Trans-portmittelbeladung	2	☑	Ausreichend in mySAP SCM abgedeckt	◑
	A.41	Gewichtung der Optimie-rungsziele	2	☑		●
	A.42	Cross Docking	2	☑		●
	A.43	Tracking & Tracing	2	☑		●

Tabelle 9.2 Relevanz der funktionsmodulunabhängigen und -modulspezifischen Kernanforde-rungen und ihre Abdeckung durch mySAP SCM für den Nahrungsmittelhersteller (Forts.)

Funktions-modul	Anforderung		Stufe	Dolce AG	Erläuterung	mySAP SCM
Unternehmensübergreifende Zusammenarbeit	A.44	Standardisierter Datenaustausch mit Partnerunternehmen über EDIFACT/XML und internetbasierte Lösungen	1	☑		●
	A.45	Sicherheit des Datenaustauschs	1	☑		●
	A.46	Datenbeschaffung	1	☑		●
	A.47	Abstimmung der Absatzprognose mit Marktdaten	2	☑		●
	A.48	Auftragsprognose	1	☑		●
	A.49	Auftragserzeugung	1	☑		●
	A.50	Auftragserfüllung	1	☑		●
	A.51	Werkzeuge für die flexible Definition von Kooperationsprozessen	2	☑		●
	A.52	Analyse und Synthese abweichender Prognosen	2	☑		●
	A.53	Automatisierte Abweichungsanalyse und Information der Supply-Chain-Mitglieder	2	☑		●
	A.54	Supply-Chain-Datenpool, Unterstützung umfangreicher Analyse- und Visualisierungsmöglichkeiten	1	☑	Ausreichend in mySAP SCM abgedeckt	◐
	A.55	Ermittlung der Kundenauftragsprognose unter Beachtung relevanter Faktoren	1	☑		●
	A.56	Automatisierte Analyse der Planungsergebnisse	-	☐	Nicht gewünscht	○
	A.57	Berücksichtigen detaillierter Partnerinformationen in der Produktionsplanung	1	☑		●
	A.58	Partnern Einblick in die Produktionsplanung gestatten	2	☑		●
	A.59	Partnern Einfluss auf Produktionsplanung erlauben	-	☐	Nicht gewünscht	●

Tabelle 9.2 Relevanz der funktionsmodulunabhängigen und -modulspezifischen Kernanforderungen und ihre Abdeckung durch mySAP SCM für den Nahrungsmittelhersteller (Forts.)

Funktions-modul	Anforderung	Stufe	Dolce AG	Erläuterung	mySAP SCM
Monitoring und Controlling des Liefernetzes	A.60 Visualisierung des Liefernetzes	1	☑		●
	A.61 Monitoring des Liefernetzes	1	☑	Ausreichend in mySAP SCM abgedeckt	◐
	A.62 Beobachtung und Benchmarking von KPIs	1	☑	Ausreichend in mySAP SCM abgedeckt	◐
	A.63 Ursachenforschung	2	☑		●
Strategische Netzwerkplanung	A.64 Modellierung	1	☑		●
	A.65 Optimierungsverfahren und Heuristiken	1	☑	Eigenentwickeltes Spezial-Verfahren kann nicht eingebunden werden	◐
	A.66 Simulation	1	☑		●
	A.67 Vergleich alternativer Szenarios	1	☑	Ausreichend in mySAP SCM abgedeckt	◐

Tabelle 9.2 Relevanz der funktionsmodulunabhängigen und -modulspezifischen Kernanforderungen und ihre Abdeckung durch mySAP SCM für den Nahrungsmittelhersteller (Forts.)

Betriebstypologisches Merkmal	Anforderung	Stufe	Dolce AG	Erläuterung	mySAP SCM
Promotionsintensität	A.68 Promotionsplanung	1	☑		●
Bedarfsorientierung von LNP	A.69 LNP-Heuristiken für Planung von Perioden- und Einzelbedarfen	-	☐	Nicht gewünscht	●

Tabelle 9.3 Relevanz der betriebstypologischen Anforderungen und ihre Abdeckung durch mySAP SCM für den Nahrungsmittelhersteller auf der Grundlage des Bedarfskatalogs für die Konsumgüterindustrie

Betriebs-typologisches Merkmal	Anforderung		Stufe	Dolce AG	Erläuterung	mySAP SCM
Prozessfertigung	A.70	Kampagnenfertigung	2	☑		●
	A.71	Abbildung der Materialcharakteristika	2	☑	Zugabe von Zusatzstoffen in Abhängigkeit von Materialcharakteristika in mySAP SCM nicht möglich	○
	A.72	Beachtung von Toleranzen und Aktualisierung der Planung	2	☑	Ausreichend in mySAP SCM abgedeckt	◐
	A.73	Berücksichtigung nichtlinearer Relationen zwischen den Materialien	-	☐	Tritt nicht auf	○
	A.74	Spezielle Ressourcen für Prozessfertigung	2	☑		●
	A.75	Optimierungsverfahren für Prozessfertigung	2	☑		●
	A.76	Adäquate Datenstruktur	2	☑	Ausreichend in mySAP SCM abgedeckt	◐
Verbundenheit des Produktionsprozesses	A.77	Kuppelproduktion ohne Zyklen	-	☐	Tritt nicht auf	●
	A.78	Kuppelproduktion mit Zyklen	-	☐	Tritt nicht auf	○
Zeitliche Abhängigkeiten zw. Produktionsschritten	A.79	Zeitliche Abhängigkeiten einzelner Produktionsschritte	2	☑		●

Tabelle 9.3 Relevanz der betriebstypologischen Anforderungen und ihre Abdeckung durch mySAP SCM für den Nahrungsmittelhersteller auf der Grundlage des Bedarfskatalogs für die Konsumgüterindustrie (Forts.)

Betriebs-typologisches Merkmal	Anforderung	Stufe	Dolce AG	Erläuterung	mySAP SCM
Fließfertigung	A.80 Zuteilung von Fertigungsaufträgen zu verschiedenen Fertigungslinien	-	☐	Tritt nicht auf	●
	A.81 Koordination der Fließgeschwindigkeit	-	☐	Tritt nicht auf	●
	A.82 Reihenfolgeplanung	-	☐	Tritt nicht auf	●
	A.83 Kontrolle des Fertigungsfortschritts	-	☐	Tritt nicht auf	●
	A.84 Datenstruktur für die Abbildung einer »Linien-Ressource«	-	☐	Tritt nicht auf	●
Materialbearbeitungsstruktur	A.85 Verschnittoptimierung	-	☐	Tritt nicht auf	●
Dauer des Produktlebenszyklus	A.86 Lebenszyklusplanung in der Absatzprognose	1	☒		●
	A.87 Abbildung kurzer Produktlebenszyklen in der Verfügbarkeitsprüfung	1	☒		●
	A.88 Berücksichtigung kurzer Produktlebenszyklen in der Produktionsplanung	2	☒		●
Internationalität der Supply Chain	A.89 Berücksichtigung länderspezifischer Merkmale	1	☒	Ausreichend in mySAP SCM abgedeckt	◐
	A.90 Transmissionsmechanismen zur Nivellierung länderspezifischer Besonderheiten	1	☒	Berücksichtigung von Zöllen, Steuern, Import- oder Exportquoten in mySAP SCM nicht möglich	○

Tabelle 9.3 Relevanz der betriebstypologischen Anforderungen und ihre Abdeckung durch mySAP SCM für den Nahrungsmittelhersteller auf der Grundlage des Bedarfskatalogs für die Konsumgüterindustrie (Forts.)

Betriebs-typologisches Merkmal	Anforderung		Stufe	Dolce AG	Erläuterung	mySAP SCM
Erforderlichkeit eines Herkunftsnachweises	A.91	Chargenfindung in der Produktionsplanung	2	☑		●
	A.92	Chargenfindung in der Verfügbarkeitsprüfung	1	☑		●
	A.93	Beachtung der Chargeninformation in der Verfügbarkeitsprüfung	1	☑	In mySAP SCM nicht möglich	○
	A.94	Abbildung der Chargeninformation in der Produktionsplanung	2	☑	In mySAP SCM nicht möglich	○
Haltbarkeit des Materials und der Endprodukte	A.95	Abbildung von Resthaltbarkeitsdauern in der Verfügbarkeitsprüfung	1	☑	In mySAP SCM nicht möglich	○
	A.96	Abbildung von Resthaltbarkeitsdauern in der Logistiknetzplanung	1	☑	Ausreichend abgedeckt	◐
	A.97	Berücksichtigung von Resthaltbarkeitsdauern in der Produktionsplanung	2	☑	Ausreichend abgedeckt	◐
Variantenvielfalt des Erzeugnisspektrums	A.98	Außerordentliche Leistungsfähigkeit der Variantenplanung	-	☐	Tritt nicht auf	●
	A.99	Unterstützung der Produktdatenpflege	-	☐	Tritt nicht auf	●
	A.100	Absatzprognose für Produktvarianten	-	☐	Tritt nicht auf	●
	A.101	Merkmalsbasierte Produktionsplanung	-	☐	Tritt nicht auf	●
	A.102	Merkmalsbasierte Verfügbarkeitsprüfung	-	☐	Tritt nicht auf	●

Tabelle 9.3 Relevanz der betriebstypologischen Anforderungen und ihre Abdeckung durch mySAP SCM für den Nahrungsmittelhersteller auf der Grundlage des Bedarfskatalogs für die Konsumgüterindustrie (Forts.)

Branche	Anforderung	Stufe	Dolce AG	Erläuterung	mySAP SCM
Konsumgüterindustrie	A.105 Absatzprognose für Promotionsets und Displays	1	☑	-	●
	A.106 Vorgabe für den Platzbedarf im Regal	2	☑	-	●
	A.107 Zuverlässige Identifikation standortspezifischer Besonderheiten des Konsumverhaltens	1	☑	-	●
	A.108 Jahreszeitabhängige Bestandsplanung	2	☑	-	●

Tabelle 9.4 Relevanz der branchentypischen Anforderungen der Konsumgüterindustrie und ihre Abdeckung durch mySAP SCM für den Nahrungsmittelhersteller

Der Abgleich des Anforderungsprofils der DOLCE AG mit dem Leistungsprofil von mySAP SCM hat ergeben, dass für die erste Ausbaustufe in den Bereichen *strategische Netzwerkplanung*, *Logistiknetzplanung* und *Verfügbarkeitsprüfung* und in der zweiten Phase bei den Modulen *Produktions-* und *Transportplanung* Funktionsdefizite bestehen. Das Ergebnis stellen die beiden Teile des Kern-Schalen-Modells (Abbildung 9.6 und Abbildung 9.7) grafisch dar. Mit einem Kreis markiert sind die Bedarfe, die mySAP SCM nicht ausreichend für die DOLCE AG abdeckt.

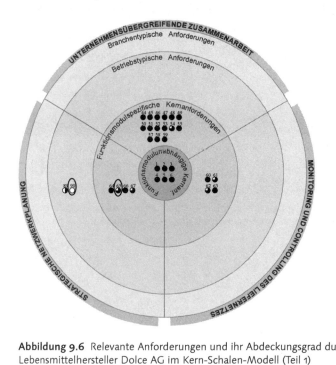

Abbildung 9.6 Relevante Anforderungen und ihr Abdeckungsgrad durch mySAP SCM für den Lebensmittelhersteller Dolce AG im Kern-Schalen-Modell (Teil 1)

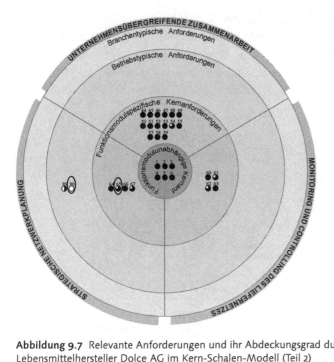

Abbildung 9.7 Relevante Anforderungen und ihr Abdeckungsgrad durch mySAP SCM für den Lebensmittelhersteller Dolce AG im Kern-Schalen-Modell (Teil 2)

Hieraus ergibt sich für die DOLCE AG die Entscheidungsnotwendigkeit, die Funktionslücken durch Individualentwicklungen zu schließen oder auf in diesen Gebieten spezialisierte Drittanbieter zurückzugreifen. In der Regel wird bei marginalen Mängeln die Individualentwicklung den Vorzug erhalten, wohingegen bei komplexen Funktionsdefiziten der Erwerb und die Einbindung von Add-on-Produkten von Drittanbietern sinnvoll ist. Für den Auswahlprozess kann wieder auf Teile des Kern-Schalen-Modells, d.h. eine abgeleitete und gegebenenfalls detailliertere Checkliste, zurückgegriffen werden. Im Fall der DOLCE AG bietet sich eine genauere Analyse der Software-Produkte an, die sich auf Routenplanungssysteme mit digitalen Straßenkarten spezialisiert haben. Falls diese wiederum nicht alle Anforderungen abdecken, kann der aufgezeigte Prozess beliebig wiederholt werden.

Als Ergebnis der vorangegangenen Schritte wurden die Funktionen bzw. Anforderungen spezifiziert und die hierfür heranzuziehenden Software-Produkte definiert. Zur Detaillierung der Customizing-Einstellungen bzw. des Einführungspflichtenhefts wurden die Anforderungen aus den Checklisten in die erste und zweite Implementierungsphase aufgeteilt. Anschließend sind die Einzelanforderungen in Bezug auf Verfahren, Abläufen, Schnittstellen, Parametereinstellungen usw. zu konkretisieren. Hieraus wird ein Pflichtenheft entwickelt, das mit den Checklisten für die Software-Auswahl korrespondiert und als Basis für Qualitätskontrolle und Abnahmeprotokolle dienen kann.

Abbildung 9.8 skizziert das Vorgehen des SCM-Anwenders Dolce AG bei der Anforderungsanalyse, Software-Auswahl und Implementierung auf der Basis des formalen Kern-Schalen-Modells. Dieses Vorgehensmodell kann analog für die beiden anderen potenziellen Zielgruppen, die Software-Hersteller und IT-Dienstleister, angepasst werden.

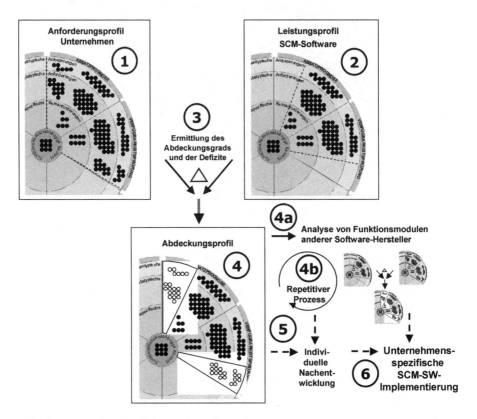

Abbildung 9.8 Schematische Darstellung der Realisierung einer SCM-Strategie im Unternehmen

Anhang

A Tabellarische Übersicht über die Anforderungen und deren Abdeckungsgrad durch mySAP SCM

Im ersten Teil des Anhangs sind die kompletten Kernanforderungen (siehe Tabelle A.1), betriebstypischen Bedarfe (siehe Tabelle A.2), alle branchentypischen Anforderungen (siehe Tabelle A.3) tabellarisch aufgelistet sowie deren Abdeckung durch mySAP SCM.

Daran anschliessend werden tabellarisch die zutreffenden betriebs- und branchentypischen Anforderungen zusammengefasst:

- Halbleiter (siehe Tabelle A.4 und Tabelle A.5)
- PC-Industrie (siehe Tabelle A.6)
- Automobil (siehe Tabelle A.7 und Tabelle A.8)
- Konumgüter (siehe Tabelle A.9 und Tabelle A.10)
- Chemie/Pharma (siehe Tabelle A.11)

Alle Tabellen dieses Anhangs finden Sie auch als PDF-Dokument zum Download unter *www.sap-press.de*.

A.1 Gesamtanforderungskatalog mit allen Branchen

Kernanforderungen

Funktionsmodul	Anforderung	mySAP SCM	Identifizierte Defizite
Funktionsmodulunabhängige Kernanforderungen	A.1 Hohe Leistungsfähigkeit der Planung	●	-
	A.2 Datenaustausch mit Office-Software-Paketen	●	-
	A.3 Enge Integration mit den verbundenen ERP-Systemen	●	-
	A.4 Unterstützung offener Internet-Standardschnittstellen	●	-
	A.5 Schlanke Datenstruktur	●	-
	A.6 Benutzungsfreundlichkeit	●	-

Tabelle A.1 Gesamtübersicht über die Abdeckung funktionsmodulunabhängiger und -modulspezifischer Kernanforderungen durch mySAP SCM

Funktions-modul	Anforderung	mySAP SCM	Identifizierte Defizite
Absatzprognose	A.7 Konsensbasierte Prognosen	●	-
	A.8 Datenbanken mit Prognosen und Absatzverläufen	●	-
	A.9 Planen auf mehreren Aggregationsebenen	●	-
	A.10 Umfangreiche Informationsbasis für die Prognosen	●	-
	A.11 Weitreichendes Angebot an Prognoseverfahren	●	-
	A.12 Automatisierte Auswahl adäquater Prognosemethoden	●	-
	A.13 Automatisierte Analyse der Prognosequalität	●	-
	A.14 Automatisierte Planung	●	-
	A.15 Verwaltung der Erläuterungen zu Prognosen	●	-
Verfügbarkeitsprüfung	A.16 Geringe Antwortzeiten	●	-
	A.17 Konsistenz bei parallelen Prüfungen	●	-
	A.18 Prüfen auf Bestandsebene	●	-
	A.19 Automatisierte Alternativensuche	●	-
	A.20 Prüfen gegen Kapazitäts- und Materialsituation	●	-
	A.21 Einbezug von Partnersoftware	●	-
	A.22 Internetanbindung mithilfe eines Web-Browsers	●	-
	A.23 Überwachung der zugesagten Liefertermine	●	-
	A.24 Bevorzugte Neuterminierung bei Verspätung	●	-
	A.25 Einbeziehung wichtiger Restriktionen	◐	Beschränkung auf Engpasskapazitäten und Materialien bzw. Erzeugnisse

Tabelle A.1 Gesamtübersicht über die Abdeckung funktionsmodulunabhängiger und -modulspezifischer Kernanforderungen durch mySAP SCM (Forts.)

Funktions-modul	Anforderung	mySAP SCM	Identifizierte Defizite
Primärbedarfs-planung	A.26 Überprüfung der Planung	●	-
	A.27 Reichweitenszenarios	●	-
	A.28 Detailliertes Kostenmodell	●	-
Logistiknetz-planung	A.29 Verbesserung des Liefernetzes	●	-
	A.30 Bestandsplanung und -steuerung	●	-
	A.31 Aufteilung des Produktangebots	●	-
	A.32 Zuordnung von Produktalternativen	●	-
	A.33 Internetbasierte Beschaffung	●	-
Produktions-planung	A.34 Einsatz von Optimierungsmethoden in der Produktionsplanung	●	-
	A.35 Grafische Produktionsplantafel	●	-
	A.36 Modellierung der unternehmens-übergreifenden Zusammenhänge	●	-
Transport-planung	A.37 Auswahl der Transportart	◐	Unzureichende Einbeziehung von Sicherheits-vorschriften
	A.38 Tourenplanung	◐	Keine digitalen Straßenkarten
	A.39 Grafischer Distributionsleitstand	◐	Keine Straßenkar-ten-Visualisierung möglich
	A.40 Optimierung der Transportmittel-beladung	◐	Keine Gewichts-verteilung gemäß den Fahrzeugbedin-gungen etc. möglich
	A.41 Gewichtung der Optimierungsziele	●	-
	A.42 Cross Docking	●	-
	A.43 Tracking & Tracing	●	-

Tabelle A.1 Gesamtübersicht über die Abdeckung funktionsmodulunabhängiger und -modulspe-zifischer Kernanforderungen durch mySAP SCM (Forts.)

Funktions-modul	Anforderung	mySAP SCM	Identifizierte Defizite
Unternehmens-übergreifende Zusammen-arbeit	A.44 Standardisierter Datenaustausch mit Partnerunternehmen über EDIFACT/XML und internetbasierte Lösungen	●	-
	A.45 Sicherheit des Datenaustauschs	●	-
	A.46 Datenbeschaffung	●	-
	A.47 Abstimmung der Absatzprognose mit Marktdaten	●	-
	A.48 Auftragsprognose	●	-
	A.49 Auftragserzeugung	●	-
	A.50 Auftragserfüllung	●	-
	A.51 Werkzeuge für die flexible Definition von Kooperationsprozessen	●	-
	A.52 Analyse und Synthese abweichender Prognosen	●	-
	A.53 Automatisierte Abweichungsanalyse und Information der SC-Mitglieder	●	-
	A.54 SC-Datenpool, Unterstützung umfangreicher Analyse- und Visualisierungsmöglichkeitet	◐	Keine Möglichkeit, Grafiken anzuzeigen
	A.55 Ermittlung der Kundenauftragsprognose unter Beachtung relevanter Faktoren	●	-
	A.56 Automatisierte Analyse der Planungsergebnisse	○	Nicht möglich
	A.57 Berücksichtigen detaillierter Partnerinformationen in der Produktionsplanung	●	-
	A.58 Partnern Einblick in die Produktionsplanung gestatten	●	-
	A.59 Partnern Einfluss auf Produktionsplanung erlauben	●	-

Tabelle A.1 Gesamtübersicht über die Abdeckung funktionsmodulunabhängiger und -modulspezifischer Kernanforderungen durch mySAP SCM (Forts.)

Funktions-modul	Anforderung	mySAP SCM	Identifizierte Defizite
Monitoring und Controlling des Liefernetzes	A.60 Visualisierung des Liefernetzes	●	-
	A.61 Monitoring des Liefernetzes	◐	Keine ereignisgesteuerte, automatisierte Behandlung von Standardsituationen
	A.62 Beobachtung und Benchmarking von KPIs	◐	Keine Maßnahmen für bestimmte Ergebnisszenarios
	A.63 Ursachenforschung	●	-
Strategische Netzwerkplanung	A.64 Modellierung	●	-
	A.65 Optimierungsverfahren und Heuristiken	◐	Nicht möglich, zusätzliche Verfahren einzubeziehen
	A.66 Simulation	●	-
	A.67 Vergleich alternativer Szenarios	◐	Keine Berücksichtigung bilanzpolitischer Auswirkungen von (Des-)Investitionen

Tabelle A.1 Gesamtübersicht über die Abdeckung funktionsmodulunabhängiger und -modulspezifischer Kernanforderungen durch mySAP SCM (Forts.)

Betriebstypische Anforderungen

Betriebstypologisches Merkmal	Anforderung	mySAP SCM	Identifizierte Defizite	Betroffene(s) Modul(e)
Promotionsintensität	A.68 Promotionsplanung	●	-	Absatzprognose
Bedarfsorientierung von LNP	A.69 LNP-Heuristiken für Planung von Perioden- und Einzelbedarfen	●	-	Logistiknetzplanung

Tabelle A.2 Gesamtübersicht zur Abdeckung betriebstypischer Anforderungen durch mySAP SCM

Betriebstypo-logisches Merkmal	Anforderung	mySAP SCM	Identifizierte Defizite	Betroffene(s) Modul(e)
Prozessfertigung	A.70 Kampagnenfertigung	●	-	Produktionsplanung
	A.71 Abbildung der Materialcharakteristika	○	Nicht möglich	
	A.72 Beachtung von Toleranzen und Aktualisierung der Planung	◑	Keine Unterstützung der weiteren Planung nach dem Auftreten von Abweichungen	
	A.73 Berücksichtigung nichtlinearer Relationen zwischen den Materialien	○	Nicht möglich	
	A.74 Spezielle Ressourcen für Prozessfertigung	●	-	
	A.75 Optimierungsverfahren für Prozessfertigung	●	-	
	A.76 Adäquate Datenstruktur	◑	Genehmigungsinformation kann nicht übernommen werden	
Verbundenheit des Produktionsprozesses	A.77 Kuppelproduktion ohne Zyklen	●	-	Produktionsplanung
	A.78 Kuppelproduktion mit Zyklen	○	Nicht möglich	
Zeitliche Abhängigkeiten zw. Produktionsschritten	A.79 Zeitliche Abhängigkeiten einzelner Produktionsschritte	●	-	Produktionsplanung
Fließfertigung	A.80 Zuteilung von Fertigungsaufträgen zu verschiedenen Fertigungslinien	●	-	Produktionsplanung
	A.81 Koordination der Fließgeschwindigkeit	●	-	
	A.82 Reihenfolgeplanung	●	-	
	A.83 Kontrolle des Fertigungsfortschritts	●	-	
	A.84 Datenstruktur für die Abbildung einer »Linien-Ressource«	●	-	

Tabelle A.2 Gesamtübersicht zur Abdeckung betriebstypischer Anforderungen durch mySAP SCM (Forts.)

Betriebstypologisches Merkmal	Anforderung	mySAP SCM	Identifizierte Defizite	Betroffene(s) Modul(e)
Materialbearbeitungsstruktur	A.85 Verschnittoptimierung	●	-	Produktionsplanung
Dauer des Produktlebenszyklus	A.86 Lebenszyklusplanung in der Absatzprognose	●	-	Absatzprognose
	A.87 Abbildung kurzer Produktlebenszyklen in der Verfügbarkeitsprüfung	●	-	Verfügbarkeitsprüfung
	A.88 Berücksichtigung kurzer Produktlebenszyklen in der Produktionsplanung	●	-	Produktionsplanung
Internationalität der Supply Chain	A.89 Berücksichtigung länderspezifischer Merkmale	◐	Keine Berücksichtigung von Währungsschwankungen	Verfügbarkeitsprüfung; Logistiknetzplanung; strategische Netzwerkplanung
	A.90 Transmissionsmechanismen zur Nivellierung länderspezifischer Besonderheiten	○	Nicht möglich	
Erforderlichkeit eines Herkunftsnachweises	A.91 Chargenfindung in der Produktionsplanung	●	-	Produktionsplanung
	A.92 Chargenfindung in der Verfügbarkeitsprüfung	●	-	Verfügbarkeitsprüfung
	A.93 Beachtung der Chargeninformation in der Verfügbarkeitsprüfung	○	Nicht möglich	
	A.94 Abbildung der Chargeninformation in der Produktionsplanung	○	Nicht möglich	Produktionsplanung

Tabelle A.2 Gesamtübersicht zur Abdeckung betriebstypischer Anforderungen durch mySAP SCM (Forts.)

Betriebstypo- logisches Merkmal	Anforderung		mySAP SCM	Identifizierte Defizite	Betrof- fene(s) Modul(e)
Haltbarkeit des Materials und der Endpro- dukte	A.95	Abbildung von Resthalt- barkeitsdauern in der Verfügbarkeitsprüfung	○	Nicht möglich	Verfügbar- keitsprüfung
	A.96	Abbildung von Resthalt- barkeitsdauern in der Logistiknetzplanung	◐	Nur innerhalb eines Werks	Logistiknetz- planung
	A.97	Berücksichtigung von Resthaltbarkeitsdauern in der Produktions- planung	◐	Nur in PP/DS, vorausgesetzt, SAP R/3 wird eingesetzt	Produktions- planung
Variantenviel- falt des Erzeug- nisspektrums	A.98	Außerordentliche Leistungsfähigkeit der Variantenplanung	●	-	Produktions- planung
	A.99	Unterstützung der Produktdatenpflege	●	-	
	A.100	Absatzprognose für Produktvarianten	●	-	Absatz- prognose
	A.101	Merkmalsbasierte Produktionsplanung	●	-	Produktions- planung
	A.102	Merkmalsbasierte Verfügbarkeitsprüfung	●	-	Verfügbar- keitsprüfung

Tabelle A.2 Gesamtübersicht zur Abdeckung betriebstypischer Anforderungen durch mySAP SCM (Forts.)

Branchentypische Anforderungen

Branche	Anforderung		mySAP SCM	Identifizierte Defizite	Betrof- fene(s) Modul(e)
Halbleiter- Industrie	A.103	Optimierung der Wahl zwischen Down Binning und Standard Binning	●	-	Logistiknetz- planung
Automobil- Industrie	A.104	Reservation Planning	◐	Nicht möglich	Produktions- planung

Tabelle A.3 Gesamtübersicht zur Abdeckung branchentypischer Anforderungen durch mySAP SCM

Branche	Anforderung	mySAP SCM	Identifizierte Defizite	Betroffene(s) Modul(e)
Konsumgüterindustrie	A.105 Absatzprognose für Promotionsets und Displays	●	-	Absatzprognose
	A.106 Vorgabe für den Platzbedarf im Regal	●	-	
	A.107 Zuverlässige Identifikation standortspezifischer Besonderheiten des Konsumverhaltens	●	-	
	A.108 Jahreszeitabhängige Bestandsplanung	●	-	Logistiknetzplanung

Tabelle A.3 Gesamtübersicht zur Abdeckung branchentypischer Anforderungen durch mySAP SCM (Forts.)

A.2 Anforderungskataloge Elektronikindustrie

Halbleiterindustrie

Betriebstypologisches Merkmal	Anforderung	mySAP SCM	Identifizierte Defizite	Betroffene(s) Modul(e)
Verbundenheit des Produktionsprozesses	A.77 Kuppelproduktion ohne Zyklen	●	-	Produktionsplanung
	A.78 Kuppelproduktion mit Zyklen	○	Nicht möglich	
Zeitliche Abhängigkeiten zwischen Produktionsschritten	A.79 Zeitliche Abhängigkeiten einzelner Produktionsschritte	●	-	Produktionsplanung
Materialbearbeitungsstruktur	A.85 Verschnittoptimierung	●	-	Produktionsplanung
Dauer des Produktlebenszyklus	A.86 Lebenszyklusplanung in der Absatzprognose	●	-	Absatzprognose
	A.87 Abbildung kurzer Produktlebenszyklen in der Verfügbarkeitsprüfung	●	-	Verfügbarkeitsprüfung
	A.88 Berücksichtigung kurzer Produktlebenszyklen in der Produktionsplanung	●	-	Produktionsplanung

Tabelle A.4 Übersicht zur Abdeckung betriebstypischer Anforderungen der Halbleiterindustrie durch mySAP SCM

Betriebstypo- logisches Merkmal	Anforderung		mySAP SCM	Identifizierte Defizite	Betrof- fene(s) Modul(e)
Internationali- tät der Supply Chain	A.89	Berücksichtigung länder- spezifischer Merkmale	◐	Keine Berück- sichtigung von Währungs- schwankungen	Verfügbar- keitsprü- fung; Logis- tiknetz- planung; strategische Netzwerk- planung
	A.90	Transmissionsmechanis- men zur Nivellierung länderspezifischer Besonderheiten	○	Nicht möglich	
Erforderlich- keit eines Herkunfts- nachweises	A.91	Chargenfindung in der Produktionsplanung	●	-	Produktions- planung
	A.92	Chargenfindung in der Verfügbarkeitsprüfung	●	-	Verfügbar- keitsprüfung
	A.93	Beachtung der Chargen- information in der Verfügbarkeitsprüfung	○	Nicht möglich	Verfügbar- keitsprüfung
	A.94	Abbildung der Chargen- information in der Produktionsplanung	○	Nicht möglich	Produktions- planung
Variantenviel- falt des Erzeug- nisspektrums	A.98	Außerordentliche Leis- tungsfähigkeit der Variantenplanung	●	-	Produktions- planung
	A.99	Unterstützung der Produktdatenpflege	●	-	
	A.100	Absatzprognose für Produktvarianten	●	-	Absatz- prognose
	A.101	Merkmalsbasierte Produktionsplanung	●	-	Produktions- planung
	A.102	Merkmalsbasierte Ver- fügbarkeitsprüfung	●	-	Verfügbar- keitsprüfung

Tabelle A.4 Übersicht zur Abdeckung betriebstypischer Anforderungen der Halbleiterindustrie durch mySAP SCM (Forts.)

Branche	Anforderung		mySAP SCM	Identifizierte Defi- zite	Betroffe- nes Modul
Halbleiter	A.103	Optimierung der Wahl zwischen Down Binning und Standard Binning	●	-	Logistik- netzplanung

Tabelle A.5 Übersicht zur Abdeckung branchentypischer Anforderungen der Halbleiterindustrie durch mySAP SCM

PC-Industrie

Betriebstypologisches Merkmal	Anforderung		mySAP SCM	Identifizierte Defizite	Betroffene(s) Modul(e)
Promotionsintensität	A.68	Promotionsplanung	●	-	Absatzprognose
Bedarfsorientierung von LNP	A.69	LNP-Heuristiken für Planung von Perioden- und Einzelbedarfen	●	-	Logistiknetzplanung
Fließfertigung	A.80	Zuteilung von Fertigungsaufträgen zu verschiedenen Fertigungslinien	●	-	Produktionsplanung
	A.81	Koordination der Fließgeschwindigkeit	●	-	
	A.82	Reihenfolgeplanung	●	-	
	A.83	Kontrolle des Fertigungsfortschritts	●	-	
	A.84	Datenstruktur für die Abbildung einer »Linien-Ressource«	●	-	
Dauer des Produktlebenszyklus	A.86	Lebenszyklusplanung in der Absatzprognose	●	-	Absatzprognose
	A.87	Abbildung kurzer Produktlebenszyklen in der Verfügbarkeitsprüfung	●	-	Verfügbarkeitsprüfung
	A.88	Berücksichtigung kurzer Produktlebenszyklen in der Produktionsplanung	●	-	Produktionsplanung
Internationalität der Supply Chain	A.89	Berücksichtigung länderspezifischer Merkmale	◐	Keine Berücksichtigung von Währungsschwankungen	Verfügbarkeitsprüfung; Logistiknetzplanung; strategische Netzwerkplanung
	A.90	Transmissionsmechanismen zur Nivellierung länderspezifischer Besonderheiten	○	Dies ist in keinem der Funktionsmodule möglich	

Tabelle A.6 Übersicht zur Abdeckung betriebstypischer Anforderungen der PC-Industrie durch mySAP SCM

Betriebstypo-logisches Merkmal	Anforderung		mySAP SCM	Identifizierte Defizite	Betrof-fene(s) Modul(e)
Variantenviel-falt des Erzeug-nisspektrums	A.98	Außerordentliche Leistungsfähigkeit der Variantenplanung	●	-	Produktions-planung
	A.99	Unterstützung der Produktdatenpflege	●	-	
	A.100	Absatzprognose für Produktvarianten	●	-	Absatz-prognose
	A.101	Merkmalsbasierte Produktionsplanung	●	-	Produktions-planung
	A.102	Merkmalsbasierte Verfügbarkeitsprüfung	●	-	Verfügbar-keitsprüfung

Tabelle A.6 Übersicht zur Abdeckung betriebstypischer Anforderungen der PC-Industrie durch mySAP SCM (Forts.)

A.3 Anforderungskatalog Automobilindustrie

Betriebstypo-logisches Merkmal	Anforderung		mySAP SCM	Identifizierte Defizite	Betrof-fene(s) Modul(e)
Bedarfsorien-tierung von LNP	A.69	LNP-Heuristiken für Planung von Perioden- und Einzelbedarfen	●	-	Logistiknetz-planung
Zeitliche Abhängig-keiten zw. Produktions-schritten	A.79	Zeitliche Abhängigk-eiten einzelner Produk-tionsschritte	●	-	Produktions-planung

Tabelle A.7 Übersicht zur Abdeckung betriebstypischer Anforderungen der Automobilindustrie durch mySAP SCM

Betriebstypo-logisches Merkmal	Anforderung		mySAP SCM	Identifizierte Defizite	Betroffene(s) Modul(e)
Fließfertigung	A.80	Zuteilung von Fertigungsaufträgen zu verschiedenen Fertigungslinien	●	-	Produktionsplanung
	A.81	Koordination der Fließgeschwindigkeit	●	-	
	A.82	Reihenfolgeplanung	●	-	
	A.83	Kontrolle des Fertigungsfortschritts	●	-	
	A.84	Datenstruktur für die Abbildung einer »Linien-Ressource«	●	-	
Dauer des Produktlebenszyklus	A.86	Lebenszyklusplanung in der Absatzprognose	●	-	Absatzprognose
	A.87	Abbildung kurzer Produktlebenszyklen in der Verfügbarkeitsprüfung	●	-	Verfügbarkeitsprüfung
Internationalität der Supply Chain	A.89	Berücksichtigung länderspezifischer Merkmale	◐	Keine Berücksichtigung von Währungsschwankungen	Verfügbarkeitsprüfung; Logistiknetzplanung; strategische Netzwerkplanung
	A.90	Transmissionsmechanismen zur Nivellierung länderspezifischer Besonderheiten	○	Nicht möglich	
Erforderlichkeit eines Herkunftsnachweises	A.91	Chargenfindung in der Produktionsplanung	●	-	Produktionsplanung
	A.92	Chargenfindung in der Verfügbarkeitsprüfung	●	-	Verfügbarkeitsprüfung
	A.93	Beachtung der Chargeninformation in der Verfügbarkeitsprüfung	○	Nicht möglich	
	A.94	Abbildung der Chargeninformation in der Produktionsplanung	○	Nicht möglich	Produktionsplanung

Tabelle A.7 Übersicht zur Abdeckung betriebstypischer Anforderungen der Automobilindustrie durch mySAP SCM (Forts.)

Betriebstypo-logisches Merkmal	Anforderung		mySAP SCM	Identifizierte Defizite	Betroffene(s) Modul(e)
Variantenvielfalt des Erzeugnisspektrums	A.98	Außerordentliche Leistungsfähigkeit der Variantenplanung	●	-	Produktionsplanung
	A.99	Unterstützung der Produktdatenpflege	●	-	
	A.100	Absatzprognose für Produktvarianten	●	-	Absatzprognose
	A.101	Merkmalsbasierte Produktionsplanung	●	-	Produktionsplanung
	A.102	Merkmalsbasierte Verfügbarkeitsprüfung	●	-	Verfügbarkeitsprüfung

Tabelle A.7 Übersicht zur Abdeckung betriebstypischer Anforderungen der Automobilindustrie durch mySAP SCM (Forts.)

Branche	Anforderung		mySAP SCM	Identifizierte Defizite	Betroffenes Modul
Automobil	A.104	Reservation Planning	◐	Nicht möglich	Produktionsplanung

Tabelle A.8 Übersicht zur Abdeckung branchentypischer Anforderungen der Automobilindustrie durch mySAP SCM

A.4 Anforderungskatalog Konsumgüterindustrie

Betriebstypo-logisches Merkmal	Anforderung		mySAP SCM	Identifizierte Defizite	Betroffene(s) Modul(e)
Promotionsintensität	A.68	Promotionsplanung	●	-	Absatzprognose
Bedarfsorientierung von LNP	A.69	LNP-Heuristiken für Planung von Perioden- und Einzelbedarfen	●	-	Logistiknetzplanung

Tabelle A.9 Übersicht zur Abdeckung betriebstypischer Anforderungen der Konsumgüterindustrie durch mySAP SCM

Betriebstypologisches Merkmal	Anforderung		mySAP SCM	Identifizierte Defizite	Betroffene(s) Modul(e)
Prozessfertigung	A.70	Kampagnenfertigung	●	-	Produktionsplanung
	A.71	Abbildung der Materialcharakteristika	○	Nicht möglich	
	A.72	Beachtung von Toleranzen und Aktualisierung der Planung	◐	Keine Unterstützung der weiteren Planung nach dem Auftreten von Abweichungen	
	A.73	Berücksichtigung nichtlinearer Relationen zwischen den Materialien	○	Nicht möglich	
	A.74	Spezielle Ressourcen für Prozessfertigung	●	-	
	A.75	Optimierungsverfahren für Prozessfertigung	●	-	
	A.76	Adäquate Datenstruktur	◐	Genehmigungsinformation kann nicht übernommen werden	
Verbundenheit des Produktionsprozesses	A.77	Kuppelproduktion ohne Zyklen	●	-	Produktionsplanung
	A.78	Kuppelproduktion mit Zyklen	○	Nicht möglich	
Zeitliche Abhängigkeiten zw. Produktionsschritten	A.79	Zeitliche Abhängigkeiten einzelner Produktionsschritte	●	-	Produktionsplanung
Fließfertigung	A.80	Zuteilung von Fertigungsaufträgen zu verschiedenen Fertigungslinien	●	-	Produktionsplanung
	A.81	Koordination der Fließgeschwindigkeit	●	-	
	A.82	Reihenfolgeplanung	●	-	
	A.83	Kontrolle des Fertigungsfortschritte	●	-	
	A.84	Datenstruktur für die Abbildung einer »Linien-Ressource«	●	-	

Tabelle A.9 Übersicht zur Abdeckung betriebstypischer Anforderungen der Konsumgüterindustrie durch mySAP SCM (Forts.)

Betriebstypo-logisches Merkmal	Anforderung		mySAP SCM	Identifizierte Defizite	Betroffene(s) Modul(e)
Materialbearbeitungsstruktur	A.85	Verschnittoptimierung	●	-	Produktionsplanung
Dauer des Produktlebenszyklus	A.86	Lebenszyklusplanung in der Absatzprognose	●	-	Absatzprognose
	A.87	Abbildung kurzer Produktlebenszyklen in der Verfügbarkeitsprüfung	●	-	Verfügbarkeitsprüfung
	A.88	Berücksichtigung kurzer Produktlebenszyklen in der Produktionsplanung	●	-	Produktionsplanung
Internationalität der Supply Chain	A.89	Berücksichtigung länderspezifischer Merkmale	◐	Keine Berücksichtigung von Währungsschwankungen	Verfügbarkeitsprüfung; Logistiknetzplanung; strategische Netzwerkplanung
	A.90	Transmissionsmechanismen zur Nivellierung länderspezifischer Besonderheiten	○	Dies ist in keinem der Funktionsmodule möglich	
Erforderlichkeit eines Herkunftsnachweises	A.91	Chargenfindung in der Produktionsplanung	●	-	Produktionsplanung
	A.92	Chargenfindung in der Verfügbarkeitsprüfung	●	-	Verfügbarkeitsprüfung
	A.93	Beachtung der Chargeninformation in der Verfügbarkeitsprüfung	○	Nicht möglich	
	A.94	Abbildung der Chargeninformation in der Produktionsplanung	○	Nicht möglich	Produktionsplanung
Haltbarkeit des Materials und der Endprodukte	A.95	Abbildung von Resthaltbarkeitsdauern in der Verfügbarkeitsprüfung	○	Nicht möglich	Verfügbarkeitsprüfung
	A.96	Abbildung von Resthaltbarkeitsdauern in der Logistiknetzplanung	◐	Nur innerhalb eines Werks	Logistiknetzplanung
	A.97	Berücksichtigung von Resthaltbarkeitsdauern in der Produktionsplanung	◐	Nur in PP/DS, vorausgesetzt, SAP R/3 wird eingesetzt	Produktionsplanung

Tabelle A.9 Übersicht zur Abdeckung betriebstypischer Anforderungen der Konsumgüterindustrie durch mySAP SCM (Forts.)

Betriebstypo-logisches Merkmal	Anforderung		mySAP SCM	Identifizierte Defizite	Betroffene(s) Modul(e)
Variantenvielfalt des Erzeugnisspektrums	A.98	Außerordentliche Leistungsfähigkeit der Variantenplanung	●	-	Produktionsplanung
	A.99	Unterstützung der Produktdatenpflege	●	-	
	A.100	Absatzprognose für Produktvarianten	●	-	Absatzprognose
	A.101	Merkmalsbasierte Produktionsplanung	●	-	Produktionsplanung
	A.102	Merkmalsbasierte Verfügbarkeitsprüfung	●	-	Verfügbarkeitsprüfung

Tabelle A.9 Übersicht zur Abdeckung betriebstypischer Anforderungen der Konsumgüterindustrie durch mySAP SCM (Forts.)

Branche	Anforderung		mySAP SCM	Identifizierte Defizite	Betroffene(s) Modul(e)
Konsumgüterindustrie	A.105	Absatzprognose für Promotionsets und Displays	●	-	Absatzprognose
	A.106	Vorgabe für den Platzbedarf im Regal	●	-	
	A.107	Zuverlässige Identifikation standortspezifischer Besonderheiten des Konsumverhaltens	●	-	
	A.108	Jahreszeitabhängige Bestandsplanung	●	-	Logistiknetzplanung

Tabelle A.10 Übersicht zur Abdeckung branchentypischer Anforderungen der Konsumgüterindustrie durch mySAP SCM

A.5 Anforderungskatalog Chemie-/Pharmaindustrie

Betriebstypologisches Merkmal	Anforderung		mySAP SCM	Identifizierte Defizite	Betroffene(s) Modul(e)
Prozessfertigung	A.70	Kampagnenfertigung	●	-	Produktionsplanung
	A.71	Abbildung der Materialcharakteristika	○	Nicht möglich	
	A.72	Beachtung von Toleranzen und Aktualisierung der Planung	◐	Keine Unterstützung der weiteren Planung nach dem Auftreten von Abweichungen	
	A.73	Berücksichtigung nichtlinearer Relationen zwischen den Materialien	○	Nicht möglich	
	A.74	Spezielle Ressourcen für Prozessfertigung	●	-	
	A.75	Optimierungsverfahren für Prozessfertigung	●	-	
	A.76	Adäquate Datenstruktur	◐	Genehmigungsinformation kann nicht übernommen werden	
Verbundenheit des Produktionsprozesses	A.77	Kuppelproduktion ohne Zyklen	●	-	Produktionsplanung
	A.78	Kuppelproduktion mit Zyklen	○	Nicht möglich	
Zeitliche Abhängigkeiten zw. Produktionsschritten	A.79	Zeitliche Abhängigkeiten einzelner Produktionsschritte	●	-	Produktionsplanung

Tabelle A.11 Übersicht zur Abdeckung betriebstypischer Anforderungen der Chemie-/Pharmaindustrie durch mySAP SCM

Betriebstypologisches Merkmal	Anforderung		mySAP SCM	Identifizierte Defizite	Betroffene(s) Modul(e)
Dauer des Produktlebenszyklus	A.86	Lebenszyklusplanung in der Absatzprognose	●	-	Absatzprognose
	A.87	Abbildung kurzer Produktlebenszyklen in der Verfügbarkeitsprüfung	●	-	Verfügbarkeitsprüfung
	A.88	Berücksichtigung kurzer Produktlebenszyklen in der Produktionsplanung	●	-	Produktionsplanung
Internationalität der Supply Chain	A.89	Berücksichtigung länderspezifischer Merkmale	◐	Keine Berücksichtigung von Währungsschwankungen	Verfügbarkeitsprüfung; Logistiknetzplanung; strategische Netzwerkplanung
	A.90	Transmissionsmechanismen zur Nivellierung länderspezifischer Besonderheiten	○	Dies ist in keinem der Funktionsmodule möglich	
Erforderlichkeit eines Herkunftsnachweises	A.91	Chargenfindung in der Produktionsplanung	●	-	Produktionsplanung
	A.92	Chargenfindung in der Verfügbarkeitsprüfung	●	-	Verfügbarkeitsprüfung
	A.93	Beachtung der Chargeninformation in der Verfügbarkeitsprüfung	○	Nicht möglich	
	A.94	Abbildung der Chargeninformation in der Produktionsplanung	○	Nicht möglich	Produktionsplanung
Haltbarkeit des Materials und der Endprodukte	A.95	Abbildung von Resthaltbarkeitsdauern in der Verfügbarkeitsprüfung	○	Nicht möglich	Verfügbarkeitsprüfung
	A.96	Abbildung von Resthaltbarkeitsdauern in der Logistiknetzplanung	◐	Nur innerhalb eines Werks	Logistiknetzplanung
	A.97	Berücksichtigung von Resthaltbarkeitsdauern in der Produktionsplanung	◐	Nur in PP/DS, vorausgesetzt, SAP R/3 wird eingesetzt	Produktionsplanung

Tabelle A.11 Übersicht zur Abdeckung betriebstypischer Anforderungen der Chemie-/Pharmaindustrie durch mySAP SCM (Forts.)

B Checklisten

Der zweite Part des Anhangs enthält die vollständigen Checklisten. Die Kernanforderungen, zutreffende betriebstypische und branchentypische Anforderungen (siehe Tabelle A.3) sowie deren Abdeckung durch mySAP SCM sind für folgende Branchen zusammengestellt:

- Halbleiter (siehe Tabelle B.1, Tabelle B.2 und Tabelle B.3)
- PC-Industrie (siehe Tabelle B.4 und Tabelle B.5)
- Automobil (siehe Tabelle B.6, Tabelle B.7 und Tabelle B.8)
- Konumgüter (siehe Tabelle B.9, Tabelle B.10und Tabelle B.11)
- Chemie (siehe Tabelle B.12 und Tabelle B.13)
- Pharma (siehe Tabelle B.14 und Tabelle B.15)

Anhand dieser SCM-Checklisten ist es möglich, unternehmensindividuelle Anfordungens- und Leistungsprofile analog dem in Abschnitt 9.4 erläutertem Vorgehen zu erstellen.

Alle Checklisten dieses Anhangs finden Sie auch als PDF-Dokument zum Download unter *www.sap-press.de*.

B.1 Halbleiter

Funktionsmodul	Anforderung	Stufe	Halbleiter	Erläuterung	mySAP SCM
Funktions-modulunabhängige Kernanforderungen	A.1 Hohe Leistungsfähigkeit der Planung		☐		●
	A.2 Datenaustausch mit Office-Software-Paketen		☐		●
	A.3 Enge Integration mit den verbundenen ERP-Systemen		☐		●
	A.4 Unterstützung offener Internet-Standardschnittstellen		☐		●
	A.5 Schlanke Datenstruktur		☐		●
	A.6 Benutzungsfreundlichkeit		☐		●

Tabelle B.1 Gesamtübersicht über die Abdeckung funktionsmodulunabhängiger und -modulspezifischer Kernanforderungen der Halbleiterindustrie durch mySAP SCM

Funktionsmodul	Anforderung	Stufe	Halbleiter	Erläuterung	mySAP SCM
Absatzprognose	A.7 Konsensbasierte Prognosen		☐		●
	A.8 Datenbanken mit Prognosen und Absatzverläufen		☐		●
	A.9 Planen auf mehreren Aggregationsebenen		☐		●
	A.10 Umfangreiche Informationsbasis für die Prognosen		☐		●
	A.11 Weitreichendes Angebot an Prognoseverfahren		☐		●
	A.12 Automatisierte Auswahl adäquater Prognosemethoden		☐		●
	A.13 Automatisierte Analyse der Prognosequalität		☐		●
	A.14 Automatisierte Planung		☐		●
	A.15 Verwaltung der Erläuterungen zu Prognosen		☐		●
Verfügbarkeitsprüfung	A.16 Geringe Antwortzeiten		☐		●
	A.17 Konsistenz bei parallelen Prüfungen		☐		●
	A.18 Prüfen auf Bestandsebene		☐		●
	A.19 Automatisierte Alternativensuche		☐		●
	A.20 Prüfen gegen Kapazitäts- und Materialsituation		☐		●
	A.21 Einbezug von Partnersoftware		☐		●
	A.22 Internetanbindung mithilfe eines Web-Browser		☐		●
	A.23 Überwachung der zugesagten Liefertermine		☐		●
	A.24 Bevorzugte Neuterminierung bei Verspätung		☐		●
	A.25 Einbeziehung wichtiger Restriktionen		☐		◐

Tabelle B.1 Gesamtübersicht über die Abdeckung funktionsmodulunabhängiger und -modulspezifischer Kernanforderungen der Halbleiterindustrie durch mySAP SCM (Forts.)

Funktionsmodul	Anforderung	Stufe	Halbleiter	Erläuterung	mySAP SCM
Primärbedarfs-planung	A.26 Überprüfung der Planung		☐		●
	A.27 Reichweitenszenarios		☐		●
	A.28 Detailliertes Kostenmodell		☐		●
Logistiknetz-planung	A.29 Verbesserung des Liefernetzes		☐		●
	A.30 Bestandsplanung und -steuerung		☐		●
	A.31 Aufteilung des Produktangebots		☐		●
	A.32 Zuordnung von Produktalternativen		☐		●
	A.33 Internetbasierte Beschaffung		☐		●
Produktions-planung	A.34 Einsatz von Optimierungsmethoden in der Produktionsplanung		☐		●
	A.35 Grafische Produktionsplantafel		☐		●
	A.36 Modellierung der unternehmensübergreifenden Zusammenhänge		☐		●
Transport-planung	A.37 Auswahl der Transportart		☐		◐
	A.38 Tourenplanung		☐		◐
	A.39 Grafischer Distributionsleitstand		☐		◐
	A.40 Optimierung der Transportmittelbeladung		☐		◐
	A.41 Gewichtung der Optimierungsziele		☐		●
	A.42 Cross Docking		☐		●
	A.43 Tracking & Tracing		☐		●

Tabelle B.1 Gesamtübersicht über die Abdeckung funktionsmodulunabhängiger und -modulspezifischer Kernanforderungen der Halbleiterindustrie durch mySAP SCM (Forts.)

Funktionsmodul	Anforderung	Stufe	Halbleiter	Erläuterung	mySAP SCM
Unternehmens- übergreifende Zusammenarbeit	A.44 Standardisierter Datenaustausch mit Partnerunternehmen über EDIFACT/XML und internetbasierte Lösungen		☐		●
	A.45 Sicherheit des Datenaustauschs		☐		●
	A.46 Datenbeschaffung		☐		●
	A.47 Abstimmung der Absatzprognose mit Marktdaten		☐		●
	A.48 Auftragsprognose		☐		●
	A.49 Auftragserzeugung		☐		●
	A.50 Auftragserfüllung		☐		●
	A.51 Werkzeuge für die flexible Definition von Kooperationsprozessen		☐		●
	A.52 Analyse und Synthese abweichender Prognosen		☐		●
	A.53 Automatisierte Abweichungsanalyse und Information der SC-Mitglieder		☐		●
	A.54 SC-Datenpool, Unterstützung umfangreicher Analyse- und Visualisierungsmöglichkeiten		☐		◐
	A.55 Ermittlung der Kundenauftragsprognose unter Beachtung relevanter Faktoren		☐		●
	A.56 Automatisierte Analyse der Planungsergebnisse		☐		○
	A.57 Berücksichtigen detaillierter Partnerinformationen in der Produktionsplanung		☐		●
	A.58 Partnern Einblick in die Produktionsplanung gestatten		☐		●
	A.59 Partnern Einfluss auf Produktionsplanung erlauben		☐		●

Tabelle B.1 Gesamtübersicht über die Abdeckung funktionsmodulunabhängiger und -modulspezifischer Kernanforderungen der Halbleiterindustrie durch mySAP SCM (Forts.)

Funktionsmodul	Anforderung	Stufe	Halbleiter	Erläuterung	mySAP SCM
Monitoring und Controlling des Liefernetzes	A.60 Visualisierung des Liefernetzes	☐			●
	A.61 Monitoring des Liefernetzes	☐			◐
	A.62 Beobachtung und Benchmarking von KPIs	☐			◐
	A.63 Ursachenforschung	☐			●
Strategische Netzwerkplanung	A.64 Modellierung	☐			●
	A.65 Optimierungsverfahren und Heuristiken	☐			◐
	A.66 Simulation	☐			●
	A.67 Vergleich alternativer Szenarios	☐			◐

Tabelle B.1 Gesamtübersicht über die Abdeckung funktionsmodulunabhängiger und -modulspezifischer Kernanforderungen der Halbleiterindustrie durch mySAP SCM (Forts.)

Betriebstypologisches Merkmal	Anforderung	Stufe	Halbleiter	Erläuterung	mySAP SCM
Verbundenheit des Produktionsprozesses	A.77 Kuppelproduktion ohne Zyklen	☐			●
	A.78 Kuppelproduktion mit Zyklen	☐			○
Zeitliche Abhängigkeiten zw. Produktionsschritten	A.79 Zeitliche Abhängigkeiten einzelner Produktionsschritte	☐			●
Materialbearbeitungsstruktur	A.85 Verschnittoptimierung	☐			●
Dauer des Produktlebenszyklus	A.86 Lebenszyklusplanung in der Absatzprognose	☐			●
	A.87 Abbildung kurzer Produktlebenszyklen in der Verfügbarkeitsprüfung	☐			●
	A.88 Berücksichtigung kurzer Produktlebenszyklen in der Produktionsplanung	☐			●

Tabelle B.2 Übersicht zur Abdeckung betriebstypischer Anforderungen der Halbleiterindustrie durch mySAP SCM

Betriebs-typologisches Merkmal	Anforderung		Stufe	Halbleiter	Erläuterung	mySAP SCM
Internationalität der Supply Chain	A.89	Berücksichtigung länderspezifischer Merkmale		☐		◐
	A.90	Transmissionsmechanismen zur Nivellierung länderspezifischer Besonderheiten		☐		○
Erforderlichkeit eines Herkunftsnachweises	A.91	Chargenfindung in der Produktionsplanung		☐		●
	A.92	Chargenfindung in der Verfügbarkeitsprüfung		☐		●
	A.93	Beachtung der Chargeninformation in der Verfügbarkeitsprüfung		☐		○
	A.94	Abbildung der Chargeninformation in der Produktionsplanung		☐		○
Variantenvielfalt des Erzeugnisspektrums	A.98	Außerordentliche Leistungsfähigkeit der Variantenplanung		☐		●
	A.99	Unterstützung der Produktdatenpflege		☐		●
	A.100	Absatzprognose für Produktvarianten		☐		●
	A.101	Merkmalsbasierte Produktionsplanung		☐		●
	A.102	Merkmalsbasierte Verfügbarkeitsprüfung		☐		●

Tabelle B.2 Übersicht zur Abdeckung betriebstypischer Anforderungen der HalbleiterIndustrie durch mySAP SCM (Forts.)

Branche	Anforderung		Stufe	Halbleiter	Erläuterung	mySAP SCM
Halbleiter	A.103	Optimierung der Wahl zwischen Down Binning und Standard Binning		☐		●

Tabelle B.3 Übersicht zur Abdeckung branchentypischer Anforderungen der Halbleiterindustrie durch mySAP SCM

B.2 PC-Industrie

Funktionsmodul	Anforderung	Stufe	PC-Industrie	Erläuterung	mySAP SCM
Funktionsmodulunabhängige Kernanforderungen	A.1 Hohe Leistungsfähigkeit der Planung	☐			●
	A.2 Datenaustausch mit Office-Software-Paketen	☐			●
	A.3 Enge Integration mit den verbundenen ERP-Systemen	☐			●
	A.4 Unterstützung offener Internet-Standardschnittstellen	☐			●
	A.5 Schlanke Datenstruktur	☐			●
	A.6 Benutzungsfreundlichkeit	☐			●
Absatzprognose	A.7 Konsensbasierte Prognosen	☐			●
	A.8 Datenbanken mit Prognosen und Absatzverläufen	☐			●
	A.9 Planen auf mehreren Aggregationsebenen	☐			●
	A.10 Umfangreiche Informationsbasis für die Prognosen	☐			●
	A.11 Weitreichendes Angebot an Prognoseverfahren	☐			●
	A.12 Automatisierte Auswahl adäquater Prognosemethoden	☐			●
	A.13 Automatisierte Analyse der Prognosequalität	☐			●
	A.14 Automatisierte Planung	☐			●
	A.15 Verwaltung der Erläuterungen zu Prognosen	☐			●

Tabelle B.4 Gesamtübersicht über die Abdeckung funktionsmodulunabhängiger und -modulspezifischer Kernanforderungen der PC-Industrie durch mySAP SCM

Funktionsmodul	Anforderung	Stufe	PC-Industrie	Erläuterung	mySAP SCM
Verfügbarkeitsprüfung	A.16 Geringe Antwortzeiten		☐		●
	A.17 Konsistenz bei parallelen Prüfungen		☐		●
	A.18 Prüfen auf Bestandsebene		☐		●
	A.19 Automatisierte Alternativensuche		☐		●
	A.20 Prüfen gegen Kapazitäts- und Materialsituation		☐		●
	A.21 Einbezug von Partnersoftware		☐		●
	A.22 Internetanbindung mithilfe eines Web-Browsers		☐		●
	A.23 Überwachung der zugesagten Liefertermine		☐		●
	A.24 Bevorzugte Neuterminierung bei Verspätung		☐		●
	A.25 Einbeziehung wichtiger Restriktionen		☐		◐
Primärbedarfsplanung	A.26 Überprüfung der Planung		☐		●
	A.27 Reichweitenszenarios		☐		●
	A.28 Detailliertes Kostenmodell		☐		●
Logistiknetzplanung	A.29 Verbesserung des Liefernetzes		☐		●
	A.30 Bestandsplanung und -steuerung		☐		●
	A.31 Aufteilung des Produktangebots		☐		●
	A.32 Zuordnung von Produktalternativen		☐		●
	A.33 Internetbasierte Beschaffung		☐		●

Tabelle B.4 Gesamtübersicht über die Abdeckung funktionsmodulunabhängiger und -modulspezifischer Kernanforderungen der PC-Industrie durch mySAP SCM (Forts.)

Funktionsmodul	Anforderung	Stufe	PC-Industrie	Erläuterung	mySAP SCM
Produktionsplanung	A.34 Einsatz von Optimierungsmethoden in der Produktionsplanung		☐		●
	A.35 Grafische Produktionsplantafel		☐		●
	A.36 Modellierung der unternehmensübergreifenden Zusammenhänge		☐		●
Transportplanung	A.37 Auswahl der Transportart		☐		◐
	A.38 Tourenplanung		☐		◐
	A.39 Grafischer Distributionsleitstand		☐		◐
	A.40 Optimierung der Transportmittelbeladung		☐		◐
	A.41 Gewichtung der Optimierungsziele		☐		●
	A.42 Cross Docking		☐		●
	A.43 Tracking & Tracing		☐		●
Unternehmensübergreifende Zusammenarbeit	A.44 Standardisierter Datenaustausch mit Partnerunternehmen über EDIFACT/XML und internetbasierte Lösungen		☐		●
	A.45 Sicherheit des Datenaustauschs		☐		●
	A.46 Datenbeschaffung		☐		●
	A.47 Abstimmung der Absatzprognose mit Marktdaten		☐		●
	A.48 Auftragsprognose		☐		●
	A.49 Auftragserzeugung		☐		●
	A.50 Auftragserfüllung		☐		●
	A.51 Werkzeuge für die flexible Definition von Kooperationsprozessen		☐		●

Tabelle B.4 Gesamtübersicht über die Abdeckung funktionsmodulunabhängiger und -modulspezifischer Kernanforderungen der PC-Industrie durch mySAP SCM (Forts.)

Funktionsmodul	Anforderung	Stufe	PC-Industrie	Erläuterung	mySAP SCM
Unternehmensübergreifende Zusammenarbeit	A.52 Analyse und Synthese abweichender Prognosen		☐		●
	A.53 Automatisierte Abweichungsanalyse und Information der SC-Mitglieder		☐		●
	A.54 SC-Datenpool, Unterstützung umfangreicher Analyse- und Visualisierungsmöglichkeiten		☐		◐
	A.55 Ermittlung der Kundenauftragsprognose unter Beachtung relevanter Faktoren		☐		●
	A.56 Automatisierte Analyse der Planungsergebnisse		☐		●
	A.57 Berücksichtigen detaillierter Partnerinformationen in der Produktionsplanung		☐		●
	A.58 Partnern Einblick in die Produktionsplanung gestatten		☐		●
	A.59 Partnern Einfluss auf Produktionsplanung erlauben		☐		●
Monitoring und Controlling des Liefernetzes	A.60 Visualisierung des Liefernetzes		☐		●
	A.61 Monitoring des Liefernetzes		☐		◐
	A.62 Beobachtung und Benchmarking von KPIs		☐		◐
	A.63 Ursachenforschung		☐		●
Strategische Netzwerkplanung	A.64 Modellierung		☐		●
	A.65 Optimierungsverfahren und Heuristiken		☐		◐
	A.66 Simulation		☐		●
	A.67 Vergleich alternativer Szenarios		☐		◐

Tabelle B.4 Gesamtübersicht über die Abdeckung funktionsmodulunabhängiger und -modulspezifischer Kernanforderungen der PC-Industrie durch mySAP SCM (Forts.)

Betriebs-typologisches Merkmal	Anforderung	Stufe	PC-Industrie	Erläuterung	mySAP SCM
Promotionsintensität	A.68 Promotionsplanung		☐		●
Bedarfsorientierung von LNP	A.69 LNP-Heuristiken für Planung von Perioden- und Einzelbedarfen		☐		●
Fließfertigung	A.80 Zuteilung von Fertigungsaufträgen zu verschiedenen Fertigungslinien		☐		●
	A.81 Koordination der Fließgeschwindigkeit		☐		●
	A.82 Reihenfolgeplanung		☐		●
	A.83 Kontrolle des Fertigungsfortschritts		☐		●
	A.84 Datenstruktur für die Abbildung einer »Linien-Ressource«		☐		●
Dauer des Produktlebenszyklus	A.86 Lebenszyklusplanung in der Absatzprognose		☐		●
	A.87 Abbildung kurzer Produktlebenszyklen in der Verfügbarkeitsprüfung		☐		●
	A.88 Berücksichtigung kurzer Produktlebenszyklen in der Produktionsplanung		☐		●
Internationalität der Supply Chain	A.89 Berücksichtigung länderspezifischer Merkmale		☐		◐
	A.90 Transmissionsmechanismen zur Nivellierung länderspezifischer Besonderheiten		☐		○

Tabelle B.5 Übersicht zur Abdeckung betriebstypischer Anforderungen der PC-Industrie durch mySAP SCM

Betriebs-typologisches Merkmal	Anforderung	Stufe	PC-Industrie	Erläuterung	mySAP SCM
Variantenvielfalt des Erzeugnisspektrums	A.98 Außerordentliche Leistungsfähigkeit der Variantenplanung		☐		●
	A.99 Unterstützung der Produktdatenpflege		☐		●
	A.100 Absatzprognose für Produktvarianten		☐		●
	A.101 Merkmalsbasierte Produktionsplanung		☐		●
	A.102 Merkmalsbasierte Verfügbarkeitsprüfung		☐		●

Tabelle B.5 Übersicht zur Abdeckung betriebstypischer Anforderungen der PC-Industrie durch mySAP SCM (Forts.)

B.3 Automobilindustrie

Funktionsmodul	Anforderung	Stufe	Automobil-Industrie	Erläuterung	mySAP SCM
Funktionsmodulunabhängige Kernanforderungen	A.1 Hohe Leistungsfähigkeit der Planung		☐		●
	A.2 Datenaustausch mit Office-Software-Paketen		☐		●
	A.3 Enge Integration mit den verbundenen ERP-Systemen		☐		●
	A.4 Unterstützung offener Internet-Standardschnittstellen		☐		●
	A.5 Schlanke Datenstruktur		☐		●
	A.6 Benutzungsfreundlichkeit		☐		●
Absatzprognose	A.7 Konsensbasierte Prognosen		☐		●
	A.8 Datenbanken mit Prognosen und Absatzverläufen		☐		●
	A.9 Planen auf mehreren Aggregationsebenen		☐		●

Tabelle B.6 Gesamtübersicht über die Abdeckung funktionsmodulunabhängiger und -modulspezifischer Kernanforderungen der Automobilindustrie durch mySAP SCM

Funktionsmodul	Anforderung	Stufe	Automobil-Industrie	Erläuterung	mySAP SCM
Absatzprognose	A.10 Umfangreiche Informationsbasis für die Prognosen		☐		●
	A.11 Weitreichendes Angebot an Prognoseverfahren		☐		●
	A.12 Automatisierte Auswahl adäquater Prognosemethoden		☐		●
	A.13 Automatisierte Analyse der Prognosequalität		☐		●
	A.14 Automatisierte Planung		☐		●
	A.15 Verwaltung der Erläuterungen zu Prognosen		☐		●
Verfügbarkeitsprüfung	A.16 Geringe Antwortzeiten		☐		●
	A.17 Konsistenz bei parallelen Prüfungen		☐		●
	A.18 Prüfen auf Bestandsebene		☐		●
	A.19 Automatisierte Alternativensuche		☐		●
	A.20 Prüfen gegen Kapazitäts- und Materialsituation		☐		●
	A.21 Einbezug von Partnersoftware		☐		●
	A.22 Internetanbindung mithilfe eines Web-Browsers		☐		●
	A.23 Überwachung der zugesagten Liefertermine		☐		●
	A.24 Bevorzugte Neuterminierung bei Verspätung		☐		●
	A.25 Einbeziehung wichtiger Restriktionen		☐		◐
Primärbedarfsplanung	A.26 Überprüfung der Planung		☐		●
	A.27 Reichweitenszenarios		☐		●
	A.28 Detailliertes Kostenmodell		☐		●

Tabelle B.6 Gesamtübersicht über die Abdeckung funktionsmodulunabhängiger und -modulspezifischer Kernanforderungen der Automobilindustrie durch mySAP SCM (Forts.)

Funktionsmodul	Anforderung	Stufe	Automobil-Industrie	Erläuterung	mySAP SCM
Logistiknetz-planung	A.29 Verbesserung des Liefernetzes		☐		●
	A.30 Bestandsplanung und -steuerung		☐		●
	A.31 Aufteilung des Produktangebots		☐		●
	A.32 Zuordnung von Produktalternativen		☐		●
	A.33 Internetbasierte Beschaffung		☐		●
Produktionsplanung	A.34 Einsatz von Optimierungsmethoden in der Produktionsplanung		☐		●
	A.35 Grafische Produktionsplantafel		☐		●
	A.36 Modellierung der unternehmensübergreifenden Zusammenhänge		☐		●
Transportplanung	A.37 Auswahl der Transportart		☐		◐
	A.38 Tourenplanung		☐		◐
	A.39 Grafischer Distributionsleitstand		☐		◐
	A.40 Optimierung der Transportmittelbeladung		☐		◐
	A.41 Gewichtung der Optimierungsziele		☐		●
	A.42 Cross Docking		☐		●
	A.43 Tracking & Tracing		☐		●
Unternehmensübergreifende Zusammenarbeit	A.44 Standardisierter Datenaustausch mit Partnerunternehmen über EDIFACT/XML und internetbasierte Lösungen		☐		●
	A.45 Sicherheit des Datenaustauschs		☐		●
	A.46 Datenbeschaffung		☐		●

Tabelle B.6 Gesamtübersicht über die Abdeckung funktionsmodulunabhängiger und -modulspezifischer Kernanforderungen der Automobilindustrie durch mySAP SCM (Forts.)

Funktionsmodul	Anforderung	Stufe	Automobil-Industrie	Erläuterung	mySAP SCM
Unternehmensübergreifende Zusammenarbeit	A.47 Abstimmung der Absatzprognose mit Marktdaten		☐		●
	A.48 Auftragsprognose		☐		●
	A.49 Auftragserzeugung		☐		●
	A.50 Auftragserfüllung		☐		●
	A.51 Werkzeuge für die flexible Definition von Kooperationsprozessen		☐		●
	A.52 Analyse und Synthese abweichender Prognosen		☐		●
	A.53 Automatisierte Abweichungsanalyse und Information der SC-Mitglieder		☐		●
	A.54 SC-Datenpool, Unterstützung umfangreicher Analyse- und Visualisierungsmöglichkeiten		☐		◐
	A.55 Ermittlung der Kundenauftragsprognose unter Beachtung relevanter Faktoren		☐		●
	A.56 Automatisierte Analyse der Planungsergebnisse		☐		○
	A.57 Berücksichtigen detaillierter Partnerinformationen in der Produktionsplanung		☐		●
	A.58 Partnern Einblick in die Produktionsplanung gestatten		☐		●
	A.59 Partnern Einfluss auf die Produktionsplanung erlauben		☐		●
Monitoring und Controlling des Liefernetzes	A.60 Visualisierung des Liefernetzes		☐		●
	A.61 Monitoring des Liefernetzes		☐		◐
	A.62 Beobachtung und Benchmarking von KPIs		☐		◐
	A.63 Ursachenforschung		☐		●

Tabelle B.6 Gesamtübersicht über die Abdeckung funktionsmodulunabhängiger und -modulspezifischer Kernanforderungen der Automobilindustrie durch mySAP SCM (Forts.)

Funktionsmodul	Anforderung	Stufe	Automobil-Industrie	Erläuterung	mySAP SCM
Strategische Netzwerkplanung	A.64 Modellierung		☐		●
	A.65 Optimierungsverfahren und Heuristiken		☐		◐
	A.66 Simulation		☐		●
	A.67 Vergleich alternativer Szenarios		☐		◐

Tabelle B.6 Gesamtübersicht über die Abdeckung funktionsmodulunabhängiger und -modulspezifischer Kernanforderungen der Automobilindustrie durch mySAP SCM (Forts.)

Betriebstypologisches Merkmal	Anforderung	Stufe	Automobil-Industrie	Erläuterung	mySAP SCM
Bedarfsorientierung von LNP	A.69 LNP-Heuristiken für Planung von Perioden- und Einzelbedarfen		☐		●
Zeitliche Abhängigkeiten zw. Produktionsschritten	A.79 Zeitliche Abhängigkeiten einzelner Produktionsschritte		☐		●
Fließfertigung	A.80 Zuteilung von Fertigungsaufträgen zu verschiedenen Fertigungslinien		☐		●
	A.81 Koordination der Fließgeschwindigkeit		☐		●
	A.82 Reihenfolgeplanung		☐		●
	A.83 Kontrolle des Fertigungsfortschritts		☐		●
	A.84 Datenstruktur für die Abbildung einer »Linien-Ressource«		☐		●
Dauer des Produktlebenszyklus	A.86 Lebenszyklusplanung in der Absatzprognose		☐		●
	A.87 Abbildung kurzer Produktlebenszyklen in der Verfügbarkeitsprüfung		☐		●

Tabelle B.7 Übersicht zur Abdeckung betriebstypischer Anforderungen der Automobilindustrie durch mySAP SCM

Betriebstypologisches Merkmal	Anforderung		Stufe	Automobil-Industrie	Erläuterung	mySAP SCM
Internationalität der Supply Chain	A.89	Berücksichtigung länderspezifischer Merkmale		☐		◐
	A.90	Transmissionsmechanismen zur Nivellierung länderspezifischer Besonderheiten		☐		○
Erforderlichkeit eines Herkunftsnachweises	A.91	Chargenfindung in der Produktionsplanung		☐		●
	A.92	Chargenfindung in der Verfügbarkeitsprüfung		☐		●
	A.93	Beachtung der Chargeninformation in der Verfügbarkeitsprüfung		☐		○
	A.94	Abbildung der Chargeninformation in der Produktionsplanung		☐		○
Variantenvielfalt des Erzeugnisspektrums	A.98	Außerordentliche Leistungsfähigkeit der Variantenplanung		☐		●
	A.99	Unterstützung der Produktdatenpflege		☐		●
	A.100	Absatzprognose für Produktvarianten		☐		●
	A.101	Merkmalsbasierte Produktionsplanung		☐		●
	A.102	Merkmalsbasierte Verfügbarkeitsprüfung		☐		●

Tabelle B.7 Übersicht zur Abdeckung betriebstypischer Anforderungen der Automobilindustrie durch mySAP SCM (Forts.)

Branche	Anforderung	Stufe	Automobil-Industrie	Erläuterung	mySAP SCM
Automobil	A.104 Reservation Planning		☐		◕

Tabelle B.8 Übersicht zur Abdeckung branchentypischer Anforderungen der Automobilindustrie durch mySAP SCM

B.4 Konsumgüter

Funktionsmodul	Anforderung		Stufe	Konsumgüter	Erläuterung	mySAP SCM
Funktionsmodulunabhängige Kernanforderungen	A.1	Hohe Leistungsfähigkeit der Planung		☐		●
	A.2	Datenaustausch mit Office-Software-Paketen		☐		●
	A.3	Enge Integration mit den verbundenen ERP-Systemen		☐		●
	A.4	Unterstützung offener Internet-Standardschnittstellen		☐		●
	A.5	Schlanke Datenstruktur		☐		●
	A.6	Benutzungsfreundlichkeit		☐		●
Absatzprognose	A.7	Konsensbasierte Prognosen		☐		●
	A.8	Datenbanken mit Prognosen und Absatzverläufen		☐		●
	A.9	Planen auf mehreren Aggregationsebenen		☐		●
	A.10	Umfangreiche Informationsbasis für die Prognosen		☐		●
	A.11	Weitreichendes Angebot an Prognoseverfahren		☐		●
	A.12	Automatisierte Auswahl adäquater Prognosemethoden		☐		●
	A.13	Automatisierte Analyse der Prognosequalität		☐		●
	A.14	Automatisierte Planung		☐		●
	A.15	Verwaltung der Erläuterungen zu Prognosen		☐		●

Tabelle B.9 Gesamtübersicht über die Abdeckung funktionsmodulunabhängiger und -modulspezifischer Kernanforderungen der Konsumgüterindustrie durch mySAP SCM

Funktionsmodul	Anforderung	Stufe	Konsumgüter	Erläuterung	mySAP SCM
Verfügbarkeitsprüfung	A.16 Geringe Antwortzeiten		☐		●
	A.17 Konsistenz bei parallelen Prüfungen		☐		●
	A.18 Prüfen auf Bestandsebene		☐		●
	A.19 Automatisierte Alternativensuche		☐		●
	A.20 Prüfen gegen Kapazitäts- und Materialsituation		☐		●
	A.21 Einbezug von Partnersoftware		☐		●
	A.22 Internetanbindung mithilfe eines Web-Browsers		☐		●
	A.23 Überwachung der zugesagten Liefertermine		☐		●
	A.24 Bevorzugte Neuterminierung bei Verspätung		☐		●
	A.25 Einbeziehung wichtiger Restriktionen		☐		◐
Primärbedarfsplanung	A.26 Überprüfung der Planung		☐		●
	A.27 Reichweitenszenarios		☐		●
	A.28 Detailliertes Kostenmodell		☐		●
Logistiknetzplanung	A.29 Verbesserung des Liefernetzes		☐		●
	A.30 Bestandsplanung und -steuerung		☐		●
	A.31 Aufteilung des Produktangebots		☐		●
	A.32 Zuordnung von Produktalternativen		☐		●
	A.33 Internetbasierte Beschaffung		☐		●

Tabelle B.9 Gesamtübersicht über die Abdeckung funktionsmodulunabhängiger und -modulspezifischer Kernanforderungen der Konsumgüterindustrie durch mySAP SCM (Forts.)

Funktionsmodul	Anforderung	Stufe	Konsum-güter	Erläuterung	mySAP SCM
Produktions-planung	A.34 Einsatz von Optimierungsmethoden in der Produktionsplanung		☐		●
	A.35 Grafische Produktionsplantafel		☐		●
	A.36 Modellierung der unternehmensübergreifenden Zusammenhänge		☐		●
Transport-planung	A.37 Auswahl der Transportart		☐		◐
	A.38 Tourenplanung		☐		◐
	A.39 Grafischer Distributionsleitstand		☐		◐
	A.40 Optimierung der Transportmittelbeladung		☐		◐
	A.41 Gewichtung der Optimierungsziele		☐		●
	A.42 Cross Docking		☐		●
	A.43 Tracking & Tracing		☐		●
Unternehmensübergreifende Zusammenarbeit	A.44 Standardisierter Datenaustausch mit Partnerunternehmen über EDIFACT/XML und internetbasierte Lösungen		☐		●
	A.45 Sicherheit des Datenaustauschs		☐		●
	A.46 Datenbeschaffung		☐		●
	A.47 Abstimmung der Absatzprognose mit Marktdaten		☐		●
	A.48 Auftragsprognose		☐		●
	A.49 Auftragserzeugung		☐		●
	A.50 Auftragserfüllung		☐		●
	A.51 Werkzeuge für die flexible Definition von Kooperationsprozessen		☐		●

Tabelle B.9 Gesamtübersicht über die Abdeckung funktionsmodulunabhängiger und -modulspezifischer Kernanforderungen der Konsumgüterindustrie durch mySAP SCM (Forts.)

Funktionsmodul	Anforderung	Stufe	Konsum-güter	Erläuterung	mySAP SCM
Unternehmens-übergreifende Zusammenarbeit	A.52 Analyse und Synthese abweichender Prognosen		☐		●
	A.53 Automatisierte Abweichungsanalyse und Information der SC-Mitglieder		☐		●
	A.54 SC-Datenpool, Unterstützung umfangreicher Analyse- und Visualisierungsmöglichkeiten		☐		◕
	A.55 Ermittlung der Kundenauftragsprognose unter Beachtung relevanter Faktoren		☐		●
	A.56 Automatisierte Analyse der Planungsergebnisse		☐		○
	A.57 Berücksichtigen detaillierter Partnerinformationen in der Produktionsplanung		☐		●
	A.58 Partnern Einblick in die Produktionsplanung gestatten		☐		●
	A.59 Partnern Einfluss auf Produktionsplanung erlauben		☐		●
Monitoring und Controlling des Liefernetzes	A.60 Visualisierung des Liefernetzes		☐		●
	A.61 Monitoring des Liefernetzes		☐		◕
	A.62 Beobachtung und Benchmarking von KPIs		☐		◕
	A.63 Ursachenforschung		☐		●
Strategische Netzwerkplanung	A.64 Modellierung		☐		●
	A.65 Optimierungsverfahren und Heuristiken		☐		◕
	A.66 Simulation		☐		●
	A.67 Vergleich alternativer Szenarios		☐		◕

Tabelle B.9 Gesamtübersicht über die Abdeckung funktionsmodulunabhängiger und -modulspezifischer Kernanforderungen der Konsumgüterindustrie durch mySAP SCM (Forts.)

Betriebs-typologisches Merkmal	Anforderung	Stufe	Konsum-güter	Erläuterung	mySAP SCM
Promotions-intensität	A.68 Promotionsplanung		☐		●
Bedarfsorientie-rung von LNP	A.69 LNP-Heuristiken für Planung von Perioden- und Einzelbedarfen		☐		●
Prozessfertigung	A.70 Kampagnenfertigung		☐		●
	A.71 Abbildung der Materialcharakteristika		☐		○
	A.72 Beachtung von Toleranzen und Aktualisierung der Planung		☐		◐
	A.73 Berücksichtigung nichtlinearer Relationen zwischen den Materialien		☐		○
	A.74 Spezielle Ressourcen für Prozessfertigung		☐		●
	A.75 Optimierungsverfahren für Prozessfertigung		☐		●
	A.76 Adäquate Datenstruktur		☐		◐
Verbundenheit des Produktionsprozesses	A.77 Kuppelproduktion ohne Zyklen		☐		●
	A.78 Kuppelproduktion mit Zyklen		☐		○
Zeitliche Abhängigkeiten zw. Produktionsschritten	A.79 Zeitliche Abhängigkeiten einzelner Produktionsschritte		☐		●
Fließfertigung	A.80 Zuteilung von Fertigungsaufträgen zu verschiedenen Fertigungslinien		☐		●
	A.81 Koordination der Fließgeschwindigkeit		☐		●
	A.82 Reihenfolgeplanung		☐		●

Tabelle B.10 Übersicht zur Abdeckung betriebstypischer Anforderungen der Konsumgüterindustrie durch mySAP SCM

Betriebs-typologisches Merkmal	Anforderung	Stufe	Konsum-güter	Erläuterung	mySAP SCM
Fließfertigung	A.83 Kontrolle des Fertigungsfortschritts		☐		●
	A.84 Datenstruktur für die Abbildung einer »Linien-Ressource«		☐		●
Materialbearbeitungsstruktur	A.85 Verschnittoptimierung		☐		●
Dauer des Produktlebenszyklus	A.86 Lebenszyklusplanung in der Absatzprognose		☐		●
	A.87 Abbildung kurzer Produktlebenszyklen in der Verfügbarkeitsprüfung		☐		●
	A.88 Berücksichtigung kurzer Produktlebenszyklen in der Produktionsplanung		☐		●
Internationalität der Supply Chain	A.89 Berücksichtigung länderspezifischer Merkmale		☐		◐
	A.90 Transmissionsmechanismen zur Nivellierung länderspezifischer Besonderheiten		☐		○
Erforderlichkeit eines Herkunftsnachweises	A.91 Chargenfindung in der Produktionsplanung		☐		●
	A.92 Chargenfindung in der Verfügbarkeitsprüfung		☐		●
	A.93 Beachtung der Chargeninformation in der Verfügbarkeitsprüfung		☐		○
	A.94 Abbildung der Chargeninformation in der Produktionsplanung		☐		○
Haltbarkeit des Materials und der Endprodukte	A.95 Abbildung von Resthaltbarkeitsdauern in der Verfügbarkeitsprüfung		☐		○
	A.96 Abbildung von Resthaltbarkeitsdauern in der Logistiknetzplanung		☐		◐
	A.97 Berücksichtigung von Resthaltbarkeitsdauern in der Produktionsplanung		☐		◐

Tabelle B.10 Übersicht zur Abdeckung betriebstypischer Anforderungen der Konsumgüterindustrie durch mySAP SCM (Forts.)

Betriebs-typologisches Merkmal	Anforderung	Stufe	Konsum-güter	Erläuterung	mySAP SCM
Variantenvielfalt des Erzeugnis-spektrums	A.98 Außerordentliche Leistungsfähigkeit der Variantenplanung		☐		●
	A.99 Unterstützung der Produktdatenpflege		☐		●
	A.100 Absatzprognose für Produktvarianten		☐		●
	A.101 Merkmalsbasierte Produktionsplanung		☐		●
	A.102 Merkmalsbasierte Verfügbarkeitsprüfung		☐		●

Tabelle B.10 Übersicht zur Abdeckung betriebstypischer Anforderungen der Konsumgüterindustrie durch mySAP SCM (Forts.)

Branche	Anforderung	Stufe	Konsum-güter	Erläuterung	mySAP SCM
Konsumgüter-industrie	A.105 Absatzprognose für Promotionsets und Displays		☐		●
	A.106 Vorgabe für den Platzbedarf im Regal		☐		●
	A.107 Zuverlässige Identifikation standortspezifischer Besonderheiten des Konsumverhaltens		☐		●
	A.108 Jahreszeitabhängige Bestandsplanung		☐		●

Tabelle B.11 Übersicht zur Abdeckung branchentypischer Anforderungen der Konsumgüterindustrie durch mySAP SCM

B.5 Chemie

Funktionsmodul	Anforderung	Stufe	Chemie	Erläuterung	mySAP SCM
Funktions-modulunab-hängige Kern-anforderungen	A.1 Hohe Leistungsfähigkeit der Planung		☐		●

Tabelle B.12 Gesamtübersicht über die Abdeckung funktionsmodulunabhängiger und -modulspezifischer Kernanforderungen der Chemieindustrie durch mySAP SCM

Funktionsmodul	Anforderung		Stufe	Chemie	Erläuterung	mySAP SCM
Funktionsmodulunabhängige Kernanforderungen	A.2	Datenaustausch mit Office-Software-Paketen		☐		●
	A.3	Enge Integration mit den verbundenen ERP-Systemen		☐		●
	A.4	Unterstützung offener Internet-Standardschnittstellen		☐		●
	A.5	Schlanke Datenstruktur		☐		●
	A.6	Benutzungsfreundlichkeit		☐		●
Absatzprognose	A.7	Konsensbasierte Prognosen		☐		●
	A.8	Datenbanken mit Prognosen und Absatzverläufen		☐		●
	A.9	Planen auf mehreren Aggregationsebenen		☐		●
	A.10	Umfangreiche Informationsbasis für die Prognosen		☐		●
	A.11	Weitreichendes Angebot an Prognoseverfahren		☐		●
	A.12	Automatisierte Auswahl adäquater Prognosemethoden		☐		●
	A.13	Automatisierte Analyse der Prognosequalität		☐		●
	A.14	Automatisierte Planung		☐		●
	A.15	Verwaltung der Erläuterungen zu Prognosen		☐		●
Verfügbarkeitsprüfung	A.16	Geringe Antwortzeiten		☐		●
	A.17	Konsistenz bei parallelen Prüfungen		☐		●
	A.18	Prüfen auf Bestandsebene		☐		●

Tabelle B.12 Gesamtübersicht über die Abdeckung funktionsmodulunabhängiger und -modulspezifischer Kernanforderungen der Chemieindustrie durch mySAP SCM (Forts.)

Funktionsmodul	Anforderung	Stufe	Chemie	Erläuterung	mySAP SCM
Verfügbarkeitsprüfung	A.19 Automatisierte Alternativensuch		☐		●
	A.20 Prüfen gegen Kapazitäts- und Materialsituation		☐		●
	A.21 Einbezug von Partnersoftware		☐		●
	A.22 Internetanbindung mithilfe eines Web-Browsers		☐		●
	A.23 Überwachung der zugesagten Liefertermine		☐		●
	A.24 Bevorzugte Neuterminierung bei Verspätung		☐		●
	A.25 Einbeziehung wichtiger Restriktionen		☐		◐
Primärbedarfsplanung	A.26 Überprüfung der Planung		☐		●
	A.27 Reichweitenszenarios		☐		●
	A.28 Detailliertes Kostenmodell		☐		●
Logistiknetzplanung	A.29 Verbesserung des Liefernetzes		☐		●
	A.30 Bestandsplanung und -steuerung		☐		●
	A.31 Aufteilung des Produktangebots		☐		●
	A.32 Zuordnung von Produktalternativen		☐		●
	A.33 Internetbasierte Beschaffung		☐		●
Produktionsplanung	A.34 Einsatz von Optimierungsmethoden in der Produktionsplanung		☐		●
	A.35 Grafische Produktionsplantafel		☐		●
	A.36 Modellierung der unternehmensübergreifenden Zusammenhänge		☐		●

Tabelle B.12 Gesamtübersicht über die Abdeckung funktionsmodulunabhängiger und -modulspezifischer Kernanforderungen der Chemieindustrie durch mySAP SCM (Forts.)

Funktionsmodul	Anforderung	Stufe	Chemie	Erläuterung	mySAP SCM
Transportplanung	A.37 Auswahl der Transportart		☐		◓
	A.38 Tourenplanung		☐		◐
	A.39 Grafischer Distributionsleitstand		☐		◓
	A.40 Optimierung der Transportmittelbeladung		☐		◐
	A.41 Gewichtung der Optimierungsziele		☐		●
	A.42 Cross Docking		☐		●
	A.43 Tracking & Tracing		☐		●
Unternehmensübergreifende Zusammenarbeit	A.44 Standardisierter Datenaustausch mit Partnerunternehmen über EDIFACT/XML und internetbasierte Lösungen		☐		●
	A.45 Sicherheit des Datenaustauschs		☐		●
	A.46 Datenbeschaffung		☐		●
	A.47 Abstimmung der Absatzprognose mit Marktdaten		☐		●
	A.48 Auftragsprognose		☐		●
	A.49 Auftragserzeugung		☐		●
	A.50 Auftragserfüllung		☐		●
	A.51 Werkzeuge für die flexible Definition von Kooperationsprozessen		☐		●
	A.52 Analyse und Synthese abweichender Prognosen		☐		●
	A.53 Automatisierte Abweichungsanalyse und Information der SC-Mitglieder		☐		●
	A.54 SC-Datenpool, Unterstützung umfangreicher Analyse- und Visualisierungsmöglichkeiten		☐		◓

Tabelle B.12 Gesamtübersicht über die Abdeckung funktionsmodulunabhängiger und -modulspezifischer Kernanforderungen der Chemieindustrie durch mySAP SCM (Forts.)

Funktionsmodul	Anforderung	Stufe	Chemie	Erläuterung	mySAP SCM
Unternehmens-übergreifende Zusammenarbeit	A.55 Ermittlung der Kundenauftragsprognose unter Beachtung relevanter Faktoren		☐		●
	A.56 Automatisierte Analyse der Planungsergebnisse		☐		○
	A.57 Berücksichtigen detaillierter Partnerinformationen in der Produktionsplanung		☐		●
	A.58 Partnern Einblick in die Produktionsplanung gestatten		☐		●
	A.59 Partnern Einfluss auf Produktionsplanung erlauben		☐		●
Monitoring und Controlling des Liefernetzes	A.60 Visualisierung des Liefernetzes		☐		●
	A.61 Monitoring des Liefernetzes		☐		◐
	A.62 Beobachtung und Benchmarking von KPIs		☐		●
	A.63 Ursachenforschung		☐		●
Strategische Netzwerkplanung	A.64 Modellierung		☐		●
	A.65 Optimierungsverfahren und Heuristiken		☐		◐
	A.66 Simulation		☐		●
	A.67 Vergleich alternativer Szenarion		☐		◐

Tabelle B.12 Gesamtübersicht über die Abdeckung funktionsmodulunabhängiger und -modulspezifischer Kernanforderungen der Chemieindustrie durch mySAP SCM (Forts.)

Betriebstypologisches Merkmal	Anforderung	Stufe	Chemie	Erläuterung	mySAP SCM
Prozessfertigung	A.70 Kampagnenfertigung		☐		●
	A.71 Abbildung der Materialcharakteristika		☐		○

Tabelle B.13 Übersicht zur Abdeckung betriebstypischer Anforderungen der Chemieindustrie durch mySAP SCM

Betriebs-typologisches Merkmal	Anforderung	Stufe	Chemie	Erläuterung	mySAP SCM
Prozessfertigung	A.72 Beachtung von Toleranzen und Aktualisierung der Planung		☐		◐
	A.73 Berücksichtigung nicht-linearer Relationen zwischen den Materialien		☐		○
	A.74 Spezielle Ressourcen für Prozessfertigung		☐		●
	A.75 Optimierungsverfahren für Prozessfertigung		☐		●
	A.76 Adäquate Datenstruktur		☐		◐
Verbundenheit des Produktionsprozesses	A.77 Kuppelproduktion ohne Zyklen		☐		●
	A.78 Kuppelproduktion mit Zyklen		☐		○
Zeitliche Abhängigkeiten zw. Produktionsschritten	A.79 Zeitliche Abhängigkeiten einzelner Produktionsschritte		☐		●
Dauer des Produktlebenszyklus	A.86 Lebenszyklusplanung in der Absatzprognose		☐		●
	A.87 Abbildung kurzer Produktlebenszyklen in der Verfügbarkeitsprüfung		☐		●
	A.88 Berücksichtigung kurzer Produktlebenszyklen in der Produktionsplanung		☐		●
Internationalität der Supply Chain	A.89 Berücksichtigung länderspezifischer Merkmale		☐		◑
	A.90 Transmissionsmechanismen zur Nivellierung länderspezifischer Besonderheiten		☐		○

Tabelle B.13 Übersicht zur Abdeckung betriebstypischer Anforderungen der Chemieindustrie durch mySAP SCM (Forts.)

Betriebs-typologisches Merkmal	Anforderung	Stufe	Chemie	Erläuterung	mySAP SCM
Erforderlichkeit eines Herkunfts-nachweises	A.91 Chargenfindung in der Produktionsplanung		☐		●
	A.92 Chargenfindung in der Verfügbarkeitsprüfung		☐		●
	A.93 Beachtung der Chargen-information in der Verfüg-barkeitsprüfung		☐		○
	A.94 Abbildung der Chargen-information in der Produk-tionsplanung		☐		○
Haltbarkeit des Materials und der Endprodukte	A.95 Abbildung von Resthalt-barkeitsdauern in der Ver-fügbarkeitsprüfung		☐		○
	A.96 Abbildung von Resthalt-barkeitsdauern in der Logistiknetzplanung		☐		◐
	A.97 Berücksichtigung von Resthaltbarkeitsdauern in der Produktionsplanung		☐		◐

Tabelle B.13 Übersicht zur Abdeckung betriebstypischer Anforderungen der Chemieindustrie durch mySAP SCM (Forts.)

B.6 Pharma

Funktionsmodul	Anforderung	Stufe	Pharma	Erläuterung	mySAP SCM
Funktions-modulunabhän-gige Kernanfor-derungen	A.1 Hohe Leistungsfähigkeit der Planung		☐		●
	A.2 Datenaustausch mit Office-Software-Paketen		☐		●
	A.3 Enge Integration mit den verbundenen ERP-Systemen		☐		●

Tabelle B.14 Gesamtübersicht über die Abdeckung funktionsmodulunabhängiger und -modul-spezifischer Kernanforderungen der Pharmaindustrie durch mySAP SCM

Funktionsmodul	Anforderung	Stufe	Pharma	Erläuterung	mySAP SCM
Funktionsmodulunabhängige Kernanforderungen	A.4 Unterstützung offener Internet-Standardschnittstellen		☐		●
	A.5 Schlanke Datenstruktur		☐		●
	A.6 Benutzungsfreundlichkeit		☐		●
Absatzprognose	A.7 Konsensbasierte Prognosen		☐		●
	A.8 Datenbanken mit Prognosen und Absatzverläufen		☐		●
	A.9 Planen auf mehreren Aggregationsebenen		☐		●
	A.10 Umfangreiche Informationsbasis für die Prognosen		☐		●
	A.11 Weitreichendes Angebot an Prognoseverfahren		☐		●
	A.12 Automatisierte Auswahl adäquater Prognosemethoden		☐		●
	A.13 Automatisierte Analyse der Prognosequalität		☐		●
	A.14 Automatisierte Planung		☐		●
	A.15 Verwaltung der Erläuterungen zu Prognosen		☐		●
Verfügbarkeitsprüfung	A.16 Geringe Antwortzeiten		☐		●
	A.17 Konsistenz bei parallelen Prüfungen		☐		●
	A.18 Prüfen auf Bestandsebene		☐		●
	A.19 Automatisierte Alternativensuche		☐		●
	A.20 Prüfen gegen Kapazitäts- und Materialsituation		☐		●
	A.21 Einbezug von Partnersoftware		☐		●

Tabelle B.14 Gesamtübersicht über die Abdeckung funktionsmodulunabhängiger und -modulspezifischer Kernanforderungen der Pharmaindustrie durch mySAP SCM (Forts.)

Funktionsmodul	Anforderung	Stufe	Pharma	Erläuterung	mySAP SCM
Verfügbarkeitsprüfung	A.22 Internetanbindung mithilfe eines Web-Browsers		☐		●
	A.23 Überwachung der zugesagten Liefertermine		☐		●
	A.24 Bevorzugte Neuterminierung bei Verspätung		☐		●
	A.25 Einbeziehung wichtiger Restriktionen		☐		◕
Primärbedarfsplanung	A.26 Überprüfung der Planung		☐		●
	A.27 Reichweitenszenarios		☐		●
	A.28 Detailliertes Kostenmodell		☐		●
Logistiknetzplanung	A.29 Verbesserung des Liefernetzes		☐		●
	A.30 Bestandsplanung und -steuerung		☐		●
	A.31 Aufteilung des Produktangebots		☐		●
	A.32 Zuordnung von Produktalternativen		☐		●
	A.33 Internetbasierte Beschaffung		☐		●
Produktionsplanung	A.34 Einsatz von Optimierungsmethoden in der Produktionsplanung		☐		●
	A.35 Grafische Produktionsplantafel		☐		●
	A.36 Modellierung der unternehmensübergreifenden Zusammenhänge		☐		●
Transportplanung	A.37 Auswahl der Transportart		☐		◕
	A.38 Tourenplanung		☐		◐
	A.39 Grafischer Distributionsleitstand		☐		◕
	A.40 Optimierung der Transportmittelbeladung		☐		◐

Tabelle B.14 Gesamtübersicht über die Abdeckung funktionsmodulunabhängiger und -modulspezifischer Kernanforderungen der Pharmaindustrie durch mySAP SCM (Forts.)

Funktionsmodul	Anforderung	Stufe	Pharma	Erläuterung	mySAP SCM
Transportplanung	A.41 Gewichtung der Optimierungsziel		☐		●
	A.42 Cross Docking		☐		●
	A.43 Tracking & Tracing		☐		●
Unternehmensübergreifende Zusammenarbeit	A.44 Standardisierter Datenaustausch mit Partnerunternehmen über EDIFACT/ XML und internetbasierte Lösungen		☐		●
	A.45 Sicherheit des Datenaustauschs		☐		●
	A.46 Datenbeschaffung		☐		●
	A.47 Abstimmung der Absatzprognose mit Marktdaten		☐		●
	A.48 Auftragsprognose		☐		●
	A.49 Auftragserzeugung		☐		●
	A.50 Auftragserfüllung		☐		●
	A.51 Werkzeuge für die flexible Definition von Kooperationsprozessen		☐		●
	A.52 Analyse und Synthese abweichender Prognosen		☐		●
	A.53 Automatisierte Abweichungsanalyse und Information der SC-Mitglieder		☐		●
	A.54 SC-Datenpool, Unterstützung umfangreicher Analyse- und Visualisierungsmöglichkeiten		☐		◓
	A.55 Ermittlung der Kundenauftragsprognose unter Beachtung relevanter Faktoren		☐		●
	A.56 Automatisierte Analyse der Planungsergebnisse		☐		○

Tabelle B.14 Gesamtübersicht über die Abdeckung funktionsmodulunabhängiger und -modulspezifischer Kernanforderungen der Pharmaindustrie durch mySAP SCM (Forts.)

Funktionsmodul	Anforderung	Stufe	Pharma	Erläuterung	mySAP SCM
Unternehmensübergreifende Zusammenarbeit	A.57 Berücksichtigen detaillierter Partnerinformationen in der Produktionsplanung		☐		●
	A.58 Partnern Einblick in die Produktionsplanung gestatten		☐		●
	A.59 Partnern Einfluss auf Produktionsplanung erlauben		☐		●
Monitoring und Controlling des Liefernetzes	A.60 Visualisierung des Liefernetzes		☐		●
	A.61 Monitoring des Liefernetzes		☐		◕
	A.62 Beobachtung und Benchmarking von KPIs		☐		◕
	A.63 Ursachenforschung		☐		●
Strategische Netzwerkplanung	A.64 Modellierung		☐		●
	A.65 Optimierungsverfahren und Heuristike		☐		◕
	A.66 Simulation		☐		●
	A.67 Vergleich alternativer Szenarios		☐		◕

Tabelle B.14 Gesamtübersicht über die Abdeckung funktionsmodulunabhängiger und -modulspezifischer Kernanforderungen der Pharmaindustrie durch mySAP SCM (Forts.)

Betriebstypologisches Merkmal	Anforderung	Stufe	Pharma	Erläuterung	mySAP SCM
Prozessfertigung	A.70 Kampagnenfertigung		☐		●
	A.71 Abbildung der Materialcharakteristika		☐		●
	A.72 Beachtung von Toleranzen und Aktualisierung der Planung		☐		◕
	A.73 Berücksichtigung nichtlinearer Relationen zwischen den Materialien		☐		○

Tabelle B.15 Übersicht zur Abdeckung betriebstypischer Anforderungen der Pharmaindustrie durch mySAP SCM

Betriebs-typologisches Merkmal	Anforderung	Stufe	Pharma	Erläuterung	mySAP SCM
Prozessfertigung	A.74 Spezielle Ressourcen für Prozessfertigung		☐		●
	A.75 Optimierungsverfahren für Prozessfertigung		☐		●
	A.76 Adäquate Datenstruktur		☐		◕
Verbundenheit des Produktionsprozesses	A.77 Kuppelproduktion ohne Zyklen		☐		●
	A.78 Kuppelproduktion mit Zyklen		☐		○
Zeitliche Abhängigkeiten zw. Produktionsschritten	A.79 Zeitliche Abhängigkeiten einzelner Produktionsschritte		☐		●
Dauer des Produktlebenszyklus	A.86 Lebenszyklusplanung in der Absatzprognose		☐		●
	A.87 Abbildung kurzer Produktlebenszyklen in der Verfügbarkeitsprüfung		☐		●
	A.88 Berücksichtigung kurzer Produktlebenszyklen in der Produktionsplanung		☐		●
Internationalität der Supply Chain	A.89 Berücksichtigung länderspezifischer Merkmale		☐		◐
	A.90 Transmissionsmechanismen zur Nivellierung länderspezifischer Besonderheiten		☐		○
Erforderlichkeit eines Herkunftsnachweises	A.91 Chargenfindung in der Produktionsplanung		☐		●
	A.92 Chargenfindung in der Verfügbarkeitsprüfung		☐		●
	A.93 Beachtung der Chargeninformation in der Verfügbarkeitsprüfung		☐		○
	A.94 Abbildung der Chargeninformation in der Produktionsplanung		☐		○

Tabelle B.15 Übersicht zur Abdeckung betriebstypischer Anforderungen der Pharmaindustrie durch mySAP SCM (Forts.)

Betriebs-typologisches Merkmal	Anforderung	Stufe	Pharma	Erläuterung	mySAP SCM
Haltbarkeit des Materials und der Endprodukte	A.95 Abbildung von Resthaltbarkeitsdauern in der Verfügbarkeitsprüfung		☐		○
	A.96 Abbildung von Resthaltbarkeitsdauern in der Logistiknetzplanung		☐		◐
	A.97 Berücksichtigung von Resthaltbarkeitsdauern in der Produktionsplanung		☐		◐

Tabelle B.15 Übersicht zur Abdeckung betriebstypischer Anforderungen der Pharmaindustrie durch mySAP SCM (Forts.)

C Abkürzungsverzeichnis

Das Abkürzungsverzeichnis finden Sie auch als PDF-Dokument zum Download unter *www.sap-press.de*.

3PL	Third Party Logistics
A2A	Application to Application
AIAG	Automotive Industrie Action Group
AMR	Advanced Manufacturing Research
ANX	Automotive Network Exchange
API	Application Programming Interface
APO	Advanced Planner and Optimizer
APX	Optimization Extension Workbench
ATP	Available-to-Promise
AWE	Addressing Windowing Extension
B2Bi	Business to Business Integration
BAPIs	Business Application Programming Interfaces
BMI	Buyer Managed Inventory
BPEL4WS	Business Process Execution Language for Web Services
BPSS	Business Process Specification Schema
BTP	Business-Transaction-Protocol
BW	Business Information Warehouse
CBF	Characteristic-based Forecasting
CBL	Common Business Library
CDC	Cross-Docking-Center
CE	Concurrent Engineering
CEN	Europäisches Komitee für Normung
CIF	Core Interface
CIM	Computer Integrated Manufactoring
CMI	Co-Managed Inventory
CP	Collaborative Planning
CPA	Collaboration Protocol Agreements
CPFR	Collaborative Planning, Forecasting, and Replenishment

CPG	Consumer Packaged Goods
CPP	Collaboration Protocol Profile
CRP	Continuous Replenishment Planning
CSS	Cascading Style Sheets
CTM	Capable to Match
CTP	Capable to Promise
cXML	Commerce XML
DCOM	Distributed Component Object Model
DNS	Domain Name System
DP	Demand Planning
EAI	Enterprise Application Integration
ECCC	Electronic Commerce Council of Canada
ECR	Efficient Customer Response
EDI	Electronic Data Interchange
EDIFACT	Electronic Data Interchange for Administration, Commerce and Transport
EGAR	European Generic Article Register
EHS	Environment, Health and Safety
ENX	European Network Exchange
ERP	Enterprise Resource Planning
ETIM	Elektrotechnisches Informationsmodell
ETL	Extraction, Translation, Loading
FDA	Food and Drug Administration
GA	Genetische Algorithmen
GB	Gigabyte
GMP	Good Manufacturing Practice
HTTP	Hyper Text Transport Protocol
IETF	Internet Engineering Task Force
ILN	International Location Number
iPPE	integrated Product and Process Engineering
ITS	Internet Transaction Server
IW	Informationswirtschaft
J2EE	Java 2Enterprise Edition

JIS	Just In Sequence
JIT	Just in Time
KMU	kleine und mittelgroße Unternehmen
KPI	Key Performance Indicator
LDAP	Lightweight Directory Access Protocol
LES	Logistics Execution System
LNP	Logistiknetzplanung
MOM	Message Oriented Middleware
MRO	Maintenance, Repair and Operations
NAICS	North American Industry Classification System
ND	Network Design
OASIS	Organization for the Advancement of Structured Information Standards
OFTP	Odette File Transfer
OLAP	Online Analytical Processing
PDM	Produktdatenmanagement
PIP	Partner Interface Process
PIPs	Partner Interface Protocols
POS	Point of Sale
PP/DS	Production Planning and Detailed Scheduling
PPM	Produktionsprozessmodell
PPS	Produktionsplanung und -steuerung
PRTM	Pittiglio Rabin Todd & McGrath
PSA	Produktionssynchrone Anlieferung
PVS	Produktvariantenstruktur
PWB	Purchasing Workbench
RNIF	RosettaNet Implementation Framework
RPC	Remote Procedure Call
RPM	Rapid Planning Matrix
SC	Supply Chain
SCC	Supply Chain Cockpit
SCE	Supply Chain Execution
SCEM	Supply Chain Event Management

SCM	Supply Chain Management
SCM-SW	SCM-Standardanwendungssoftware
SCOR	Supply Chain Operation Reference
SCP	Supply Chain Planning
SE	Simultaneous Engineering
SEM	Strategic Enterprise Management
SHTTP	Secure Hypertext Transfer Protocol
SIC	Standard Industrial Classification
SNP	Supply Network Planning
SOAP	Simple Object Access Protocol
SOP	Sales & Operations Planning
SPSC	Standard Products and Services Classification
TIE	Tesco Information Exchange
TLB	Transport Load Builder
TP	Transportation Planning
UBR	Universal Business Registry
UCC	Uniform Code Council
UDDI	Universal Description, Discovery and Integration
UMDNS	Universal Medical Device Nomenclature System
UMM	UN/CEFACT Modeling Methodology
VICS	Voluntary Interindustry Commerce Standards
VMI	Vendor Managed Inventory
VPN	Virtuel Privat Network
VS	Vehicle Scheduling
W3C	World Wide Web Consortium
WDFL	Web-Service Flow Language
WSDL	Web-Services Definition Language
WSCI	Web Service Choreography Interface
XAML	Transaction-Authority-Markup-Language
XML	Extensible Markup Language
XSL	eXtensible Style Language

D Glossar

Absatzprognose Hauptaufgabe ist die Vorhersage des zukünftigen Absatzes unter Berücksichtigung zahlreicher Informationen, wie z. B. historischer Nachfrageverläufe, Marketing-Aktivitäten und Informationen über das Verhalten von Wettbewerbern.

ALE (Application Link Enabling) Diese Technologie dient zum Aufbau und Betrieb von verteilten Anwendungen. Das Grundkonzept bietet die Möglichkeit einer verteilten, aber integrierten R/3-Installation. Dies beinhaltet einen betriebswirtschaftlich kontrollierten Nachrichtenaustausch bei konsistenter Datenhaltung von gekoppelten SAP-Anwendungssystemen. Die Anwendungsintegration erfolgt nicht über eine zentrale Datenbank, sondern über synchrone und asynchrone Kommunikation. ALE besteht aus einer Anwendungs-, Verteilungs- und Kommunikationsschicht.

Alert-Monitor Es handelt sich hierbei um alarmauslösende Ereignisse und Bedingungen, die während der Planung determiniert worden sind, um eine automatische Problemerkennung gewährleisten zu können. Der Alert-Monitor zeigt u. a. Material-, Kapazitäts-, Transport- und Lagerbedingungen sowie Statistiken über Lieferleistung und Durchsatz an. Der Alert-Monitor wird vor allem von Planern dazu verwendet, um den Status der Pläne im System zu überwachen. Die Meldungen dienen als Richtlinien zur Neuplanung.

ANSI X12 In Struktur und Intension dem EDIFACT sehr ähnliches Austauschformat für Geschäftsnachrichten, basierend auf EDI. EDI-Systeme können in der Regel beide Formate verarbeiten.

APO Core Interface (APO CIF) APO Core Interface ist das Interface zwischen dem SAP APO und dem R/3-System. Die Schnittstelle versorgt APO mit Transaktions- und Stammdaten nahezu in Echtzeit. Nur die Objektdaten, die für den individuellen Planungs- und Optimierungsprozess im APO relevant sind, werden aus den komplexen Datensätzen des R/3-Systems transferiert.

Application to Application (A2A) Schlagwort, welches bei der Integration die Koppelung der Anwendungssysteme in den Vordergrund stellt.

Asynchrone Systemkopplung Asynchron gekoppelte Systeme kommunizieren über Nachrichten (Messages), ohne jedoch im Verarbeitungsprozess eine direkte Abhängigkeit zu besitzen. So besteht kein Zwang für das System, auf eine Anfrage unmittelbar zu reagieren bzw. mit der Weiterverarbeitung auf eine Antwort zu warten.

ATP (Available-to-Promise, Verfügbarkeitsprüfung) Dies ermöglicht die frühzeitige Zusage verbindlicher Liefertermine. Die verfügbare Menge gibt an, wie viel noch für die Bestätigung neu eintreffender Aufträge zur Verfügung steht.

B2Bi (Business-to-Business-Integration) Beschreibt jegliche Form zwischenbetrieblicher Geschäftsbeziehungen basierend auf elektronisch integrierten Prozessen und Informationen.

Betriebstypologische Branchensegmentierung Hierdurch werden verfeinerte Merkmale bzw. Anforderungen definiert und in einer neuartigen Typologisierung formal strukturiert. Diese Merkmale charakterisieren die Besonderheiten des einzelnen Betriebs und lassen sich in gleicher Weise auch in anderen Branchen nutzen. Neben den bekannten, groben Branchenanforderungen erhält man somit eine weitere Dimension in Form branchenübergreifender, betriebstypologischer Merkmale.

BizTalk Microsofts BizTalk-Framework ist ein XML-Rahmenwerk für den integrierten Datenaustausch zwischen Anwendungen bzw. Unternehmen, basierend auf XML und vorzugsweise unter Nutzung des Microsoft

BizTalk-Servers. Sowohl BizTalk als auch der BizTalk-Server müssen als Eintrittsstrategie von Microsoft in den Enterprise- und Business-Integration-Markt betrachtet werden. Das BizTalk-Framework-Schema-Design wurde dem W3C als Entwurf für einen XML-Schemastandard vorgeschlagen.

Black Box Integration   Der Anbieter stellt für die Integration definierte und dokumentierte APIs, Adapter sowie Connectoren bereit, was nur die Nutzung der vordefinierten Funktionen erlaubt, jedoch den Implementierungsaufwand reduziert.

Branchennetze   Nicht unähnlich den Marktplätzen, bieten Branchennetze eine Plattform zur Anbahnung und Abwicklung von Geschäftstransaktionen. Sie sind jedoch viel stärker auf die Bedürfnisse und Besonderheiten der Teilnehmer ausgerichtet.

Business Process Modeling Language (BPML)   XML-basierte Methode zur Beschreibung von Geschäftsprozessen in einer menschen- und maschinenlesbaren Form

Capable-to-Match (CTM)   Ein v.a. in der Elektronikindustrie bekanntes Verfahren, das mit Einzelbedarfen operiert; es orientiert sich daher besonders an der Auftragsfertigung. Bei der Suche nach einer realisierbaren Lösung beachtet CTM Auftragsprioritäten, etwa ob ein Kunde auch durch Teillieferungen zufrieden gestellt werden kann, sowie Produktions- und Transportressourcen; unberücksichtigt bleiben Handhabungs- und Lagerressourcen. CTM prüft zunächst, inwieweit die Nachfrage mit vorhandenen Fertig- und Zwischenprodukten befriedigt werden kann, bevor sie einen Produktionsauftrag erstellt. Da die entstehende Lösung in der Regel nicht optimal ist, handelt es sich bei CTM in diesem Sinn um eine Heuristik.

Common Object Request Broker (CORBA)   Offenes Protokoll zur Kommunikation zwischen Softwarekomponenten bzw. verteilten Anwendungen.

CPFR   CPFR steht für Collaborative Planning, Forecasting and Replenishment und wurde 1997 in den USA durch die Voluntary Interindustry Commerce Standards (VICS) Association entwickelt. VICS definiert CPFR als ein 9-stufiges Geschäftsmodell, welches den Ablauf einer kooperativen Absatzplanung zwischen Handel und Konsumgüterindustrie in einem Leitfaden beschreibt.

Datenintegrations-Modelle   Integration von Anwendungssystemen auf Datenebene mittels Zugriff auf deren Datenbasis, zum Zweck der redundanzfreien Mehrfachnutzung oder Synchronisation über Anwendungen hinweg.

Deployment   Hierdurch wird ermittelt, welche Bedarfe durch die bereits produzierten Waren gedeckt werden können.

Desktop Purchasing   Teilbereich des E-Procurement, der sich auf den operativen Bestellprozess am Bildschirm bezieht.

Distributed Processing   Höchste Form der Realtime-Integration, wobei Verarbeitungsprozesse funktional auf mehrere Anwendungen verteilt sind und eine unmittelbar Beeinflussung/Abhängigkeit besteht.

EAI   Enterprise Application Integration (EAI) repräsentiert eine Integrationsplattform, um interne Geschäftsprozesse quer über verschiedene Applikationssysteme zu automatisieren und zu integrieren. Zentraler Gedanke ist, dass EAI-Lösungen »non-invasive« sind, d.h. keine Anpassungen bei den zu integrierenden Anwendungen erfordern. Im Mittelpunkt steht der EAI-Integration Broker, mit dem – entsprechend des Hub/Spoke-Ansatzes – alle Anwendungen verbunden sind. Datentransformation (Transformation), gezieltes Weiterleiten der Informationen (Routing), Überwachung (Monitoring) usw. werden von ihm zentral wahrgenommen.

ebXML   Framework zur zwischenbetrieblichen Definition von Geschäftsdokumenten und Business-Szenarios auf Basis von XML.

ebXML Steht hier stellvertretend für Datenformatstandards (z. B. RosettaNet) im elektronischen Geschäftsverkehr. ebXML stellt ein Framework bzw. eine Methodik zur strukturierten Analyse und Definition von Geschäftsnachrichten und -prozessen bereit.

EDI Sammlung von Standards und Business-Szenarios für den integrierten und interventionslosen Geschäftsdatenaustausch zwischen Anwendungen unterschiedlicher Unternehmen.

EDIFACT International gültige und branchenübergreifende Norm zur Beschreibung und Strukturierung einzelner Geschäftsnachrichtentypen. Sie beschreibt das Datenaustauschformat, welches im Rahmen von EDI-Strategien zum Einsatz kommt. Der Schwerpunkt liegt auf der Semantik, d. h. der Bereitstellung von exakt definierten Geschäftsdokumententypen, die automatisiert vom Geschäftspartner interpretiert und verarbeitet werden können. Die einzelnen Nachrichtentypen sind exakt in ihrer Struktur definiert, wobei verschiedentlich der Einsatz von allgemeingültigen Code-Listen bzw. Identifikationssystemen zur eindeutigen Interpretation der Inhalte (z. B. EAN-Produkt-, EAN-Unternehmens-, ILN-Standortidentifikation) notwendig ist.

EDI-Systeme Schwerpunkt ist die Integration auf Objektebene, wobei auch Bereiche der Daten- und Prozessebene abgebildet werden. Fokus sind Datentransformation (Inhouse- und Standardaustauschformat) sowie die gesicherte messageorientierte Kommunikation. Bereitgestellt werden komfortable Tools für die Erstellung von Transformationsregeln und die Modellierung nachrichtenorientierter Interaktionsprozesse. Nicht unterstützt werden Realtime-Transaktionen sowie aufwendige ERP-Schnittstellen.

E-Procurement Gesamtstrategie der elektrisch unterstützten Beschaffung, welche neben dem operativen Aspekt des Beschaffungsprozesses und dessen elektronischer Abbildung in Procurement- und Desktop-Purchasing-Systemen auch die strategische Beschaffung wie Lieferantenauswahl und Kontraktmanagement beinhaltet.

Extraction Transformation Loading (ETL) Ursprünge finden sich im Data Warehouse Management, wo innerbetrieblich aus unterschiedlichsten Datenquellen, insbesondere Datenbanken, Daten ausgelesen und zur Auswertung in konsolidierter Form in Data Warehouses geladen werden müssen. Die Integration erfolgt auf Objekt- und Datenebene.

Finite Planung Eine Feinplanungsstrategie, mit der Aufträge unter Berücksichtigung der bestehenden Ressourcenbelastung eingeplant werden. Hierdurch können Ressourcenüberlastungen vermieden werden.

Funktionale Integrations-Modelle Integration von Anwendungssystemen auf Funktionsebene mit dem Ziel, gegenseitig auf Verarbeitungsprozesse und Business Logik zuzugreifen bzw. diese gegenseitig zu beeinflussen. Hierbei entsteht der Bedarf, nicht nur Daten sondern ebenso Prozesse und Verarbeitungslogik der Anwendungen aufeinander anzupassen.

Infinite Planung Eine Feinplanungsstrategie, mit der Aufträge und Vorgänge ohne Einbezug der vorhandenen Ressourcenbelastung eingeplant werden, wobei hierdurch keine Ressourcenüberlastungen vermieden werden können.

Internet Transaction Server (ITS) Verbindungsglied zwischen dem R/3-System und dem Internet. Der ITS gestattet den Benutzern im Internet und Intranet, direkt mit dem R/3-System zu kommunizieren, indem sie betriebswirtschaftliche Transaktionen, Funktionsbausteine und Reports als Internet-Anwendungskomponenten (IACs) starten.

Internet-Services Internet-Services bilden die Grundlage problembezogener E-Business-Architekturen, stellen jedoch selbst keine Lösung dar.

Kannibalisierung Besonderheit, wenn der Verkauf eines Produkts einen negativen Effekt auf den Verkauf eines anderen Produkts der gleichen Kategorie hat.

Katalogformat Hier im Sinne eines elektronischen Austauschformates zu verstehen, welchen in der Regel XML-basiert zum Transfer von Produktdaten zwischen Anwendungssystemen genutzt wird.

Lightweight Directory Access Protocol (LDAP) Standardprotokoll für den Zugriff auf Verzeichnisse, die in der Regel Organisations-, Benutzer- sowie Resourcen-Daten bereitstellen.

Logistiknetzplanung Die Logistiknetzplanung (LNP) führt auf taktischer Ebene die restriktionsfreie Nachfrage aus der Absatzprognose in restriktionsbasierte Produktions-, Beschaffungs-, Distributions-, Bestands- und Transportpläne über. Sie ist also ein Bindeglied zwischen der Bedarfsvorhersage und den Modulen zur Kapazitäts- und Produktionsplanung. Ziel ist es, den Materialfluss der Supply Chain auf aggregierter Basis zu berechnen.

Loose Coupling Integration über wenige diskrete Schnittstellen, wobei keine unmittelbare funktionale Abhängigkeit besteht.

Mapping (syntaktisch, semantisch) Umstrukturieren eines Datenformats in ein anderes. Mapping Rules beschreiben die die erforderlichen Regeln, wie Datenelemente eines Formats in das Äquivalent eines anderen Formats, ggf. inklusive erforderlicher Transformationen, zu überführen sind. »Syntaktisch« umschreibt die reine Strukturumsetzung. »Semantisch« beinhaltet die Umsetzung von Nummernkreisen, ID-Systemen, Codes usw., d. h. die Codierung eines interpretierbaren Sachverhaltes.

Message Oriented Middleware (MOM) Klassische und am weitesten verbreitete Form der Middleware, basierend auf dem asynchronen Austausch von Nachrichten.

Middleware Der Ursprung liegt in der Großrechnerwelt, wo es galt, Daten innerbetrieblich zwischen heterogenen Rechnerplattformen zur Sicherung der Datenkonsistenz verlässlich auszutauschen. Ähnlich Pipelines werden die Daten in der Regel in Warteschlangen eingeordnet (Queuing) und nach definierten Regeln verteilt.

Monitoring und Controlling des Liefernetzes Dieser Aufgabenbereich wird in allen Funktionsmodulen verwendet. Die Notwendigkeit eines Monitorings, d. h. Überwachen des Logistiknetzes, ergibt sich bereits aus den Kernanforderungen von SCM. Im Zusammenhang mit SCM wird auch vermehrt die Bedeutung eines Controllings und Benchmarkings der Lieferkette betont. Der Bedarfssog nach Controlling besteht v. a. aufgrund der weitreichenden Komplexität der Betrachtung ganzer Liefernetze. Das Benchmarking wird hauptsächlich angewendet, um die eigene Wettbewerbsposition bezüglich des SCM zu verbessern. Das Controlling setzt sich aus mehreren Aufgaben zusammen. Im Sinne von Information und Kontrolle überwacht es, ob festgelegte Vorgaben in dem Liefernetz, z. B. Pünktlichkeit der Lieferungen, erreicht werden. In der Folge stößt man bei Bedarf Korrekturprozesse (Controlling im Sinne von Steuerung) an.

Pegging Methode in der Produktionsplanung, welche die Beziehung zwischen dem Zugangs- und Abgangselement eines Produktes herstellt. Hiermit werden den Bedarfen die entsprechenden Zugangselemente zugeordnet.

Primärbedarfsplanung Die Primärbedarfsplanung (auch als Sales and Operations Planning bezeichnet) dient zur mittelfristigen Abstimmung zwischen Prognosen und Aufträgen auf der einen sowie Kapazitäten und Beständen auf der anderen Seite. Sie hilft den Planern bei der Berechnung der Produktionskapazitäten sowie bei deren Aufteilung über Produktgruppen und Vertriebsstrukturen. Der Primärbedarfsplan stellt die Eingangsinformation für die nachfolgenden, detaillierteren Planungen dar.

Produktionsplanung In den Komponenten der Produktionsplanung wird oft differenziert zwischen der übergreifenden Kapazitäts- und der lokalen Reihenfolgen- bzw. Feinplanung innerhalb eines Werkes oder einer einzelnen Anlagengruppe. Die Produktionsgrobplanung detailliert den für die Produktion relevanten Part der Logistiknetzplanung. Sie legt fest, welches Material bzw. welcher Auftrag zu welchem Zeitpunkt an welcher Anlage und in welcher Menge herzustellen ist. Dabei muss sie gewährleisten, dass genügend Produktionskapazität und Rohstoffe zur Verfügung stehen, um die Produkte wie geplant fertigen zu können. In der Feinplanung hingegen werden die eingeplanten Produktionsaufträge unter Beachtung neuester Entwicklungen bei Terminen sowie personellen und maschinellen Ressourcen feindisponiert. Hauptaufgaben sind die Festlegung des Zeitpunktes der Auftragsfreigabe, die Ressourcenzuordnung und die Reihenfolgeplanung.

Pufferdatenbanken Pufferdatenbanken sind eine zukünftig an Bedeutung gewinnende innerbetriebliche Integrationsvariante für Realtime- bzw. zeitnahe Informationszugriffe (z. B. Web-, ATP-Anfragen). Hierbei erfolgt eine physische Entkopplung zwischen zugreifenden und Backend-System, indem letztere je nach erforderlichem Aktualitätsgrad sowie Systemlast Daten in der Puffer-DB aktualisieren.

RosettaNet Hierbei handelt es sich um eine Nonprofit-Organisation, in der mehr als 400 Unternehmen aus dem Hightech-Bereich vertreten sind, um SCM-Ketten durch Integration von Prozessen und Informationen effektiver zu gestalten. Die Standardisierungsbemühungen können in die drei Bereiche Datenformate, Geschäftsprozesse und Protokolle unterteilt werden.

Simple Mail Transfer Protocol (SMTP) Protokoll der vierten Schicht (Application Layer) des TCP/IP-Modells. Es dient zum Versand der E-Mail an den SMTP-Server eines Service Providers und von da aus durch das Internet bis zum Postkorb des Empfängers. Dabei können weitere SMTP-Server als Zwischenstationen benutzt werden.

SOAP Diese Technik stellt einen einfachen und »schlanken« Mechanismus für den Austausch von strukturierten und typisierten Daten zwischen Rechnern in einer dezentralen, verteilten Umgebung dar. Grundlage bildet XML für die Strukturierung von Daten sowie HTTP (HyperText Transfer Protocol) für den eigentlichen Transferprozess. Dies ist auch ein eindeutiges Indiz dafür, dass das Internet sowie internetbasierte Netze die infrastrukturelle Voraussetzung bilden. SOAP definiert hierbei keine Anwendungslogik wie ein Programmmodell oder eine implementationsspezifische Semantik, vielmehr wird ein modulares »Packaging Modell« und ein »Encoding Mechanismus« für die Strukturierung von Anwendungsinformationen bereitgestellt. Die Einsatzbreite reicht von Messaging bis hin zu Remote Procedure Calls (RPC).

Strategische Netzwerkplanung Diese Planung soll es Unternehmen ermöglichen, außerhalb der operativen bzw. taktischen Planung gestalterische Analysen über das gesamte Logistiknetzwerk durchzuführen. Ziel ist dabei meist die Verbesserung der Kostenposition und/oder Leistungsfähigkeit der Logistikkette innerhalb eines langfristigen, strategischen Planungshorizontes. Werkzeuge der strategischen Netzwerkplanung dienen besonders der Simulation und Bewertung von (Des-)Investitionsmaßnahmen sowie Material- und Produktflussanalysen.

Strong Coupling Hierbei stehen Businesslogik und Verarbeitungsprozesse in unmittelbarer Beziehung zu den Schnittstelle

Synchrone Systemkopplung Form der Realtime-Integration, bei der das anfragende System unmittelbar Anwendungen innerhalb von Verarbeitungsprozessen beeinflusst.

Transportplanung Die tendenziell kurzfristig orientierte Transportplanung befriedigt den aus der Distributions- und Bestandsplanung resultierenden Transportbedarf durch Auswahl der Transportart sowie durch die Bestimmung von Beladung und Fahrtroute.

UDDI Steht für verschiedene Protokolle sowie ein Public Directory für die Registrierung und den Realtime-Lookup von Web Services und auch anderen Geschäftsprozessen. UDDI beinhaltet ein standardisiertes Informationsmodell für die Beschreibung von Unternehmen, Leistungsangeboten sowie Prozess- und E-Business-Schnittstellen.

Unternehmensübergreifende Zusammenarbeit Die unternehmensübergreifende Zusammenarbeit ist das Äquivalent des englischen Begriffs »Collaboration«. Dies beinhaltet das Teilen (»sharing«) früherer separater Geschäftsprozesse, z. B. in der Absatzprognose.

Vendor Managed Inventory (VMI) VMI ist die konsequenteste Form der lieferantengetriebenen Nachbevorratung. Hierbei generiert der Hersteller autonom die Bestellungen für den Handel auf Basis der Filial- und/oder Lagerabgänge und geplanter Verkaufsförderungsmaßnahmen in den Verkaufsstellen. Er verwaltet eigenständig den Bestand des Handels.

VMI Kennzeichnend hierfür ist ein vom Lieferanten gemanagter Material- oder Warenbestand, der sich in den Räumen des in der Logistikkette nachgeordneten Kunden (Hersteller oder Händler) befindet. Der Anbieter übernimmt die Verantwortung für Lagerbestände und die darauf bezogene Zielerreichung des Kunden; letztere wird z. B. durch Service Levels oder Lagerumschlagszahlen gemessen. Der Zulieferer erhält durch VMI Einblick in die ihm nachgelagerten bestandshaltenden Einheiten und die Endverbrauchernachfrage sowie auch in die Bedarfsplanung seiner Kunden.

WebEDI WebEDI besitzt im wesentlichen zwei Aufgaben: Umsetzung von EDI-Nachrichtentypen in Web-Formulare, so dass beliebige EDI-Nachrichten empfangen bzw. erfasst und versandt werden können, sowie ein Nachrichtenmanagement, welches es dem Partner erlaubt, ohne Einarbeitungszeit WebEDI-Nachrichten zu verwalten und zu bearbeiten.

Web Services Im Wortsinn sind Web Services über das Web nutzbare Dienstleistungen. Technologisch handelt es sich um serverseitig ausführbare Software-Komponenten, die eine abgegrenzte Funktionalität als Black Box zur Verfügung stellen. Der Zugriff erfolgt nachrichtenorientiert mittels Internet-Protokoll XML/SOAP. Mit der XML-basierten Beschreibungssprache WSDL (Web Service Description Language) wird standardisiert die Schnittstelle hinsichtlich Daten und Interaktion beschrieben.
Das Augenmerk hier liegt auf der Bereitstellung einer standardisierten E-Business-orientierten Technologieinfrastruktur zum Beschreiben, Auffinden und Integrieren von Unternehmen, deren Leistungen sowie deren E-Business-Lösungen. Hierbei werden bestehende (Internet-)Basistechnologien wie HTTP, TCP/IP, DNS-Verzeichnisdienste oder XML für E-Business-Anforderungen zu interoperablen »Web Services« konkretisiert bzw. E-Business-Anwendungen mit Web-Service-Schnittstellen versehen. Die service- und komponentenorientierten Services erlauben die verteilte Bereitstellung von (E-Business-)Funktionen in einer Value Chain, wobei Unternehmen einzelne Services individuell endsprechend ihrer Geschäftsprozesse und IT-Struktur kombinieren können.

White Box Integration Bei der Integration wird mittels Individualentwicklung direkt auf Prozesse und Datenstrukturen zugegriffen, was ein sehr hohes Detailwissen über die Applikation sowie über Abhängigkeiten erfordert.

WSDL XML-basierte formalisierte Beschreibung, wie auf spezifische Web Services zugegriffen werden kann. WSDL ist eine Kerntechnologie der Green Pages von UDDI.

WSDL (Web Service Definition Language) Das XML-basierte WSDL beschreibt das Format von Network Services um Web-Services anzufordern bzw. darauf (integriert) zuzugreifen. Eng verbunden hiermit ist die Web Conversational Language (WSCL) als Protokoll zur Definition der Web-Service-Schnittstelle sowie der Beschreibung der Interaktionen mit dem Service.

WSFL WSFL ist ein Framework zur Beschreibung von Business-Logik, die erforderlich ist, um verschiedene Web Services zu einem zwischenbetrieblichen End-to-End-Geschäftsprozess zu verbinden.

XML XML gilt als Lingua Franca zur Beschreibung von Datenaustauschformaten sowie die, für eine automatische Weiterverarbeitung zwingend erforderliche, Informationssemantik. Dies zeigt sich auch darin, dass XML Grundlage nahezu aller anderen Web-Service-Standards ist.

E Literaturverzeichnis

Aberdeen Group: Best Practices in Online Services Procurement (OSP), Aberdeen Group Report. Boston, Massachusetts 2002.

Advanced Manufacturing Research (Hrsg.): Integrated Supply Chain Planning is not for Everyone yet. Report der Advanced Manufacturing Research, Inc., Boston 1999.

AT Kearney study of 251 CEOs: http://www.businessweek.com/2000/00_38/b3699030.htm, Abruf am 2002-06-17.

Benchmarking Partner: The Supply Chain Management Market Leaders Report. Cambridge 1999.

Buchholz, Wolfgang; Werner, Hartmut: Supply Chain Solutions. Best Practices in e-Business. Schäffer-Poeschel, Stuttgart 2001.

Buxman, Peter; König, Wolfgang: Zwischenbetriebliche Kooperationen auf Basis von SAP-Systemen. Perspektiven für die Logistik und das Servicemanagement. Springer, Berlin 2000.

Enslow, Beth: Evaluating a Vendor's SCP Market Strategy. Report Nr. DF-06-6980 der Gartner Group, o. O. 1998.

Fine, Charles H.: Clockspeed. Winning Industry Control in the Age of Temporary Advantage. Reading, Ma.: Perseus, 1998.

Forrester Research: Achieving B2B Productivity. Report, London, Oktober 2001.

Forrester Research: When to Share Supply Chain Secrets. Report, London, September 2001.

Forrester Research Press Release: eMarketplaces Will Lead US Business eCommerce To $2.7 Trillion In 2004, According To Forrester, Cambridge, Mass., 07.02.2000.

Glaser, Horst; Geiger, Werner et al.: PPS – Produktionsplanung und -steuerung. Grundlagen – Konzepte – Anwendungen. 2. Auflage, Gabler, Wiesbaden 1992.

Hoitsch, Hans-Jörg: Produktionswirtschaft. 2. Auflage, Vahlen, München 1993.

Isermann, Heinz (Hrsg.). Logistik: Gestaltung von Logistiksystemen. 2. Auflage, mi Verlag Moderne Industrie, Landsberg/Lech 1999.

Kagermann, Henning; Keller, Gerhard (Hrsg.): SAP-Branchenlösungen. SAP PRESS, Bonn 2000.

Kaplan, Robert S.; Norton, David P.: Balanced Scorecard. Schäffer-Poeschel, Stuttgart 1997.

Kehoe, Louise; Iskandar, Samer et al.: Top retailers form online sales exchange. In: Financial Times o. J. (2000) 9 2000-02-29, S. 19.03

Knolmayer, Gerhard; Mertens, Peter; Zeier, Alexander: Supply Chain Management auf Basis von SAP-Systemen: Perspektiven der Auftragsabwicklung für Industriebetriebe. Springer, Berlin 2000.

Knolmayer, Gerhard; Mertens, Peter; Zeier, Alexander: Supply Chain Management Based on SAP Systems: Order Management in Manufacturing Companies. Springer, Berlin 2002.

Kopfer, Herbert; Bierwirth, Christian (Hrsg.): Logistik Management. Intelligente I+K Technologien. Springer, Berlin u.a. 1999.

Krystek, Ulrich: Unternehmenskrisen. Beschreibung, Vermeidung und Bewältigung überlebenskritischer Prozesse in Unternehmungen. Gabler, Wiesbaden 1987.

META Group (Hrsg.): Collaboration: The Foundation for Externalized Supply Chain Excellence. Stamford 2000.

Morgan Stanley Dean Witter study: http://www.morganstanley.com

OVUM: Enterprise Application Integration (Making the Right Connection), OVUM-Report 06.1999.

Otto, Andreas: Management und Controlling von Supply Chains. Ansätze zu einer Fundierung über die Netzwerktheorie. Gabler, Wiesbaden 2002.

Philippson, Clemens; Pillep, Ralf et al.: Marktspiegel Supply Chain Management Software. Forschungsinstitut für Rationalisierung, Aachen 1999.

Prockl, Günter: Enterprise Resource Planning und Supply Chain Management – Gemeinsamkeiten, Unterschiede, Zusammenhänge. In: Walther Johannnes; Bund, Martina (Hrsg.): Supply Chain Management – Neue Instrumente zur Kundenorientierten Gestaltung integrierter Lieferketten. Frankfurter Allgemeine Zeitung, Verlagsbereich Buch, Frankfurt 2001.

Schäfer, Erich: Der Industriebetrieb – Betriebswirtschaftslehre der Industrie auf typologischer Grundlage. Westdeutscher Verlag, Köln 1969.

Scheckenbach, Rainer: Semantische Geschäftsprozessintegration. Gabler, Wiesbaden 1997.

Scheckenbach, Rainer: WebEDI und XML – Integrationsstrategien für kleine und mittelständische Unternehmen. DEDIG, Berlin 1999.

Scheckenbach, Rainer: Integrationsstrategien und Voraussetzungen des Collaborative Commerce. In: Heinz Schulte (Hrsg.): Telekommunikation: Dienste und Netze wirtschaftlich planen, einsetzen und organisieren. Augsburg: Interest Verlag, 2002.

Scheckenbach, Rainer: Umsetzungsstrategien von eProcurement. In: Strache, Horst (Hrsg.): Der Einkaufs- und Lagerwirtschafts-Berater. Wiesbaden: Gabler, 2000.

Schomburg, Eckart: Entwicklung eines betriebstypologischen Instrumentariums zur systematischen Ermittlung der Anforderungen an EDV-gestützte Produktionsplanungs- und -steuerungssysteme im Maschinenbau. Dissertation, Aachen 1980.

Schönsleben, Paul: Integrales Logistikmanagement. Planung und Steuerung von umfassenden Geschäftsprozessen. 2. Auflage, Springer, Berlin u.a. 2000.

Southwest Securities study: http://www.swst.com/

Stadtler, Hartmut; Kilger, Christoph (Hrsg): Supply Chain Management and Advanced Planning. Springer, Berlin 2000.

Supply-On (Hrsg.): http://www.cpgmarket.com, 2002, Abruf am 2002-05-19.

Tempelmeier, Horst: Materiallogistik. Modelle und Algorithmen für die Produktions-planung und-steuerung und das Supply Chain Management. Springer, Berlin 1999.

Thaler, Klaus: Supply Chain Management. Prozessoptimierung in der logistischen Kette. Fortis, Köln 1999.

Wildemann, Horst (Hrsg.): Supply Chain Management. TCW Transfer-Centrum-Verlag, München 2000.

Zeier, Alexander: Ausdifferenzierung von Supply-Chain-Management-Standardsoftware in Richtung auf Betriebstypen und Branchen unter besonderer Berücksichtigung des SAP APO. Röll, Würzburg 2002.

Zeier, Alexander: Supply Chain Execution for Small and Medium Sized Enterprises, in: Dangelmaier, W. et al. (Hrsg.), Die Supply Chain im Zeitalter von E-Business und Global Sourcing, Paderborn 2001, S. 461-479.

Zimmer, Kerstin: Koordination im Supply Chain Management. Ein hierarchischer Ansatz zur Steuerung der unternehmensübergreifenden Planung. Dissertation, Deutscher Universitäts-Verlag, Wiesbaden 2001.

F   Die Autoren

Dr. Rainer Scheckenbach

Dr. Rainer Scheckenbach promovierte nach dem betriebswirtschaftlichen Studium im Bereich Wirtschaftsinformatik zum Thema semantische Geschäftsprozessintegration von Unternehmen. Er verfügt über mehr als zehn Jahre praktische Erfahrung auf den Gebieten kollaborativer Geschäftsszenarien mit Fokus SAP, SCM sowie der Prozessintegration von Unternehmen und Anwendungssystemen. Schwerpunkt seiner Arbeit ist die aktive Gestaltung und Umsetzung von B2B-Strategien in der Wirtschaft, basierend auf praktikablen und durchsetzbaren Integrationsarchitekturen. Rainer Scheckenbach ist Verfasser zahlreicher Fachpublikationen und Referent auf Tagungen und Kongressen.

Dr. Alexander Zeier

Dr. Alexander Zeier absolvierte erfolgreich sowohl ein betriebswirtschaftliches Studium an der Universität Würzburg als auch ein technisches Studium an der TU Chemnitz. Er promovierte an der Universität Erlangen-Nürnberg, Fachbereich Wirtschaftsinformatik, über die Anforderungen an Standardsoftware für SCM in Branchen. Als zertifizierter SAP-Berater (Development Workbench) und Microsoft Certified Professional (Windows Server) arbeitet er seit zehn Jahren in Projekten, schwerpunktmäßig im Umfeld der Einführung von SAP-Systemen und der Reorganisation von Geschäftsprozessen. Seine SCM-Kenntnisse brachte er in ein Kooperationsprojekt mit der SAP AG ein, das die Entwicklung von mySAP SCM (v.a APO) über mehrere Jahre begleitete. Er ist Autor zahlreicher Publikationen, darunter auch von vier Büchern zum Thema SCM und SAP, sowie Moderator bzw. Referent auf SCM-Kongressen.

Index

A

A2A 25
Ablaufreihenfolge 249
Abnahme-Pflichtenheft 332
Abnahmeprotokolle 343
Absatzplanung 69, 92
Absatzprognose 68, 206, 226, 234, 239, 248, 260
Advanced Macros 260
Aggregationsstufen 74
AIAG 144
Aktualitätsgrad 123
Alert Monitor 260, 262, 279, 281, 284ff., 291
Algorithmus 49, 210, 276, 299, 301
AMD 226
AMR 43, 94, 104, 211, 218, 285
Analytische Fertigung 215
Anforderungsanalyse 344
Anforderungskatalog 331f.
Anforderungsprofil 223, 332
Angebotsüberhang 228
Anlagengruppe 80
ANSI X12 26, 29, 113, 119, 132, 151, 169f.
API 94, 115
APO 71
Application-to-Application 103
Application-to-Application-Ansatz 62
APX 277, 298, 301
Arbeitspläne 259
Ariba Technologies 64
Arzneimittel 247
Aspect 39
ATP 74, 264
Auctioning 61
Audi 144
Auftragsabwicklung 37, 205, 255
Auftragsdurchlauf 69
Auftragseinlastung 248
Auftragsfertiger 208, 215
Auftragsfertigung 206, 270
Auftragsfreigabe 80, 275
Auftragsprioritäten 270
Auftrags-Splitting 81
Auktionen 80
Ausbaustufe 334
Austauschformate 162
Auswahlprozess 343
Authentifikation 29, 136
Authentizität 90
Automation Research Corp. 205
Automobil 36, 144, 204, 216f., 222f., 233, 237, 256, 314
Automotive 130, 144
Automotive Industrie Action Group 144, 403
Autorisation 35
Aventis 291

B

B2Bi 25, 34, 63f., 74, 103, 106, 121, 134
Baan 39
Backend-Syteme 132
Backlog Elimination 276
Balanced Scorecard 98
Bandbreitenreservierung 147
BAPIs 278, 289
BASF 298
Basischemie 248
Bauschuldverfahren 299
BAV 131
Bayer 91, 205, 246, 248, 291, 298
Bearbeitungsreihenfolge 81
Bedarfsvorhersage 77
Beförderungsvolumen 281
Benchmarking Partners 226, 234, 239
Benchmarking Scorecards 293
Benchmarkingdaten 99
Berclain 39
Berechnungsläufe 68
Berechtigungskonzept 286
Beschaffung 62
Beschaffungsstrategie 61
Bestandsoptimierung 15
Bestandsplanung 216, 241
Bestandsstrategien 271
Bestellauslösung 55
Bestellprognose 52
Best-of-Breed 331
Betriebsmittelauswahl 81
Betriebstypen 204, 331
Betriebstypische Anforderungen 254
Betriebstypologische Branchensegmentierung 201ff.
Betriebstypologische Merkmale 204
Bidding 61
Birds Eye Wall's 71
BizTalk 30, 64, 157
Black Box Integration 116
Black&Decker 239
Black-Box-Prinzip 24
BMEcat 23, 119, 126, 164, 190, 197
BMW 76, 144, 235, 278
Bosch 142, 144, 235, 272
BPEL4WS 154
BPSS 154
Branchen 142, 146, 331
Branchendurchdringung 223
Branchennetz ENX 144
Branchennetze 44, 143
Branchennetzwerk ANX 144
Branchensegmentierung 218, 249, 256
Branchenspezifische Funktionen 36
Broker 104
Buckets 270

Business Application Programming Interfaces 278
Business Entity 156
Business Explorer 257, 293
Business Information Warehouse 257
Business Integration 16, 32f.
Business Process Model 186
Business Service 156
Business-Logik 115
Business-Modelle 68
Business-Szenarios 130
Buyer Managed Inventory 56

C

Cadbury Schweppes 239
Campbell 206
Capable-to-Match 269
Capable-to-Promise 76, 148
Cartridges 278
Case-Based Reasoning 279
Category Management 241
CBF 305
C-Business 15
C-Business-Strategie 16, 20, 23
CC-Chemplorer 142
CCG 94
Characteristic-based Forecasting 305
Charakteristika 248
Chargen 210f.
Chargenfindung 220, 232, 238, 245, 250, 303, 308, 341, 353, 356, 359, 362, 365, 372, 383, 389, 396, 401
Chargeninformation 220, 232, 238, 245, 250, 304, 309, 318f., 341, 353, 356, 359, 362, 365, 372, 383, 389, 396, 401
Checkliste 332
CheMatch 248
Chemie 204f., 207, 211, 214, 223, 246, 249, 319

CIM 27
Cisco Systems 230
Coca Cola 218
Collaboration Engine 284
Collaboration Protocol Agreements 187
Collaboration Protocol Profile 187
Collaborative Business 15, 103
Collaborative Partner Work 186
Collaborative Planning, Forecasting and Replenishment 16, 44, 49, 272, 284
Collaborative-Business-Strategien 113
Co-Managed Inventory 56
Communicationware 30
Communities 108, 126, 142f., 145
Compaq 215, 228, 300
Composite Forecasting 261
Con Moto 43
Concurrent Engineering 217
Connectivity 115
Constraint Propagation 275f.
Containerrücknahmen 216
Continental 80, 142, 235
Continuous Replenishment Program 54
Controlling 62, 217
Cooper Design 259
CORBA 118, 120, 124, 160
Core Interface 257
Covisint 48, 235
CPFR 16, 22, 49, 54, 94, 104, 126, 130, 170, 230, 239
CPFR-Prozessmodell 50
CPGmarket 241
CPV 198
CRM 105
Cross Docking 85, 98, 241
Crossworld 114
CRP 91
CSS 165

CTM 269, 297
CTP 74, 264
Customer-Response-Strategien 54
Customizing 343
cXML 23, 64, 190, 192, 197

D

DaimlerChrysler 79, 144, 235, 278, 304
Danone 241
Data Dictionaries 178
Data Warehouse 33, 292
Database Extensions 278
Datenformatstandards 131
Datenintegrationsmodelle 117
Datenintegrität 33
Datenstruktur 115
Datenverwaltung 37
Datenvolumina 256
DATEX-P 177
Dauerniedrigpreisstrategie 206
DCOM 118, 120, 160
Dell 18, 75, 205, 215, 229f., 300
Demand Planning 260
Deployment Horizon 271
Desinvestitionen 296
DIN 133
Direktlieferanten 234
Distributed Processing 121, 126
Distribution 239
Distributionsintensität 249
Distributionsnetzwerk 207, 216
Distributionsplanung 78, 207
dm-drogerie-Markt 56, 89, 206
Down Binning 228, 311, 354, 356, 372
Dräxlmaier 144
DTD 168
Durchlaufende Fertigung 215

Durchlaufterminierung 80
Durchlaufzeit 15, 214, 236, 240

E

EAI 25, 32, 34, 63, 103, 105, 110, 113, 134
EAI Integration Broker 109
EAN 119, 170, 184, 199
EANCOM 57, 170
Eastman Chemical Company 287
E-Business 105
E-Business-Gesetze 34
ebXML 23, 30, 109, 126, 128, 149ff., 157, 177, 185ff.
eCl@ss 23, 197
E-Commerce 130
ECR 27
EDI 24ff., 30, 34, 62, 88, 103, 106, 108, 148, 236
EDIFACT 26, 29, 34, 64, 87, 90, 113, 131f., 151, 166, 169f., 172, 183, 185, 285, 290, 337, 350, 370, 375, 380, 386, 393, 399
EDIFACT-Übertragungsdatei 171
EDI-Konverter 26, 112
EDI-Nachrichten 135
EDMA 199
Efficient Consumer Response 217, 239
Effizienzsteigerung 126
EGAR 199
Eierlegende Wollmilchsau 113
Eigenfertigung 101
Einführungsaufwand 201
Einführungspflichtenheft 343
Einfuhrquoten 220
Einzelanforderungen 343
Einzelbedarf 208
Einzelfertigung 214f., 300
Einzweckanlagen 248
Electronic Data Interchange 16, 130

Elektronifizierung 62
Elektronik 51, 204, 208, 219, 223, 225f., 228f.
Elektronikindustrie 64
Elektronische Signatur 22, 90
Elemica 248
E-Logistics 16, 83
E-Markets 139
Empfangszeitpunkt 121
Encryption Syntax and Processing 161
Endverbrauchernachfrage 262
Engpässe 80
Enjoy-Initiative 259
Enterprise Application Integration 30, 32
Entscheidungsprozess 263
ENX 48, 144f.
E-Procurement 16, 21, 58, 62
ERP 148
Erstdatenversorgung 257
Erweiterte Makros 260, 263, 267, 316
Erzeugnisspektrum 221
Eskalationsfall 55
Eskalationsmanagement 27, 48
Eskalationsprozess 43
ETIM 198
ETL 27, 33, 104, 108
ETL-Tools 113
European Network Exchange 144
Evaluation von Promotionen 206
Exportquoten 220
Extranet 68, 108, 143, 147

F

Fabrik-Layout 259
Fahrzeugortungssystem 85
Fair-Share-Aufteilungsregel 271
Federal Express 282
Feinplanung 80, 210

Fertigungsablauffolge 213
Fertigungsart 208f.
Fertigungsauftrag 214, 302
Fertigungsfortschritt 214
Fertigungslinien 213
Fertigungsprozess 208
Fertigungsprozesstypen 329
Fertigungssteuerung 275
Fertigungszeiten 300
Festo AG 95, 98, 207
Finanzbuchhaltung 62
Fischerwerke 289
Fixing Logic 276
Fließfertigung 213, 228
Fließgeschwindigkeit 213
Food and Drug Administration 247
Ford 79, 144, 235
Forecast Accuracy 262
Forecast Accuracy Analysis 267
Forrester Research 20, 39, 58, 138
Frachtkosten 77
FreightWise 83
Freiheitsgrade 207
Fremdbezug 101
Fremdbezugsteile 75
Freudenberg 144
Früherkennungssysteme 291
Fulfilment 16, 54
Funktionsdefizite 343
Funktionsmodul 37, 201, 208

G

Gartner Group 36, 39, 58, 94, 107, 208, 224
Gateway 226
Gefahrstoffe 246
General Motors 79
Genetische Algorithmen 276
Geometriedaten 278
Gesamtdurchlaufzeit 81, 275
Geschäftsszenarien 65
Global ATP 264f., 302, 306

GM 235
Good Manufacturing Practice 247
Goodyear 36, 262
Grafische Plantafel 81
Grafischer Distributionsleitstand 85
Granularität 270
Green Pages 128
Greycon 301

H
Halbleiter 222, 228, 231, 311
Haltbarkeit 210, 248, 329
Handel 45, 130, 206, 217
Handelsbestimmungen 303
Hella 144
Henkel 298
Herkunftsnachweises 220, 303
Heterogene Systemlandschaften 27
Heuristiken 256, 267, 270, 295, 297
Hewlett-Packard 38, 222
HL7 149
Homogenisierung 46, 88
Hornbach-Baumarkt 86, 98
HTTP 127
HTTPR 161
Hub/Spoke-Ansatz 105, 109
Hybride Fertiger 212

I
i2 Technologies 36, 39, 80, 83, 205
IBM 18, 114
Identifikation von Chargen 212
Identifikationsmethoden 46
Identifikationssysteme 170
ILN 119, 184, 200
ILOG 101, 262, 277f., 282
Implementierungsinstrument 332
Implementierungsphase 334, 343
INA 235

Ina Wälzlager 142
InfoCubes 261, 285f., 292
Informationsportal 136
Informationstransparenz 22
Inhouse-Schnittstelle 136
Inhouse-Verarbeitung 117
Inkompatibilitäten 107
Inselfertigung 215
Integration 257
Integration Broker Suits 104
Integrationsarchitekturen 44, 107
Integrationsgrad 121, 217
Integrationsmodelle 117
Integrations-Server 106
Integrationsstandards 44
Integrierte SCM-Ketten 147
Integritätsprüfungen 121
Intel 226, 304
Interactive EDI 170
Interaktionssicherheit 35
Interaktionsszenario 154
International Location Number 184
Internet Engineering Task Force 156
Internet Transaction Server 285
Internet-Börsen 88
In-Transit-Bestände 216
Investitionsmaßnahmen 100
Investitionsschutzes 63
iPPE 300, 305
IPSec 144f., 147
ISDN 177
Islands of Analysis 72
IT-Dienstleister 331
ITS 285

J
J2EE 113, 118
Java 28, 113, 116
Java 2 Enterprise Edition 113
Just-in-Sequence 45, 76, 130
Just-in-Time 16, 130, 217

K
Kampagnen 297
Kampagnenfertigung 210, 249
Kampagnenplanung 248
Kannibalisierung 302
Kapitalbindung 81
Kapitalbindungskosten 56
Kapitalintensität 92
Karmann 80
Katalogformate 188
Katalysatoren 211f.
Kausalanalyse 260, 262
Kausalvariable 262
Kennzahlen 98f.
Kern-Schalen-Methodik 331
Kern-Schalen-Modell 342
Kern-Schalen-Prinzip 253
Key Performance Indicators 97
Klassifikationssysteme 197
Kmart 91, 239
KMUs 104, 129, 134, 145
Kommunikationssicherheit 35
Konsensbasierte Prognosen 71
Konsensbasierte Voraussagen 74
Konsignationsware 55, 239
Konsumentenelektronik 226
Konsumgüter 36, 45, 83, 206, 217, 223, 226, 238, 316, 342
Kontinuierliche Massenfertigung 202
Konventionalstrafen 235
Kooperationscontrolling 89
Kooperationsprozess 287
Kooperative Planung 284
Kooperative Produktentwicklung 217
Koordinationsprozesse 55
KPIs 97, 99
KPMG 92, 95
Kritische Masse 63
Kühltemperatur 216

Kundenauftragsfertigung 78
Kuppelproduktion 212, 231, 244, 250, 298, 307, 313, 319, 321, 339, 352, 355, 361, 364, 371, 388, 395, 401

L

Länderspezifische Merkmale 219
Lagerfertiger 215
Lagerhaltungskosten 268
Lagerkapazität 208
Lagermanagement 69
Lagerstruktur 78
Langnese 240
LDAP 157
Lebensmittel 318
Lebensmittelhersteller 332, 342
Lebenszyklus 329
Lebenszyklusmanagement 260
Lebenszyklusplanung 218, 231, 233, 237, 244, 250, 302, 308, 340, 353, 355, 357, 359, 362, 365, 371, 377, 382, 389, 395, 401
Leerkosten 81
Leichtmetall 215
Leistungsprofil 342
Leitkriterium 77
Leitwährung 219
Lieferketten 15
Liefernetzwerk 224
Lieferunfähigkeit 263
Life Cycle Management 302
Like Modelling 261, 302
Lipton 242
liveCache 256, 264, 278, 304
LNP 83
Load Consolidation 283
Local ATP 265
Lockheed Martin 291
Logistiknetzplanung 77f., 207, 226, 234, 239, 248, 268, 297

Logistikstruktur 207
Lohmann Etiketten 215
Lohnbearbeiter 246
Lokationsprioritäten 270
Loose Coupling 116
Losgrößen 210, 287
Losgrößenbestimmung 211, 272
Low-hanging Fruits 67
LTL 83
Lucent Technologies 225
Lufthansa 63

M

Manufacturing Execution System 274
Manugistics 36f., 39, 73, 83, 205, 301
Marktfenster 229
Marktkonsolidierung 140
Marktplätze 22f., 27, 44, 68, 79, 88, 103, 108, 126, 138, 235, 241, 248, 272
Marktzyklus 218
Maschinenausfall 77
Maschinenkapazität 80
Massendatentransfer 285
Massenfertiger 306
Materialbearbeitungsstruktur 301
Materialbedarf 144
Materialbedarfsplanung 80
Materialcharakteristika 210, 297
Materialfluss 211, 248
Mehrproduktanlagen 249
Mengenverhältnis 211
Mercedes Benz 272
Merkmale 222, 248
Merkmalskombinationen 220
Merz 291
Message Oriented Middleware 27, 118
Message Passing 122
META Group 82f., 88, 102, 104, 140, 229, 301

Metaheuristiken 270
Metro-Gruppe 241
Middleware 25, 27, 29, 33, 103f., 108f., 117, 120
MIME 29, 31, 179
Mindestzuteilungen 271
Modellbibliothek 276
Model-Mix 299
MOM 25, 27, 118
Monitoring 217
Monitoring und Controlling des Liefernetzes 96
Morphologische Merkmale 206
Multiformat-Mapping 139
Multilieferantenkataloge 150
Multiple lineare Regressionsanalyse 74
Multitier Forecasting 262
mySAP SCM 42, 71

N

Nabisco 54
Nachbevorratung 69
Nachbevorratungsdispositionen 257
Nachfrageänderung 77, 240
Nachfragehistorie 218
Nachfrageschwankungen 228
Nachfrageüberhang 228
Nachfrageverläufe 71, 296
Nachrichtenmanagement 136
Nahrungsmittel 332
Nahrungsmittelhersteller 342
NAICS 200
Nassi-Shneiderman-Diagramm 333, 344
Nestlé 241
Network Design 267, 295
Netzwerkmodell 282
Neuterminierung 312
New Economy 15
Nielsen 261

NIGP 198
Notes Management 263
Nullbestände 91
Numetrix 36

O
OASIS 154, 157, 185f.
OBI 136
ODETTE 170
OFTP 26
OFX 164
OLAP 257, 261, 292
OLTP 281
One-Way Communication 121
Online-Analytical-Processing 257
Opel 144
openTRANS 191
Operations Research 262
Opfer-Nutzen-Verrechnungsproblematik 330
Optimierung 270
Optimierungsalgorithmen 329
Optimierungsbibliotheken 277
Optimierungsmethoden 70, 80, 275, 281, 329, 336, 349, 369, 375, 380, 386, 392, 398
Optimierungsverfahren 36, 211, 244, 250, 256, 268, 295, 298, 307, 339, 352, 361, 364, 388, 395, 401
Optimierungsziele 85, 214
Optimization Extension Workbench 277

P
Palettenoptimierung 283
Parametereinstellungen 343
Partner Agreements 35
Partner Interface Protocols 157
Partnersoftware 265
PC-Industrie 232, 313
PDM 217, 301

Pegging 276f.
Peitscheneffekt 43, 147
Peoplesoft 39
Periodenbedarf 208
Peugeot Automotive 265
Pharma 95, 204, 207, 209f., 220, 223, 246, 249, 319
Pioneer 74
PIP 178, 180
Plan Monitor 296
Planning Books 260
Plantafel 297
Planungshorizont 279
Planungskomponenten 330
Planungsmappen 257, 261
Planungsszenarios 261
Planungsverfahren 270, 276
Portale 27, 68, 103
POS-Daten 51, 91
Postponements 207
PP/DS 270, 273, 280, 302
PPM 291, 303
PriceWaterhouseCoopers 84, 206
Primärbedarfsplanung 76, 207
Private Trading Exchanges 142
Processware 30, 112
Procurement 27, 31
Product and Process Engineering 259
Product Life Cycle Management 289
Production Planning and Detailed Scheduling 270
Produktalternativen 79
Produktdatenmanagement 217, 301
Produktdatenpflege 221
Produktflussanalysen 100
Produktionsabweichungen 211
Produktionsfeinplanung 274
Produktionsgrobplanung 274
Produktionsläufe 268
Produktionslose 71

Produktionsplan 270
Produktionsplantafel 81
Produktionsplanung 77, 80, 82, 92, 208, 226, 234, 248, 271, 273, 297
Produktionsprogramm 224, 267
Produktionsprozessmodell 291
Produktionsressourcen 211
Produktionssaufträge 275
Produktionsstufe 78
Produktionssynchrone Anlieferung 16
Produktionsterminierung 275
Produktkatalog 29
Produktlebenszyklus 217f., 225, 271
Produktreife 44
Produktsubstitution 302
Produktumsatz 74
Produktvarianten 222, 259
Produktvariantenstruktur 214
Produktverfügbarkeit 35
proficl@ss 198
Prognosedatenaustausch 16, 130
Prognosefehler 263
Prognosegenauigkeit 239
Prognoseverfahren 329
Promotionen 51f., 72, 91
Promotionsets 240, 246, 316f., 332, 342, 355, 363, 390
Promotionsintensität 206
Promotionsplanung 206, 260
Prozessanforderungen 88
Prozessfertiger 212
Prozessfertigung 206, 241, 300
Prozessintegrität 35
Prozessmodell 333
Prozessschnittstellen 80
Prozesssicherheit 90
Prozessstrukturen 88

PRTM 96
PSA 16
PtP-Integration 105
Publish and Subscribe 122
Puffer-Datenbank 123, 136f.
Pull-Stategien 16
PunchOut 194
Purchasing Workbench 272
Push-Logik 271
Push-Strategien 16
PVS 305
PWB 272

Q
Qualitätskennzahlen 98
Qualitätskontrolle 343
Quality of Service 143
Querlieferungen 271
Querschnittsfunktionen 37, 96, 205, 255
Quick Response 217, 239

R
Rahmenverträge 271, 281
Rapid Planning Matrix 304
Rayovac 72f.
Raytheon Electronic Systems 291
Realtime Information Broker 34
Rechtssicherheit 35, 90
Reckitt & Colman 56
Red Pepper 39
Reifezeiten 248
Reihenfertigung 214
Reihenfolgeplanung 69, 80, 202, 210, 214
Reliability 122
Request/Reply Communication 121
Rerouting 216
Reservation Planning 235
Ressourcenzuordnung 80
Resthaltbarkeitsdauer 221, 245, 251, 304, 309, 318f., 341, 354, 362, 365, 389, 396, 402
RNIF 179

RoI 18, 20, 28, 67
Roland Berger 56
RosettaNet 30, 51, 64, 109, 128, 149, 151, 157, 178, 181, 184, 230, 409
RosettaNet Business Dictionary 179
RosettaNet Directories 179
RosettaNet Implementation Framework 179
RosettaNet Technical Dictionary 179
Routenplanungssysteme 343
RPM 304
Rüstkosten 210, 222, 276, 306
Rüstmatrizen 280, 295
Rüstzeiten 248, 275, 306

S
Sales and Operations Planning 76, 267
SAP Mill 224
SCE 74
Schnittstellen 343
Schöller 243
SCM 15, 36
SCM-Hub 48, 148
SCM-Kern-Schalen-Modell 256, 259, 331f.
SCM-Kosten 100
SCM-Referenzsoftware 71
SCM-Strategie 333
SCM-Szenarien 137, 148
SCM-Vorgehensmodell 331
SCOR 99
Scorecard 73
SCP 74
Secure Hypertext Transfer Protocol 286
Security 35
SEDAS 26
SEM 293
Semantik 162, 164, 171
Sequencing-Algorithmen 299
Serienfertigung 206, 306

Service Types 156
Servicegrad 71, 248, 257, 262
Shareholder Value 18
SHTTP 286
Sicherheitsbestand 268, 271
Sicherheitsbestandsplanung 316
Sicherheitsbestimmungen 84
Siemens 205
Silikon-Wafer 215
Simulation 100
Simultaneous Engineering 217
SMTP 134, 149
SNITEM 199
SNP 268, 273
SNP-Optimizer 269, 311
SOAP 16, 25, 31, 34, 109, 124, 126, 128f., 134, 149, 151, 157, 159
SOAP Encoding Rules 160
SOAP Envelope 160
SOAP Security Extensions 161
SOAP-RPC 160
Soft Constraints 82, 280, 295
Software-Hersteller 331
Sonderschichten 77
SOP 267
Specification Pointer 156
Speicher 256
Spezialchemie 248
Spezialverfahren 278f.
Sport Obermeyer 93
Sporttextil 219
Stahl 278
Standard Binning 228
Standardisierung 16
Statistical Forecasting Toolbox 261
Steueraspekte 22
Steuern 101
Strafkosten 101, 269, 280, 295
Straßenkarten 282

Strategic Enterprise Management 293
Strategische Netzwerkplanung 100, 218, 226, 234, 239, 248, 294
Strong Coupling 116
Stücklisten 295
Stücklistenauflösung 304
Substitutionsprodukte 72
Supply Chain Broadcasting 266
Supply Chain Council 99
Supply Chain Engineer 286, 294
Supply Chain Execution 37, 147
Supply Chain Operation Reference 97, 99
Supply Chain Planning 37, 147
Supply Network Planning 267f.
Supply-Chain-Mitgliedschaft 330
SupplyOn 142, 147
Syntax 162, 164, 171
Synthetische Produktion 215

T

Tablettierung 209
TCP/IP 127
Technologiedifferenzierung 225
Teillieferungen 264
Tesco 242
Textil 215, 217
Theoretisches Optimum 267
Third-Party-Logistics 229
Thomas Register 198
Time Buckets 270
Time Series Management 302
Time-to-Market 225, 234
tModel 156
Toleranzschwellen 263
Top Benefits 18

Total Cost of Ownership 19
Tourenplanung 282
Tourismus 130
Toyota 205
Tracing 282
Tracking 136
Tracking & Tracing 284
Traditionelle Planungssysteme 68
Transaktionsabwicklung 123
Transaktionsfähigkeit 34
Transaktionskontrolle 136
Transaktionssicherheit 121
Transaktions-Tracking 136
Transaktionsvolumen 130
Transformation Engine 115
Transmissionsmechanismen 220, 231, 233, 237, 245, 250, 303, 308, 340, 353, 356f., 359, 362, 365, 372, 377, 383, 389, 395, 401
Transportation Planning 281
Transportbörsen 83
Transportkosten 78
Transportmittel 83, 282
Transportplanung 82, 216, 239, 248, 301, 329
Transportressourcen 271
Transportvorschläge 268
Transportvorschriften 332
TrustCenter 90
Typologisierung 201

U

UDDI 16, 23, 25, 31, 34, 68, 124, 126, 128f., 150f., 154f., 157
UDDI Business Registery 156
UDDI-Branchenbuch 127
UDDI-Directories 155
Überproduktion 211
Überstundenkosten 80
Umdispositionen 81
UMDNS 200
Umgruppierende Produktion 215

Umlagerungsaufträge 271
UMM 186
UN/CEFACT 185f.
UN/SPSC 198
Unilever 71
Universal Business Registry 158
Unternehmensberatung PRTM 210
Unternehmensübergreifende Absatzplanung 93
Unternehmensübergreifende Planung 92
Unternehmensübergreifende Produktionsplanung 95
Unternehmensübergreifende Zusammenarbeit 88
UPC 199
UPS 83, 282
Urheberschaft 90

V

Value Chain 22
Value Chain Management 45
Value Nets 126
Variantenfertiger 304
Variantenplanung 221
Variantenreichtum 329
Variantenvielfalt 256, 259
VDA 26, 131, 144
Vehicle Scheduling 281
Vendor Managed Inventory 16, 54, 56, 79, 148
Verbrauchsschwankungen 210
Veredelungsschritte 215
Verfallsdaten 248
Verfügbarkeitsprüfung 226, 264, 312
Verschnittoptimierung 215, 278
Verteilplanung 77, 79
Verteilregeln 122
Verteilstrategien 82

Verträglichkeit der Lieferungen 216
Vertrauensnetzwerk 15
Vertrieb 62
VICS 49
Videokonferenz 93
Virtual Private Networks 143, 146
VMI 16, 21f., 79, 91, 104, 130, 170, 239, 242
Volkswagen 233
Volvo 144
VPN 143, 145
VW 144

W

Wacker Chemie 291
Wacker Siltronic 215, 228, 300
Währungsschwankungen 219
Wal-Mart 91f., 206, 242
Walzwerke 214
WDFL 16
WDSL 16, 149

Web Services 25, 30, 63, 68, 96, 108f., 113, 118, 124, 126, 153
WebEDI 64f., 108, 134ff., 145, 186
WebGateway 104
Webintegration 124
Websphere 114
Wertschöpfungskette 15, 38
Wertverlust 228, 270
Westvaco 291
Wettbewerbsvorteile 17
White Box Integration 116
White Pages 128
Wiederbeschaffungszeiten 225, 288
Win-Win-Situation 43
Worlflow-Management 27
WSCI 154
WSDL 23, 31, 34, 124, 126, 128, 151f., 154, 160
WSFL 34, 128

X

X.400 26, 122

XAML 161
xCBL 190, 195, 197
XHTML 149, 164
XLink 164
XML 23, 28f., 31, 34, 63, 113, 124, 126, 128, 132, 163, 169
XML Namespaces 164
XML Schema 164
XML Signature 158
XML/EDI 126, 133, 150, 164
XML-Standards 104
Xpath 164
XPointer 164
XSL 149, 165
XSLT 23, 164

Y

Yellow Pages 128

Z

Zeitzonen 219
Zero-Training Interface 69
ZF Friedrichshafen 142, 235
Ziellagerbestände 268
Zölle 101, 220

Weitere SAP-Bücher zur Logistik

R. Heuser, F. Günther, O. Hatzfeld
Integrierte Planung mit SAP
672 S., 2. erweiterte Auflage 2003
69,90 Euro, ISBN 3-89842-310-7

Prof. Dirk Seifert
Collaborative Planning, Forecasting and Replenishment
444 S., 2002, 59,90 Euro, ISBN 3-89842-258-5

Alan Rickayzen
Workflow-Management mit SAP
651 S., 2002, 59,90 Euro, ISBN 3-89842-190-2

Helmut Bartsch, Peter Bickenbach
Supply Chain Management mit SAP APO
456 S., 2. erweiterte Auflage 2002
59,90 Euro, ISBN 3-89842-111-2

Mario Pérez, Steffen Karch
WebBusiness mit SAP
340 S., 2002, 49,90 Euro, ISBN 3-89842-235-6

und viele aktuelle Bücher mehr ...

>>> www.sap-press.de

Dies ist nicht die letzte Seite ...

www.galileo-press.de

Computing | Design | Business | SAP PRESS

Katalog und Webshop

Gewinnen Sie attraktive Preise mit Ihrem Feedback

Nutzen Sie auch ...

- Inhaltsverzeichnisse, Leseproben, Leser- und Pressekritiken
- Artikel, Interviews und Linklisten rund um die Buchthemen
- Neuheiten-Newsletter
- BuchScanner
- Diskussionsforen
- Glossare zu Fachbegriffen

u.v.m.

Die Buchregistrierung

Für registrierte Nutzer halten wir zusätzliche Informationsangebote bereit.

Ihr persönlicher Registrierungscode

03GP31111665